TERCEIRA EDIÇÃO

NEHEMIAS DOMINGOS DE MELO

LIÇÕES DE PROCESSO CIVIL

TEORIA GERAL DO PROCESSO E PROCEDIMENTO COMUM

2022 © Editora Foco

Autor: Nehemias Domingos de Melo
Diretor Acadêmico: Leonardo Pereira
Editor: Roberta Densa
Assistente Editorial: Paula Morishita
Revisora Sênior: Georgia Renata Dias
Revisora: Simone Dias
Capa Criação: Leonardo Hermano
Diagramação: Ladislau Lima e Aparecida Lima
Impressão miolo e capa: DOCUPRINT

DIREITOS AUTORAIS: É proibida a reprodução parcial ou total desta publicação, por qualquer forma ou meio, sem a prévia autorização da Editora FOCO, com exceção do teor das questões de concursos públicos que, por serem atos oficiais, não são protegidas como Direitos Autorais, na forma do Artigo 8º, IV, da Lei 9.610/1998. Referida vedação se estende às características gráficas da obra e sua editoração. A punição para a violação dos Direitos Autorais é crime previsto no Artigo 184 do Código Penal e as sanções civis às violações dos Direitos Autorais estão previstas nos Artigos 101 a 110 da Lei 9.610/1998. Os comentários das questões são de responsabilidade dos autores.

NOTAS DA EDITORA:

Atualizações e erratas: A presente obra é vendida como está, atualizada até a data do seu fechamento, informação que consta na página II do livro. Havendo a publicação de legislação de suma relevância, a editora, de forma discricionária, se empenhará em disponibilizar atualização futura.

Erratas: A Editora se compromete a disponibilizar no site www.editorafoco.com.br, na seção Atualizações, eventuais erratas por razões de erros técnicos ou de conteúdo. Solicitamos, outrossim, que o leitor faça a gentileza de colaborar com a perfeição da obra, comunicando eventual erro encontrado por meio de mensagem para contato@editorafoco.com.br. O acesso será disponibilizado durante a vigência da edição da obra.

Impresso no Brasil (06.2022) – Data de Fechamento (06.2022)

2022

Todos os direitos reservados à
Editora Foco Jurídico Ltda.
Avenida Itororó, 348 – Sala 05 – Cidade Nova
CEP 13334-050 – Indaiatuba – SP

E-mail: contato@editorafoco.com.br
www.editorafoco.com.br

DEDICATÓRIA

A presente obra é fruto da experiência de vários anos em salas de aulas da graduação em direito na Universidade Paulista (UNIP) e também, por algum tempo, na Faculdade de Direito do Centro Universitário das Faculdades Metropolitanas Unidas (FMU).

Os textos foram coligidos a partir do estudo das obras dos maiores processualistas brasileiros, abaixo relacionados (em ordem alfabética), cujos ensinamentos, ainda que por vias transversas, estão contidos no presente trabalho.

Assim, rendo minhas homenagens e, de forma singela, dedico este trabalho aos renomados professores:

Alexandre Freitas Câmara
Cassio Scarpinella Bueno
Daniel Mitidiero Eduardo Talamini
Humberto Theodoro Junior
Luiz Guilherme Marinoni
Luiz Rodrigues Wambier
Marcus Vinicius Rios Gonçalves
Misael Montenegro Filho
Moacyr Amaral Santos (*in memorian*)
Vicente Greco Filho

Também à Ana Ligia,
Pelo apoio e incentivo de sempre.

OBRAS DO AUTOR

I – LIVROS

Lições de processo civil – Processo de execução e procedimentos especiais, 3ª. ed. Indaiatuba: Foco, 2022, v. 2.

Lições de processo civil – Dos processos nos tribunais e dos recursos, 3ª. ed. Indaiatuba: Foco, 2022, v. 3.

Manual de prática jurídica civil para graduação e exame da OAB. 5ª. ed. São Paulo: Indaiatuba: Foco, 2022.

Lições de direito civil – Teoria Geral – Das pessoas e dos bens, 5ª. ed. Indaiatuba: Foco, 2022, v. 1 .

Lições de direito civil – Obrigações e responsabilidade civil, 5ª. ed. Indaiatuba: Foco, 2022, v. 2.

Lições de direito civil – Dos contratos e dos atos unilaterais, 5ª. ed. Indaiatuba: Foco, 2022, v. 3 .

Lições de direito civil – Direito das coisas, 5ª. ed. Indaiatuba: Foco, 2022, v. 1.

Lições de direito civil – Família e Sucessões, 5ª. ed. Indaiatuba: Foco, 2022, v. 1.

Novo CPC anotado e comentado, 3ª ed. Indaiatuba: Foco, 2022.

Como advogar no cível com o Novo CPC – Manual de prática jurídica, 4ª. ed. Araçariguama: Rumo Legal, 2018.

Novo CPC Comparado – 2015 X 1973. Araçariguama: Rumo Legal, 2016 (esgotado).

Dano moral trabalhista, 3ª. ed. São Paulo: Atlas, 2015 (esgotado).

Responsabilidade civil por erro médico: doutrina e jurisprudência. 3ª. ed. São Paulo: Atlas, 2014 (esgotado).

Da culpa e do risco como fundamentos da responsabilidade civil. 2ª. ed. São Paulo: Atlas, 2012 (esgotado).

Dano moral nas relações de consumo. 2ª. ed. São Paulo: Saraiva, 2012.

Dano moral – problemática: do cabimento à fixação do quantum, 2ª. ed. São Paulo: Atlas, 2011 (esgotado).

Da defesa do consumidor em juízo. São Paulo: Atlas, 2010 (esgotado).

II – CAPÍTULOS DE LIVROS EM OBRAS COLETIVAS

O direito de morrer com dignidade. In: GODINHO, Adriano Marteleto; LEITE, Salomão Jorge e DADATO, Luciana (coord.). Tratado brasileiro sobre o direito fundamental à morte digna. São Paulo: Almedina, 2017.

Dano moral pela inclusão indevida na Serasa (indústria do dano moral ou falha na prestação dos serviços?). In: STOCO, Rui (Org.). Dano moral nas relações de consumo. São Paulo: Revistas dos Tribunais, 2015.

Uma reflexão sobre a forma de indicação dos membros do Supremo Tribunal Federal brasileiro. In: ARAGÃO, Paulo; ROMANO, Letícia Danielle; TAYAH, José Marco (Coord.).

Reflexiones sobre derecho latinoamericano. Buenos Aires: Editorial Latino Americano, 2015, v. 20.

O princípio da dignidade humana como fonte jurídico-positiva para os direitos fundamentais. In: BALESTERO, Gabriela Soares; BEGALLI, Ana Silvia Marcatto (Coord.). Estudos de direito latino americano. Brasília: Kiron, 2014, v. 2.

Fundamentos da reparação por dano moral trabalhista no Brasil e uma nova teoria para sua quantificação. In: ARAGÃO, Paulo; ROMANO, Letícia Danielle; TAYAH, José Marco (Coord.). Reflexiones sobre derecho latinoamericano. Buenos Aires: Editorial Latino Americano, 2014, v. 13.

Comentários aos artigos 103 e 104 do CDC e à Lei Estadual dos Combustíveis. In: MACHADO, Costa; FRONTINI, Paulo Salvador (Coord.). Código de Defesa do Consumidor interpretado. São Paulo: Manole, 2013.

La familia ensamblada: una analisis a la luz del derecho argentino y brasileño. In: BALESTERO, Gabriela Soares; BEGALLI, Ana Silvia Marcatto (Coord.). Estudos de direito latino americano. São Paulo: Lexia, 2013.

Da dificuldade de prova nas ações derivadas de erro médico. In: AZEVEDO, Álvaro Villaça; LIGIEIRA, Wilson Ricardo (Coord.). Direitos do paciente. São Paulo: Saraiva, 2012.

O princípio da dignidade humana como fonte jurídico-positiva para os direitos fundamentais. In: ARAGÃO, Paulo; ROMANO, Letícia Danielle; TAYAH, José Marco (Coord.). Reflexiones sobre derecho latinoamericano. Rio de Janeiro: Livre Expressão, 2012, v. 8.

Reflexões sobre a inversão do ônus da prova. In: MORATO, Antonio Carlos; NERI, Paulo de Tarso (Org.). 20 anos do Código de Defesa do Consumidor: estudos em homenagem ao professor José Geraldo Brito Filomeno. São Paulo: Atlas, 2010.

III – ARTIGOS PUBLICADOS (ALGUNS TÍTULOS)

Da Gratuidade da Justiça no Novo CPC e o Papel do Judiciário. Revista Síntese de Direito Civil e Processual Civil. São Paulo: Síntese, n° 97, set./out. 2015. Publicado também na Revista Lex Magister, Edição n° 2.484, outubro 2015.

Análise crítica da forma de indicação dos membros do Supremo Tribunal Federal. Revista Jus Navigandi, Teresina, ano 20, n. 4341, 21 maio 2015. Disponível em: <http://jus.com.br/artigos/39290>

Fundamentos da reparação por dano moral trabalhista e uma nova teoria para sua quantificação. Revista Brasileira de Direitos Humanos. Lex-Magister, U. S. abr./jun. 2013.

A família ensamblada: uma análise à luz do direito argentino e brasileiro. Revista Síntese de Direito de Família, v. 78, jun./jul. 2013. Publicado também na Revista Jurídica Lex, v. 72, mar./abr. 2013.

Ulysses Guimarães: uma vida dedicada à construção da democracia brasileira. Publicado no site da Revista Lex-Magister em 19-12-2012. Disponível em: <http:// www.editoramagister.com/doutrina_24064820>.

Dano moral: por uma teoria renovada para quantificação do valor indenizatório (teoria da exemplaridade). Revista Magister de Direito Empresarial, Concorrencial e do Consumidor, v. 44, abr./mai. 2012. Publicado também na Revista Síntese de Direito Civil e Processual Civil. São Paulo: Síntese, n° 79, set./out. 2012.

Responsabilidade civil nas relações de consumo. Revista Magister de Direito Empresarial, Concorrencial e do Consumidor. Porto Alegre: Magister, n° 34, ago./set. 2010. Publicado também na Revista Síntese de Direito Civil e Processual Civil, n° 68, nov./ dez. 2010 e na Revista Lex do Direito Brasileiro, n° 46, jul./ago. 2010.

Nova execução por títulos judiciais: liquidação e cumprimento de sentença (Lei no 11.232/05). Revista Magister de Direito Processual Civil, Porto Alegre: Magister, n° 24, maio/jun. 2008. Publicado também na Revista Síntese de Direito Civil e Processual Civil, n° 58, mar./abr. 2009.

Erro médico e dano moral: como o médico poderá se prevenir? Revista Magister de Direito Empresarial, Concorrencial e do Consumidor. Porto Alegre: Magister, n° 18, dez./jan. 2008.

Excludentes de responsabilidade em face do Código de Defesa do Consumidor. Revista Magister de Direito Empresarial, Concorrencial e do Consumidor. Porto Alegre: Magister, n° 23, out./ nov. 2008.

O princípio da dignidade humana e a interpretação dos direitos humanos. São Paulo: Repertório de Jurisprudência IOB n° 07/2009.

Responsabilidade dos bancos pelos emitentes de cheques sem fundos. Juris Plenum, Caxias do Sul: Plenum, n° 88, maio 2006. CD-ROM.

Dano moral pela inclusão indevida na Serasa (indústria do dano moral ou falha na prestação dos serviços?). Revista de Direito Bancário e do Mercado de Capitais, n° 28. São Paulo: Revista dos Tribunais, abr./jun. 2005. Publicado também na Revista do Factoring, São Paulo: Klarear, n° 13, jul./ago./set. 2005 e na Revista Magister de Direito Empresarial, Concorrencial e do Consumidor. Porto Alegre: Magister, n° 12 dez./jan. 2007.

Da ilegalidade da cobrança da assinatura mensal dos telefones. Juris Plenum. Especial sobre tarifa básica de telefonia. Caxias do Sul: Plenum, n° 82. maio 2005. CD-ROM.

Abandono moral: fundamentos da responsabilidade civil. Revista Síntese de Direito Civil e Processual Civil, n° 34. São Paulo: Síntese/IOB, mar./abr. 2005. Incluído também no Repertório de Jurisprudência IOB n° 07/2005 e republicado na Revista IOB de Direito de Família, n° 46, fev./mar. 2008.

Por uma nova teoria da reparação por danos morais. Revista do Instituto dos Advogados de São Paulo, n° 15. São Paulo: Revista dos Tribunais, jan./jun. 2005. Publicado também na Revista Síntese de Direito Civil e Processual Civil, n° 33, jan./ fev. 2005.

Responsabilidade civil por abuso de direito. Juris Síntese, São Paulo: Síntese/IOB, n° 51, jan./fev. 2005. CD-ROM.

União estável: conceito, alimentos e dissolução. Revista Jurídica Consulex, n° 196, Brasília: Consulex, mar. 2005. Publicado também na Revista IOB de Direito de família n° 51, dez./jan. 2009.

Dano moral coletivo nas relações de consumo. Juris Síntese, Porto Alegre: Síntese, n° 49, set./out. 2004. CD-ROM.

Da justiça gratuita como instrumento da democratização do acesso ao judiciário. Juris Síntese, Porto Alegre, n° 48, Síntese, jul./ago. 2004. CD-ROM.

Do conceito ampliado de consumidor. Revista Síntese de Direito Civil e Processual Civil. São Paulo: Síntese/IOB, n° 30, jul./ago. 2004.

ABREVIATURAS

AC – Apelação Cível
ACP – Ação Civil Pública
ADCT – Ato das Disposições Constitucionais Transitórias
ADIn – Ação Direta de Inconstitucionalidade
Art. – artigo
BGB – Burgerliches Gesetzbuch (Código Civil alemão)
CBA – Código Brasileiro de Aeronáutica
CC – Código Civil (Lei nº 10.406/02)
CCom – Código Comercial (Lei nº 556/1850)
CDC – Código de Defesa do Consumidor (Lei nº 8.078/90)
CF – Constituição Federal
CLT – Consolidação das Leis do Trabalho (Dec-Lei nº 5.452/43)
CP – Código Penal (Dec-Lei nº 2.848/40)
CPC – Código de Processo Civil (Lei nº 13.105/15)
CPP – Código de Processo Penal (Dec-Lei nº 3.689/41)
CTB – Código de Trânsito Brasileiro (Lei nº 9.503/97)
CTN – Código Tributário Nacional (Lei nº 5.172/66)
D – decreto
Dec-Lei – Decreto-Lei
Des. – Desembargador
DJU – Diário Oficial da Justiça da União
DOE – Diário Oficial do Estado (abreviatura + sigla do Estado)
DOU – Diário Oficial da União
EC – Emenda Constitucional
ECA – Estatuto da Criança e do Adolescente (Lei nº 8.069/90)
EOAB – Estatuto da Ordem dos Advogados do Brasil (Lei nº 8.906/94)
IPTU – Imposto sobre a propriedade predial e territorial urbana
IPVA – Imposto sobre a propriedade de veículos automotores
IR – Imposto sobre a renda e proventos de qualquer natureza
IRPJ – Imposto de renda de pessoa jurídica
ISS – Imposto sobre serviços
ITBI – Imposto sobre Transmissão de Bens Imóveis
j. – julgado em (seguido de data)
JEC – Juizado Especial Cível (Lei nº 9.099/95)
JEF – Juizado Especial Federal (Lei nº 10.259/01)
LACP – Lei da Ação Civil Pública (Lei nº 7.347/85)

LA – Lei de alimentos (Lei n° 5.478/68)

LAF – Lei das Alienações Fiduciárias (Dec-Lei n° 911/69)

LAJ – Lei de Assistência Judiciária (Lei n° 1.060/50)

LAP – Lei da Ação Popular (Lei n° 4.717/65)

LArb – Lei da Arbitragem (Lei n° 9.307/96)

LC – Lei Complementar

LCh – Lei do cheque (Lei n° 7.357/85)

LD – Lei de duplicatas (Lei n° 5.474/68)

LDA – Lei de Direitos Autorais (Lei n° 9.610/98)

LDC – Lei de Defesa da Concorrência (Lei n° 8.158/91)

LDi – Lei do Divórcio (Lei n° 6.515/77)

LDP – Lei da Defensoria Pública (LC n° 80/94)

LEF – Lei de Execução Fiscal (Lei n° 6.830/80)

LEP – Lei de Economia Popular (Lei n° 1.521/51)

LI – Lei do inquilinato (Lei n° 8.245/91)

LICC – Lei de Introdução ao Código Civil (Dec-Lei n° 4.657/42)

LINDB – Lei de Introdução às Normas do Direito Brasileiro

LMI – Lei do mandado de injunção (Lei n° 13.300/16).

LMS – Lei do mandado de segurança (Lei n° 1.533/51)

LPI – Lei de propriedade industrial (Lei n° 9.279/96)

LRC – Lei do representante comercial autônomo (Lei n° 4.886/65)

LRF – Lei de recuperação e falência (Lei n° 11.101/05)

LRP – Lei de registros públicos (Lei n° 6.015/73)

LSA – Lei da sociedade anônima (Lei n° 6.404/76)

LU – Lei Uniforme de Genebra (D n° 57.663/66)

Min. – Ministro

MP – Ministério Público

MS – Mandado de Segurança

ONU – Organização das Nações Unidas

Rec. – Recurso

rel. – Relator ou Relatora

REsp – Recurso Especial

ss. – seguintes

STF – Supremo Tribunal Federal

STJ – Superior Tribunal de Justiça

Súm – Súmula

TJ – Tribunal de Justiça

TRF – Tribunal Regional Federal

TRT – Tribunal Regional do Trabalho

TST – Tribunal Superior do Trabalho

v.u. – votação **unânime**

PREFÁCIO

O Direito é obra a exigir contínua construção.

É partindo desse pressuposto que preferimos nos referir àqueles que se dedicam ao estudo das Ciências Jurídicas como *construtores*, em substituição ao termo mais usual, *operadores*.

Somos, aqueles que investem na evolução do Direito, verdadeiros construtores dessa que é das mais belas, intrigantes e desafiadoras áreas do conhecimento humano.

E não há como pretender construir algo sólido e bem estruturado sem lançar mão das ferramentas adequadas a tanto. É nesse sentido que a presente obra se apresenta como instrumento indispensável à edificação desse feito coletivo que é o Direito.

Ainda mais especial é a contribuição de *Lições de Processo Civil* porque envolve tema afeto à compreensão da relevância daqueles instrumentos – ou ferramentas – sem os quais seria impossível alcançar a concretização de direitos, incluindo aqueles que ocupam posições fundamentais na esfera patrimonial de prerrogativas da pessoa humana, tais o são a vida, as liberdades, a saúde etc.

Não é exagero, então, sustentar que o conhecimento aprofundado do *Direito das Formas* é requisito essencial à consecução do Direito Material. Este, ainda que subsista autônoma e isoladamente como ciência a nos permitir debates acadêmicos que envolvam seus aspectos abstratos, estará esvaziado quando o construtor do Direito for incapaz de conhecer e trilhar os caminhos sensíveis e reais do processo e dos procedimentos. É o Processo Civil a centelha que dá vida exterior e existência concreta aos conceitos e institutos do Direito Civil, do Direito Tributário, do Direito Constitucional, do Direito Administrativo, enfim, do Direito.

Nesse contexto, o presente trabalho do Professor Nehemias Domingos de Melo, em sua festejada terceira edição, ratifica seu esforço em conciliar a apreensão teórica dos conceitos mais importantes do processo com a prática constante do Direito, seja em sala de aula, seja nos tribunais, em incansável e combativa advocacia, exercida ao longo de quatro décadas.

É a sólida formação teórica, combinada com a insofismável experiência prática, ambas ressignificadas através da sensibilidade em compreender as necessidades dos milhares de docentes que teve o privilégio de formar, que fazem de *Lições de Processo Civil* daquelas ferramentas indispensáveis à construção do Direito.

Neste primeiro volume o autor, bem evidenciando sua vocação de exímio construtor, explora as bases desse edifício jurídico, tratando das definições de conceitos fundamentais do Processo Civil, suas fontes, modos e meios de interpretação e princípios fundantes.

Evoluindo em sua pesquisa, traz valiosas lições acerca da jurisdição, da ação e do processo, amalgamando-os com o estudo da competência, dos aspectos subjetivos do processo e dos atos processuais, a envolver seus aspectos de forma, tempo, lugar.

Demonstrando enorme apreço ao estudo das tendências atuais de solução célere dos conflitos, analisa as tutelas provisórias de urgência de natureza antecipada e cautelar, bem assim aquelas de evidência.

Adentrando as questões gerais que envolvem a jurisdição, trata da distribuição e registro da causa, da formação, suspensão e extinção do processo, antes de inaugurar a temática do processo de conhecimento, em seu procedimento comum, desde o precioso estuda da petição inicial e seus requisitos, até a investigação dos aspectos alusivos à sentença e à coisa julgada, transitando pelas fases saneadora e instrutória do processo.

Nesta jornada do conhecimento, chama atenção a habilidade do autor em deslindar temas complexos do Processo Civil de forma ágil, clara, sem hermetismos desnecessários. A fluidez da linguagem é dos maiores trunfos da obra, pois permite a consecução do mais importante objetivo do trabalho intelectual: a transmissão ampla e irrestrita do conhecimento.

Conhecimento esse capaz de iluminar as mentes dos estudantes e profissionais do Direito, que têm na obra do Professor Nehemias valiosa ferramenta para construção plena, profícua e incessante da mais nobre das ciências humanas.

Junho de 2022

Carlos Roberto Ibanez Castro

Mestre e Doutor em Direito do Estado pela PUC/SP. Pós-Doutor pela Scuola Superiore di Studi Giuridici - Università di Bologna. Professor de Direito. Advogado

SUMÁRIO

DEDICATÓRIA... V

OBRAS DO AUTOR VII

    I – Livros.. VII

    II – Capítulos de livros em obras coletivas..................................... VII

    III – Artigos publicados (alguns títulos)... VIII

ABREVIATURAS... XI

PREFÁCIO.. XIII

Parte I
INTRODUÇÃO AO ESTUDO DO DIREITO PROCESSUAL CIVIL
(TEORIA GERAL DO PROCESSO)

LIÇÃO 1 – CONCEITOS GERAIS SOBRE O DIREITO PROCESSUAL CIVIL.................... 3

    1. Conceito de Direito Processual Civil.. 3

    2. Autonomia do Direito Processual Civil....................................... 4

    3. Diferença entre direito material e processual.............................. 4

    4. Instrumentalidade e efetividade do processo.............................. 5

    5. Divisão do direito processual.. 5

    6. Relação com outros ramos do direito.. 6

    7. Objetivo do processo... 6

    8. Histórico do processo civil brasileiro.. 6

LIÇÃO 2 – FONTES, INTEGRAÇÃO E INTERPRETAÇÃO DO DIREITO PROCESSUAL
CIVIL 9

    1. Fontes do Direito Processual Civil.. 9

    2. A lei como a principal fonte do direito processual...................... 10

    3. Jurisprudência vinculante como fonte formal............................. 11

    4. Integração da norma jurídica (as fontes acessórias).................... 11

    5. Equidade como forma de integração da norma jurídica.............. 13

    6. Classificação das normas tendo em vista sua força obrigatória.... 13

7. Classificação das normas quanto à hierarquia... 14

8. A interpretação da lei 16

9. Liberdade do juiz na interpretação das normas.. 18

LIÇÃO 3 – INTEGRAÇÃO E EFICÁCIA DA NORMA PROCESSUAL............................... 19

1. Princípio da obrigatoriedade das leis 19

2. *Vacatio legis*.. 19

3. Vigência das leis e revogação das leis 20

4. Inafastabilidade do poder judiciário... 21

5. Eficácia da lei processual no espaço.. 22

6. Conflito de leis no tempo 22

7. Solução para o conflito de leis no tempo 23

8. O direito adquirido, o ato jurídico perfeito e a coisa julgada............................. 24

9. Efeitos da lei nova nos processos 24

LIÇÃO 4 – PRINCÍPIOS FUNDAMENTAIS DO PROCESSO CIVIL............................... 27

1. Da importância dos princípios 27

2. Diferença entre normas e princípios 28

3. Dos princípios constitucionais 28

   3.1   Princípio do devido processo legal (*due process of law*)............................... 29

   3.2   Princípio do juiz natural ou competente... 29

   3.3   Princípios da inafastabilidade do controle jurisdicional........................... 30

   3.4   Princípio do contraditório e da ampla defesa 30

   3.5   Princípio da fundamentação das decisões judiciais.................................... 31

   3.6   Princípio de publicidade dos atos processuais.. 32

   3.7   Princípio do duplo grau de jurisdição 32

   3.8   Princípio da inadmissibilidade de provas ilícitas....................................... 33

   3.9   Princípio da isonomia... 33

   3.10 Princípio da razoável duração do processo.. 34

4. Princípios infraconstitucionais.. 34

   4.1   Princípio dispositivo.. 35

   4.2   Princípio da cooperação 35

   4.3   Princípio da primazia da decisão de mérito.. 36

4.4	Princípio da identidade física do juiz	36
4.5	Princípio da eventualidade ou da preclusão	36
4.6	Princípio da adstrição ou congruência	37
4.7	Princípio da imparcialidade do juiz	37
4.8	Princípio da verdade formal	38
4.9	Princípio da celeridade e da economia processual	38
4.10	Princípio da instrumentalidade das formas	38

Parte II
ELEMENTOS FUNDAMENTAIS DO PROCESSO CIVIL

LIÇÃO 5 – JURISDIÇÃO, AÇÃO E PROCESSO		43
1. Institutos fundamentais do processo civil (jurisdição, ação e processo)		43
I – JURISDIÇÃO		44
2. Da jurisdição (conceito)		44
	2.1 Características da jurisdição	44
	2.2 Objetivos da jurisdição	45
	2.3 Princípios da jurisdição	45
	2.4 A jurisdição é una	46
	2.5 Jurisdição contenciosa e voluntária	46
	2.6 Substituição da jurisdição estatal	47
	2.7 Jurisdição coletiva	47
II – DA AÇÃO		48
3. Da ação (conceito)		48
	3.1 O direito de ação	48
	3.2 Condições da ação	49
	3.3 Exceção à regra geral da legitimação	50
	3.4 Legitimidade concorrente	51
	3.5 Carência da ação	52
	3.6 Elementos da ação	52
	3.7 Classificação das ações	53
III – PROCESSO		53
4. Processo (conceito)		53
	4.1 Processo e procedimento	53

4.2	Autos do processo	54
4.3	Os tipos de processo	54
4.4	Relação jurídica processual	55
4.5	Pressupostos processuais	56
	Quadro resumo	58

LIÇÃO 6 – COMPETÊNCIA INTERNA ... 59

1.	Competência: foro e juízo	59
2.	Classificação da competência	60
3.	Competência relativa e absoluta	61
4.	Determinação da competência	64
5.	Modificação da competência	65
	5.1 Prorrogação da competência por continência e conexão	65
	5.2 Outra causa de prorrogação da competência	67
	5.3 Prorrogação da competência por inércia da parte	67
	5.4 Derrogação da competência por vontade das partes	68
6.	Perpetuação da competência (*perpetuatio iurisdictionis*)	68
7.	Distribuição da competência	69
8.	Competência territorial	69
	8.1 Foro geral ou comum	70
	8.2 Foro subsidiário ou supletivo	70
	8.3 Foro especial	70
9.	Declaração de incompetência	71
10.	Conflito de competência	72
11.	Da cooperação nacional	73
12.	Da cooperação internacional	73

LIÇÃO 7 – DOS ATORES DO PROCESSO ... 75

1.	Das partes e seus procuradores	75
	1.1 Da capacidade processual	76
	1.2 Condição especial das pessoas casadas	77
	1.3 Representação da pessoa jurídica e dos entes despersonalizados	78
	1.4 Regularização da capacidade processual e da representação processual	80
	1.5 Dos deveres das partes e seus procuradores	80

1.6	Responsabilidade pelo pagamento de despesas e multas	81
1.7	Honorários advocatícios sucumbenciais	84
1.8	Da gratuidade de justiça	85
1.9	Dos procuradores das partes	88
1.10	Da sucessão das partes	89
1.11	Da sucessão dos procuradores	90
2.	Do litisconsórcio	91
2.1	Formação do litisconsórcio	92
2.2	Classificação do litisconsórcio	93
2.3	Momento da formação	95
2.4	Observações importantes	95
3.	Intervenção de terceiros	96
3.1	Assistência	97
3.2	Denunciação da lide (ou litisdenunciação)	98
3.3	Do chamamento ao processo	101
3.4	Da desconsideração da personalidade jurídica	102
3.5	Do *amicus curiae*	106
4.	Dos juízes: deveres, poderes e responsabilidade	107
4.1	Poderes/deveres do juiz	107
4.2	Responsabilidade do Juiz	111
4.3	Dos impedimentos e da suspeição	112
4.3.1	Dos impedimentos	113
4.3.2	Da suspeição	113
4.3.3	Processamento dos impedimentos ou da suspeição	113
4.3.4	Outros agentes sujeitos ao impedimento e suspeição	114
5.	Dos auxiliares da justiça	114
5.1	Esclarecimentos sobre os auxiliares da justiça	115
5.2	O escrivão ou chefe de secretaria	115
5.3	O oficial de justiça	116
5.4	O perito	117
5.5	Conciliadores e mediadores judiciais	118
6.	Do Ministério Público	120
7.	Da Advocacia Pública	121
8.	Da Defensoria Pública	122

Parte III
DOS ATOS PROCESSUAIS: FORMA, TEMPO, LUGAR, PRAZO E COMUNICAÇÃO

LIÇÃO 8 – DOS ATOS PROCESSUAIS: FORMA, TEMPO, LUGAR, COMUNICAÇÃO E NULIDADES 127

1. Dos atos processuais em geral 127

    1.1   Da forma dos atos processuais 128

    1.2   Publicidade dos atos processuais 128

         1.2.1 Processos em segrego de justiça (exceção) 128

         1.2.2 Terceiro interessado 129

    1.3   Negócio jurídico processual 129

    1.4   Ajuste para a prática dos atos processuais 130

    1.5   Obrigatoriedade do uso da língua portuguesa 131

    1.6   Da prática eletrônica dos atos processuais 131

2. Classificação dos atos processuais 131

    2.1   Atos das partes 131

    2.2   Atos do juiz 132

    2.3   Atos do cartório do juízo 133

    2.4   Atos dos auxiliares do juízo 133

    2.5   Atos de terceiros intervenientes no processo 133

3. Do lugar dos atos processuais 134

4. Do tempo dos atos processuais 134

    4.1   Regra geral quanto à prática dos atos processuais 134

    4.2   Dos prazos processuais para os atores do processo 135

    4.3   Da contagem dos prazos 137

    4.4   Da suspensão e prorrogação dos prazos 139

    4.5   Preclusão 141

    4.6   Princípios informativos de tempo 142

5. Da verificação dos prazos e das penalidades 142

    5.1   Descumprimento dos prazos pelos advogados 143

    5.2   Descumprimento de prazos pelos serventuários 143

    5.3   Descumprimento dos prazos pelo magistrado 143

    5.4   Restituição dos autos a cartório 144

6. Forma e comunicação dos atos processuais 145

6.1	Das cartas	145
6.2	Da citação	148
	6.2.1 Modalidades de citação	149
	6.2.2 Não se fará a citação	153
	6.2.3 Requisitos para validade da citação	154
	6.2.4 Efeitos da citação	156
6.3	Das intimações	157
	6.3.1 Formas de intimação	158
	6.3.2 Intimação pelo advogado da parte	159
	6.3.3 Intimação por carga nos autos	160
	6.3.4 Intimação da Fazenda Pública	160
	6.3.5 Intimação das partes e de terceiros	160
	6.3.6 Requisitos de validade das intimações	161

7. Invalidade dos atos procesuais (*nulidades*) 161

7.1	Ato processual meramente irregular	162
7.2	Ato processual nulo	162
7.3.	Ato processual inexistente	162
7.4	Nulidades processuais previstas em lei	163
7.5	Tipos de nulidades	163
7.6	Nulidades sanáveis e insanáveis	164
7.7	Dos princípios aplicáveis às nulidades	164
7.8	Regularização dos vícios	165
7.9	Nulidades e a coisa julgada	166
7.10	Sentença inexistente	166

Parte IV

DA FORMAÇÃO, SUSPENSÃO E EXTINÇÃO DO PROCESSO: DA DISTRIBUIÇÃO, DO REGISTRO E DAS TUTELAS DE URGÊNCIA

LIÇÃO 9 – DAS TUTELAS PROVISÓRIAS: DE URGÊNCIA E DE EVIDÊNCIA 169

1. Disposições gerais 169
2. Conceito de tutela provisória 171
3. Características 172
4. Espécies de tutelas provisórias 173

4.1	De urgência ou evidência	173
4.2	Antecedente ou incidente	174

4.3	Antecipada ou cautelar	174

5. Recorribilidade das provisórias 174

6. Poder geral de cautela do juiz 175

7. Dever de fundamentação do juiz.. 175

8. Competência do juízo 175

9. Das tutelas de urgência.. 176

    9.1   Efetivação das medidas cautelares 177

    9.2   Responsabilidade pelos danos causados 178

    9.3   Tutela antecipada em caráter antecedente 178

        9.3.1 Negativa de concessão da tutela antecipada antecedente 180

        9.3.2 Estabilização da tutela antecipada antecedente 180

        9.3.3 Revisão da tutela estabilizada 181

    9.4   Tutela cautelar requerida em caráter antecedente.............................. 181

        9.4.1 Citação do réu.. 182

        9.4.2 Aditamento da petição inicial antecedente.................................... 182

        9.4.3 Eficácia de tutela concedida.. 183

        9.4.4 Indeferimento da tutela cautelar.. 183

    9.5   Fungibilidade das tutelas provisórias 183

10. Tutela de evidência 184

    10.1 Diferenças entre tutela de evidência e tutela de urgência................... 185

    10.2 Concessão liminar 185

    10.3 Tutela de evidência e julgamento antecipado 185

11. Tutelas provisórias contra a fazenda pública... 186

LIÇÃO 10 – DA DISTRIBUIÇÃO, DO REGISTRO, DO VALOR DA CAUSA E DA FORMAÇÃO, SUSPENSÃO E EXTINÇÃO DO PROCESSO... 187

I – DA DISTRIBUIÇÃO, DO REGISTRO E DO VALOR DA CAUSA 187

1. Da distribuição e do registro 187

    1.1   A distribuição.. 188

    1.2   Distribuição por dependência... 188

    1.3   Fiscalização da distribuição 188

2. Do valor da causa 189

    2.1   Correção de ofício pelo juiz... 190

2.2	Impugnação ao valor da causa	191
2.3	Importância da atribuição de valor a qualquer causa	191

II – FORMAÇÃO DO PROCESSO ... 192

3. Propositura da demanda ... 192

3.1	Princípio dispositivo	192
3.2	Impulso oficial	192
3.3	Efeitos da propositura da ação	192
3.4	Estabilização da demanda	193

III – SUSPENSÃO DO PROCESSO ... 193

4. Suspensão do processo ... 193

4.1	Causa suspensivas	193
4.2	Mérito depender de apuração no juízo criminal	196

IV – EXTINÇÃO DO PROCESSO ... 196

5. Extinção do processo ... 196

5.1	Extinção com julgamento do mérito (*sentença de mérito ou definitiva*)	196
5.2	Extinção sem julgamento do mérito (*sentença terminativa*)	197
5.3	Recurso cabível contra a sentença	198

LIÇÃO 11 – DA PETIÇÃO INICIAL, DO PEDIDO E DA AUDIÊNCIA DE CONCILIAÇÃO OU DE MEDIAÇÃO ... 199

1. Da petição inicial ... 199

1.1	Requisitos da petição inicial	200
1.2	Recebimento da petição inicial	202
1.3	Aditamento e emenda da petição inicial	203
1.4	Indeferimento da petição inicial	203
1.5	Recurso contra o indeferimento e juízo de retratação	205

2. Do pedido ... 205

2.1	Pedido certo	206
2.2	Pedido determinado	206
2.3	Pedido genérico	206
2.4	Pedido implícito	207

2.5 Pedido alternativo	208
2.6 Pedido em ordem subsidiária	208
2.7 Cumulação de pedidos	208
2.8 Aditamento ou modificação do pedido	210
2.9 Improcedência liminar do pedido	210
3. Audiência de conciliação ou mediação	212
3.1 Ato atentatório à dignidade da justiça	213
3.2 Resultado da audiência	213

LIÇÃO 12 – DA CONTESTAÇÃO, DA RECONVENÇÃO E DA REVELIA 215

1. Contestação	215
1.1 Prazo para apresentação da contestação	216
1.2 Preliminares da contestação	217
1.2.1 Preliminares que retardam o andamento do processo (dilatórias) ...	218
1.2.2 Preliminares que extinguem o processo (peremptórias)	219
1.3 Defesa de mérito ou substancial	220
1.4 Contestação por negativa geral	221
1.5 Novas alegações depois de apresentada a contestação	221
1.6 Ilegitimidade de parte	222
1.7 Alegação de incompetência	222
2. Da reconvenção	223
2.1 Finalidade da reconvenção	224
2.2 Requisitos	224
2.3 Características importantes	225
2.4 Dispensa da reconvenção nas ações dúplices	227
3. Da revelia	227
3.1 Três efeitos decorrentes da revelia	227
3.2 Circunstâncias Impeditivas da Revelia	228
3.3 Revelia só se aplica à matéria de fato	230
3.4 Comparecimento do *revel a posteriori*	230
3.5 Processo de execução	230

LIÇÃO 13 – DAS PROVIDÊNCIAS PRELIMINARES, DO SANEAMENTO E DA AU-DIÊNCIA DE INSTRUÇÃO E JULGAMENTO.. 231

1. Providências preliminares 231

    1.1   Não incidência dos efeitos da revelia.. 232

    1.2   Fato impeditivo, modificativo ou extintivo do direito do autor................ 232

    1.3   Alegações do réu com preliminares 232

    1.4   Irregularidades ou vícios sanáveis 232

2. Do julgamento conforme o estado do processo 233

3. Do julgamento antecipado do mérito... 233

4. Do julgamento antecipado parcial de mérito 234

5. Do saneamento e da organização do processo.. 235

    5.1   Direito de esclarecimento 236

    5.2   Delimitação das questões de fato e de direito... 236

    5.3   Saneamento participativo.. 236

6. Da audiência de instrução e julgamento 237

    6.1   Procedimento que antecedem à realização da audiência......................... 237

    6.2   Procedimento durante a audiência.. 238

    6.3   Adiamento da audiência 239

    6.4   A audiência é una 240

    6.5   Debates orais ou memoriais escritos.. 240

    6.6   Sentença.. 240

    6.7   Decisões proferidas em audiência.. 241

PARTE V

DA FASE INSTRUTÓRIA E DECISÓRIA DO PROCESSO: DAS PROVAS À SENTENÇA

LIÇÃO 14 – DAS PROVAS.. 245

1. Disposições gerais sobre as provas 246

    1.1   Provar é um direito 246

    1.2   O juiz como destinatário da prova... 246

    1.3   Finalidade da prova 246

    1.4   Liberdade do juiz na apreciação das provas.. 247

    1.5   Prova emprestada.. 247

1.6	Ônus da prova	247
	1.6.1 Carga probatória dinâmica	248
	1.6.2 Acordo das partes sobre o ônus da prova	248
	1.6.3 Inversão do ônus da prova	248
1.7	Não dependem de prova	249
1.8	Dever de colaboração com o judiciário	250
1.9	Instrução processual (fase instrutória)	251
1.10	Hierarquia das provas	251
2.	Produção antecipada de provas	251
2.1	Do procedimento do pedido de produção antecipada de prova	252
2.2	Do recurso contra neste procedimento	252
2.3	Destinos dos autos	252
3.	Da ata notarial	253
4.	Depoimento pessoal	253
4.1	Depoimento pessoal (propriamente dito)	253
4.2	Interrogatório das partes	254
4.3	A parte não é obrigada a depor sobre fatos	255
4.4	Ordem dos depoimentos	255
4.5	Depoimento por videoconferência	255
5.	Confissão	255
5.1	Espécies de confissão	256
5.2	Caso haja litisconsorte	257
5.3	Confissão do cônjuge	257
5.4	Não se admite a confissão	257
5.5	Irrevogabilidade da confissão	258
5.6	A confissão pode ser anulada	258
5.7	A confissão é indivisível	258
5.8	Eficácia da confissão	258
6.	Da exibição de documento ou coisa	259
6.1	Momento do requerimento	259
6.2	Requisitos	259

6.3	Exibição requerida contra a parte ou terceiro	260
	6.3.1 Recusa injusta pela parte	260
	6.3.2 Recusa injusta pelo terceiro	261
	6.3.3 Recusa justa	262

7. Da prova documental 262

7.1 Da força probante do documento público 263

7.2 Da força probante do documento particular 263

7.3 Da força probante dos telegramas ou radiogramas 265

7.4 Da força probante das cartas e registros domésticos 265

7.5 Dos livros empresariais 266

7.6 Da força probante das cópias 266

7.7 Momento de apresentação dos documentos 268

7.8 Manifestação das partes sobre os documentos 270

7.9 Documentos com rasuras, borrões, falsos ou alterados 271

7.10 Da arguição de falsidade 272

7.11 Dos documentos eletrônicos 272

8. Da prova testemunhal 273

8.1 Indeferimento da prova testemunhal 273

8.2 Exceção da prova escrita 273

8.3 Prova da simulação e vícios de consentimento 274

8.4 Pessoas que não podem depor 274

8.5 Local onde a testemunha deve depor 276

8.6 Intimação da testemunha 277

8.7 Da produção da prova testemunhal 278

8.8 O depoimento em juízo é considerado serviço público 280

9. Da prova pericial 281

9.1 Prova técnica simplificada 281

9.2 A perícia pode ser indeferida 282

9.3 Nomeação do perito 283

9.4 Deveres do perito 283

9.5 Papel do assistente técnico 284

9.6	Substituição do perito	284
9.7	Dos quesitos	285
9.8	Da perícia consensual	285
9.9	O laudo pericial deve conter	286
9.10	Entrega do laudo	287
9.11	Segunda perícia	287
9.12	O livre convencimento do juiz	288
9.13	As despesas com a perícia	288

10. Provas indiretas: indícios e presunções 288

11. Da inspeção judicial 290

LIÇÃO 15 – DA SENTENÇA E DA COISA JULGADA 291

1. Sentença 291

2. Espécies de sentença 291

3. Requisitos essenciais da sentença 292

4. Dever de fundamentação 293

5. Limites da sentença 294

6. Extinção do processo 295

6.1	Extinção com julgamento do mérito (sentença de mérito ou definitiva)	295
6.2	Extinção sem julgamento do mérito (sentença terminativa)	296
6.3	Juízo de retratação	298
6.4	Consequências da extinção sem julgamento do mérito	298

7. Fato novo depois da propositura da ação 299

8. Correção dos vícios ou defeitos da sentença 299

9. Efeitos da sentença 300

10. Hipoteca judiciária 301

11. Da coisa julgada 302

12. Remessa necessária 303

13. Recurso cabível contra sentença 304

BIBLIOGRAFIA RECOMENDADA 305

Parte I
INTRODUÇÃO AO ESTUDO DO DIREITO PROCESSUAL CIVIL (TEORIA GERAL DO PROCESSO)

Lição 1
CONCEITOS GERAIS SOBRE
O DIREITO PROCESSUAL CIVIL

> **Sumário:** 1. Conceito de Direito Processual Civil – 2. Autonomia do Direito Processual Civil – 3. Diferença entre direito material e processual – 4. Instrumentalidade e efetividade do processo – 5. Divisão do Direito Processual – 6. Relação com outros ramos do direito – 7. Objetivo do processo – 8. Histórico do Processo Civil brasileiro.

1. CONCEITO DE DIREITO PROCESSUAL CIVIL

O Direito Processual Civil é o ramo do direito público que trata do complexo de normas e princípios reguladores do exercício da jurisdição, da ação e do processo, em face de uma pretensão de natureza civil, criando mecanismos necessários como forma de eliminar conflitos de interesse surgidos na sociedade (lide).

Em face do conceito acima, podemos extrair os seguintes comentários:

a) **Direito Público:**

Mesmo que os interesses das partes a ser resolvidos sejam de caráter privado, as normas do processo civil são de ordem pública e a jurisdição, nesse caso, é sempre estatal.

b) **Complexo de normas**:

As normas contidas no CPC e em leis especiais devem formar um conjunto coerente e lógico e, se houver lacunas, o juiz deve resolver a lide utilizando-se da analogia, dos costumes e princípios gerais de direito.

c) **Exercício da jurisdição:**

O objeto principal do processo civil é a jurisdição do Estado na tarefa de pacificação social através da solução adequada da pretensão formulada (ação) no processo instaurado.

d) **Ação:**

É o direito subjetivo da parte em provocar o exercício da jurisdição estatal que será exercida através do processo.

e) Processo:

É o complexo de atos ordenados pelo qual o Estado visa aplicar a vontade da lei aos conflitos de interesses, buscando a pacificação social.

f) Natureza civil:

O processo civil regula a aplicação do direito pela justiça civil, solucionando os conflitos de interesses de natureza civil, comercial, tributário, administrativo, constitucional, financeiro etc., sejam elas entre particulares ou entre particulares e o próprio Estado, estando excluída desse estudo as lides de origem penal, trabalhista, militar, eleitoral e outras sujeitas a disciplinamento próprio em leis especiais.

g) Lide:

É o conflito de interesses qualificado por uma pretensão contestada (resistida) ou insatisfeita, segundo conceito de Francesco Carnelutti.

2. AUTONOMIA DO DIREITO PROCESSUAL CIVIL

O processo civil é um ramo autônomo do direito, com regras próprias e princípios que o individualizam.

É importante registrar que até meados do século XIX, o direito processual civil não era considerado um ramo autônomo do Direito, mas mera decorrência própria do direito subjetivo da parte, cuja pretensão nascia a partir da violação de algum direito.

Foi a partir da segunda metade do século XIX que o direito processual civil passou a ser considerado direito autônomo, deixando de ser um mero procedimento, e sim uma relação jurídica, regulando a jurisdição e o exercício do direito de ação como forma de pacificar os conflitos de interesses surgidos na sociedade.

Atenção: é preciso destacar que, uma coisa é o processo, outra, é o interesse que ele visa proteger.

3. DIFERENÇA ENTRE DIREITO MATERIAL E PROCESSUAL

Os conflitos de interesses são regulados pelo direito material (também chamado de substancial ou substantivo). São as normas de direito civil, direito comercial, direito administrativo, direito tributário etc.

As normas de direito material asseguram diversos direitos aos membros da coletividade que, em sendo violados ou não cumprido, autorizam ao prejudicado buscar a proteção do Estado, através do processo, visando fazer com que aquele direito seja respeitado.

Já as normas de direito processual (também chamada de instrumental, formal ou adjetiva) são aquelas utilizadas pelo estado para compor os litígios, sendo o instrumento que regula a jurisdição civil.

Exemplo: num contrato de compra e venda, uma parte se obriga a entregar um certo preço em dinheiro e a outra a entregar certa coisa (isso é o direito material); se uma das partes não cumprir com a sua obrigação a outra poderá ingressar em juízo para obter uma decisão judicial que obrigue a outra parte a cumprir com aquilo a que se obrigou no contrato de compra e venda (direito processual).

Em resumo: de nada iria adiantar termos a norma de direito material tutelando determinado interesse se não tivéssemos o direito processual como forma de o Estado atuar para obrigar que aquela norma material seja respeitada.

Conclusão: Podemos dizer que o direito processual é um instrumento a serviço da realização do direito material.

4. INSTRUMENTALIDADE E EFETIVIDADE DO PROCESSO[1]

O processo não é um fim em si mesmo, mas sim o instrumento pelo qual se busca a realização da justiça. Não é correto se apegar a um formalismo processual a tal ponto que venha a impedir o conhecimento do direito eventualmente postulado pela parte.

Assim, em muitas circunstâncias será muito mais importante privilegiar a finalidade a ser atingida, do que se ater ferrenhamente à forma. A ideia buscada é a de um "processo justo", muito mais do que um "processo legal".

Esse princípio está cristalizado na combinação entre os artigos 188 e 277, do CPC, que em síntese, quer dizer o seguinte: os atos processuais serão válidos, ainda quando realizados de forma diferente do que prescreve a lei, se preenchidas a suas finalidades.

5. DIVISÃO DO DIREITO PROCESSUAL

Embora o direito processual seja um só, para efeito da prática forense, dividimos o direito processual em dois grandes grupos: civil e penal, que chamamos de jurisdição comum.

Além desses dois grandes grupos, há também jurisdição especial, em razão da especificidade de matérias, que o Estado moderno procurou regular de acordo com situações específicas como, por exemplo, as relações trabalhistas (Justiça do Traba-

---

1. Cabe aqui registrar que a instrumentalidade do processo foi uma construção doutrinária cuja paternidade no Brasil deve ser atribuída ao renomado jurista Cândido Rangel Dinamarco.

lho); as relações eleitorais (Justiça Eleitoral); as relações militares (Justiça Militar) e, alguns procedimentos de jurisdição civil que encontram-se disciplinados em leis especiais como, por exemplo, os Juizados Especiais estaduais, regulados pela Lei n° 9.099/95.

6. RELAÇÃO COM OUTROS RAMOS DO DIREITO

O direito processual civil, assim como qualquer outro ramo do direito, não existe isoladamente. É íntima a ligação do direito processual civil com o direito constitucional, direito comercial, direito civil, direito do consumidor etc.

Vejamos um pequeno exemplo: para propor ação o autor deve ter personalidade jurídica (capacidade de ser parte). Para saber dessa capacidade temos que nos abeberar do Código Civil e verificar que a pessoa física adquire essa capacidade com o nascimento em vida (ver CC, art. 2°) e a pessoa jurídica, com a inscrição de seus atos constitutivos no órgão competente (ver CC, art. 45).

Da mesma forma se o juiz for julgar uma ação de execução fiscal, deverá procurar conhecer os princípios e normas do direito tributário (responsável tributário; solidariedade passiva tributária; dívida ativa etc.).

7. OBJETIVO DO PROCESSO

O principal objetivo do processo é resguardar a própria ordem jurídica, pacificando os conflitos de interesses, através da jurisdição do Estado que ao fazer respeitar o império da lei, promove a paz social.

No Estado Democrático de Direito o acesso à justiça é garantia fundamental do cidadão (CF, art. 5°, XXXV), e o processo é o meio pelo qual se pode pedir ao Estado a tutela específica frente a um direito violado.

8. HISTÓRICO DO PROCESSO CIVIL BRASILEIRO

Quando da independência do Brasil em 1822, o regime jurídico que aqui vigia era as Ordenações do Reino. Mesmo depois da independência, por decreto imperial, as normas processuais das Ordenações Filipinas foram mantidas, assim como as leis especiais portuguesas.

Já em 1850 quando da promulgação do Código Comercial do Brasil, foi editado o regulamento n° 737 que pode ser visto como o primeiro Código Processual brasileiro, porém voltado exclusivamente para as causas comerciais.

Depois da proclamação da República, com o advento da Constituição Republicana de 1891, foi estabelecido duas esferas de poder: o federal e o estadual. Daí surgiu os Códigos estaduais que regulavam, dentre outras coisas, o processo civil.

Em 1939 foi elaborado um Código de Processo Civil nacional, por uma comissão chefiada por Pedro Batista Martins que entrou em vigor em 1° de março de 1940.

Em 1973 foi elaborado o Código Buzaid (Lei n° 5.869 de 11 de janeiro de 1973). Este código sofreu diversas alterações para se manter atualizado vindo a ser substituído pelo Novo Código de Processo Civil (Lei n° 13.105/15) que entrou em vigor em 18 de março de 2016.

O novo Código de Processo Civil é o primeiro estatuto processual brasileiro elaborado e aprovado dentro de um regime democrático. Além disso, conforme afirma Marcus Vinicius Furtado Coêlho, este código foi enriquecido pelo debate que envolveu a sua elaboração, o que impactará positivamente na efetivação do acesso à justiça, concretizando os direitos fundamentais do cidadão brasileiro.

Na perspectiva da modernidade o novel diploma traz inúmeras novidades positivas, como o incentivo à realização de conciliação e mediação judiciais (art. 3°, § 3°); a obrigatoriedade de observância ao sistema de precedentes para fins de estabilização da jurisprudência (art. 926, e parágrafos); o ônus probatório dinâmico, que faculta ao juiz a redistribuição do ônus probatório de forma diferente, mas estipula a obrigação de que as partes sejam informadas (art. 373, § 1°); a estipulação de honorários advocatícios na reconvenção, no cumprimento de sentença, na execução, e nos recursos interpostos, de modo cumulativo àqueles arbitrados em sentença (art. 85, § 1°); dentre tantas outras.[2]

---

2. COELHO, Marcus Vinicius Furtado. *O Novo Código de Processo Civil*. Brasília: OAB Federal, 2016, p. 11/12.

Lição 2
FONTES, INTEGRAÇÃO E INTERPRETAÇÃO DO DIREITO PROCESSUAL CIVIL

Sumário: 1. Fontes do Direito Processual Civil – 2. A lei como a principal fonte do direito processual – 3. Jurisprudência vinculante como fonte formal – 4. Integração da norma jurídica (as fontes acessórias) – 5. Equidade como forma de integração da norma jurídica – 6. Classificação das normas tendo em vista sua força obrigatória – 7. Classificação das normas quanto à hierarquia – 8. A interpretação da lei – 9. Liberdade do juiz na interpretação das normas.

1. FONTES DO DIREITO PROCESSUAL CIVIL

As fontes do Direito Processual Civil são as mesmas de qualquer outro ramo do direito, sendo a lei a principal e as demais acessórias, que se dividem em:

a) **Fontes formais:**

As fontes formais se dividem em três outras categorias, vejamos:

a1) **fonte formal primária ou principal** que é a lei;

a2) **fonte formal acessória** (subsidiária) onde se inclui a analogia, os costumes e os princípios gerais de direito conforme estatuído na Lei de Introdução às Normas do Direito Brasileiro (art. 4°)[1] e Código de Processo Civil (art. 140).[2]

a3) **Precedentes jurisprudenciais** que abarcam tanto as súmulas vinculantes (CF, art. 103-A,[3] regulamentado pela Lei n° 11.417/06); quanto os prece-

---

1. LINDB, Art. 4°. Quando a lei for omissa, o juiz decidirá o caso de acordo com a analogia, os costumes e os princípios gerais de direito.
2. CPC, Art. 140. O juiz não se exime de decidir sob a alegação de lacuna ou obscuridade do ordenamento jurídico.

   Parágrafo único. O juiz só decidirá por equidade nos casos previstos em lei.
3. CF, Art. 103-A. O Supremo Tribunal Federal poderá, de ofício ou por provocação, mediante decisão de dois terços dos seus membros, após reiteradas decisões sobre matéria constitucional, aprovar súmula que, a partir de sua publicação na imprensa oficial, terá efeito vinculante em relação aos demais órgãos do Poder Judiciário e à administração pública direta e indireta, nas esferas federal, estadual e municipal, bem como proceder à sua revisão ou cancelamento, na forma estabelecida em lei. (Incluído pela EC 45/2004).

dentes jurisprudenciais (as súmulas do STF e do STJ, as decisões proferidas pelo STF e pelos Tribunais de Justiça no âmbito do controle concentrado de constitucionalidade; as decisões proferidas no incidente dos processos repetitivos etc.).

b) **Não formais**:

As fontes não formais são a doutrina e a jurisprudência comum (excetuando-se os precedentes vinculantes e as súmulas vinculantes).

2. A LEI COMO A PRINCIPAL FONTE DO DIREITO PROCESSUAL

Não há dúvida de que a lei é a maior e mais importante fonte do direito processual civil. Basta lembrar que há um mandamento constitucional que diz: "ninguém será obrigado a fazer ou deixar de fazer alguma coisa senão em virtude da lei" (CF, art. 5°, II).

Advirta-se que a expressão "lei" aqui utilizada deve ser entendida no seu sentido amplo, pois abrange além da Constituição Federal as leis complementares e ordinárias federais, os decretos federais, além das Constituições Estaduais, leis e decretos estaduais bem como regulamentos expedidos pelos tribunais tais como regimentos interno, portarias, provimentos etc.

a) **Constituição Federal**:

A Constituição Federal é a primeira e mais importante fonte do Direito Processual porque nela encontramos as tutelas e garantias fundamentais dos jurisdicionados, tais quais: direito de acesso à justiça (art. 5°, XXXV); devido processo legal (art. 5°, LIV); contraditório e ampla defesa (art. 5°, LV); princípio da isonomia (CF, art. 5°, *caput* c/c CPC, art. 125, I), dentre outros. Assim, a Constituição Federal encontra-se no ápice da pirâmide, não podendo nenhuma outra fonte com ela colidir, sob pena de serem consideradas inconstitucionais e, por conseguinte, expurgados do ordenamento jurídico brasileiro.

b) **Leis complementares e leis ordinárias**:

Naturalmente o Código de Processo é a principal fonte dentre aquelas disciplinadas em leis ordinárias porque é ele que disciplina todo o procedimento de ingresso na justiça e o desenrolar de qualquer processo. Além do Código, existem leis especiais regulando diversos aspectos da vida social tais como a Lei de Ação Civil Pública (Lei n° 7.445/85); Lei do Mandado de Segurança (Lei n° 12.016/09) Código de Defesa do Consumidor (Lei n° 8.078/90), Lei dos Juizados Especiais Estaduais (Lei n° 9.099/95) etc.

c) **Constituições e leis estaduais**:

Embora a União tenha competência exclusiva para legislar sobre normas processuais (CF, art. 22, I), aos estados cabe, supletivamente, editar normas de cunho procedimental (CF, art. 125). Só para citar um exemplo, as leis de organização judiciária são atribuições dos Estados.

d) **Outros regulamentos**:

Abaixo dos dispositivos acima citados encontramos os regramentos emanados do Poder Executivo e também do Poder Judiciários que, embora não sendo lei no sentido formal da palavra, criam obrigações e deveres processuais que a todos obrigam. São fontes formais secundárias que visam, em última análise, explicitar melhor a correta aplicação da lei. É o caso das portarias, circulares, provimentos, instruções, avisos, ordens de serviços etc.

3. JURISPRUDÊNCIA VINCULANTE COMO FONTE FORMAL

A Reforma do Poder Judiciário, promovida pela EC 45/2004, inseriu o art. 103-A da Constituição Federal que dispõe sobre a possibilidade do Supremo Tribunal Federal, após decidir reiteradamente decisões de matéria exclusivamente constitucional, aprovar **súmula vinculante** que se tornarão obrigatória para todos os demais órgãos do Poder Judiciário, assim como órgãos da administração pública direta ou indireta, nas esferas federal, estadual e municipal. Quer dizer, editada uma súmula vinculante ela se torna obrigatória para qualquer outro magistrado de qualquer instância ou tribunal.

Mais recentemente, o legislador ordinário criou a figura dos **precedentes jurisprudenciais** que agora integra o Novo Código de Processo Civil e também obriga, de certa maneira, todos os magistrados (veja-se o art. 489, § 1.º, V e VI; art. 927; art. 932, IV e V: art. 985; art. 1.039 etc.).

4. INTEGRAÇÃO DA NORMA JURÍDICA (AS FONTES ACESSÓRIAS)

Como o legislador não consegue prever todas as situações presentes e futuras, estabelece a LINDB (ver art. 4º) que, **se não houver uma lei específica a ser aplicada ao caso concreto, o juiz não poderá deixar de julgar o caso** que lhe foi submetido a apreciação e para isso deverá aplicar a analogia, os costumes e os princípios gerais de direito, nesta exata ordem.

a) **Analogia**:

A analogia nada mais é do que um método de interpretação que deve ser utilizado quando não houver uma norma específica no ordenamento jurídico, mas houver disposições legais que se assemelhem. Quer dizer, diante do caso concreto e da inexistência de previsão legal, o aplicador da norma está autorizado a aplicar disposição legal existente para regular casos similares ao do litígio posto em apreciação (ver especialmente o art. 4º da LINDB e o art. 140 do CPC).

Exemplo: o direito real de habitação é instituto previsto no Código Civil apenas para os cônjuges (ver CC, art. 1.831), contudo, por analogia, esse direito tem sido estendido aos conviventes.

Outro exemplo: o art. 499 do Código Civil fala da licitude da compra e venda entre os cônjuges na constância do casamento, mas nada fala sobre os companheiros. No entanto os tribunais têm aplicado essa mesma regra para os casos envolvendo as pessoas que vivem em união estável, considerando lícita a compra e venda entre companheiros na constância da união estável, desde que relativa aos bens excluídos da comunhão.

b) **Usos e costumes**:

Podemos definir os costumes como sendo a prática reiterada e prolongada de um determinado hábito social, de conhecimento dos membros daquela comunidade e que, numa certa medida, obriga a todos.

Exemplo: todos conhecem a prática usual do cheque pós-datado (chamado erroneamente de pré-datado). Na Lei n° 7.357/85 (Lei do Cheque) não existe esta figura, tendo em vista que o cheque é uma ordem de pagamento à vista. Quer dizer, o pós-datado não está previsto em lei, é uma criação do povo brasileiro através dos usos e costumes e virou "lei". Todos os tribunais reconhecem a figura do cheque pré-datado. O STJ, por exemplo, considera que está configurado o dano moral pelo simples depósito antecipado do cheque pré-datado (ver súmula 370).

Outro exemplo: não existe no ordenamento jurídico brasileiro a figura da "exceção de pré-executividade" (alguns chamam de objeção de pré-executividade), porém esta figura é comumente utilizada pelos advogados e regularmente aceita pelos tribunais.

c) **Os princípios gerais de direito**:

É importante esclarecer que os princípios, de forma geral, são proposições básicas ou diretrizes que orientam e fundamentam o estudo de qualquer ciência, funcionando como espécie de pilares que dão sustentação às proposições emanadas. Para Miguel Reale, os princípios gerais de direitos "são enunciações normativas de valor genérico, que condicionam e orientam a compreensão do ordenamento jurídico, quer para sua aplicação e integração, quer para elaboração de novas normas". Importante ainda frisar que qualquer dispositivo legal deve ser interpretado em harmonia com os princípios gerais que orientam o ordenamento jurídico, sejam os princípios gerais de caráter constitucional, alguns até positivados em nossa Constituição Federal, sejam os princípios específicos do ramo do direito estudado (veja-se o art. 8° do CPC e os arts. 4° e 5° da LINDB).

Exemplos: apenas para exemplificar podemos destacar alguns princípios e, dentre estes o princípio constitucional da dignidade da pessoa humana (art.

1º, III) ou o princípio da isonomia (art. 5º, *caput*). Existem outros princípios que não estão expressamente previstos em lei, mas são universalmente aceitos, como, por exemplo, o princípio de que "**ninguém pode se beneficiar da sua própria torpeza**" ou "**ninguém pode transferir mais direito do que os que possuem**", ou ainda, "**na dúvida, pró mísero**".

5. EQUIDADE COMO FORMA DE INTEGRAÇÃO DA NORMA JURÍDICA

Este também é um elemento de integração das normas jurídicas (ver LINDB, art. 5º). Significa **a busca da justiça aplicada ao caso concreto**.

Vale rememorar que a lei é fria e estática e que sua aplicação de maneira rigorosa pode implicar em injustiça. Assim, o julgador tem a prerrogativa de temperar e abrandar o rigor da lei frente a cada situação que se lhe apresente.

Exemplo típico é a possibilidade de o juiz decidir de maneira diferente do disposto na lei sobre a guarda dos filhos quando outra forma se mostrar mais benéfica para as crianças (CC, art. 1.586),[4] dentre outros exemplos que poderíamos citar.

6. CLASSIFICAÇÃO DAS NORMAS TENDO EM VISTA SUA FORÇA OBRIGATÓRIA

A doutrina classifica as normas segundo sua força obrigatória, para demonstrar que, embora toda norma vise regular um fato social, há alguns fatos que são de interesse primário da sociedade e outros que são secundários. Assim, conforme sejam os interesse envolvidos, classificamos as normas em:

a) **Cogente ou de ordem pública:**

São aquelas leis que, por atender ao interesse geral, não podem ser alteradas pela vontade das partes, tendo em vista que se impõem de modo absoluto. Dividem-se em **mandamentais**, que são aquelas que impõem uma determinada conduta como, por exemplo, a irrenunciabilidade dos alimentos (CC, art. 1.707);[5] e **proibitivas**, que são aquelas que determinam uma abstenção como, por exemplo, a proibição de casar para determinadas pessoas (CC, art. 1.521).[6]

---

4. CC, Art. 1.586. Havendo motivos graves, poderá o juiz, em qualquer caso, a bem dos filhos, regular de maneira diferente da estabelecida nos artigos antecedentes a situação deles para com os pais.

5. CC, Art. 1.707. Pode o credor não exercer, porém lhe é vedado renunciar o direito a alimentos, sendo o respectivo crédito insuscetível de cessão, compensação ou penhora.

6. CC, Art. 1.521. Não podem casar:

    I – os ascendentes com os descendentes, seja o parentesco natural ou civil;

    II – os afins em linha reta;

    III – o adotante com quem foi cônjuge do adotado e o adotado com quem o foi do adotante;

    IV – os irmãos, unilaterais ou bilaterais, e demais colaterais, até o terceiro grau inclusive;

Importante: quando a norma é de ordem pública o juiz está autorizado a conhecê-la e aplicá-la de ofício, isto é, independentemente de provocação das partes como, por exemplo, a decadência e a prescrição (ver CPC, art. 332, § 1°).

b) **Não cogentes, dispositiva, supletiva ou interpretativa:**

São aquelas leis que, por não estarem diretamente ligadas aos interesses da sociedade, podem ser derrogadas por convenção entre as partes.

Exemplo: independentemente das normas que estabelecem o foro para propositura de ações (ver CPC, art. 46 e ss), as partes podem eleger um determinado foro para dirimir suas pendências contratuais, é o chamado foro de eleição (CPC, art. 63).[7]

Outro exemplo: independentemente dos contratos regulados no Código Civil (ver CC, arts. 481 e ss), as partes são livres para estabelecerem quaisquer outros tipos de contratos, desde que não contrarie a lei (CC, art. 425).[8]

7. CLASSIFICAÇÃO DAS NORMAS QUANTO À HIERARQUIA

A ordem jurídica é composta das mais variadas normas que devem conviver harmonicamente, todas elas decorrentes da Lei Maior e, dependendo da forma como foi elaborada, ocupam posições diferentes hierarquicamente. A importância dessa classificação reside no fato de que uma lei de hierarquia menor não pode contrariar as disposições de outra hierarquicamente superior, senão vejamos:

a) **Constitucionais:**

São as normas insculpidas na própria Constituição, que é a lei das leis, bem como as emendas constitucionais que se incorporam ao texto da Constituição e lhe dão nova regulação. A Constituição é assim a norma máxima, se

---

V – o adotado com o filho do adotante;

VI – as pessoas casadas;

VII – o cônjuge sobrevivente com o condenado por homicídio ou tentativa de homicídio contra o seu consorte.

7. CPC, Art. 63. As partes podem modificar a competência em razão do valor e do território, elegendo foro onde será proposta ação oriunda de direitos e obrigações.

§ 1° A eleição de foro só produz efeito quando constar de instrumento escrito e aludir expressamente a determinado negócio jurídico.

§ 2° O foro contratual obriga os herdeiros e sucessores das partes.

§ 3° Antes da citação, a cláusula de eleição de foro, se abusiva, pode ser reputada ineficaz de ofício pelo juiz, que determinará a remessa dos autos ao juízo do foro de domicílio do réu.

§ 4° Citado, incumbe ao réu alegar a abusividade da cláusula de eleição de foro na contestação, sob pena de preclusão.

8. CC, Art. 425. É lícito às partes estipular contratos atípicos, observadas as normas gerais fixadas neste Código.

colocando no topo do ordenamento jurídico e funcionando como um farol a indicar a rota para todas as demais normas jurídicas.

b) **Complementares:**

São as leis que se situam entre a Constituição e as leis ordinárias, tratando de matérias especiais, regulando textos constitucionais, aprovadas com *quorum*[9] diferenciado, exigindo-se maioria absoluta (CF, art. 69).[10] Quer dizer, são leis cujo objetivo é o de completar ou explicitar o texto constitucional. Dentre os vários exemplos podemos citar a Lei Orgânica da Magistratura (CF, art. 93).[11]

c) **Ordinárias:**

São as leis mais comuns que vão regular os fatos típicos ocorrentes na sociedade. É o conjunto das leis que, aprovadas pelo Congresso Nacional (por maioria simples), passam a integrar o ordenamento jurídico pátrio, regulando as mais diversas atividades humanas. O Código de Processo Civil é um exemplo desse tipo de legislação.

d) **Delegadas:**

São leis elaboradas pelo Executivo, mediante autorização expressa do Legislativo, tendo mesma posição hierárquica das leis ordinárias (ver CF, art. 68).[12]

e) **Medidas provisórias:**

Não são propriamente leis, mas têm força de lei ordinária durante sua vigência, sendo editadas pelo Poder Executivo, que exerce o papel de propor determinada medida legislativa cuja plena eficácia dependerá de posterior aprovação pelo Congresso Nacional. Tão logo editada, ela entra em vigor, porém, não aprovada no prazo de 60 dias (que pode ser prorrogado), a medida provisória perde eficácia. Depois de aprovada pelo Congresso Nacional, ela se transforma em lei.

Atenção: em tese este instituto se justifica em face de matérias que sejam de grande importância e urgência; não podendo abranger matérias como o Direito Penal, Processual Penal e Processual Civil, dentre outros (CF, art. 62, especialmente o § 1°).[13]

---

9. Entendendo a questão do quórum para aprovação das leis brasileiras: Emenda Constitucional (PEC) exige três quintos dos parlamentares do Congresso Nacional (deputados e senadores); Leis Complementares e os projetos de Decreto Legislativo requerem maioria absoluta (metade mais um de todos os parlamentares); Leis Ordinárias e Medidas Provisórias exigem tão somente maioria simples.

10. CF, Art. 69. As leis complementares serão aprovadas por maioria absoluta.

11. CF, Art. 93. Lei complementar, de iniciativa do Supremo Tribunal Federal, disporá sobre o Estatuto da Magistratura (Omissis).

12. CF, Art. 68. As leis delegadas serão elaboradas pelo Presidente da República, que deverá solicitar a delegação ao Congresso Nacional.

13. CF, Art. 62. Em caso de relevância e urgência, o Presidente da República poderá adotar medidas provisórias, com força de lei, devendo submetê-las de imediato ao Congresso Nacional.

§ 1° É vedada a edição de medidas provisórias sobre matéria:

f) Decretos:

São atos normativos expedidos pelo Poder Executivo (presidente, governadores e prefeitos) normalmente com a finalidade de explicitar melhor a aplicação de uma determinada lei ou fazer nomeações. Tem uma função regulamentar e não poderá inovar nem criar novos direitos ou obrigações.

g) Outros regulamentos:

Existem outras normas com força de lei dentro dos limites de suas atribuições e que permeiam o nosso ordenamento jurídico disciplinando atos e procedimentos os mais diversos, tais como portarias, circulares, provimentos, instruções, avisos e ordens de serviços que são utilizados pela Administração Pública para editar procedimentos acerca da aplicação de determinadas leis ou regulamentos, editar normas para execução de serviços, fazer nomeações, promover demissões, aplicar punições, ou qualquer outra determinação de sua competência.

Atenção: por óbvio que, em face do princípio da hierarquia das leis, estes instrumentos não podem colidir nem contrariar texto constitucional, nem das leis ordinárias, por exemplo.

8. A INTERPRETAÇÃO DA LEI

Interpretar a norma jurídica é penetrar no seu significado procurando extrair dela seu verdadeiro sentido, para uma correta aplicação ao caso concreto. Muitas normas têm caráter geral e abstrato e o julgador é quem vai fazer a adaptação dela ao caso concreto submetido à sua apreciação.

Quando a norma se aplica perfeitamente a uma determinada situação, dizemos que ocorreu a subsunção da norma ao caso concreto. Muitas vezes, tal enquadramento não ocorre e o juiz é obrigado a fazer a integração da norma aplicável ao caso *sub judice*, daí surgindo a necessidade de se fazer a interpretação da lei, ou seja, de procurar **identificar qual é o "espírito da lei"**.

I – relativa a:

a) nacionalidade, cidadania, direitos políticos, partidos políticos e direito eleitoral;

b) direito penal, processual penal e processual civil;

c) organização do Poder Judiciário e do Ministério Público, a carreira e a garantia de seus membros;

d) planos plurianuais, diretrizes orçamentárias, orçamento e créditos adicionais e suplementares, ressalvado o previsto no art. 167, § 3º;

II – que vise a detenção ou sequestro de bens, de poupança popular ou qualquer outro ativo financeiro;

III – reservada a lei complementar;

IV – já disciplinada em projeto de lei aprovado pelo Congresso Nacional e pendente de sanção ou veto do Presidente da República.

A principal orientação quanto à interpretação encontra-se no art. 5°, da LINDB que expressamente diz: "na aplicação da lei, o juiz atenderá aos fins sociais a que ela se dirige e às exigências do bem comum". Aliás, essa disposição foi ampliada pelo que consta no Novo CPC que em seu art. 8°, expressamente diz: "Ao aplicar o ordenamento jurídico, o juiz atenderá aos fins sociais e às exigências do bem comum, resguardando e promovendo a dignidade da pessoa humana e observando a proporcionalidade, a razoabilidade, a legalidade, a publicidade e a eficiência".

Importante esclarecer que **Hermenêutica Jurídica** é a denominação da ciência de interpretação das leis. Para compreensão de sua importância, peço vênia para colacionar as palavras do mestre Miguel Reale: "se o executor de Beethoven pode dar-lhe uma interpretação própria, através dos valores de sua subjetividade, a música não pode deixar de ser a de Beethoven. No direito, ao contrário, o intérprete pode avançar mais, dando à lei uma significação imprevista, completamente diversa da esperada ou querida pelo legislador, em virtude de sua correlação com outros dispositivos, ou então pela sua compreensão à luz de novas valorações emergentes no processo histórico".[14]

Nesse sentido e para efeitos de estudos podemos classificar os modos de interpretação da seguinte forma:

a) **Quanto às fontes ou a origem:**

Autêntica (a própria lei), jurisprudencial (decisões dos tribunais sobre casos concretos de aplicação da lei) ou doutrinária (comentários dos doutos);

b) **Quanto aos meios:**

Gramatical ou literal (é a análise do texto do ponto de vista linguístico): sistemático (é a interpretação em conjunto com outras normas); teleológico ou finalístico (busca entender a finalidade e os objetivos que se pretende atingir – exemplo o art. 5° da LINDB); e, histórico (quando se faz uma correlação com leis anteriores que regularam a mesma matéria).

c) **Quanto aos resultados:**

Extensiva (permite que o interprete aplique uma determinada norma noutros casos partindo da premissa de que a norma diz menos do que poderia dizer e daí faz sua aplicação para outra situações); restritiva (quando o interprete não pode alargar a aplicação da norma); e, declarativa (aquela interpretação a que se chega ao mesmo resultado da lei, ou seja, aquilo que está escrito na norma).

É importante fazer um alerta: nunca se deve fazer uso de um único método de interpretação. O ideal é que sejam utilizadas todas as técnicas conjuntamente. O

---

14. *Lições preliminares de direito*, p. 287-288.

intérprete deve se valer de um conjunto de métodos de sorte a, efetivamente, achegar-se o mais perto possível da interpretação ideal.

9. LIBERDADE DO JUIZ NA INTERPRETAÇÃO DAS NORMAS

Embora muitas normas contidas no Código de Processo Civil sejam cogentes, isto é, de ordem pública, outras são dispositivas, dando liberdade ao aplicador da norma para fazer a interpretação que melhor sirva aos ideais de justiça e dentre estas, destacamos especialmente os seguintes artigos: 140; 277; 282, § 1°; 283; 371, 374, I; 375; dentre outros.

Também dentre as leis especiais, vamos encontrar diversos permissivos para uma boa aplicação da justiça a partir da liberdade de interpretação outorgada aos magistrados. Nesse sentido e por exemplar veja-se o Código de Defesa do Consumidor (Lei n° 8.078/90) que, dentre outras disposições, deixa ao critério do juiz entender como cláusulas abusivas outras situações além daquelas expressamente estipuladas na própria lei (art. 51) ou aquela que permite ao juiz inverter o ônus da prova diante da hipossuficiência do consumidor e da verossimilhança do alegado (art. 6°, VIII).

Lição 3
INTEGRAÇÃO E EFICÁCIA DA NORMA PROCESSUAL

Sumário: 1. Princípio da obrigatoriedade das leis – 2. *Vacatio legis* – 3. Vigência das leis e revogação das leis – 4. Inafastabilidade do poder judiciário – 5. Eficácia da lei processual no espaço – 6. Conflito de leis no tempo – 7. Solução para o conflito de leis no tempo – 8. O direito adquirido, o ato jurídico perfeito e a coisa julgada – 9. Efeitos da lei nova nos processos.

1. PRINCÍPIO DA OBRIGATORIEDADE DAS LEIS

Pelo princípio da obrigatoriedade das leis (ou da legalidade) ninguém pode alegar que desconhece a existência de uma lei para com isso tentar se eximir de sua eventual responsabilidade. Nos termos do art. 3º, da LINDB: "**Ninguém se escusa de cumprir a lei, alegando que não a conhece**".

Em razão disso há o princípio da publicidade que exige que todas as leis brasileiras sejam publicadas em Diário Oficial (Federal, Estadual ou Municipal), com o objetivo de tornar público a existência daquela determinada norma e a sua vigência.

Quer dizer, depois de publicada a lei, respeitando o período de vacatio legis (se houver), ela passa a valer para todos, não podendo ninguém alegar desconhecimento de sua existência para se isentar de responsabilidade pelo seu descumprimento.

Trata-se, a bem da verdade, de uma ficção do direito, pois nem os doutos conhecem toda a legislação. A existência dessa obrigatoriedade decorre da necessidade de garantir a eficácia e segurança jurídica ao ordenamento jurídico brasileiro.

2. *VACATIO LEGIS*

É o intervalo que medeia a publicação da lei e o início de sua vigência. Este prazo, se não houver outro estabelecido na própria lei, será de 45 dias. Aliás, muitas vezes algumas leis entram em vigor no próprio dia de sua publicação, basta que assim esteja previsto em seu próprio corpo normativo (ver LINDB, art. 1º).

Vacatio legis é uma expressão latina que significa "vacância de lei", algo como "ausência de lei". Esta previsto na Constituição Federal (art. 59, parágrafo único) e foi explicitado pela Lei Complementar n° 95/98 que exatamente dispõe sobre a elaboração, a redação, a alteração e a consolidação das leis no Brasil (ver especialmente o art. 8°).

Importante: os atos praticados durante o *vacatio legis* devem ser resolvidos à luz da lei revogada.

Outro detalhe: se durante a espera para entrada em vigor houver alguma alteração na lei e nova publicação, o prazo do *vacatio legis* deverá ser contado a partir desse ato modificativo.

Atenção: existem leis que entram em vigor na data de sua publicação e, por conseguinte, não haverá "*vacatio legis*" nesses casos.

3. VIGÊNCIA DAS LEIS E REVOGAÇÃO DAS LEIS

Como tudo na vida, as leis nascem, vivem e morrem. O nascer é quando de sua entrada em vigor; a vida é o período em que a mesma possa ter vigência; e a morte ocorre quando de sua revogação, o que normalmente ocorre por outra lei que a substitui.

A revogação das leis tanto pode ser total (**ab-rogação**), nos casos em que a lei anterior é totalmente substituída por outra. Também pode ocorrer de uma lei ser parcialmente revogada (**derrogação**), nos casos em que a alteração atinge um ou mais artigos ou outros dispositivos da lei anterior, deixando os demais em vigor.

Devemos alertar ainda que a revogação pode ocorrer de forma expressa ou mesmo de forma tácita; vejamos:

a) **Expressa:**

A revogação será expressa quando constar no próprio corpo da nova norma que ela está revogando a anterior. Quer dizer, a nova lei taxativamente declara que está revogando a norma antiga.

Exemplo: ver o art. 1.046, *caput*,[1] do atual Código de Processo Civil que taxativamente revogou o anterior que era de 1973 (Lei n° 5.869/73).

b) **Tácita:**

Diremos que a revogação foi tácita quando a matéria disciplinada na lei nova for incompatível com outra norma preexistente, como ocorreu, por exemplo, com a promulgação da Constituição de 1988, que equiparou todos os filhos sem nenhuma distinção, derrogando dispositivos do Código Civil de 1916,

---

1. Art. 1.046. Ao entrar em vigor este Código, suas disposições se aplicarão desde logo aos processos pendentes, ficando revogada a Lei no 5.869, de 11 de janeiro de 1973.

que tratava de forma diferente os filhos conforme suas origens. Também pode ocorrer a revogação tácita quando a lei nova regulamente inteiramente a matéria que constava na lei anterior.

Exemplo: É muito comum encontrarmos no artigo final de muitas leis a expressão "revogam-se as disposições em contrário". Quer dizer, há uma revogação tácita de todo e qualquer dispositivo que com a nova lei colida, no todo ou em parte.

Importante: Há um preceito clássico que diz que "**lei geral posterior, não derroga a lei especial anterior**" (Lex posterior generalis non derrogat legi priori speciali). Contudo, esse princípio não é absoluto e deve ser compreendido com a devida cautela tendo em vista ser possível haver exceções.

4. INAFASTABILIDADE DO PODER JUDICIÁRIO

No ordenamento jurídico brasileiro há um chamado "**direito de petição**" que está previsto na Constituição Federal (art. 5º, inciso XXXV),[2] pelo qual qualquer pessoa pode invocar o poder do Estado, tanto jurisdicional quanto administrativo, para dirimir controvérsias. Costumo dizer que ainda que o indivíduo não tenha direito nenhum, pelo menos ele terá o direito de peticionar e pedir ao Estado que declare isso.

Assim, toda pessoa (física ou jurídica) tem o direito de invocar a atividade jurisdicional ou administrativa a seu favor, como direito público subjetivo. É um direito de garantia política do cidadão até mesmo contra o Estado.

Provocado o Poder Judiciário surge para o sujeito um novo direito que é a garantia de que seu pedido será apreciado e merecerá um provimento, ainda que o requerente não tenha direito material nenhum a ser protegido.

Conforme já afirmamos, o juiz não pode deixar de julgar qualquer causa alegando inexistência de lei ou ato normativo. Para suprir isso, deverá usar a analogia, os costumes, os princípios gerais de direito, a doutrina ou mesmo a jurisprudência (ver LINDB, art. 4°). O que não pode é deixar de julgar.

O direito de petição nasceu na Inglaterra, estando previsto na Carta Magna de 1215 (Rei João Sem Terra), porém o "right of petition" somente tomou contornos atuais na Idade Moderna, fruto das Revoluções Inglesas, especialmente a de 1628. Depois esse direito se consolidou ao ser inserido na Declaração de Direitos dos Estados Unidos em 1776 (artigo 16), e foi também reafirmado na Constituição Francesa de 1791 (artigo 3°).

---

2. CF, art. 5° (omissis).

XXXVa lei não excluirá da apreciação do Poder Judiciário lesão ou ameaça a direito;

5. EFICÁCIA DA LEI PROCESSUAL NO ESPAÇO

Quando falamos de eficácia de lei no espaço estamos nos referindo à vigência da lei dentro de um determinado território.

Em face do princípio constitucional da soberania (CF, art. 1º, I), somente a lei brasileira tem força de aplicação dentro dos limites territoriais do Brasil.

Vale anotar que cada Estado é soberano, ou seja, possui suas próprias normas que deverão ser aplicadas em todo o seu território. Dessa forma, a lei argentina só tem força dentro do seu território, não podendo ser aplicada para solução de casos no Paraguai ou noutro país qualquer.

Cabe ainda destacar que as sentenças e decisões judiciais estrangeiras não têm nenhuma validade no território brasileiro, a não ser que sejam homologadas pelo Superior Tribunal de Justiça (ver CF, artigo 105, I, "i" e CPC, art. 961).

> **Vale repisar:** dentro do território brasileiro só têm valor as normas brasileiras. As leis processuais de outros países, por melhor que sejam, não poderá ter vigência no Brasil, por expressa determinação do nosso Código de Processo Civil (art. 1º c/c art. 16).

> **Exceção:** A única exceção é com relação às provas já que os meios e o ônus de sua produção subordinam-se à lei do país onde deve ser produzida (art. 13 da LINDB).

> **Atenção:** mesmo os tratados internacionais, para ter força de lei no Brasil, devem ser recepcionados pela forma que a lei brasileira estabelece. Quer dizer, os tratados internacionais depois de assinados pelo Presidente da República e, para ter validade no Brasil, precisam ser aprovados pelo Congresso Nacional através de decreto legislativo, promulgados e publicados (ver CF, art. 84, III c/ art. art. 49, I).

> **Observação importante:** decisões judiciais podem adotar o direito material estrangeiro como fundamento para decidir como, por exemplo, nos casos previstos no art. 10 da LINDB.

6. CONFLITO DE LEIS NO TEMPO

A lei começa a vigorar 45 dias após sua publicação, se outro prazo não for assinalado na própria lei (LINDB, art. 1º). No geral as leis processuais são permanentes e sua validade vai até o momento em que outra lei a modifique ou revogue (LINDB, art. 2º). Excepcionalmente pode existir leis de vigência temporária, cujos prazos de validade vem estabelecido na própria lei.

As leis são editadas para regularem situações futuras, porém em muitos casos ela conflita com situações que já se encontravam sedimentada.

LIÇÃO 3 • INTEGRAÇÃO E EFICÁCIA DA NORMA PROCESSUAL **23**

Temos um exemplo recente que foi a entrada em vigor do Novo CPC, em 18 de março de 2016, revogando o CPC de 1973, que em seu art. 1.046, expressamente consignou: "Ao entrar em vigor este Código, suas disposições se aplicarão desde logo aos processos pendentes, ficando revogada a Lei no 5.869, de 11 de janeiro de 1973".

Quer dizer o Novo CPC passou a ser aplicados aos processos que já estavam em andamento, porém para atos a serem praticados que ainda não estavam realizados.

> **Exemplo:** se um processo já havia passado pela fase de instrução e julgamento estes atos não se sujeitariam às novas regras porque já realizados à luz da lei anteriormente vigente (CPC/73). Porém, se o processo que estava em andamento se encontrava na fase de marcar audiência de instrução e julgamento, essa audiência já seria realizada a luz do regramento novo.

7. SOLUÇÃO PARA O CONFLITO DE LEIS NO TEMPO

Há quem afirme que a lei processual tem efeito retroativo, porém isso não é verdade. O que ocorre é que a lei nova passa a valer para os processos em andamento, porém, somente no que diz respeito aos atos a serem praticados a partir de sua vigência. Isto é, a lei processual validará todos os atos processuais já realizados e somente será aplicada nos atos processuais que irão ser realizados depois de sua entrada em vigor.

Para solucionar eventuais impasses entre a lei antiga revogada e a nova que entra em vigor, há duas formas comumente utilizadas, vejamos:

a) **As disposições transitórias:**

> São disposições acessórias que visam compatibilizar as regras da nova lei que entra em vigor com as regras que constavam da lei revogada. Nesse sentido, ver como exemplo o artigo 1.045 (e também os seguintes) do Novo Código Processo Civil (Lei n° 13.105/15).

b) **O princípio da irretroatividade das leis:**

> Conforme consta expressamente da Constituição Federal (CF, art. 5°, XXXVI)[3] e da própria Lei de Introdução às Normas do Direito Brasileiro (LINDB art. 6°),[4] nenhuma lei pode retroagir para prejudicar o direito adquirido, o ato jurídico perfeito e a coisa julgada.

---

3. CF, art. 5°, (omissis).
   XXXVI a lei não prejudicará o direito adquirido, o ato jurídico perfeito e a coisa julgada;
4. LINDB, Art. 6° A Lei em vigor terá efeito imediato e geral, respeitados o ato jurídico perfeito, o direito adquirido e a coisa julgada.

8. O DIREITO ADQUIRIDO, O ATO JURÍDICO PERFEITO E A COISA JULGADA

A previsão Constitucional da imutabilidade do direito adquirido, do ato jurídico perfeito e da coisa julgada, mesmo em face de lei nova que tenha modificado essa relação jurídica anterior, esta diretamente ligada à necessidade de o Estado oferecer à sociedade estabilidade a segurança jurídica. A ideia que prevalece é que a lei nova projete seus efeitos para o futuro, resguardando as situações consolidadas no passado.

Por **direito adquirido** deve ser entendido como aquele direito que já está integrado ao patrimônio da pessoa que apenas não o exerceu ainda por alguma conveniência. Vamos imaginar que amanhã seja votada uma lei modificando a idade para aposentadoria dos homens de 65 para 70 anos. Mesmo com a lei entrando em vigor, toda pessoa que já tiver 65 anos de idade neste momento, não será atingida pela lei nova. As regras da aposentadoria mudaram, mas elas só valem para frente não prejudicando situações que já estavam consolidadas no direito anterior.

Já o **ato jurídico perfeito** é aquele negócio que já estava pronto e acabado quando da edição da lei nova. É aquele ato que se formou sob o pálio de uma determinada norma, no qual todos os requisitos necessários para sua validade foram cumpridos à luz daquela norma vigente. Ainda que venha a surgir uma lei nova, deverão ser preservados os negócios jurídicos praticados sob a vigência da lei revogada, por uma questão de segurança jurídica.

Coisa julgada é a decisão judicial que não é mais possível de modificação seja porque a parte interessada não interpôs o recurso cabível no prazo determinado; seja porque interpôs todos os recursos e agora já não há mais nenhum outro recurso possível de ser manejado. Ocorrendo o trânsito em julgado, a decisão tem caráter definitivo e faz lei entre as partes, não podendo ser alterado se legislação nova veio a disciplinar aquela situação de forma diferente.

9. EFEITOS DA LEI NOVA NOS PROCESSOS

Para entender os efeitos da lei processual nova nos processos em geral, vejamos o quadro abaixo:

a) **Nos processos findos**:

Nos processos já terminados (findos) a lei nova não terá nenhuma influência, em face do princípio da irretroatividade das leis. Quer dizer, os atos que foram praticados no passado não serão revistos no processo.

b) **Nos processos em andamento:**

Terá uma importante influência tendo em vista que irá atingir todos os atos a serem praticados no futuro, resguardando os atos que já tenham sido praticados no passado.

c) **Processo futuros:**

Nos processos novos, isto é, naqueles em que a petição inicial foi distribuída depois da entrada em vigor da nova lei, todos os atos processuais seguirão o rito da nova lei.

Lição 4
PRINCÍPIOS FUNDAMENTAIS DO PROCESSO CIVIL

> **Sumário**: 1. Da importância dos princípios – 2. Diferença entre normas e princípios – 3. Dos princípios constitucionais; 3.1 Princípio do devido processo legal (*due process of law*); 3.2 Princípio do juiz natural ou competente; 3.3 Princípios da inafastabilidade do controle jurisdicional; 3.4 Princípio do contraditório e da ampla defesa; 3.5 Princípio da fundamentação das decisões judiciais; 3.6 Princípio de publicidade dos atos processuais; 3.7 Princípio do duplo grau de jurisdição; 3.8 Princípio da inadmissibilidade de provas ilícitas; 3.9 Princípio da isonomia; 3.10 Princípio da razoável duração do processo – 4. Princípios infraconstitucionais; 4.1 Princípio dispositivo; 4.2 Princípio da cooperação; 4.3 Princípio da primazia da decisão de mérito; 4.4 Princípio da identidade física do juiz; 4.5 Princípio da eventualidade ou da preclusão; 4.6 Princípio da adstrição ou congruência; 4.7 Princípio da imparcialidade do juiz; 4.8 Princípio da verdade formal; 4.9 Princípio da celeridade e da economia processual; 4.10 Princípio da instrumentalidade das formas.

1. DA IMPORTÂNCIA DOS PRINCÍPIOS

Por primeiro, é importante esclarecer que os princípios, de forma geral, são proposições básicas ou diretrizes que orientam e fundamentam o estudo de qualquer ciência, funcionando como espécie de pilares que dão sustentação às proposições emanadas.

Quanto aos princípios jurídicos, em qualquer ordenamento estudado, são **"verdades fundantes"**, quer dizer, são posituras fundamentais que estruturam e dão coesão ao sistema jurídico estudado, permitindo a integração das partes ao todo, independentemente de estarem, ou não, positivados. Para Miguel Reale, os princípios gerais de direitos "são enunciações normativas de valor genérico, que condicionam e orientam a compreensão do ordenamento jurídico, quer para sua aplicação e integração, quer para elaboração de novas normas". Assim, **os princípios funcionam como os alicerces ou pilares de qualquer sistema jurídico**, sendo, a bem da verdade, as regras gerais que devem orientar o legislador e o aplicador da norma, de forma lógica e coerente para que haja coesão e integração do sistema normativo estudado.

É importante frisar que qualquer dispositivo legal deve ser interpretado em harmonia com os princípios gerais que orientam o ordenamento jurídico, sejam os princípios gerais de caráter constitucional, alguns até positivados em nossa Constituição Federal, sejam os princípios específicos do ramo do direito estudado.

É exatamente em face de os princípios permearem todo o sistema jurídico nacional, fornecendo-lhe unidade e coesão, que ousamos afirmar que já se foi o tempo da aplicação mecânica do direito ao caso concreto. Na atualidade, é imperioso que o intérprete busque extrair da norma seu real sentido, porém de forma revitalizada e consentânea com os fins sociais a que ela se destina, utilizando-se, se for o caso, da analogia, dos costumes, da doutrina, da jurisprudência e, especialmente, dos princípios gerais de direito (ver LINDB, arts. 4º e 5º). Estudaremos a seguir os princípios fundamentais que orientam o processo civil, sejam aqueles chamados de princípios constitucionais, sejam os princípios próprios do Novo Código de Processo Civil.

2. DIFERENÇA ENTRE NORMAS E PRINCÍPIOS

É importante esclarecer desde logo que as normas são criadas pelo legislador para ser aplicada a situações jurídicas bem determinadas, enquanto que os princípios são criados para situações genéricas.

Quer dizer, enquanto as regras se esgotam em si mesmas, descrevendo o que se deve, não se deve ou se pode fazer em determinadas situações; os princípios são constitutivos da ordem jurídica, revelando os valores ou os critérios que devem orientar a compreensão e a aplicação das regras diante das situações concretas.[1]

A bem da verdade, a grande maioria dos princípios encontra-se atualmente positivados no nosso ordenamento jurídico. Alguns estão previstos na Constituição Federal, especialmente aqueles inseridos no artigo 5º, como o princípio da legalidade, igualdade, liberdade, ampla defesa, contraditório, entre outros inúmeros princípios. Outros encontram-se previstos nos nossos diversos Códigos tais como aqueles previstos no Código de Processo Civil, dentre os quais destacamos, o princípio dispositivo (CPC, art. 2º), da boa-fé (CPC, art. 5º), o princípio da cooperação (CPC, art. 6º) etc.

3. DOS PRINCÍPIOS CONSTITUCIONAIS

A nossa Constituição Federal de 1988, chamada de Constituição Cidadã por Ulysses Guimarães, traz no seu artigo 5º, alguns direitos e garantias fundamentais da pessoa humana e, dentre estas, as garantias processuais que não poderão ser modificadas, tendo em vista serem cláusulas pétreas.

---

1. Conforme ensinamentos da profa. Gisele Leite em seu brilhante artigo "Considerações gerais sobre norma, princípio e regra jurídica".

LIÇÃO 4 • PRINCÍPIOS FUNDAMENTAIS DO PROCESSO CIVIL   29

Dentre as várias garantias que o artigo 5° abrange, encontramos os princípios constitucionais do processo civil brasileiro. Advirta-se que ali também estão elencados outros princípios processuais atinentes ao processo penal e trabalhista, por exemplo.

Assim, vamos abordar de forma rápida e sucinta cada um dos princípios processuais constitucionais atinentes ao direito processual civil.

3.1   Princípio do devido processo legal *(due process of law)*

Expresso na Constituição Federal (art. 5°, LIV),[2] este princípio é a base de todos os demais outros informativo do processo civil no Brasil.

Iniciamos propositadamente por este princípio por considerarmos ele como uma espécie de **superprincípio** que coordena e delimita todos os demais princípios que informam tanto o processo quanto o procedimento. E assim consideramos porque dele decorre diretamente a garantia do juiz natural (CF, art. 5°, XXXVII) e do juiz competente (CF, art. 5°, LIII), também a garantia de acesso à justiça (CF, art. 5°, XXXV); da ampla defesa e do contraditório (CF, art. 5°, LV), bem como da fundamentação das decisões judiciais (CF, art. 93, IX).

> **Curiosidade:** esse princípio tem sua origem na Inglaterra e remonta ao ano de 1215 quando foi incluído na Carta Magna, em seu artigo 39, com o seguinte teor: "Nenhum homem livre será capturado, ou levado prisioneiro, ou privado dos bens, ou exilado, ou de qualquer modo destruído, e nunca usaremos da força contra ele, e nunca mandaremos que outros o façam, salvo em processo legal por seus pares ou de acordo com as leis da terra".

3.2   Princípio do juiz natural ou competente

Previsto no art. 5°, LIII,[3] da Constituição Federal, este princípio tem como conteúdo não apenas a prévia individualização do órgão investido de poder jurisdicional que irá decidir a causa, mas, também, a garantia de justiça material, isto é, a independência e a imparcialidade dos juízes.

A existência desse princípio está intimamente ligada à proibição da existência dos tribunais de exceção (CF, art. 5°, XXXVII),[4] visto que nestes não há prévia competência constitucional. Quer dizer, a existência desse princípio é garantia do cidadão contra o eventual autoritarismo do Estado.

Esse princípio é uma garantia de que qualquer cidadão será julgado por órgãos judiciais existente previamente aos fatos, cuja competência e atribuições serão aquelas fixadas na constituição e nas leis de organização judiciária.

---

2. CF, Art. 5°, LIV – ninguém será privado da liberdade ou de seus bens sem o devido processo legal;
3. CF, Art. 5°, LIII – ninguém será processado nem sentenciado senão pela autoridade competente;
4. CF, Art. 5°, XXXVII – não haverá juízo ou tribunal de exceção;

3.3 Princípios da inafastabilidade do controle jurisdicional

Esse princípio, que também é chamado de "**garantia de acesso à justiça**", está consagrado na nossa Constituição Federal (art. 5°, XXXV),[5] e garante a todos os cidadãos brasileiros o sagrado direito de acesso à justiça (**direito de petição**), quer dizer, o direito de postular em juízo buscando um pronunciamento judicial sobre a questão posta em apreciação.

O art. 3° do CPC reafirma o contido no art. 5°, inc. XXXV da Constituição da República Federativa do Brasil, ressalvando que, independente do direito de petição, o Estado deve promover a busca das soluções negociadas (conciliação e mediação), além de excepcionar esse direito quando as partes tiverem contratualmente optado pela solução via arbitragem.[6]

> **Arbitragem:** é uma solução extrajudicial de conflito, através da qual as partes escolhem um terceiro imparcial que decidirá como juiz (juiz de fato) e cuja decisão tem a mesma força de uma sentença proferida por um juiz togado (juiz de direito). Somente se aplica às questões que envolvam direitos disponíveis.[7]

3.4 Princípio do contraditório e da ampla defesa

Presente na Constituição Federal (art. 5°, LV),[8] esse princípio consiste na obrigatoriedade de oportunizar as partes envolvidas no processo, seu direito de manifestação, com todos os meios possíveis de defesa, não só de falar sobre as alegações da parte contrária, mas também de fazer a prova contrária. Esse princípio não admite exceção, ele é absoluto e, se não for observado, poderá gerar a nulidade do processo.

O novo Código de Processo Civil, na linha de garantir o contraditório real, isto é, verdadeiro, estabeleceu em seus artigos 9°[9] e 10[10] **a proibição das decisões sur-**

---

5. CF, Art. 5°, XXXV – a lei não excluirá da apreciação do Poder Judiciário lesão ou ameaça a direito;
6. CPC, art. 3°: Não se excluirá da apreciação jurisdicional ameaça ou lesão a direito.

   § 1° É permitida a arbitragem, na forma da lei.

   § 2° O Estado promoverá, sempre que possível, a solução consensual dos conflitos.

   § 3° A conciliação, a mediação e outros métodos de solução consensual de conflitos deverão ser estimulados por juízes, advogados, defensores públicos e membros do Ministério Público, inclusive no curso do processo judicial.
7. Para melhor entender, ver a Lei n° 9.307/96.
8. CF, Art. 5°, LV – aos litigantes, em processo judicial ou administrativo, e aos acusados em geral são assegurados o contraditório e ampla defesa, com os meios e recursos a ela inerentes;
9. CPC, Art. 9°. Não se proferirá decisão contra uma das partes sem que ela seja previamente ouvida.

   Parágrafo único. O disposto no *caput* não se aplica:

   I – à tutela provisória de urgência;

   II – às hipóteses de tutela da evidência previstas no art. 311, incisos II e III; III – à decisão prevista no art. 701.
10. CPC, Art. 10. O juiz não pode decidir, em grau algum de jurisdição, com base em fundamento a respeito do qual não se tenha dado às partes oportunidade de se manifestar, ainda que se trate de matéria sobre a qual deva decidir de ofício.

presas, estabelecendo que, como regra geral e ressalvada algumas poucas exceções, não se proferirá decisão contra uma das partes sem que ela seja previamente ouvida, bem como garantindo que nenhum magistrado, em qualquer grau de jurisdição, proferirá decisão com base em fundamento a respeito do qual não se tenha dado às partes a oportunidade de se manifestar, ainda que se trate de matéria sobre a qual deva decidir de ofício:

> **Exceções**: tutelas de urgência/evidencia e ação monitória onde o contraditório é postergado para um segundo momento).

3.5 Princípio da fundamentação das decisões judiciais

Também chamado de princípio **da motivação das decisões** (CF, art. 93, IX),[11] este princípio é como uma garantia das partes, quanto ao direito sagrado de ver suas argumentações devidamente apreciadas e valoradas pelos magistrados, o que está intimamente ligado ao conteúdo do próprio direito de ação, bem como de saber com base no que o magistrado decidiu a questão que lhe foi posta em apreciação.

Este princípio ganhou especial realce com a entrada em vigor do Novo CPC porque, em várias passagens, o novo estatuto processual faz prever a necessidade de os magistrados fundamentarem adequadamente suas decisões, sob pena de serem consideradas nulas. Podemos agora afirmar que todas as decisões judiciais devem ser **fundamentadas de verdade**, sob pena de nulidade.

Pela importância do tema, pedimos vênia para destacar, especialmente, o que consta insculpido no art. 489, § 1° e seus 6 (seis) incisos,[12] vejamos. Ao preceituar que não se considera fundamentada qualquer decisão judicial (interlocutória, sentença ou acórdão), que se limitar à indicação, à reprodução ou à paráfrase de ato normativo, sem explicar sua relação com a causa ou a questão decidida; ou que empregar conceitos jurídicos indeterminados, sem explicar o motivo concreto de sua incidência no caso;

---

11. CF, Art. 93, IX – todos os julgamentos dos órgãos do Poder Judiciário serão públicos, e fundamentadas todas as decisões, sob pena de nulidade (omissis)...

12. CPC, Art. 489, Omissis...

§ 1°. Não se considera fundamentada qualquer decisão judicial, seja ela interlocutória, sentença ou acórdão, que:

I – se limitar à indicação, à reprodução ou à paráfrase de ato normativo, sem explicar sua relação com a causa ou a questão decidida;

II – empregar conceitos jurídicos indeterminados, sem explicar o motivo concreto de sua incidência no caso;

III – invocar motivos que se prestariam a justificar qualquer outra decisão;

IV – não enfrentar todos os argumentos deduzidos no processo capazes de, em tese, infirmar a conclusão adotada pelo julgador;

V – se limitar a invocar precedente ou enunciado de súmula, sem identificar seus fundamentos determinantes nem demonstrar que o caso sob julgamento se ajusta àqueles fundamentos;

VI – deixar de seguir enunciado de súmula, jurisprudência ou precedente invocado pela parte, sem demonstrar a existência de distinção no caso em julgamento ou a superação do entendimento.

ou invocar motivos que se prestariam a justificar qualquer outra decisão; que não enfrentar todos os argumentos deduzidos no processo capazes de, em tese, infirmar a conclusão adotada pelo julgador; ou, se limitar a invocar precedente ou enunciado de súmula, sem identificar seus fundamentos determinantes nem demonstrar que o caso sob julgamento se ajusta àqueles fundamentos; ou ainda, deixar de seguir enunciado de súmula, jurisprudência ou precedente invocado pela parte, sem demonstrar a existência de distinção no caso em julgamento ou a superação do entendimento.

É o chamado "**dever de fundamentação das decisões judiciais**". Não basta ao juiz apenas dizer o direito, é de fundamental importância que ele diga quais os fundamentos fáticos e jurídicos que motivaram seu convencimento. A parte tem o direito de saber.

Assim, não mais se admitirá as fundamentações padronizadas, muitas vezes até sem relação nenhuma com o caso *sub judice*. Não se admitirá também a mera citação de jurisprudência súmula ou julgados sem fazer uma inter-relação entre aquele decisório e o que se está decidindo neste processo.

Em reforço ao acima exposto veja-se o que consta inserto no art. 11, *caput*, do CPC que deixa claro a necessidade de fundamentação sob pena de nulidade.[13]

3.6 Princípio de publicidade dos atos processuais

O princípio da publicidade (ver CF, art. 5°, LX e art. 93, IX), é garantia fundamental das partes e de seus procuradores quanto ao pleno acesso a todos os atos do processo. Assegura também que todos os julgamentos dos órgãos do Poder Judiciário serão públicos (ver CPC, art. 11), não se admitindo atos processuais praticados às escondidas.

Somente com relação a terceiros é que esta garantia poderá sofrer limitações nas hipóteses em que a lei fixar, no interesse da justiça, a sua tramitação em **segredo de justiça**. Mesmo nesses casos, as partes, seus advogados ou defensor público e o membro do Ministério Público, sempre terão pleno acesso.

Esta garantia é também importante para que a sociedade possa fiscalizar os atos e a atuação dos juízes.

3.7 Princípio do duplo grau de jurisdição

Este princípio não se encontra de forma expressa na Constituição, porém ele decorre da própria lógica do sistema que prevê a existência de tribunais com a finalidade de julgar recursos contra decisões judiciais.

A justificativa para a existência desse princípio é de natureza política e social: nenhum ato estatal pode ficar fora de controle. Há também um caráter moral: o

---

13. CPC, Art. 11. Todos os julgamentos dos órgãos do Poder Judiciário serão públicos, e fundamentadas todas as decisões, sob pena de nulidade.

LIÇÃO 4 • PRINCÍPIOS FUNDAMENTAIS DO PROCESSO CIVIL **33**

juiz sabendo que seu ato pode ser submetido a nova apreciação, tende a ser mais responsável nas suas decisões.

Podemos encontrar fundamentos para existência desse princípio na Constituição Federal, especialmente no art. 5°, LV, parte final; art. 102, II e II; art. 105, II e III; e, art. 108, II. Também se verificarmos o Código de Processo Civil que dedica o livro III a tratar "dos processos nos tribunais e dos meios de impugnação das decisões judiciais", regulados a partir do art. 926.

3.8 Princípio da inadmissibilidade de provas ilícitas

A ilicitude por si só já é um ato condenável. O ato ilícito é por essência contrário à moral e ao direito e não atende aos requisitos legais. Portanto, nada mais óbvio do que não se admitir provas obtidas por meios ilícitos, considerando que a prova, sob a ótica processual, representa a demonstração, de conformidade com as normas legais, da verdade dos fatos relevantes questionados na ação (ver CPC, art. 369).[14]

Esse princípio também está insculpido na Constituição Federal (art. 5°, LVI),[15] como garantia de que haverá lisura no processo e nas formas de obtenção dos meios de convencimento do magistrado oficiante no feito.

Provas ilícitas são aquelas obtidas de maneira ilícita tais como a confissão obtida mediante tortura, a gravação clandestina de conversas telefônica através de grampos ilegais, a prova documental obtida mediante furto, enfim provas obtidas através de manipulação, fraude ou constrangimento pessoal. Isso se justifica porque o direito não pode convalidar situações como as descritas, razão porque essas provas ainda que efetivamente existentes deverão ser inadmitidas em qualquer processo.

3.9 Princípio da isonomia

Este princípio também está previsto na Constituição Federal (ver CF, art. 5°, *caput* e inciso I)[16] e vem reafirmado no Código de Processo Civil (art. 7°),[17] e se resume na exigência de que o juiz atue com imparcialidade, tendo em vista ser dever do Estado assegurar tratamento igualitário a seus cidadãos.

---

14. CPC, Art. 369. As partes têm o direito de empregar todos os meios legais, bem como os moralmente legítimos, ainda que não especificados neste Código, para provar a verdade dos fatos em que se funda o pedido ou a defesa e influir eficazmente na convicção do juiz.
15. CF, Art. 5°, LVI – são inadmissíveis, no processo, as provas obtidas por meios ilícitos;
16. CF, Art. 5°. Todos são iguais perante a lei, sem distinção de qualquer natureza, garantindo-se aos brasileiros e aos estrangeiros residentes no País a inviolabilidade do direito à vida, à liberdade, à igualdade, à segurança e à propriedade, nos termos seguintes:
    I – homens e mulheres são iguais em direitos e obrigações, nos termos desta Constituição;
17. CPC, Art. 7°. É assegurada às partes paridade de tratamento em relação ao exercício de direitos e faculdades processuais, aos meios de defesa, aos ônus, aos deveres e à aplicação de sanções processuais, competindo ao juiz zelar pelo efetivo contraditório.

A isonomia no processo civil visa assegurar o princípio da igualdade das partes, de sorte que o juiz deve dispensar tratamento igualitário a todos que participam do processo. Deve ainda o juiz se abster de adotar condutas discriminatórias sob pena de comprometer a sua neutralidade e imparcialidade.

Dessa forma, o Novo CPC inclui entre os deveres primários do juiz o tratamento isonômico das partes e a obrigação de zelar pelo efetivo contraditório.

3.10   Princípio da razoável duração do processo

Esse princípio foi inserido na Constituição Federal de 1988 por obra da Emenda Constitucional n° 45/2004 que acrescentou ao art. 5°, o inciso LXXVIII, de seguinte teor: "a todos, no âmbito judicial e administrativo, são assegurados a razoável duração do processo e os meios que garantam a celeridade de sua tramitação".

O Código de Processo Civil reafirma o princípio da razoável duração do processo, acrescentando que a ele se deve conjugar também a efetiva satisfação do direito eventualmente reconhecido. Quer dizer, não basta apenas que o processo seja célere, mas que os seus resultados também sejam efetivamente alcançados (art. 4°).[18]

Contudo, é difícil explicitar o que seja "duração razoável do processo" tendo em vista a necessidade de respeitar outros princípios também importantes tais como o devido processo legal, do contraditório e da ampla defesa. É necessário encontrar um ponto de equilíbrio entre a celeridade processual e a segurança jurídica necessária para um julgamento justo.

Analisando objetivamente tal princípio poderíamos dizer que uma forma de garantir a razoável duração do processo seria o judiciário cumprir os prazos processuais (tanto juízes quantos serventuários), já que, via de regra, os prazos processuais somente valem para as partes.

4.   PRINCÍPIOS INFRACONSTITUCIONAIS

Além dos princípios constitucionais, temos também alguns princípios previstos no próprio Código de Processo Civil cuja finalidade é orientar o juiz e os demais sujeitos do processo quanto ao desenvolvimento válido e regular da relação jurídica processual. Assim como os princípios constitucionais do processo civil, os infraconstitucionais também são importantes e merecem serem estudados e refletidos.

Alguns desses princípios estão previstos de forma expressa outros resultam de construções doutrinárias e jurisprudenciais.

Sem a pretensão de esgotar a matéria, vejamos os principais princípios informativos do processo civil brasileiro.

---

18.   CPC, Art. 4°. As partes têm o direito de obter em prazo razoável a solução integral do mérito, incluída a atividade satisfativa.

4.1 Princípio dispositivo

O princípio dispositivo, também chamado de princípio da inércia da jurisdição ou princípio da iniciativa da parte, é aquele pelo qual, em regra, cabe ao jurisdicionado a iniciativa de dar início ao processo, sendo vedado ao juiz a instauração de qualquer processo.

Assim, compete ao juiz julgar a causa dentro dos limites estabelecido pelas partes, sendo-lhe vedada a busca de fatos não alegados e cuja prova não tenha sido postulada pelas partes. Tal princípio vincula o juiz de duas maneiras: limita-o quanto aos fatos alegados, impedindo-o de decidir a causa com base em fatos que as partes não hajam afirmado; e, o obriga a considerar a situação de fato afirmada e provadas por todas as partes como verdadeiras.

É importante destacar que embora caiba aos interessados provocar a jurisdição do Estado, depois disso é o juiz que assume o comando do processo até final solução. Quer dizer, ainda que os magistrados não tenham o poder de instaurar um processo por sua livre iniciativa, é importante frisar que depois de instaurado pelas partes, cabe a ele o poder de dirigir e de tomar iniciativas no processo já instaurado, visando a melhor solução do litígio (CPC, art. 2°).[19]

Porém, como toda regra de direito comporta exceção, existem algumas poucas situações em que é facultado ao magistrado atuar de ofício como, por exemplo, a decretação da arrecadação dos bens da herança jacente (ver CPC, art. 738) ou a arrecadação dos bens dos ausentes (ver CPC, art. 744).

> **Atenção:** o princípio dispositivo moderno significa que a iniciativa das alegações e dos pedidos incumbe às partes, não ao juiz. Já com relação as provas elas não são privativas das partes, podendo o juiz, em face dos poderes instrutórios que lhes confere o Código de Processo Civil, determinar de ofício as diligências que se façam necessárias ao esclarecimento dos fatos alegados pelas partes (CPC, art. 370),[20] bem como o poder de determinar às partes que esclareçam suas alegações e pedidos com a finalidade de formar o seu livre convencimento.

4.2 Princípio da cooperação

Esse princípio já se encontrava presente no nosso ordenamento jurídico de forma implícita, porém agora ele vem explicitado no art. 6° do Novo Código de

---

19. CPC, Art. 2°. O processo começa por iniciativa da parte e se desenvolve por impulso oficial, salvo as exceções previstas em lei.
20. CPC, Art. 370. Caberá ao juiz, de ofício ou a requerimento da parte, determinar as provas necessárias ao julgamento do mérito.
    Parágrafo único. O juiz indeferirá, em decisão fundamentada, as diligências inúteis ou meramente protelatórias.

Processo Civil significando em poucas palavras que se espera uma atuação ética de todos aqueles que participam do processo.

Por conseguinte, este princípio está intimamente ligado ao princípio da boa-fé e em reprimenda ao abuso de direito. Com base nesse princípio se pode pedir a condenação por litigância de má-fé daquele litigante que pratique ato claramente procrastinatório procurando retardar o andamento regular do processo (CPC, art. 6°).[21]

4.3   Princípio da primazia da decisão de mérito

Esse princípio vem inserido no Novo CPC como uma espécie de reforço a dois outros princípios já mencionados: o da razoável duração do processo e o da cooperação.

Em várias passagens o legislador do CPC de 2015 deixa muito claro a necessidade de uma nova postura dos magistrados que não devem mais ficar naquela postura cômoda de extinguir processos por irregularidades sanáveis. Assim, em inúmeros dispositivos, o Novo CPC exige, por assim dizer, uma postura proativa dos magistrados que devem buscar sanar nulidades e proferir decisões de mérito para todas as demandas, sempre que seja possível.

Nesse sentido remetemos o leitor aos diversos artigos que tratam desse princípio no Código de Processo Civil e, dentre estes, os arts. 76, 139, inciso IX, 317, 321, 357, inciso IV, 370, 932, parágrafo único, 938, § 1°, 1.007, § 7°, 1.017, § 3° e 1.029, § 3°.

4.4   Princípio da identidade física do juiz

O que se pretende com esse princípio é garantir maior eficiência ao julgamento, na busca de realmente fazer-se a tão sonhada justiça, exigindo que o juiz que fez a instrução seja o mesmo que irá proferir a sentença final. O juiz que acompanhou a realização de todo o conjunto probatório, durante o decorrer da instrução, estará melhor preparado para julgar a ação.

Quer dizer, a sentença deve ser proferida por quem, em tese, reúne melhores condições para fazê-lo.

4.5   Princípio da eventualidade ou da preclusão

O processo se desenvolve em várias fases ordenadas e previstas expressamente em lei. Assim, começa pela petição inicial devidamente protocolada e distribuída, completa-se pela citação do réu que terá prazo para contestar e alegar toda a matéria de defesa atinente ao que foi pedido pelo autor. Se necessário haverá realização de provas, inclusive as orais em audiência e assim por diante.

---

21. CPC, Art. 6°. Todos os sujeitos do processo devem cooperar entre si para que se obtenha, em tempo razoável, decisão de mérito justa e efetiva.

LIÇÃO 4 • PRINCÍPIOS FUNDAMENTAIS DO PROCESSO CIVIL **37**

Dessa forma cada ato deve ser praticado no momento oportuno, sob pena de não se poder praticar mais aquele ato determinado pelo juiz ou estabelecido em lei. Assim, a preclusão nada mais é do que a perda da oportunidade de praticar determinado ato processual no prazo legal ou judicial (CPC, art. 507).[22]

Cabe ainda esclarecer que existem três tipos de preclusão: a consumativa, a lógica e a temporal. A **temporal** é esta de que tratamos acima (a parte deixa de praticar o ato no prazo que tinha direito). A **consumativa** ocorrerá sempre que o ato tenha sido praticado (se já praticou o ato, não poderá praticá-lo novamente). Já a preclusão **lógica** decorre de ato processual praticado anteriormente incompatível com aquele que se pretende realizar no momento atual (se a parte, após proferida a sentença, manifesta concordância com relação a ela, não poderá dessa sentença recorrer – CPC, art. 1.000).[23]

> **Atenção:** há matérias chamadas de ordem pública que não são atingidas pela preclusão e podem ser suscitadas pelas partes em qualquer momento, bem como pode, ser conhecidas de ofício pelo magistrado em qualquer grau de jurisdição como, por exemplo, a prescrição (CC, art. 193).[24]

4.6 Princípio da adstrição ou congruência

Esse princípio, que encontra-se previsto nos artigos 141[25] e 492[26] do nosso Código de Processo Civil, visa garantir que o Juiz não extrapole os limites do que foi proposto pelas partes. Significa dizer que o juiz deve julgar de acordo com o que foi pedido pelo autor e contestado pelo réu, não podendo proferir julgamento do que não foi pedido (**extra petita**) ou julgar além do que foi pedido (*ultra petita*) ou ainda, não ter julgado todos os pedidos que foram feitos (*citra* ou *infra petita*).

Por esse princípio o juiz deve julgar dentro dos limites do pedido formulado pelo autor, sob pena de nulidade da parte que extrapolar.

4.7 Princípio da imparcialidade do juiz

A imparcialidade do juiz é condição *sine qua non* para se fazer justiça. O caráter de imparcialidade é indissociável da função jurisdicional do Estado. É condição

---

22. CPC, Art. 507. É vedado à parte discutir no curso do processo as questões já decididas a cujo respeito se operou a preclusão.
23. CPC, Art. 1.000. A parte que aceitar expressa ou tacitamente a decisão não poderá recorrer.
    Parágrafo único. Considera-se aceitação tácita a prática, sem nenhuma reserva, de ato incompatível com a vontade de recorrer.
24. CC, Art. 193. A prescrição pode ser alegada em qualquer grau de jurisdição, pela parte a quem aproveita.
25. CPC, Art. 141. O juiz decidirá o mérito nos limites propostos pelas partes, sendo-lhe vedado conhecer de questões não suscitadas a cujo respeito a lei exige a iniciativa da parte.
26. CPC, Art. 492. É vedado ao juiz proferir decisão de natureza diversa da pedida, bem como condenar a parte em quantidade superior ou em objeto diverso do que lhe foi demandado.
    Parágrafo único. A decisão deve ser certa, ainda que resolva relação jurídica condicional.

indispensável que o juiz exerça sua função dentro do processo, colocando equidistante das partes.

A imparcialidade do juiz é pressuposto para que a relação processual seja válida. Para garantir isso é que existem os institutos do **impedimento** e da **suspeição** (ver CPC, arts. 144 e 145).

4.8 Princípio da verdade formal

No processo civil a verdade que vale para o juiz é aquela constante dos autos. O que não está nos autos, simplesmente não existe para efeito da sentença a ser proferida pelo juiz. Nesse caso, portanto, temos uma verdade formal não real.

Em resumo, a verdade formal a aquela que resulta dos atos praticados (ou não) no processo. Esses atos podem até não ter exata correspondência com os fatos efetivamente ocorridos na vida real (CPC, art. 141).[27]

4.9 Princípio da celeridade e da economia processual

No meu entendimento esses dois princípios se harmonizam e se completam, além de contribuírem essencialmente para a celeridade processual.

O princípio da economia processual, ou da economicidade, procura orientar a marcha do processo com a finalidade de obter o maior resultado possível com o mínimo de esforço. Assim cabe ao juiz poupar as partes de qualquer desperdício de tempo, trabalho e despesas no curso do processo, contribuindo assim para a celeridade processual.

Exemplo: quando o Código de Processo Civil permite que na contestação o réu possa, em preliminares, impugnar o pedido de gratuidade de justiça ou mesmo o valor atribuído à causa (ver CPC, art. 337), está primando pela economia processual, pois antigamente isso era feito em peças processuais autônomas.

4.10 Princípio da instrumentalidade das formas

O Código de Processo Civil privilegia a instrumentalidade das formas e, por conseguinte, a economia processual quando estabelece que se o ato processual tiver sido praticado, ainda que não como previsto em lei, desde que atinja sua finalidade, deve ser tido como válido (CPC, art. 188[28] e 277[29]).

---

27. CPC, Art. 141. O juiz decidirá o mérito nos limites propostos pelas partes, sendo-lhe defeso conhecer de questões não suscitadas a cujo respeito a lei exige a iniciativa da parte.
28. CPC, Art. 188. Os atos e os termos processuais independem de forma determinada, salvo quando a lei expressamente a exigir, considerando-se válidos os que, realizados de outro modo, lhe preencham a finalidade essencial.
29. CPC, Art. 277. Quando a lei prescrever determinada forma, o juiz considerará válido o ato se, realizado de outro modo, lhe alcançar a finalidade.

Pelo princípio da instrumentalidade das formas, a existência do ato processual não se constitui em um fim em si mesmo. Antes, representa um instrumento utilizado para se atingir determinada finalidade. Quer dizer, se o ato atinge a sua finalidade sem causar prejuízo às partes, ainda que contenha vício, não se deve declarar a sua nulidade.[30]

> **Exemplo:** a citação é o ato pelo qual se dá ciência ao réu de que existe um processo contra ele e assim lhe oportunizar a defesa. Diz o art. 280, do CPC, que "as citações e as intimações serão nulas quando feitas sem observância das prescrições legais". Vamos imaginar que uma citação tenha sido feita desrespeitando a lei. Se o réu comparecer ao processo e fizer sua defesa, não há que se falar em nulidade, tendo em vista que apesar da falha, o ato cumpriu sua função finalidade que era de informar o réu para apresentar defesa (ver CPC, art. 239, § 1°).

> **Atenção**: pelo princípio da instrumentalidade das formas o que se busca é flexibilizar as normas visando fazer com que o "processo seja justo" e não somente legal.

---

30. Ribeiro, Antonio de Padua. *Das nulidades*. Informativo Jurid. da Biblioteca Min. Oscar Saraiva, v. 6, n. 2, p. 71-133, jul./dez. 1994.

PARTE II
ELEMENTOS FUNDAMENTAIS
DO PROCESSO CIVIL

Lição 5
JURISDIÇÃO, AÇÃO E PROCESSO

Sumário: 1. Institutos fundamentais do processo civil (jurisdição, ação e processo). I – Jurisdição – 2. Da jurisdição (conceito); 2.1 Características da jurisdição; 2.2 Objetivos da jurisdição; 2.3 Princípios da jurisdição; 2.4 A jurisdição é una; 2.5 Jurisdição contenciosa e voluntária; 2.6 Substituição da jurisdição estatal; 2.7 Jurisdição coletiva. II – Da ação – 3. Da ação (conceito); 3.1 O direito de ação; 3.2 Condições da ação; 3.3 Exceção à regra geral da legitimação; 3.4 Legitimidade concorrente; 3.5 Carência da ação; 3.6 Elementos da ação; 3.7 Classificação das ações. III – Processo – 4 Processo (conceito); 4.1 Processo e procedimento; 4.2 Autos do processo; 4.3 Os tipos de processo; 4.4 Relação jurídica processual; 4.5 Pressupostos processuais – Quadro resumo.

1. INSTITUTOS FUNDAMENTAIS DO PROCESSO CIVIL (JURISDIÇÃO, AÇÃO E PROCESSO)

Os institutos fundamentais do processo civil são: a jurisdição, a ação e o processo. É em torno desse tripé que se organiza a legislação processual e os órgãos judiciários do Estado.

É importante rememorar que o Estado, através dos seus poderes constituídos, estabelece a ordem jurídica, elaborando leis cuja observância é imperativa, isto é, deve ser obedecida por todos (Estado legislador). Considerando que nem todos obedecem espontaneamente tais comandos, é preciso que o Estado adote medidas de coação para fazer valer esses comandos (Estado juiz).

No passado a justiça era realizada pelo próprio ofendido que utilizando suas próprias forças (ou do grupo do qual fazia parte) rechaçava as ofensas recebidas, agindo com verdadeiro espírito de vingança. Era a chamada **justiça privada**.

Com a evolução humana e a organização das comunidades surgiu o Estado que chamou a si a responsabilidade por distribuir justiça, retirando das mãos do particular esta iniciativa. Quer dizer, na modernidade a **justiça pública** vem a substituir a justiça privada, pois a ninguém é dado o direito de fazer justiça com as próprias mãos.[1]

---

1. Existem pouquíssimas exceções legais que permitem o exercício da justiça privada pelo ofendido como, por exemplo, a legítima defesa da posse (CC, art. 1.210, § 1°).

Enquanto a **jurisdição** é o poder do Estado em fazer valer a vontade da lei em uma situação jurídica controvertida; a **ação** é o direito do cidadão em obter do Estado (através do judiciário) uma resposta a qualquer pretensão a ele dirigida.

É importante esclarecer que neste cenário, o **processo** vai ser o instrumento da jurisdição, constituído por uma sequência de atos (petição inicial, citação do réu, contestação, audiências etc.) que devem ser observados, conforme as regras estabelecidas, por aqueles que integram a relação processual (partes, procuradores e juízes).

I – JURISDIÇÃO

2. DA JURISDIÇÃO (CONCEITO)

Jurisdição é o poder investido ao Estado de declarar e fazer realizar de forma prática, a vontade da lei diante de uma situação jurídica controvertida, tendo caráter secundária, instrumental, declarativa ou executiva, desinteressada e provocada.

A função jurisdicional do Estado só se manifesta diante de casos concreto onde haja conflitos de interesse (lide) e, mesmo assim, somente mediante provocação do interessado (princípio da inércia da jurisdição).

2.1 Características da jurisdição

Do conceito acima exposto podemos extrair as seguintes características: que a jurisdição é secundária, instrumental, declarativa ou executiva, desinteressada e provocada.

Vejamos em detalhes cada uma dessas características:

a) **Secundária:**

Porque através dela o Estado vai cumprir um papel que poderia ter sido primariamente realizada pelos próprios interessados, a composição do litígio. Quer dizer, as partes poderiam ter resolvido o problema sem recorrer ao Estado.

b) **Instrumental:**

Porque a jurisdição é o instrumento pelo qual o direito será imposto à obediência de todos os cidadãos.

c) **Declarativa ou Executiva:**

É através da jurisdição que se obtém um provimento declarativo de um determinado direito que se quer ver reconhecido, em face de legislação que já previa anteriormente aquela situação jurídica.

d) Desinteressada:

A jurisdição é uma atividade desinteressada no conflito, tendo em vista que o juiz se mantém equidistante das partes não tendo nenhum interesse direto sobre o objeto do litígio, cabendo-lhe apenas aplicar a lei na solução do conflito de interesse posto em apreciação.

e) Provocada:

Porque ao Judiciário não é permitido tomar a iniciativa do processo, só podendo se manifestar se os interessados tomarem a iniciativa (CPC, art. 2°).[2]

2.2 Objetivos da jurisdição

O objetivo maior da jurisdição é restabelecer a ordem jurídica mediante a eliminação de conflito de interesse que possa ameaçar a paz social.

Haverá conflito de interesse quando mais de um indivíduo tentar usufruir de um mesmo bem juridicamente protegido. Nesse conflito, porém, pode não haver lide se houver possibilidade de composição amigável através da transação ou conciliação.

Esclarecimento: lide, na concepção clássica de Carnelutti,[3] é "um conflito de interesses qualificado por uma pretensão resistida". Sempre que estivermos diante de um conflito de interesse não resolvido pelas partes, estaremos diante de uma lide. Ao Estado-juiz vai caber compor a lide, isto é, resolvê-la conforme o ordenamento jurídico vigente.

2.3 Princípios da jurisdição

A jurisdição tem suas raízes fincadas no direito constitucional e são os seguintes os princípios que regem e disciplina a matéria:

a) Investidura (ou do juiz natural):

Só pode exercer a jurisdição os órgãos aos quais a Constituição Federal atribuir o poder jurisdicional (art. 92 a 126), isto é, o Poder Judiciário, através dos juízes regularmente investidos.

b) Improrrogabilidade:

Os limites do poder jurisdicional encontram-se também previsto na Constituição da República, seja para a justiça federal comum (art. 109) ou as justiças federais especializadas (justiça trabalhista no art. 114; justiça eleitoral no art. 121; e, justiça militar no art. 124), bem como a justiça estadual (que é

---

2. CPC, Art. 2° O processo começa por iniciativa da parte e se desenvolve por impulso oficial, salvo as exceções previstas em lei.
3. Francesco Carnelutti foi um grande advogado e jurista italiano e o principal inspirador do Código de Processo Civil italiano de 1940 que, por sua vez, inspirou diversos outros códigos de processo de várias nações, incluindo o brasileiro de 1973.

competente para conhecer de todas as causas não elencadas nas outras justiças). Acima de cada uma delas há um Tribunal, que trata das questões em segundo grau e, no topo de cada uma delas, um Tribunal Superior Federal. Acima de todos os órgãos judiciários temos o STJ com a função de resguardar as leis infraconstitucionais e o STF como guardião da Constituição Federal, cada um no âmbito de sua competência territorial ou material, ou ambos.

c) **Indeclinabilidade (ou indelegabilidade):**

O órgão do poder judiciário investido de jurisdição não pode recusar, nem pode delegar suas atribuições a outros órgãos. Quer dizer, provocada a jurisdição, o órgão judicial legitimado tem a obrigação de dar uma resposta, não podendo se esquivar desse dever.

2.4 A jurisdição é una

A jurisdição do Estado é uma só (una), porém por uma questão de organização e funcionabilidade criou-se a especialização, não só dos órgãos judiciários e de seus julgadores como das próprias leis de organização do nosso sistema jurídico, surgindo assim o Direito Processual Civil, Direito Processual Penal, Direito Processual Trabalhista etc.

Embora a jurisdição seja una, a doutrina costuma classificá-la segundo alguns critérios, para fins eminentemente didáticos, vejamos:

a) **Quanto ao objeto:**

Classificamos a jurisdição em civil, penal, militar, eleitoral e trabalhista.

b) **Quanto ao órgão judiciário:**

Com relação ao organismo encarregado de realizar a justiça, classificamos em **comum** (exercida pela justiça comum estadual e federal) ou **especial** (aquela reservada à justiça especializada como a trabalhista, a militar etc.).

c) **Quanto à hierarquia dos órgãos:**

Neste quesito classificamos os órgãos do poder judiciário em instâncias, **inferior** (órgãos de primeira instância) ou **superior** (quando envolve os tribunais).

2.5 Jurisdição contenciosa e voluntária

Outra classificação importante é aquela que toma como base a existência (ou não) de um conflito a ser solucionado pelo poder judiciário. Se há um conflito a jurisdição provocada será chamada de contenciosa; de outro lado, se as partes buscam apenas a chancela do estado como se ele estivesse validando um negócio jurídico, estaremos diante da jurisdição voluntária.

a) Contenciosa:

Esta é a jurisdição propriamente dita, pois é através dela que o Estado pacifica ou compõe os litígios oriundos de controvérsias instaladas entre as partes. Quer dizer, a jurisdição contenciosa pressupõe a existência de um conflito entre as partes (lide) a ser dirimido pelo poder judiciário.

b) Voluntária (também chamada graciosa ou administrativa):

É a jurisdição aplicada quando não há litígio. Nesse caso o juiz age com o caráter meramente administrativo, assemelhando-se a um tabelião, tendo em vista que, para a validade do negócio jurídico, a lei exige a intervenção do Estado através do juiz (ver CPC, arts. 719 a 770).

Exemplos: nomeação de tutores e curadores, extinção de usufruto, alienação de bens de incapaz, separação ou divórcio consensual, inventário por arrolamento etc.

2.6 Substituição da jurisdição estatal

A jurisdição estatal pode ser substituída desde que as partes elejam outra forma de solução de eventual conflito, abdicando da composição através da via judicial.

A nossa lei permite a existência de soluções de conflito através de mecanismos extrajudiciais, desde que os interesses das partes versem sobre direitos disponíveis.

Nos casos em que a lei permite as partes podem optar por uma das seguintes modalidades de solução extrajudicial de conflito:

a) Autocomposição das partes:

Que pode ocorrer tanto através da transação quando da conciliação. A **transação** nada mais é do que uma negociação em que as partes fazem mútuas concessões com a finalidade de fechar um acordo. Já a **conciliação** é um acordo obtido através da intervenção de um terceiro que eliminando as arestas, ajuda as partes a se comporem (pode ser também judicial).

b) Arbitragem:

Através de contrato escrito as partes podem renunciar a justiça estatal elegendo a arbitragem como forma de solução de eventuais conflitos decorrente da execução de contratos que versem sobre direito patrimoniais disponíveis (ver Lei n° 9.307/96).

2.7 Jurisdição coletiva

Até meados do século passado o poder jurisdicional somente estava previsto para a proteção dos interesses individuais. Tanto é verdade que até hoje o nosso

Código de Processo Civil prevê, como regra, que "**ninguém poderá pleitear direito alheio em nome próprio**" (ver CPC, art. 18).

Ocorre que com o desenvolvimento da sociedade de massas e com o reconhecimento de necessidade de proteção para determinados grupos sociais hipossuficiente, bem como para defender interesses coletivos, fez surgir a necessidade de tutelas coletivas.

A primeira lei com esse caráter surge no Brasil em 1965: a lei de **Ação Popular** (Lei n° 4.717/65) que permite ao cidadão postular em juízo não o seu interesse particular, mas o interesse da coletividade com relação a ato abusivo de autoridade pública que esteja pondo em risco o patrimônio público. Veja-se que nesse caso a pessoa ingressa em juízo não para defender o seu próprio interesse, mas para defender o patrimônio que é de todos (inclusive dele também).

Depois, com o advento da **Lei da Ação Civil Pública** (Lei n° 7.347/85), foi possível cogitar de novos legitimados para, em nome pessoal, poderem defender os interesses coletivos ou difusos da sociedade. A Ação Civil Pública pode ser proposta pelo Ministério Público, pela Defensoria Pública, pela União, pelos estados, municípios, autarquias, empresas públicas, fundações, sociedades de economia mista e associações interessadas (ONGs), desde que constituídas há pelo menos um ano.

Surge assim a necessidade de defesa dos chamados interesses difusos ou coletivos, aqueles direitos que não são nem público nem privados, mas pertencente a uma categoria ou coletividade de pessoas. Nessa linha surgem o Código de Defesa do Consumidor (Lei n° 8.078/90); a lei de proteção aos Deficientes (Lei n° 7.853/89); o Estatuto da criança e adolescente (Lei n° 8.069/90); diversos mecanismos de defesa e proteção do meio ambiente (Lei da Política Nacional do Meio Ambiente – Lei n° 6.938/81; Lei de Crimes Ambientais – Lei n° 9.605/98 etc.), dentre outras.

II – DA AÇÃO

3. DA AÇÃO (CONCEITO)

É o direito subjetivo público, autônomo e abstrato que tem toda pessoa, seja física ou jurídica, de provocar o Judiciário, mediante um processo no qual, através da jurisdição, irá obter uma declaração quanto à uma determinada pretensão.

3.1 O direito de ação

O direito de ação encontra-se consagrado no nosso ordenamento jurídico, como garantia constitucional do direito de acesso à justiça para a defesa de direitos tanto individuais quanto coletivos que possam ter sido violados. É o chamado "**direito de petição**", insculpido na Constituição Federal de 1988 (ver art. 5°, inciso XXXV).

É um direito que assiste a ambos os contendores:

a) **Quanto ao autor:**

O autor tem o direito de pleitear perante o Estado uma decisão sobre uma determinada pretensão, tenha o autor direito ou não ao bem pretendido. Quer dizer, ainda que o autor não tenha direito nenhum a ser protegido, ele tem o direito de ver isso declarado por uma sentença judicial.

b) **Quanto ao réu:**

É o direito que lhe assiste de realizar sua defesa e de somente ser compelido a algo (fazer, não fazer ou mesmo pagar quantia), após uma decisão judicial contra a qual não caiba mais recurso (transitada em julgado).

3.2   Condições da ação

São aquelas condições necessárias para haja regularidade na propositura da ação. A ausência das condições da ação poderá significar a extinção da própria ação, sem julgamento de mérito, nos termos do art. 485, VI, do CPC. Aliás, essa irregularidade poderá ser conhecida pelo juiz de ofício ou por provocação da parte, a qualquer tempo e em qualquer grau de jurisdição.

O exercício do direito de ação está ligado a duas condições, nos termos do art. 17 do Novo Código de Processo Civil,[4] que são: legitimidade e interesse, vejamos.

a) **Legitimidade "ad causam":**

Somente podem demandar em juízo aqueles que sejam sujeitos em uma determinada relação jurídica de direito material, seja como autor (**legitimidade ativa**) ou como réu (**legitimidade passiva**) já que, como regra, ninguém pode postular ou defender interesses atribuídos a outra pessoa (legitimidade para estar em juízo).

Exemplo 1: Molly teve seu veículo abalroado e desembolsou dez mil reais com o conserto. O causador do dano foi Jojolino que dirigia seu próprio veículo no dia do acidente. Nesse caso Molly (sujeito ativo legitimado) pode promover a ação de indenização contra Jojolino (sujeito passivo legitimado) por ter sido ele o causador do dano.

Exemplo 2: utilizando o mesmo exemplo acima, Molly teve seu veículo abalroado e seu marido teve que pagar dez mil reais pelo conserto. O causador do dano foi Jojolino que dirigia seu próprio veículo no dia do acidente. Nesse caso o marido de Molly, embora tenha realizado o pagamento, não tem legitimidade (sujeito ativo ilegítimo) para promover a ação de indenização contra Jojolino (ainda que ele seja o sujeito passivo legitimado).

---

4.   CPC, Art. 17: Para postular em juízo é necessário ter interesse e legitimidade.

b) Interesse:

É a necessidade de se buscar o Judiciário para a obtenção de um determinado provimento que não se conseguiu pelas vias ordinárias. Isto é, só se pode recorrer ao Judiciário quando não se puder resolver a questão de outra forma. Assim, o interesse de agir nada mais é do que a utilidade que o provimento jurisdicional pleiteado pode ter para quem propõe a ação. Há dois níveis de interesse, por assim dizer: o **interesse-necessidade** (a parte precisa demonstrar a necessidade de se socorrer do judiciário); e, o **interesse-utilidade** (o uso da via processual adequada para o fim que se pretende).

Exemplo 1: quem afirma ser credor de cem reais e juntando o título executivo extrajudicial, provando o vencimento da dívida e o inadimplemento do devedor, tem interesse processual em buscar o judiciário para, através do Estado juiz, promover a execução forçada à custa do patrimônio do devedor e assim receber o seu crédito. Nesse caso encontra-se presente tanto o interesse-necessidade (dívida vencida); quanto o interesse-utilidade (título executivo cuja via judicial adequada é o processo de execução).

Exemplo 2: na mesma situação, alguém que seja credor de cem reais, mas não tenha título comprobatório desta dívida, não teria interesse processual em promover a execução, pois faltaria adequação da via. Ainda que o crédito inadimplindo exista (há interesse-necessidade, por causa da dívida vencida), porém faltaria o interesse-utilidade (falta do título executivo torna inadequado o processo de execução).

Atenção: Nesse caso o interessado deverá promover uma ação de conhecimento (não execução) com a finalidade de ver seu crédito reconhecido.

3.3 Exceção à regra geral da legitimação

A legitimidade vista acima é chamada de **legitimação ordinária**, aquela na qual o titular do direito vai a juízo para fazer valer o seu interesse processual. Ou seja, irá a juízo defender em nome próprio seu próprio direito. Esta é a regra, insculpida no art. 18 do CPC, que diz: "Ninguém poderá pleitear direito alheio em nome próprio, salvo quando autorizado pelo ordenamento jurídico".

Porém, como tudo no direito cabe exceção, nesta matéria não poderia ser diferente. É importante destacar que existe a **legitimidade extraordinária**, nos casos em que a lei autoriza que alguém vá a juízo pleitear algum direito mesmo não sendo o titular desse direito reivindicado.

A legitimação extraordinária pode ocorrer em três hipóteses:

a) Substituição processual ou legitimidade extraordinária:

Ocorre quando alguém promove uma ação em nome próprio procurando garantir direitos de outrem.

Exemplo 1: Os sindicatos, entidades de classe e associações legalmente constituídas podem impetrar mandado de segurança coletivo em favor de seus membros ou associados (CF, art. 5º LXX, b).

Exemplo 2: o Ministério Público (não é parte) pode promover ação de investigação de paternidade em favor de menor desassistido (parte), com base no art. 2º, § 4º, da Lei 8.560/92.

b) **Representação:**

Resulta sempre da lei e ocorre quando alguém demanda em nome alheio sobre direito alheio. O representante processual não age em nome próprio (ele não é parte), age em nome de terceiro (que é a parte).

Exemplo: os filhos menores, por não ter capacidade processual, ingressam em juízo como parte, porém representados por seus pais (pais = representantes; filhos = representados).

c) **Sucessão processual:**

Ocorre quando a parte vem a falecer sendo sucedida por seu espólio ou seus herdeiros. Se já tiver inventário aberto a sucessão se dará através do inventariante (representante do espólio). Caso contrário, a sucessão se fará pelo ingresso de todos os herdeiros do falecido (CPC, art. 110). [5]

Atenção: desde a assinatura do compromisso no inventário até a homologação da partilha, a administração da herança será exercida pelo inventariante, logo é ele que representa o espólio. Se o inventário já terminou, quem sucede o falecido serão todos os herdeiros em conjunto.

3.4 Legitimidade concorrente

A legitimidade poderá ser concorrente quando a lei atribuir a mais de uma pessoa legitimidade para postular em juízo.

Isso pode ocorrer tanto no caso de **legitimidade ordinária** (qualquer dos credores solidários pode promover a cobrança de um débito), quanto na **legitimidade extraordinária** (qualquer dos legitimados do art. 82 do CDC pode promover a ação civil pública em defesa dos interesses dos consumidores).

Cabe ainda destacar que a legitimidade concorrente pode ser conjuntiva ou disjuntiva, conforme o caso. Se todos os legitimados forem obrigados a demandar conjuntamente em litisconsórcio necessário, estaremos diante da **legitimação conjuntiva**. Se de outro lado, cada um puder ir a juízo independente do outro legitimado, estaremos diante de um eventual litisconsórcio que será facultativo, caso de **legitimação disjuntiva**.

---

5. CPC, Art. 110. Ocorrendo a morte de qualquer das partes, dar-se-á a sucessão pelo seu espólio ou pelos seus sucessores, observado o disposto no art. 313, §§ 1º e 2º.

3.5 Carência da ação

Se faltar legitimidade e/ou interesse (condições da ação) diremos que terá ocorrido o fenômeno denominado carência da ação, cuja consequência será a extinção do processo sem resolução do mérito.

Significa dizer que se ao final do processo o juiz verificar a falta de legitimidade ou de interesse extinguirá o processo sem resolução do mérito (ver CPC, art. 485, VI). Aliás, se o juiz verificar logo no recebimento da petição inicial que a parte é manifestamente ilegítima ou que lhe falta interesse processual, estará autorizado a indeferir liminarmente a petição inicial (ver CPC, art. 330, II e III).

Exemplo: Vamos imaginar que Molly firmou um "contrato de gaveta" com o Jack para adquirir o seu apartamento, sem a participação do Banco Topa Tudo que financiou a compra. Se Molly resolver ingressar com ação contra o banco pretendendo discutir o aumento abusivo do valor das prestações, será declarada carecedora da ação, exatamente por não ter legitimidade ativa (só o Jack é que teria).

> **Atenção**: Isto não quer dizer que a Molly não tenha direito, apenas que ela não é a parte legitimada para propor esse tipo de ação. Tanto é verdade que essa mesma ação poderá ser proposta novamente corrigindo-se apenas o polo ativo (retira-se Molly e coloca o Jack), de sorte que a ação será considerada regular e, depois de todos os tramites, receberá uma decisão de mérito.

3.6 Elementos da ação

Os elementos da ação são importantes para poder identificar se duas ou mais ações são idênticas porque isso pode resultar em litispendência ou coisa julgada (ver art. 485, V, do CPC), e são eles:

a) **Partes:**

São os sujeitos ativo e passivo da relação processual. **Ativo** é aquele que pede a tutela jurisdicional (autor), enquanto o **passivo** é aquele contra quem se propõe uma determinada ação (réu).

b) **Pedido:**

É o bem da vida pretendido pelo autor, que poderá ser uma simples declaração, uma condenação, uma obrigação, uma execução ou até mesmo um pedido de preservação de direito.

c) **Causa de pedir** (*causa petendi*):

São os fundamentos de fato (**causa de pedir remota**) e de direito (**causa de pedir próxima**) que dão suporte à pretensão do autor.

Exemplo: tratando-se de um acidente de veículo, a causa de pedir remota será o acidente (fato ocorrido na vida real) e a causa de pedir próxima serão os danos e o respectivo dever do ofensor em indenizar a vítima (previsão legal de indenização nos termos do Código Civil, art. 186 c/c 927).

3.7 Classificação das ações

Apenas para efeitos didáticos a doutrina classifica as ações de duas formas: quanto ao tipo de provimento jurisdicional pretendido pelo autor da ação; e, quanto ao procedimento a ser seguido para o atendimento à demanda:

a) **Quanto ao tipo de provimento jurisdicional:**

De conhecimento (declaratórias, constitutivas, mandamentais e condenatórias), de execução e medidas de urgência (cautelares e antecipatórias).

b) **Quanto ao procedimento:**

Procedimento comum (incluindo o cumprimento de sentença) ou procedimento especial (tanto de jurisdição voluntária quanto contenciosa).

III – PROCESSO

4. PROCESSO (CONCEITO)

Processo é o instrumento pelo qual o Estado presta a jurisdição, pois é através dele que os juízes podem aplicar a lei ao caso concreto, após uma sequência de atos coordenados tendentes a encontrar a verdade. É preciso ter em mente que o processo é uma garantia de realização de justiça, quer dizer, de efetivação dos direitos.

Esses atos processuais são praticados pelo juiz e seus auxiliares como também pelas partes e até mesmo por terceiros interessados. Tudo isso com a finalidade de compor a lide, isto é, encontrar uma solução para o litígio.

Vale rememorar que o processo se inicia com propositura da ação pelo autor, através da petição inicial. Em seguida à distribuição e o juiz verificando a regularidade da petição, mandará citar o réu para eventual participação em audiência de conciliação ou mediação, seguindo-se a apresentação de contestação, réplica do autor, realização de provas, e assim por diante. Tudo isso de forma ordenada e com uma única finalidade: prestar a jurisdição.

4.1 Processo e procedimento

Não se deve confundir processo com procedimento, pois processo é o instrumento de prestação da jurisdição, enquanto procedimento é a forma como o processo se desenvolve.

Para o jurista Pinto Ferreira, "procedimento é a exteriorização do processo, é o rito ou o andamento do processo, o modo como se encadeiam os atos processuais."

Já para outros, o "procedimento é o meio extrínseco pelo qual se instaura, desenvolve-se e termina o processo; é a manifestação extrínseca deste, a sua realidade fenomenológica perceptível".[6]

Em resumo: procedimento é a forma pela qual os atos processuais se desenvolvem no curso de um processo.

4.2   Autos do processo

Na vida prática forense se ouve muito a expressão "autos do processo", dando a impressão de que autos e processo seria a mesma coisa. Autos é a representação física ou digital ou seja, é a materialização do processo.

Para melhor entender, autos do processo vai ser o conjunto das peças que forma o processo judicial: petição inicial, despacho do juiz ordenando a citação, contestação do réu, ata de audiência, certidões do cartório, dentre vários outros.

Curiosidade: Vale lembrar que embora atualmente o processo seja eletrônico, ainda tramita nos nossos tribunais autos físicos, mas isso está em fase de extinção.

4.3   Os tipos de processo

Conforme seja a demanda a ser proposta, caberá ao autor identificar qual tipo de processo é o apto a lhe dar a resposta desejada.

Se duas pessoas discutem sobre quem teria razão em face de uma determinada relação, a forma de acertamento processual dessa controvérsia seria o processo de conhecimento, através do qual o juiz poderia colher todas as informações necessária a formar o seu convencimento sobre quem, efetivamente, tem razão naquela determinada situação concreta.

O processo de conhecimento se desdobra em **procedimento comum** (ver CPC, arts. 318 a 512), nele incluído o cumprimento de sentença (ver CPC, arts. 513 a 538) e o **procedimento especial** (ver CPC, arts. 539 a 770).

Se, de outro lado, uma pessoa tem um título executivo extrajudicial vencido em mãos, não vislumbrando chances de receber o seu crédito amigavelmente, poderá manejar o **processo de execução** para através dele, tentar obter a satisfação do crédito de forma mais célere (ver CPC, arts. 771 a 925).

Importante: diz o nosso Código de Processo Civil que se aplica a todas as causas o procedimento comum, a não ser que haja expressa previsão de aplicação de outro procedimento. Aliás, as regras do procedimento comum são

---

6. FERREIRA, Pinto. *Curso de Direito Processual Civil*. São Paulo: Saraiva, 1998.

aplicadas, de forma subsidiaria, nos procedimentos especiais e no processo de execução (CPC, art. 318).[7] É o procedimento padrão.

4.4 Relação jurídica processual

Segundo Moacyr Amaral Santos, "o processo é uma relação entre os sujeitos processuais juridicamente regulada".[8] Assim, o processo tem natureza de uma relação jurídica entre sujeitos processuais: juiz, autor e réu.

Vamos rememorar que processo é uma série ordenada de atos com a finalidade de se obter uma sentença final de mérito que diga o direito aplicável àquela relação litigiosa. Haverá sempre uma parte que afirma um direito, uma parte que nega e um juiz que terá a palavra final e decidirá quem efetivamente tem razão. Significa dizer que proposta e aceita uma ação, ela irá estabelecer um vínculo, uma relação jurídica, entre as pessoas envolvidas e o Estado-Juiz.

Dessa conceituação podemos encontrar as características, elementos e objeto da relação processual, além de sua autonomia, vejamos cada uma delas:

a) **Características da relação processual:**

    A doutrina é praticamente unânime em identificar as seguintes característi-ticas na relação jurídica processual, são elas: autonomia (não se confunde com o direito material envolvido); natureza pública ou caráter público (o processo é instrumento de uma função estatal); progressividade, continui-dade, dinamicidade; complexidade; unicidade ou unidade (todos os atos são interligados); e, trilateralidade (a relação é trilateral porque atuam autor, réu e juiz).

b) **Elementos da relação jurídica processual:**

    Os elementos da relação processual são: sujeito ativo, sujeito passivo, o vínculo jurídico e o objeto da relação. Pode versar sobre Direito Público, quando o Estado figura em um dos polos; ou, de Direito Privado, quando formada por particulares nos dois polos da relação.

c) **Objeto da relação processual:**

    O objeto da relação jurídica processual pode ser a proteção a um direito ligado ao modo de ser da pessoa (honra, imagem, liberdade); relações jurí-dicas obrigacionais, nas quais o objeto da relação será uma prestação (obri-gações de dar, fazer ou não fazer); ou ainda, relações jurídicas de direitos

---

7. CPC, Art. 318. Aplica-se a todas as causas o procedimento comum, salvo disposição em contrário deste Código ou de lei.
    Parágrafo único. O procedimento comum aplica-se subsidiariamente aos demais procedimentos especiais e ao processo de execução.
8. Primeiras linhas de direito processual civil, p. 329.

reais, aquelas em cujo objeto é uma coisa como, por exemplo, uma ação de reintegração de posse.

d) **Autonomia da relação processual:**

Dizemos que a relação jurídica processual é autônoma porque ela não se confunde com a relação jurídica de direito material. É claro que a relação jurídica processual só se instaura porque o autor entende ter um direito decorrente da relação de direito material a ser exercido contra o réu.

Atenção: pode ser que autor e réu não tenham nenhuma relação jurídica de direito material, porém isso não impedirá que se instaure o processo e, por conseguinte, a relação processual entre os dois. Claro que nesse caso, a ação será julgada improcedente (mas os atos processuais serão válidos).

Importante: O direito material (ou substantivo) é aquele instituído em lei ou decorrente do contrato. Já o direito processual (ou adjetivo) é aquele que tem por finalidade garantir que a norma de direito material seja cumprida.

4.5   Pressupostos processuais

São formalidades processuais que devem ser analisadas pelo juiz antes mesmo de apreciar o mérito do pedido do autor. Assim como as condições da ação, os pressupostos processuais são matérias de ordem pública, que deve ser examinada pelo juiz de ofício.

Quer dizer, são matérias preliminares, essencialmente ligadas a formalidades dos atos processuais, que devem ser analisadas pelo juiz antes dele se debruçar sobre o mérito do pedido do autor.

Os pressupostos processuais se dividem em subjetivo e objetivo, vejamos cada um deles em detalhes.

a) **Pressupostos subjetivos:**

São aqueles ligados às pessoas intervenientes no processo, isto é, tem a ver com a investidura regular do juiz e com a capacidade de ser parte das pessoas envolvidas, além de estarem bem representadas.

b) **Pressupostos objetivos:**

Tem a ver com a existência de demanda, ou seja, ligado ao ato de o autor exercitar o seu direito de ação, como estatuído no art. 2º do CPC, com uma petição inicial válida e regular.

Podemos ainda fazer outra subdivisão dos requisitos em pressupostos de existência e requisitos de validade.

a) **Pressuposto de existência:**

Os pressupostos processuais de existência são aqueles essenciais à formação da relação jurídica processual que são: petição inicial (demanda), jurisdição (a parte deve dirigir seu pedido ao órgão jurisdicional do Estado) e a citação do réu (ato que completa a relação jurídica processual). Quer dizer, embora o processo exista desde o peticionamento inicial, ele só estará completo com a citação do réu.

b) **Requisito de validade:**

Diz respeito às pessoas envolvidas no processo: juiz competente e imparcial; partes com capacidade para estar em juízo; e, capacidade postulatória da parte. Importante lembrar que a relação jurídica processual se inicia com o protocolo da petição inicial pelo autor que, após o registro, irá ao juiz para verificar de sua regularidade e se completa com a citação do réu.

Exemplo: Se a petição for despachada por quem não seja juiz, estaremos diante de uma nulidade insanável. Se de outro lado, quem a despachou era um juiz absolutamente incompetente, estaremos diante de um ato defeituoso que também pode gerar nulidade.

Atenção: Como regra, as irregularidades processuais podem ser sanadas, tendo em vista a teoria do aproveitamento dos atos processuais recepcionada pelo Novo CPC como, por exemplo, o estatuído nos arts. 352, 932, parágrafo único e 938, §§ 1º ao 4º.

Podemos também mencionar os **pressupostos negativos** que são: inexistência de perempção, litispendência, coisa julgada ou convenção de arbitragem. Figuras estas que se forem identificadas no processo, causará a extinção da demanda sem resolução de mérito (ver CPC, art. 485, V e VII). Já os **pressupostos positivos** se resumem ao interesse de agir.

QUADRO RESUMO[9]

Pressupostos Processuais	Pressupostos de Existência	Subjetivos	Juiz – órgão investido de jurisdição
			Parte – Capacidade de ser parte
		Objetivos	Existência de demanda
	Requisitos de Validade	Subjetivos	Juiz – Competência e Imparcialidade
			Parte – Capacidade processual, postulatória e legitimidade *ad causam*
		Objetivos	Intrínsecos – Respeito ao formalismo processual
			Extrínsecos: Negativos – Inexistência de perempção, litispendência, coisa julgada ou convenção de arbitragem Positivos – Interesse de agir

---

9. Quadro resumo constante de artigo do Dr. Edmar Oliveira da Silva, no artigo Pressupostos Processuais (Novo CPC). Disponível em: http://direitonarede.com/pressupostos-processuais-novo-cpc/.

LIÇÃO 6
COMPETÊNCIA INTERNA

Sumário: 1. Competência: foro e juízo – 2. Classificação da competência – 3. Competência relativa e absoluta – 4. Determinação da competência – 5. Modificação da competência; 5.1 Prorrogação da competência por continência e conexão; 5.2 Outra causa de prorrogação da competência; 5.3 Prorrogação da competência por inércia da parte; 5.4 Derrogação da competência por vontade das partes – 6. Perpetuação da competência (*perpetuatio iurisdictionis*) – 7. Distribuição da competência – 8. Competência territorial; 8.1 Foro geral ou comum; 8.2 Foro subsidiário ou supletivo; 8.3 Foro especial – 9. Declaração de incompetência – 10. Conflito de competência – 11. Da cooperação nacional – 12. Cooperação internacional.

1. COMPETÊNCIA: FORO E JUÍZO

Competência é o critério utilizado pelo Estado para distribuir entre seus vários órgãos judiciários as atribuições relativas ao desempenho da jurisdição. Em razão da competência, se pode afirmar que todos os juízes são detentores do poder de jurisdição, porém nem todos são competentes para julgar determinado litígio.

Em matéria processual civil, existem duas justiças aptas a conhecer da matéria: a justiça federal e a justiça comum dos Estados. Para identificar qual é a justiça competente para conhecer de determinada demanda temos que nos socorrer da Constituição Federal para verificar se o caso é de competência da justiça federal (ver CF, art. 109). Caso não seja competente a justiça federal saberemos, por exclusão, que a justiça competente será a estadual. Quer dizer, chega-se à justiça estadual por exclusão das demais outras.

Definida a justiça competente, temos que ver qual a comarca (ou circunscrição judiciária) é a competente para conhecer do pedido (isto é o foro). Identificado o foro competente, é preciso verificar se existe naquele foro varas especializas. Se houver, deve endereçar para a vara correta (juízo).

Foro é o local físico onde o juiz exerce as suas funções, ou seja, a área do território no qual o magistrado exerce a jurisdição. Conforme determine as leis de organização judiciária pode existir num mesmo foro, mais de um juízo apto a conhecer da matéria.

Vamos lembrar que a jurisdição embora una, precisa ser organizada em diversos órgãos e instâncias judiciárias, seja em razão da especialidade de matérias, seja em razão do território ou mesmo das pessoas envolvidas:

> **Em resumo**: a competência é fixada a partir do seguinte raciocínio: identifica-se primeiro a justiça, depois o foro (território) e, por fim, o juízo (órgão judicial) competentes.

2. CLASSIFICAÇÃO DA COMPETÊNCIA

A competência pode ser **internacional** (ver CPC, arts. 21 a 25) ou **interna** (ver CPC, arts. 42 a 69), isto porque os juízes e tribunais brasileiros têm competência nos limites do território brasileiro (CPC, art. 16).[1]

Apesar dessa divisão da competência existem ações em que apesar de envolver pessoas ou obrigações estrangeiras, a justiça brasileira pode ser também competente como nos casos previstos nos artigos 21 e 22 do Código de Processo Civil brasileiro. A doutrina diz que nesse caso existe a **competência cumulativa ou concorrente** porque essas ações tanto podem ser julgadas por juízes brasileiros quanto por juízes estrangeiros.

Há ainda os casos em que a **competência internacional é exclusiva da autoridade brasileira** naquelas ações que, independente das pessoas serem estrangeiras ou mesmo tendo domicílio no exterior, versem sobre:

a) Ações relativas a imóveis situados no Brasil.

b) Em matéria de sucessão hereditária, proceder à confirmação de testamento particular e ao inventário e à partilha de bens situados no Brasil, ainda que o autor da herança seja de nacionalidade estrangeira ou tenha domicílio fora do território nacional; e,

c) Em divórcio, separação judicial ou dissolução de união estável, proceder à partilha de bens situados no Brasil, ainda que o titular seja de nacionalidade estrangeira ou tenha domicílio fora do território nacional.

A existência de processo em tramitação perante tribunais estrangeiros não geram nenhum efeito dentro do Brasil. Tanto é verdade que o nosso Código de Processo Civil é expresso ao dizer que a "ação proposta perante tribunal estrangeiro não induz litispendência e não obsta a que a autoridade judiciária brasileira conheça da mesma causa e das que lhe são conexas, ressalvadas as disposições em contrário de tratados internacionais e acordos bilaterais em vigor no Brasil", conforme estabelece o art. 24, *caput*, do CPC.

Outro aspecto que releva comentar é que a existência de sentença proferida por tribunais estrangeiros somente terá validade no território brasileiro se passar pelos procedimentos e tramites determinado no nosso ordenamento jurídico. Prevê a Constituição Federal que para a **homologação de sentenças estrangeiras** é compe-

---

1. CPC, Art. 16. A jurisdição civil é exercida pelos juízes e pelos tribunais em todo o território nacional, conforme as disposições deste Código.

LIÇÃO 6 • COMPETÊNCIA INTERNA   **61**

tente o Superior Tribunal de Justiça (STJ). A homologação é um processo necessário para que a sentença proferida no exterior (ou qualquer ato não judicial que, pela lei brasileira, tenha natureza de sentença) possa produzir efeitos no Brasil. O Código de Processo Civil trata da matéria nos seus artigos 960 a 965.

3.   COMPETÊNCIA RELATIVA E ABSOLUTA

As regras de competência podem ser imperativas ou cogentes (competência absoluta) e dispositivas, também chamada de facultativas (competência relativa). Sendo absoluta a incompetência as partes podem suscitar em qualquer tempo e grau de jurisdição, bem como o juiz pode dela conhecer de ofício (CPC, art. 64, § 1°).[2] Se a incompetência for relativa, diferentemente da absoluta, o juiz não poderá dela conhecer de ofício, devendo ser provocada pela parte em preliminares da contestação, sob pena de prorrogação (CPC, art. 65, *caput*).[3]

Assim, a **competência absoluta** é aquela determinada em razão da matéria, da pessoa ou da função e que não admite prorrogação (CPC, art. 62).[4] Quer dizer, existe um juiz natural competente, cuja determinação é feita pelas normas processuais insculpidas na Constituição Federal ou nas leis infraconstitucionais. É a competência que não pode ser modificada, nem mesmo por acordo entre as partes, tais como aquelas que são determinadas em razão das pessoas e em razão da matéria. A propositura da ação fora do juízo pré-determinado não pode prosperar, sob pena de nulidade do feito.

Enquanto a competência relativa pode ser modificada por vários fatores, inclusive pela conexão ou pela continência, a competência absoluta não pode ser modificada nem mesmo por estes institutos (ver CPC, art. 54).[5]

A matéria é tão importante que mesmo a ação que já tenha sido julgada e transitada em julgado, se for reconhecido que foi proferida por juiz absolutamente incompetente poderá ser anulada através da ação rescisória (ver CPC, art. 966, II).

Façamos um breve resumo:

a)   **Norma cogente ou imperativa:**

A competência absoluta é norma cogente, não podendo sua aplicação ser afastada por vontade das partes.

---

2.   CPC, Art. 64. A incompetência, absoluta ou relativa, será alegada como questão preliminar de contestação. § 1°. A incompetência absoluta pode ser alegada em qualquer tempo e grau de jurisdição e deve ser declarada de ofício.

3.   CPC, Art. 65. Prorrogar-se-á a competência relativa se o réu não alegar a incompetência em preliminar de contestação.

4.   CPC, Art. 62. A competência determinada em razão da matéria, da pessoa ou da função é inderrogável por convenção das partes.

5.   CPC, Art. 54. A competência relativa poderá modificar-se pela conexão ou pela continência, observado o disposto nesta Seção.

b) **Pode ser declarada de ofício:**

A incompetência absoluta por ser matéria de ordem pública, pode ser declarada de ofício pelo juiz que recebeu a distribuição.

c) **Pode ser alegada pelas partes:**

A incompetência absoluta pode ser alegada por qualquer uma das partes nas preliminares de sua contestação ou, após essa fase, por simples petição até mesmo nos tribunais.

d) **Pode ser alegada a qualquer tempo:**

A incompetência absoluta, por ser matéria de ordem pública não sofre dos efeitos da preclusão, podendo ser alegada em qualquer tempo e grau de jurisdição (exceto nos tribunais superiores, pois em recurso especial ou extraordinário há o instituto do prequestionamento).

e) **Cabe ação rescisória:**

A incompetência absoluta é um vício de tamanha gravidade que autoriza a propositura de ação rescisória, visando cassar a sentença proferida pelo juiz absolutamente incompetente.

f) **Não cabe continência nem conexão:**

Os institutos da continência e da conexão não se aplicam quando se trata de competência absoluta, ou seja, nem mesmo a ocorrência desses eventos tem o poder de modificar a competência quando ela for absoluta,

g) **Remessa dos autos ao juiz competente:**

Reconhecida a incompetência absoluta, deve o juiz remeter os autos para o juízo que seja competente.

Se dúvidas ainda restar, vejamos alguns exemplos clássicos que poderá ajudar a entender porque nas causas envolvendo determinadas matérias, ou pessoas, ou ainda em razão de função, as regras da competência não podem ser alteradas.

Exemplo em razão da matéria: as ações que versem sobre as causas referentes à nacionalidade, inclusive a opção pela naturalização pertence, em razão da matéria, à Justiça Federal (CF, art. 109, X).

Exemplo em razão da pessoa: Para interpor mandado de segurança contra ato de autoridade ou servidor público é preciso verificar qual o cargo ou função desempenha aquela determinada pessoa que praticou o ato. Se o mandado é interposto contra ato praticado pelo Governador do Estado, competente será o Tribunal de Justiça daquele estado, por exemplo. Se o mandado de segurança for contra a Caixa Econômica Federal, competente será a Justiça Federal.

Exemplo em razão da função:A competência funcional é aquela que é aplicada a determinadas demandas em curso e que, por razões de conveniência, determina a distribuição, por dependência, a determinado juiz que vai exercer suas atribuições na relação processual já instaurada. É o caso dos embargos de terceiros que devem ser distribuídos no foro e juízo onde tramita o processo de execução no qual foi determinado a constrição (ver CPC, art. 676, *caput*).

Já a **competência relativa** comporta alteração em razão da continência ou por conexão (CPC, art. 54),[6] bem como pode ser modificada pela vontade das partes, tanto de maneira expressa (foro de eleição do art. 63 do CPC)[7] ou de maneira tácita (não arguição de incompetência na contestação nos termos do art. 65 do CPC). A incompetência relativa normalmente está estabelecida em razão do valor da causa ou do critério territorial.

Façamos um breve resumo no tocante à competência relativa:

a) **Foro de eleição:**

Tratando-se de competência em razão do valor da causa ou do território, as partes podem modificar a competência elegendo um determinado foro para a solução de eventuais pendências decorrentes de determinado contrato (ver CPC, art. 63, *caput*).

b) **Prorrogação por omissão:**

Pode também ser prorrogada a competência quando a ação for distribuída em juízo diferente daquele fixado nas regras processuais e a parte não alegar a incompetência relativa na sua contestação (ver CPC, art. 65).

c) **Não pode ser declarada de ofício:**

Como regra a incompetência relativa tem que ser arguida pelo réu ou pelo Ministério Público (quando for o caso), não podendo ser declarada de ofício pelo juiz (exceção: ver art. 63, § 3°, do CPC).

d) **O vício será sanado pela preclusão:**

Não alegada a incompetência na preliminar da contestação, o juiz que antes era incompetente agora passa a ser competente em face da omissão do réu; e,

e) **Continência e conexão:**

São duas causas que podem alterar a competência relativa, forçando a reunião de processos em um só juiz para julgamento conjunto, evitando decisões díspares.

Se dúvidas ainda restar, vejamos dois exemplos que poderão ser úteis à melhor compreensão da matéria:

---

6. CPC, Art. 54. A competência relativa poderá modificar-se pela conexão ou pela continência, observado o disposto nesta Seção.
7. CPC, Art. 63. As partes podem modificar a competência em razão do valor e do território, elegendo foro onde será proposta ação oriunda de direitos e obrigações.

Exemplo 1: A regra geral para propositura de ação é no foro do domicilio do réu (CPC, art. 46, *caput*).[8] Se o autor propuser em foro diferente e o réu não contestar a competência, a mesma será prorrogada de tal sorte a afirmar que aquele juiz que originariamente era "incompetente", passou a ser "competente" em face da inércia do réu.

Exemplo 2: o foro para propositura da ação pedindo alimentos é o do domicílio ou residência do alimentando (CPC, art. 53, II).[9] Se a ação for proposta noutro lugar e o réu nada alegar na sua contestação, o juízo ao qual a ação foi distribuída, ainda que incompetente inicialmente, vira competente pelo não questionamento do réu.

4. DETERMINAÇÃO DA COMPETÊNCIA

A competência é determinada em razão de vários critérios legais tais como o território, as pessoas envolvidas na lide, a natureza e o valor da causa, a hierarquia entre os órgãos judiciários, senão vejamos:

a) **Competência em razão do valor da causa:**

Pode ser que as normas de organização judiciária de cada estado membro fixem normas de competência em razão do valor da causa, como no caso do estado de São Paulo para os Foros Regionais da Capital. Outras podem ser determinadas pela própria legislação especial como, por exemplo, os Juizados Especiais estaduais cujas causas não podem ultrapassar o limite máximo permitido que é de 40 (quarenta) salário mínimos (Lei n° 9.099/95, art. 3°, I) e de 60 (sessenta) salário mínimos nos Juizados Especiais federais (Lei n° 10.259/01, art. 3°).

b) **Competência em razão da matéria** (ratione materiae):

A matéria objeto de controvérsias entre as partes pode definir, inicialmente, se o juízo competente será estadual ou federal, comum ou especializada. Mesmo na justiça estadual é possível encontrar varas especializadas em razão da matéria como as varas de família, varas de registros públicos, varas de falência etc.

c) **Competência em razão da pessoa** *(ratione personae):*

Também em razão das pessoas envolvidas na demanda é possível que o juízo competente seja a justiça comum federal (ver CF, art. 109). Se não for da Justiça Federal, por exclusão, será da Justiça Comum Estadual, além de

---

8. CPC, Art. 46. A ação fundada em direito pessoal ou em direito real sobre bens móveis será proposta, em regra, no foro de domicílio do réu.
9. CPC, Art. 53. É competente o foro: .... (omissis)

    II – de domicílio ou residência do alimentando, para a ação em que se pedem alimentos;

outros critérios que podem ser fixados em leis especiais como, por exemplo, o foro do idoso (Lei n° 10.741/03), foro do consumidor (Lei n° 8.078/90) etc.

d) Competência em razão do local (*ratione loci*):

A competência pode ainda ser definida em razão do local onde se encontra o imóvel (ver CPC, art. 47), onde deva ser cumprida a obrigação (ver CPC, art. 53, III, letra d), ou ainda, onde ocorreu o fato que se pretende ver indenizado (ver CPC, art. 53, V).

5. MODIFICAÇÃO DA COMPETÊNCIA

A competência absoluta não pode ser modificada pelas partes e pode ser reconhecida por provocação das partes ou mesmo de ofício pelo juiz ou tribunal, a qualquer tempo e em qualquer grau de jurisdição.

Contudo, quando se trata de competência relativa ela pode ser modificada por diversos fatores, inclusive por vontade declarada das partes. Assim, a competência relativa pode ser modificada por prorrogação tanto legal (conexão, continência e causa acessória) quanto voluntária (quando a parte não alega a incompetência do juízo), bem como pode ser modificada por derrogação (foro de eleição), vejamos cada uma delas.

5.1 Prorrogação da competência por continência e conexão

É importante esclarecer inicialmente que continência e conexão são dois institutos jurídicos muito parecidos, cujo objetivo é reunir ações que sejam iguais ou semelhantes para julgamento em conjunto, evitando assim decisões conflitantes ou contraditórias. Verifica-se assim que o objetivo maior do instituto é a segurança jurídica, porém tem a ver também com a economia processual.

Ocorrerá **continência** entre 2 (duas) ou mais ações sempre que houver identidade de partes e da causa de pedir, mas o objeto de uma, por ser mais amplo, abrange o das demais (CPC, art. 56).[10] Quer dizer, duas ações são conexas se tiverem as mesmas partes envolvidas e as ações tenham a mesma causa de pedir, sendo que o pedido de uma delas, ainda que diferente, englobe o que está sendo pedido na outra.

No caso de continência se a ação continente tiver sido proposta anteriormente, no processo relativo à ação contida será proferida sentença sem resolução do mérito porque não teria sentido manter em andamento uma ação cujo conteúdo já está "embutido" na outra que é mais ampla (CPC, art. 57).[11]

---

10. CPC, Art. 56. Dá-se a continência entre 2 (duas) ou mais ações quando houver identidade quanto às partes e à causa de pedir, mas o pedido de uma, por ser mais amplo, abrange o das demais.
11. CPC, Art. 57. Quando houver continência e a ação continente tiver sido proposta anteriormente, no processo relativo à ação contida será proferida sentença sem resolução de mérito, caso contrário, as ações serão necessariamente reunidas.

Exemplo de continência: o credor ingressa com uma ação de cobrança contra o devedor pela totalidade do débito de um financiamento, por inadimplemento das três últimas parcelas vencidas e não pagas. Paralelamente a isso, o devedor ingressou com ação noutro juízo na qual pretende discutir a abusividade dos juros e se propôs a consignar as parcelas vencidas e as que se vencerem no curso da demanda. Veja-se que o escopo da segunda ação está contido dentro da cobrança da primeira e, se não forem reunidas as ações, poderemos ter duas decisões completamente dispares: a do credor, decretando a extinção do contrato e antecipando o vencimento da dívida; e, a do devedor, reconhecendo a abusividade dos juros, mas mantendo o contrato válido, apenas expurgando o excesso de juros.

Já a **conexão** poderá ocorrer quando duas ou mais ações tiverem em comum o pedido ou a causa de pedir, pouco importando quem são as partes (CPC, art. 55, *caput*).[12] Diferentemente da continência, aqui não há necessidade de identidade de partes, basta que as causas tenham em comum o pedido ou mesmo a causa de pedir.

Importante esclarecer ainda que a conexão se aplica à execução de título extrajudicial e à ação de conhecimento relativa ao mesmo ato jurídico; bem como às execuções fundadas no mesmo título executivo (ver CPC, 55, § 2°).

Cumpre ainda informar que a conexão, sendo matéria de ordem pública, pode ser suscitada pelas partes ou mesmo conhecida de ofício pelo juiz, a qualquer tempo (exceto no caso dos processos já sentenciados). Se o réu já tem conhecimento de outra ação que possa ser conexa, deverá alegar isso como preliminar de sua contestação (ver CPC, art. 337, VIII), porém se não o fizer não haverá preclusão.

Exemplo de conexão: duas ações de cobrança são movidas pelo locador, uma contra o locatário e outra contra o fiador, visando receber aluguéis atrasados. Fiador e locatário não são a mesma pessoa, logo não há identidade de partes, mas a causa de pedir e a mesma, qual seja, a cobrança da mesma dívida.

Atenção: Tanto no caso de continência quanto no de conexão se as ações tiverem sido distribuídas a juízos diferentes, deverão ser reunidas no juízo que tenha recebido a primeira ação, chamado de juiz prevento (CPC, art.

---

12. CPC, Art. 55. Reputam-se conexas 2 (duas) ou mais ações quando lhes for comum o pedido ou a causa de pedir.

§ 1°. Os processos de ações conexas serão reunidos para decisão conjunta, salvo se um deles já houver sido sentenciado.

§ 2°. Aplica-se o disposto no *caput*:

I – à execução de título extrajudicial e à ação de conhecimento relativa ao mesmo ato jurídico;

II – às execuções fundadas no mesmo título executivo.

§ 3°. Serão reunidos para julgamento conjunto os processos que possam gerar risco de prolação de decisões conflitantes ou contraditórias caso decididos separadamente, mesmo sem conexão entre eles.

58).[13] Veja-se que a prevenção é determinada pelo registro da distribuição da primeira petição inicial (CPC, art. 59).[14]

5.2 Outra causa de prorrogação da competência

Além da conexão e da continência o Código de Processo Civil prevê outra hipótese para prorrogação da competência para os casos de **ação acessória** que deverá, obrigatoriamente, ser proposta no juízo competente para conhecer da ação principal (CPC, art. 61).[15]

Existe uma regra comezinha de direito que diz: "**o acessório sempre segue o principal**" (o inverso não é verdadeiro).

A regra de acessoriedade é caso especial de conexão. Decorre da percepção do legislador de que teria melhores condições de bem analisar o feito o juízo da ação maior, e também, porque evita que sejam proferidas decisões conflitantes.

Uma das hipóteses elencadas no Novo Código de Processo Civil refere-se ao pedido de tutelas de urgência requeridas em caráter antecedente que deverão ser requeridas ao juízo que seria o competente para conhecer do pedido principal (CPC, art. 299, *caput*).[16]

A doutrina ainda lista diversas outras ações: os embargos de terceiro, a restauração de autos, ação declaratória incidental, ação de exigir contas, ação contra depositário do bem penhorado, ação de regresso etc.

5.3 Prorrogação da competência por inércia da parte

Quando se trata de incompetência relativa o juiz não pode declinar de ofício. Logo é preciso que o réu suscite esta questão nas suas preliminares da contestação (ver CPC, art. 64 c/c art. 337, II).

Contudo, se o réu não arguir a incompetência relativa nas preliminares de sua contestação, ocorrerá o fenômeno da prorrogação da competência, ou seja, aquele juiz que inicialmente não seria o competente para conhecer daquela determinada ação passa a sê-lo em face da inércia do interessado (CPC, art. 65).[17]

---

13. CPC, Art. 58. A reunião das ações propostas em separado far-se-á no juízo prevento, onde serão decididas simultaneamente.
14. CPC, Art. 59. O registro ou a distribuição da petição inicial torna prevento o juízo.
15. CPC, Art. 61. A ação acessória será proposta no juízo competente para a ação principal.
16. CPC, Art. 299. A tutela provisória será requerida ao juízo da causa e, quando antecedente, ao juízo competente para conhecer do pedido principal.
17. CPC, Art. 65. Prorrogar-se-á a competência relativa se o réu não alegar a incompetência em preliminar de contestação.
    Parágrafo único. A incompetência relativa pode ser alegada pelo Ministério Público nas causas em que atuar.

Exemplo: uma ação é distribuída no foro central da comarca de São Paulo contra um réu que reside em Diadema. Sabemos que a regra geral manda que a ação seja proposta no foro do domicílio do réu (ver CPC, art. 46). O réu poderia alegar incompetência de foro central de São Paulo e assim deslocar o processo para Diadema, mas pode também se conformar com essa situação e nada alegar.

5.4   Derrogação da competência por vontade das partes

Quando se trata do território as partes podem modificar a competência para conhecimento de pendência oriunda de contrato escrito conforme lhes aprouver. É o chamado "**foro de eleição**" (CPC, art. 63).[18]

Podemos dizer que ao escolherem um juízo diferente para solucionar futuras pendências, as partes estão, por assim dizer, derrogando a competência originária.

Prestigiando o que a jurisprudência já vinha acolhendo, permite o Novo CPC que o juiz de ofício, antes mesmo da citação do réu, possa declarar a cláusula de eleição de foro abusiva, portanto, ineficaz, determinando a remessa dos autos ao juízo do foro de domicílio do réu (ver art. 63, § 3°).

Se o juiz não declarar abusiva a cláusula de eleição de foro, poderá o réu, nas preliminares de sua contestação, alegar a abusividade da cláusula de eleição de foro. Se não o fizer, a questão restará preclusa (ver CPC, art. 63, § 4°).

> **Atenção**: a cláusula de eleição de foro só se admite para solução de problemas obrigacionais, ou seja, para direitos patrimoniais disponíveis; não sendo admitida para ações que versem sobre direitos reais ou direitos indisponíveis.

6.   PERPETUAÇÃO DA COMPETÊNCIA *(PERPETUATIO IURISDICTIONIS)*

É um princípio processual referente à competência de foro, pelo qual a competência tendo sido definida a partir do registro ou da distribuição da petição inicial, não poderá ser modificada, nem mesmo se ocorrer mudança no estado de fato das partes (morte do autor ou do réu) ou no estado de direito em discussão (venda de imóvel litigioso).

---

18. CPC, Art. 63. As partes podem modificar a competência em razão do valor e do território, elegendo foro onde será proposta ação oriunda de direitos e obrigações.

    § 1°. A eleição de foro só produz efeito quando constar de instrumento escrito e aludir expressamente a determinado negócio jurídico.

    § 2°. O foro contratual obriga os herdeiros e sucessores das partes.

    § 3°. Antes da citação, a cláusula de eleição de foro, se abusiva, pode ser reputada ineficaz de ofício pelo juiz, que determinará a remessa dos autos ao juízo do foro de domicílio do réu.

    § 4°. Citado, incumbe ao réu alegar a abusividade da cláusula de eleição de foro na contestação, sob pena de preclusão.]

A mudança de endereço de uma das partes, ou a modificação do seu estado civil de casado para divorciado ou, ainda, de qualquer alteração no estado de fato da coisa litigiosa, ou mesmo, do direito que serviu para determinar a competência inicial, não alteram a competência originariamente fixada, de sorte que o processo continuará no mesmo juízo até final decisão.

Esse princípio está contido no art. 43 do Código de Processo Civil que expressamente diz: "Determina-se a competência no momento do registro ou da distribuição da petição inicial, sendo irrelevantes as modificações do estado de fato ou de direito ocorridas posteriormente, salvo quando suprimirem órgão judiciário ou alterarem a competência absoluta".

7. DISTRIBUIÇÃO DA COMPETÊNCIA

A principal norma a fixar originariamente a competência dos diversos órgãos jurisdicionais é a Constituição Federal e o Código de Processo Civil, embora residualmente as Constituições e leis estaduais possam também regular a matéria.

As regras gerais estão fixadas na Constituição Federal que define as atribuições do Supremo Tribunal Federal (art. 102), do Superior Tribunal de Justiça (art. 105), da Justiça Federal (arts. 108 e 109), das Justiças Especializadas: Eleitoral (art. 114), Militar (art. 121) e Trabalhista (art. 124), e a Justiça Estadual (art. 125).

É importante destacar que a competência da justiça estadual é residual, isto é, lhe cabe julgar tudo aquilo que não seja da competência dos órgãos enumerados acima. Ou seja, se a competência não for do STF, do STJ, da Justiça Federal ou das Justiças Especializadas, então, competente será a justiça comum estadual.

8. COMPETÊNCIA TERRITORIAL

A competência territorial, também chamada de **competência de foro**, é aquela atribuída aos diversos órgãos judiciários em razão da divisão do território nacional em circunscrições judiciárias (comarcas no caso da justiça estadual ou seções judiciárias no caso da justiça federal).

Cumpre esclarecer que na justiça estadual comum se divide em tantas comarcas quantas existam em cada Estado da federação (justiça de primeiro grau). Acima das comarcas de um determinado Estado, situa-se um Tribunal de Justiça ao qual as partes recorrerão contra atos dos juízes de primeiro grau.

Quando tratamos da justiça federal a forma de organização é similar, mas tem nuances de diferenças. Ao invés de **comarca** a justiça federal de primeiro grau é prestada pelos juízes que estão distribuídos em **seções judiciárias** que se organizam numa determinada região, cujo órgão de segundo grau é um Tribunal Regional Federal cujas sedes ficam em Brasília (1ª. Região), Rio de Janeiro (2ª. Região), São Paulo (3ª Região), Porto Alegre (4ª Região) e Recife (5ª. Região).

Nessa perspectiva, temos o foro comum, foro subsidiário ou supletivo e os foros especiais, vejamos:

8.1 Foro geral ou comum

O foro geral ou comum é aquele determinado pelo art. 46 do Código de Processo Civil, cuja regra principal é o de que as ações devem ser propostas no foro do domicílio do réu.

8.2 Foro subsidiário ou supletivo

São as situações previstas nos parágrafos do mesmo art. 46 acima citado que excepciona a regra geral do foro do domicílio do réu para prever algumas outras hipóteses.

8.3 Foro especial

São aqueles que fogem da regra geral do art. 46 e são determinados em razão da matéria, das pessoas envolvidas ou do local do fato.

Dentre vários foros especiais, vejamos alguns:

a) **Foro para as ações reais imobiliárias:**

Nesse caso, a situação do imóvel é que vai ser determinante para a fixação do foro competente (CPC, art. 47, *caput*). Contudo, se ação não versar sobre direito de propriedade, de vizinhança, sobre servidão, divisão ou demarcação de terras e de nunciação de obra nova, o autor pode optar pelo foro do domicílio do réu ou pelo foro de eleição (CPC, art. 47, § 1º).[19]

b) **Foro do lugar da herança:**

Como regra geral o foro competente é o do domicílio do autor da herança, isto é, o local onde residia o *de cujus* (CPC, art. 48, *caput*).[20] As exceções são tratadas no parágrafo único do mesmo artigo para os casos em que o

---

19. CPC, Art. 47. Para as ações fundadas em direito real sobre imóveis é competente o foro de situação da coisa.
§ 1º. O autor pode optar pelo foro de domicílio do réu ou pelo foro de eleição se o litígio não recair sobre direito de propriedade, vizinhança, servidão, divisão e demarcação de terras e de nunciação de obra nova.
§ 2º. A ação possessória imobiliária será proposta no foro de situação da coisa, cujo juízo tem competência absoluta.
20. CPC, Art. 48. O foro de domicílio do autor da herança, no Brasil, é o competente para o inventário, a partilha, a arrecadação, o cumprimento de disposições de última vontade, a impugnação ou anulação de partilha extrajudicial e para todas as ações em que o espólio for réu, ainda que o óbito tenha ocorrido no estrangeiro.
Parágrafo único. Se o autor da herança não possuía domicílio certo, é competente:
I – o foro de situação dos bens imóveis;
II – havendo bens imóveis em foros diferentes, qualquer destes;
III – não havendo bens imóveis, o foro do local de qualquer dos bens do espólio.

falecido não tinha domicilio certo, quando então a ação poderá ser proposta no foro de situação dos bens imóveis; ou, havendo bens imóveis em foros diferentes, qualquer destes; ou ainda, não havendo bens imóveis, o foro do local de qualquer dos bens do espólio.

c) **Casos de ausência:**

Nesse caso o foro será determinado pelo último domicílio do ausente, no qual poderá ser proposta ação declaratória de ausência, bem como a arrecadação, o inventário, a partilha e o cumprimento de disposições testamentárias (CPC, art. 49);[21]

d) **Foro dos incapazes:**

As ações em que o incapaz for réu, deverão ser propostas no foro do domicílio de seu representante legal ou do seu assistente (art. 50);[22]

e) **Foro do alimentando:**

No caso de ação em que se pede alimentos, o foro competente será o do domicílio do alimentando (ver CPC, art. 53, II).

f) **Foro para reparação de danos por acidente de veículos:**

Nesse caso o autor da ação pode optar pelo local onde ocorreu o fato ou pelo seu próprio domicílio (ver CPC, art. 53, V). Embora a norma nada fale, entendemos que ação também pode ser proposta no foro do domicílio do réu (regra geral) que, por lhe ser mais favorável, não poderá ser recusado.

9. DECLARAÇÃO DE INCOMPETÊNCIA

Tratando-se de **incompetência absoluta** o juiz pode reconhecer de ofício, no recebimento da petição inicial, enviando os autos ao juiz que repute competente. Se não o fizer o réu deverá alegar essa matéria nas preliminares de sua contestação.

De qualquer forma, por ser matéria de ordem pública, a incompetência absoluta pode ser reconhecida a qualquer momento e em qualquer grau de jurisdição, tanto de ofício pelos magistrados que oficiem no feito, quanto por provocação das partes que, nessa fase, deverá fazê-lo por simples petição.

No caso de **incompetência relativa** o juiz só a pode reconhecer se houver provocação do réu e, nesse caso, deverá ser manifestado o inconformismo como preliminar da contestação, sob pena de preclusão.

---

21. CPC, Art. 49. A ação em que o ausente for réu será proposta no foro de seu último domicílio, também competente para a arrecadação, o inventário, a partilha e o cumprimento de disposições testamentárias.
22. CPC, Art. 50. A ação em que o incapaz for réu será proposta no foro de domicílio de seu representante ou assistente.

Quer dizer, se não for alegada a incompetência relativa como preliminar da contestação, a competência será prorrogada e o juiz se tornará competente (CPC, art. 65).[23] É típico caso das ações cuja competência se define em razão do território.

10. CONFLITO DE COMPETÊNCIA

Pode ocorrer que mais de um juiz se declare competente (**conflito positivo**) ou incompetente (**conflito negativo**) para conhecer de uma determinada demanda, decorrendo daí o conflito de competência que poderá ser suscitado pelas partes, pelo Ministério Público ou mesmo de ofício pelo juiz ao qual a causa tenha sido distribuída (CPC, art. 66).[24]

Além de poder suscitar o conflito quando for parte o Ministério Público será ouvido nos conflitos de competência relativos aos processos que tenham interesse público ou social; versem sobre interesse de incapaz; ou naqueles litígios coletivos pela posse de terra rural ou urbana (CPC, art. 951).[25]

Quando envolver dois juízes de um mesmo tribunal, o conflito de competência será julgado pelo tribunal do qual os juízes fazem parte. Se for dois juízes estaduais, o conflito será julgado pelo tribunal de justiça do estado. Se for entre dois juízes federais, o conflito será julgado pelo Tribunal Regional Federal ao qual os dois pertençam.

É importante também registrar que pode ocorrer conflito entre órgãos fracionários dos tribunais. Em São Paulo, por exemplo, o Tribunal de Justiça tem na área cível Câmaras especializadas, Câmaras de Direito Público e Câmaras de Direito Privado. Pode ocorrer de um recurso ser distribuído a uma dessas câmaras e o relator entender que não seria aquela câmara competente, porém outra. Nesse caso, o regimento interno do tribunal deve regular a forma pela qual se resolverá o conflito.

Não poderá suscitar conflito a parte que, no processo, arguiu incompetência relativa, porque de duas uma: ou a exceção foi acolhida; ou, não foi acolhida cabendo-lhe interpor o recurso cabível (ver CPC, art. 952).

---

23. CPC, Art. 65. Prorrogar-se-á a competência relativa se o réu não alegar a incompetência em preliminar de contestação.
    Parágrafo único. A incompetência relativa pode ser alegada pelo Ministério Público nas causas em que atuar.
24. CPC, Art. 66. Há conflito de competência quando:
    I – 2 (dois) ou mais juízes se declaram competentes;
    II – 2 (dois) ou mais juízes se consideram incompetentes, atribuindo um ao outro a competência;
    III – entre 2 (dois) ou mais juízes surge controvérsia acerca da reunião ou separação de processos.
    Parágrafo único. O juiz que não acolher a competência declinada deverá suscitar o conflito, salvo se a atribuir a outro juízo.
25. CPC, Art. 951. O conflito de competência pode ser suscitado por qualquer das partes, pelo Ministério Público ou pelo juiz.
    Parágrafo único. O Ministério Público somente será ouvido nos conflitos de competência relativos aos processos previstos no art. 178, mas terá qualidade de parte nos conflitos que suscitar.

LIÇÃO 6 • COMPETÊNCIA INTERNA   **73**

Cumpre ainda assinalar que, conforme orientação jurisprudencial, o conflito de competência só cabe para os processos que ainda estão tramitando. Quer dizer, não existe conflito de competência se um dos processos tomados como paradigma já tiver sentença com trânsito em julgado (súmula n° 59, do STJ).[26]

11. DA COOPERAÇÃO NACIONAL

O Novo CPC criou, por assim dizer, a figura do juiz de cooperação, visando melhorar a comunicação entre todos os juízos, diminuindo a burocracia e, por conseguinte, agilizando a prestação jurisdicional (CPC, art. 67).[27]

A função desse juízo de colaboração é criar mecanismo para permitir o intercâmbio e o auxílio recíproco entre juízos, fora dos seus limites territoriais e sem as formalidades processuais rígidas e solenes tais quais as cartas precatórias ou as cartas de ordem. É uma forma de buscar celeridade e efetividade para o processo.

O pedido de cooperação entre os juízos poderá ser formulado para a prática de qualquer ato processual e deve ser prontamente atendido, sendo executado como: auxílio direto; reunião ou apensamento de processos; prestação de informações; e atos concertados entre os juízes cooperantes (ver CPC, art. 69).[28]

12. COOPERAÇÃO INTERNACIONAL[29]

A cooperação judiciária internacional se faz necessária para dar juridicidade aos atos que um Estado necessite realizar fora de seu território, como, para citar apenas alguns exemplos, notificações, citações, interrogatórios, oitivas, vistorias, avaliações, e no *exequatur* de cartas rogatórias. A prática de tais atos se dará através da assistência – mútua e voluntária – existente entre Estados soberanos.

O mundo civilizado trabalha conjuntamente para combater o crime organizado internacional como um todo e, mais especificamente, os crimes de corrupção, lavagem de dinheiro, crimes estes que se servem de complexa engenharia financeira e legal e que obriga à uma crescente e estreita cooperação judiciária internacional.

Na espera cível, principalmente em consequência da globalização, situações que outrora eram excepcionais são comuns e essa cooperação, cujo foco inicial fora na

---

26. STJ – Súmula n° 59: Sentença com trânsito em julgado. Inexistência de conflito.
27. CPC, Art. 67. Aos órgãos do Poder Judiciário, estadual ou federal, especializado ou comum, em todas as instâncias e graus de jurisdição, inclusive aos tribunais superiores, incumbe o dever de recíproca cooperação, por meio de seus magistrados e servidores
28. Só a título de curiosidade, mesmo antes do Novo CPC o CNJ já tinha disciplinado a matéria quando editou em 2011, a Recomendação n° 38.
29. SEGRE, German in: MELO, Nehemias Domingos de. *Novo CPC Anotado, Comentado e Comparado*, p. 26 e ss.

área penal, sofre a demanda de processos mais célere para resolver conflitos oriundos de relações jurídicas entre sujeitos subordinados a sistemas jurídicos distintos.

Assertivamente inova nos incisos IV e V, do art. 6° do Novo CPC, ao determinar uma autoridade central (o Ministério de Justiça até que outra seja designada) e a espontaneidade na transmissão de informações a autoridades estrangeiras, um significativo avanço do novo Código.

A amplitude do que pode ser objeto de cooperação internacional, se pode medir pelo que consta insculpido no art. 27 do Novel Codex: citação, intimação e notificação judicial e extrajudicial; colheita de provas e obtenção de informações; homologação e cumprimento de decisão; concessão de medida judicial de urgência; assistência jurídica internacional; e, finalmente, qualquer outra medida judicial ou extrajudicial não proibida pela lei brasileira.

De forma resumida, podemos afirmar que qualquer medida, seja esta judicial ou extrajudicial, desde que não proibida pela legislação nacional, pode ser objeto da cooperação internacional.

Lição 7
DOS ATORES DO PROCESSO

Sumário: 1. Das partes e seus procuradores; 1.1 Da capacidade processual; 1.2 Condição especial das pessoas casadas; 1.3 Representação da pessoa jurídica e dos entes despersonalizados; 1.4 Regularização da capacidade processual e da representação processual; 1.5 Dos deveres das partes e seus procuradores; 1.6 Responsabilidade pelo pagamento de despesas e multas; 1.7 Honorários advocatícios sucumbenciais; 1.8 Da gratuidade de justiça; 1.9 Dos procuradores das partes; 1.10 Da sucessão das partes; 1.11 Da sucessão dos procuradores – 2. Do litisconsórcio; 2.1 Formação do litisconsórcio; 2.2 Classificação do litisconsórcio; 2.3 Momento da formação; 2.4 Observações importantes – 3. Intervenção de terceiros; 3.1 Assistência; 3.2 Denunciação da lide (ou litisdenunciação); 3.3 Do chamamento ao processo; 3.4 Da desconsideração da personalidade jurídica; 3.5 Do *amicus curiae* – 4. Dos juízes: deveres, poderes e responsabilidade; 4.1 Poderes/deveres do juiz; 4.2 Responsabilidade do juiz; 4.3 Dos impedimentos e da suspeição; 4.3.1 Dos impedimentos; 4.3.2 Da suspeição; 4.3.3 Processamento dos impedimentos ou da suspeição; 4.3.4 Outros agentes sujeitos ao impedimento e suspeição – 5. Dos auxiliares da justiça; 5.1 Esclarecimentos sobre os auxiliares da justiça; 5.2 O escrivão ou chefe de secretaria; 5.3 O oficial de justiça; 5.4 O perito; 5.5 Conciliadores e mediadores judiciais; 6. Do Ministério Público; 7. Da Advocacia Pública; 8. Da Defensoria Pública.

1. DAS PARTES E SEUS PROCURADORES

A regularidade do processo exige a presença de três figuras indispensáveis: juiz, autor e réu e, eventualmente, terceiros intervenientes. É em torno de uma pretensão de direito material que alguém pede a intervenção do Estado (autor), dirigindo seu pedido contra outra pessoa (réu) que, após regular processamento, merecerá um provimento ao final dado pelo Estado (juiz).

Tendo em vista o princípio da "inércia da jurisdição" a parte passa a ter uma importância relevante para o processo. Devemos lembrar que, como regra, sem a provocação da parte o juiz não pode instaurar o processo.

As partes, dependendo do tipo de procedimento, pode receber as mais diversas nomenclaturas que a prática forense consagrou e que também se encontra presente no próprio Código de Processo Civil.

Somente à guisa de curiosidade, vejamos algumas denominações:

a) No processo de conhecimento:

A parte que ingressa com a ação é o **autor**, enquanto quem vai responder aos termos da ação é o **réu**. Mas se o réu apresentar reconvenção ele será chamado de **reconvindo** e o autor passará a ser o **reconvinte**. Se no processo for chamado outras pessoas, esses terceiros poderão ser chamados de **litisconsorte**, **assistente**, **denunciante** ou **denunciado** etc.

b) Na fase recursal:

Na apelação quem recorre é chamado de **apelante** e a outra parte **apelado**. Nos agravos, **agravante** é quem interpõe o recurso e **agravado** a outra parte. Também é possível utilizar a forma geral de **recorrente** (quem promove o recurso) e **recorrido** (a parte contrária no recurso).

c) No processo de execução:

Exequente é quem está promovendo a execução (autor) e **executado** aquele contra o qual é dirigida a execução (réu). Se o executado apresentar embargos à execução ele será chamado de **embargante** e a outra parte **embargado** (isso também se aplica aos embargos de terceiros).

1.1 Da capacidade processual

Como regra todas as pessoas têm **capacidade para ser parte**, tanto as pessoas físicas quanto às jurídicas. No nosso sistema processual até mesmo alguns entes despersonalizados (sem personalidade jurídica) tem capacidade para ser parte (nascituro, espólio, condomínio etc.).

Porém, nem todos têm capacidade para estar em juízo, ou seja, nem todos têm **capacidade processual**. Somente as pessoas maiores e capazes podem estar em juízo. Os incapazes serão representados pelos seus representantes legais (pais, tutores ou curadores).

Além dos mais, as partes devem estar bem representadas no processo tendo em vista que, em regra, somente os advogados podem postular em juízo (**capacidade postulatória**) e para isso devem estar autorizados por procuração (CPC, art. 103).[1] Excepcionalmente o advogado poderá atuar sem procuração nos casos de urgência, porém nesses casos terá o prazo de 15 (quinze) dias para juntar a procuração aos autos, prazo esse prorrogável por igual período desde que requerido e autorizado pelo juiz. Caso assim não faça, o ato será declarado ineficaz pelo juiz, respondendo o advogado pelas perdas e danos de sua omissão (CPC, art. 104, §§ 1° e 2°).[2]

---

1. CPC, Art. 103. A parte será representada em juízo por advogado regularmente inscrito na Ordem dos Advogados do Brasil.
   Parágrafo único. É lícito à parte postular em causa própria quando tiver habilitação legal.
2. CPC, Art. 104. O advogado não será admitido a postular em juízo sem procuração, salvo para evitar preclusão, decadência ou prescrição, ou para praticar ato considerado urgente.

LIÇÃO 7 • DOS ATORES DO PROCESSO

Em resumo: capacidade de ser parte todos possuem; já a capacidade para estar em juízo, nem todos possuem; e com relação à capacidade postulatória, esta somente os advogados é que tem.

1.2 Condição especial das pessoas casadas

Os cônjuges e os conviventes, como regra, são responsáveis civilmente pelos atos que cada um praticar, de sorte a afirmar que processualmente cada um responde pelos seus próprios atos, sem a necessidade de anuência de quem quer que seja.

Ocorre que, por uma questão de segurança jurídica, o legislador criou a necessidade da anuência do outro cônjuge ou convivente para a propositura das ações que versem sobre direitos reais imobiliários (**legitimidade ativa**). Da mesma forma no sentido inverso, pois se alguém for propor esse tipo de ação contra pessoa casada ou que vivam em união estável comprovada, deverá fazê-lo também contra o casal, pois ambos serão legitimados passivamente para integrar o polo passivo da demanda (**legitimidade passiva**) nos termos como insculpidos no art. 73 do CPC[3]. Essa autorização é chamada de **outorga uxória** (mulher) e **outorga marital** (homem).

A regra se justifica tendo em vista que os interesses comuns do casal exigem, por assim dizer, que ambos participem de qualquer ato que possa implicar em disposição de direitos reais imobiliários.

Se houver recusa injustificada por qualquer dos cônjuges é possível o outro cônjuge obter **suprimento judicial do consentimento** para suprir essa vontade, o que deverá ser feito através de processo de jurisdição voluntária (ver Novo CPC, art. 719 e ss). Será considerado nulo o processo se ele se desenvolveu sem a autorização ou outorga não suprida pelo juiz (CPC, art. 74).[4]

---

§ 1° Nas hipóteses previstas no *caput*, o advogado deverá, independentemente de caução, exibir a procuração no prazo de 15 (quinze) dias, prorrogável por igual período por despacho do juiz.

§ 2° O ato não ratificado será considerado ineficaz relativamente àquele em cujo nome foi praticado, respondendo o advogado pelas despesas e por perdas e danos.

3. CPC, Art. 73. O cônjuge necessitará do consentimento do outro para propor ação que verse sobre direito real imobiliário, salvo quando casados sob o regime de separação absoluta de bens.

§ 1° Ambos os cônjuges serão necessariamente citados para a ação:

I – que verse sobre direito real imobiliário, salvo quando casados sob o regime de separação absoluta de bens;

II – resultante de fato que diga respeito a ambos os cônjuges ou de ato praticado por eles;

III – fundada em dívida contraída por um dos cônjuges a bem da família;

IV – que tenha por objeto o reconhecimento, a constituição ou a extinção de ônus sobre imóvel de um ou de ambos os cônjuges.

§ 2° Nas ações possessórias, a participação do cônjuge do autor ou do réu somente é indispensável nas hipóteses de composse ou de ato por ambos praticado.

§ 3° Aplica-se o disposto neste artigo à união estável comprovada nos autos.

4. CPC, Art. 74. O consentimento previsto no art. 73 pode ser suprido judicialmente quando for negado por um dos cônjuges sem justo motivo, ou quando lhe seja impossível concedê-lo.

Parágrafo único. A falta de consentimento, quando necessário e não suprido pelo juiz, invalida o processo.

Exceção: a exceção fica por conta das pessoas que são **casados pelo regime de separação total de bens** (CPC, art. 73, *caput*), na linha do que já é preconizado pelo Código Civil (art. 1.647, *caput*).[5]

1.3 Representação da pessoa jurídica e dos entes despersonalizados

Além das pessoas naturais, a lei atribui capacidade processual às **pessoas jurídicas de direito público**, assim como as **pessoas jurídicas de direito privado**. Além disso, alguns **entes despersonalizados** também têm capacidade para estar em juízo tais como a massa falida, o espólio, a herança jacente e vacante, o condomínio e as sociedades ou associações irregulares (CPC, art. 75).[6]

Dessa forma, a **União** será representada judicialmente pelos procuradores da Advocacia Geral da União ou outro órgão a ela vinculado. Os **Estados e o Distrito Federal** também, só que pelos seus procuradores. O **município** poderá ser representado por seu prefeito ou procurador municipal ou ainda pela associação de representação

---

5. CC, Art. 1.647. Ressalvado o disposto no art. 1.648, nenhum dos cônjuges pode, sem autorização do outro, exceto no regime da separação absoluta:
   I – alienar ou gravar de ônus real os bens imóveis;
   II – pleitear, como autor ou réu, acerca desses bens ou direitos;
   III – prestar fiança ou aval;
   IV – fazer doação, não sendo remuneratória, de bens comuns, ou dos que possam integrar futura meação.
   Parágrafo único. São válidas as doações nupciais feitas aos filhos quando casarem ou estabelecerem economia separada.
6. CPC, Art. 75. Serão representados em juízo, ativa e passivamente:
   I – a União, pela Advocacia-Geral da União, diretamente ou mediante órgão vinculado;
   II – o Estado e o Distrito Federal, por seus procuradores;
   III – o Município, por seu prefeito, procurador ou Associação de Representação de Municípios, quando expressamente autorizada; (Redação dada pela Lei nº 14.341, de 2022);
   IV – a autarquia e a fundação de direito público, por quem a lei do ente federado designar;
   V – a massa falida, pelo administrador judicial;
   VI – a herança jacente ou vacante, por seu curador;
   VII – o espólio, pelo inventariante;
   VIII – a pessoa jurídica, por quem os respectivos atos constitutivos designarem ou, não havendo essa designação, por seus diretores;
   IX – a sociedade e a associação irregulares e outros entes organizados sem personalidade jurídica, pela pessoa a quem couber a administração de seus bens;
   X – a pessoa jurídica estrangeira, pelo gerente, representante ou administrador de sua filial, agência ou sucursal aberta ou instalada no Brasil;
   XI – o condomínio, pelo administrador ou síndico.
   § 1º Quando o inventariante for dativo, os sucessores do falecido serão intimados no processo no qual o espólio seja parte.
   § 2º A sociedade ou associação sem personalidade jurídica não poderá opor a irregularidade de sua constituição quando demandada.
   § 3º O gerente de filial ou agência presume-se autorizado pela pessoa jurídica estrangeira a receber citação para qualquer processo.
   § 4º Os Estados e o Distrito Federal poderão ajustar compromisso recíproco para prática de ato processual por seus procuradores em favor de outro ente federado, mediante convênio firmado pelas respectivas procuradorias.

LIÇÃO 7 • DOS ATORES DO PROCESSO

da qual o munícipio faça parte, desde que autorizada. Já no tocante as autarquias e as fundações de direito público, por quem a lei do ente federado designar.

Com relação à **massa falida**, cumpre esclarecer que, decretada a falência da pessoa jurídica ela se extingue, portanto, perde sua personalidade. Contudo, sobrarão bens e direitos, assim como obrigações e tudo isso precisa ser gerido até que seja encerrada definitivamente a falência. Nesse caso, os interesses da massa falida serão representados pelo administrador judicial que a representará em juízo e fora dele.

A **herança jacente ou vacante** ocorre quando alguém falece e não tenha herdeiros conhecidos (legítimos ou testamentários). Nesse caso, a herança será declarada jacente e deverá ser nomeado um curador para arrecadar e administrar os bens. Depois de praticadas as diligências para localizar eventuais herdeiros e se ninguém se habilitar a herança será declarada vacante. Em ambas as fases, o curador será o representante judicial dos interesses da herança.

Da mesma forma, o **espólio**, enquanto o conjunto de direitos, bens e obrigações da pessoa falecida. Já sabemos que a morte põe fim à personalidade, porém, alguém que morre pode deixar bens e interesses que precisam ser administrados até que possa ser transferido para seus herdeiros, o que somente será feito com a finalização do inventário e a respectiva expedição do formal de partilha. Enquanto isso não acontece, quem irá administrar esses bens e interesses do espólio será o inventariante.

As **pessoas jurídicas de direito privado** serão representadas, ativa e passivamente, por aqueles que seus atos constitutivos designarem e, se não houver designação serão representadas pelos seus diretores. Aqui se encaixam todas as pessoas jurídicas sejam elas associações (ver CC, arts. 53 a 61); as sociedades (ver CC, arts. 986 e ss); as fundações (ver CC, arts. 62 a 69), bem como as organizações religiosas, os sindicatos e os partidos políticos.

As **sociedades irregulares ou sociedades de fato** (ou não personificadas), também terão capacidade para estar em juízo, nesse caso representada pelo seu administrador. Nesse caso, a pessoa jurídica sem personalidade não poderá opor tal fato como matéria de defesa, tendo em vista aquela máxima que diz: "**ninguém pode se beneficiar de sua própria torpeza**".

A **pessoa jurídica estrangeira**, pelo gerente, representante ou administrador de sua filial, agência ou sucursal aberta ou instalada no Brasil. Nesse caso, presume-se que o gerente da agência ou filial está autorizado a receber citação.

Finalmente, com relação ao **condomínio edilício**, embora o condomínio funcione como uma sociedade, ele não tem personalidade jurídica e será representada em juízo pelo síndico ou administrador.[7]

---

7. Cumpre esclarecer por primeiro, que existem duas espécies de condomínio: o tradicional ou comum, quando duas ou mais pessoas são proprietárias de uma mesma coisa (ver CC, arts. 1.314 a 1.330) e o condomínio edilício que é aquele decorrente de edificações em que cada proprietário é dono de uma parte exclusiva (o apartamento, por exemplo) e uma fração da parte comum (garagem, piscinas, áreas de lazer etc.).

1.4 Regularização da capacidade processual e da representação processual

Caso seja verificada alguma irregularidade de parte, seja processual seja de representação, o juiz deverá suspender o processo e oportunizar a parte faltosa, um prazo razoável, para sua regularidade. O não atendimento da determinação sujeitará o desidioso as seguintes consequências (CPC, art. 76):[8]

a) **Processo nas instâncias originais:**

O magistrado declarará o processo extinto, sem julgamento do mérito, se a providência couber ao autor; ou, o réu será considerado revel, se a providência lhe couber; ou ainda, o terceiro será considerado revel ou excluído do processo, dependendo do polo em que se encontre.

b) **Processo na fase recursal:**

Descumprida a determinação em fase recursal perante tribunal de justiça, tribunal regional federal ou tribunal superior, o relator, de duas uma, não conhecerá do recurso, se a providência cabia ao recorrente; ou, determinará o desentranhamento das contrarrazões, se a providência cabia ao recorrido.

1.5 Dos deveres das partes e seus procuradores

Lastreado nos **princípios da boa-fé e da probidade** estabelece o CPC que todos devem expor os fatos em juízo conforme a verdade; que não devem formular pretensão ou apresentar defesa quando cientes de que são destituídas de fundamento; deverá também não produzir provas e não praticar atos inúteis ou desnecessários à declaração ou à defesa do direito; bem como deverá cumprir com exatidão as decisões jurisdicionais, de natureza provisória ou final, e não criar embaraços à sua efetivação; declinar, no primeiro momento que lhes couber falar nos autos, o endereço residencial ou profissional onde receberão intimações, atualizando essa informação sempre que ocorrer qualquer modificação temporária ou definitiva e não praticar inovação ilegal no estado de fato de bem ou direito litigioso.

Ademais, também pode ser considerado **ato atentatório à dignidade da justiça** não cumprir com exatidão as decisões jurisdicionais, de natureza provisória ou final, ou criar embaraços à sua efetivação; bem como, praticar inovação ilegal no estado

---

8. CPC, Art. 76. Verificada a incapacidade processual ou a irregularidade da representação da parte, o juiz suspenderá o processo e designará prazo razoável para que seja sanado o vício.

§ 1º Descumprida a determinação, caso o processo esteja na instância originária:

I – o processo será extinto, se a providência couber ao autor;

II – o réu será considerado revel, se a providência lhe couber;

III – o terceiro será considerado revel ou excluído do processo, dependendo do polo em que se encontre.

§ 2º Descumprida a determinação em fase recursal perante tribunal de justiça, tribunal regional federal ou tribunal superior, o relator:

I – não conhecerá do recurso, se a providência couber ao recorrente;

II – determinará o desentranhamento das contrarrazões, se a providência couber ao recorrido.

LIÇÃO 7 • DOS ATORES DO PROCESSO   **81**

de fato de bem ou direito litigioso. Se houver qualquer dessas violações o juiz está autorizado a aplicar, depois de advertido o infrator, à **pena de multa**, que poderá chegar a 20% (vinte por cento) do valor da causa, sem prejuízo de outras sanções civis, criminais e processuais cabíveis (ver CPC, art. 77, § 2°).

A multa aqui prevista não se aplica aos advogados, públicos ou privados, assim como os membros da Defensoria Pública e do Ministério Público. Se eles incorrem neste tipo de falta, responderão disciplinarmente perante seus órgãos de representação de classe ou corregedorias, conforme o caso, ao qual o juiz deverá oficiar.

Diz ainda o CPC que responde por perdas e danos aquele que litigar de má-fé como autor, réu ou interveniente (CPC, art. 79).[9] Esta é a punição para o *improbus litigator* que, além das perdas e danos, ainda poderá sofrer uma multa que poderá chegar a 10% (dez por cento) do valor da causa para indenizar a parte contrária, além de arcar com honorários advocatícios e as despesas efetuadas (CPC, art. 81).[10]

1.6   Responsabilidade pelo pagamento de despesas e multas

Em qualquer tipo de processo ou procedimentos as partes devem se responsabilizar pelo pagamento dos atos que se realizarem no curso do processo, adiantando-lhes os numerários quando assim determinado por lei ou pelo juiz.

Essas despesas realizadas no curso do processo serão arcadas integralmente pela parte que perder a demanda, tendo em vista que o juiz deverá condenar o vencido a pagar ao vencedor todas as despesas que antecipou (CPC, art. 82).[11]   Vale anotar que também existe a possibilidade de sucumbência parcial quando cada uma das partes é, ao mesmo tempo, vencido e vencedor e, nestes casos, as despesas são proporcionalmente rateadas entre as partes.

---

9. CPC, Art. 79. Responde por perdas e danos aquele que litigar de má-fé como autor, réu ou interveniente.
10. CPC, Art. 81. De ofício ou a requerimento, o juiz condenará o litigante de má-fé a pagar multa, que deverá ser superior a um por cento e inferior a dez por cento do valor corrigido da causa, a indenizar a parte contrária pelos prejuízos que esta sofreu e a arcar com os honorários advocatícios e com todas as despesas que efetuou.

    § 1° Quando forem 2 (dois) ou mais os litigantes de má-fé, o juiz condenará cada um na proporção de seu respectivo interesse na causa ou solidariamente aqueles que se coligaram para lesar a parte contrária.

    § 2° Quando o valor da causa for irrisório ou inestimável, a multa poderá ser fixada em até 10 (dez) vezes o valor do salário-mínimo.

    § 3° O valor da indenização será fixado pelo juiz ou, caso não seja possível mensurá-lo, liquidado por arbitramento ou pelo procedimento comum, nos próprios autos.
11. CPC, Art. 82. Salvo as disposições concernentes à gratuidade da justiça, incumbe às partes prover as despesas dos atos que realizarem ou requererem no processo, antecipando-lhes o pagamento, desde o início até a sentença final ou, na execução, até a plena satisfação do direito reconhecido no título.

    § 1° Incumbe ao autor adiantar as despesas relativas a ato cuja realização o juiz determinar de ofício ou a requerimento do Ministério Público, quando sua intervenção ocorrer como fiscal da ordem jurídica.

    § 2° A sentença condenará o vencido a pagar ao vencedor as despesas que antecipou.

Não cumprir com a determinação de pagamento das despesas processuais, implica na não realização do ato processual requerido ou determinado, arcando ainda a parte com os eventuais prejuízos jurídicos pela não realização do ato.

Excetua-se dessas regras aqueles que são **beneficiários da gratuidade de justiça** (ver CPC, art. 98), bem como aqueles que gozam da **assistência judiciária integral** e estão assistidos pela Defensoria Pública (CF, art. 5°, LXXIV).[12]

As despesas abrangem as custas dos atos do processo, a indenização de viagem, a remuneração do perito e do assistente técnico, inclusive a diária de testemunhas (ver CPC, art. 82).

A guisa de melhor elucidar a questão, vamos relacionar alguns atos e definir a quem cabe adiantar o pagamento, vejamos:

a) **Despesas iniciais:**

Obviamente a taxa judiciária (custas iniciais) para ingresso com ação no judiciário, é de responsabilidade do autor. Ao distribuir sua petição inicial a mesma já deverá conter o comprovante do pagamento das custas processuais de acordo com a lei de organização judiciária do Estado no qual o advogado está atuando. Além das custas o autor deverá arcar também com as despesas de citação (postal, por oficial de justiça, por precatória ou por edital), juntada de procuração e outras que a lei de organização judiciária do Estado exigir.

Atenção: se o autor esquecer de juntar os comprovantes das despesas que deveriam ser realizadas para propositura da ação, o magistrado deve intimar o advogado da parte para realizar o pagamento no prazo de 15 (quinze) dias, sob pena de cancelamento da distribuição (CPC, art. 290).[13]

Importante: as custas processuais podem ser parceladas se assim for requerido e o juiz entender que o requerente faz jus a tal diferenciação (ver CPC, art. 98, § 6°).

b) **Despesas no curso do processo:**

No curso do processo pode ser necessário a realização de diversos atos para os quais existem necessidade de desembolsos como, por exemplo, a antecipação dos honorários periciais, as despesas para intimação de testemunhas, indicação de assistente técnico, despesas com publicação de editais etc.

Atenção: como regra geral, quem requerer o ato é que deve pagar as despesas com a realização desse ato. Como exceção, diz o CPC que caberá ao autor

---

12. Em 2004, através da emenda constitucional n°. 45, foi inserido na Constituição Federal o inciso LXXIV ao art. 5°, como forma de garantir o direito fundamental de acesso à justiça aos pobres, com seguinte teor:
    Art. 5°, LXXIV CF: o Estado prestará assistência judicial integral e gratuita aos que comprovarem insuficiência de recursos.
13. CPC, Art. 290. Será cancelada a distribuição do feito se a parte, intimada na pessoa de seu advogado, não realizar o pagamento das custas e despesas de ingresso em 15 (quinze) dias.

LIÇÃO 7 • DOS ATORES DO PROCESSO **83**

adiantar as despesas relativas a ato cuja realização o juiz determinar de ofício ou a requerimento do Ministério Público, quando sua intervenção ocorrer como fiscal da ordem jurídica (ver CPC, art. 82, especialmente § 1°).

c) **Despesas recursais:**

Na interposição de recursos, o **recorrente deverá comprovar o preparo** (recolhimentos de custas). Aquele que vai recorrer necessita verificar quais são as regras vigentes na unidade da federação onde atua tendo em vista que a quase totalidade dos recursos vai ter a necessidade de recolhimento do preparo, não só na apelação mas também no recurso adesivo, no agravo de instrumento, no recurso especial, no recurso extraordinário etc. (CPC, art. 1.007).[14]

Exemplo: no estado de São Paulo, na **apelação** o recorrente deve recolher o equivalente a 4% (quatro por cento) do valor da causa ou da condenação (se o valor foi ilíquido, o juiz deverá determinar o valor a ser recolhido ao Estado).

Atenção 1: se o valor recolhido aos cofres públicos pelo recorrente for insuficiente, o juiz mandará intimar o advogado da parte para, no prazo de 5 (cinco) dias, complementar o valor, sob pena de **deserção** (ver CPC, art. 1.007, § 2°).

Atenção 2: se, de outro lado, o recorrente não comprovou o recolhimento do preparo no ato de interposição do recurso, o magistrado mandará intimar o advogado da parte para, no prazo de 5 (cinco) dias (ou outro que assinalar), realizar o recolhimento do valor total em dobro, sob pena de deserção. Nessa hipótese o advogado não poderá cometer erro porque **não haverá complementação do preparo** (ver CPC, art. 1.007, § 4° e 5°).

---

14. CPC, Art. 1.007. No ato de interposição do recurso, o recorrente comprovará, quando exigido pela legislação pertinente, o respectivo preparo, inclusive porte de remessa e de retorno, sob pena de deserção.

    § 1º São dispensados de preparo, inclusive porte de remessa e de retorno, os recursos interpostos pelo Ministério Público, pela União, pelo Distrito Federal, pelos Estados, pelos Municípios, e respectivas autarquias, e pelos que gozam de isenção legal.

    § 2º A insuficiência no valor do preparo, inclusive porte de remessa e de retorno, implicará deserção se o recorrente, intimado na pessoa de seu advogado, não vier a supri-lo no prazo de 5 (cinco) dias.

    § 3º É dispensado o recolhimento do porte de remessa e de retorno no processo em autos eletrônicos.

    § 4º O recorrente que não comprovar, no ato de interposição do recurso, o recolhimento do preparo, inclusive porte de remessa e de retorno, será intimado, na pessoa de seu advogado, para realizar o recolhimento em dobro, sob pena de deserção.

    § 5º É vedada a complementação se houver insuficiência parcial do preparo, inclusive porte de remessa e de retorno, no recolhimento realizado na forma do § 4º.

    § 6º Provando o recorrente justo impedimento, o relator relevará a pena de deserção, por decisão irrecorrível, fixando-lhe prazo de 5 (cinco) dias para efetuar o preparo.

    § 7º O equívoco no preenchimento da guia de custas não implicará a aplicação da pena de deserção, cabendo ao relator, na hipótese de dúvida quanto ao recolhimento, intimar o recorrente para sanar o vício no prazo de 5 (cinco) dias.

Curiosidade: em se tratando de autos físicos vai incidir ainda outra cobrança: taxa de porte e retorno dos autos. Nos autos eletrônicos não existe esta cobrança (ver CPC, art. 1.007, § 3°).

d) **Honorários periciais**:

Com relação aos **honorários periciais** a regra geral é a mesma: serão pagos pela parte que requerer a perícia. Contudo, o Novo CPC prevendo a hipótese de requerimento por ambas as partes ou determinação de ofício pelo juiz, diz que nesses casos a remuneração do perito deve ser rateada entre as partes (CPC, art. 95, *caput*).[15]

Importante: Além do perito do juiz, as partes podem indicar os seus assistentes técnicos que serão seus "peritos" no processo. Nesse caso, os honorários do assistente técnico serão pago pela respectiva parte que o contratou.

e) **Regra especial**:

Diz respeito à questão da assistência, determinando que se o **assistido** ficar vencido, o assistente paga as custas na proporção das atividades que tiver exercido (CPC, art. 94).[16]

f) **Multa por litigância de má-fé**:

Se houver condenação por **litigante de má-fé** aquele que for condenado deve fazer o recolhimento à ordem do juiz, cujo valor será revertido em benefício da parte contrária (CPC, art. 96.[17]

1.7   Honorários advocatícios sucumbenciais

Ao tratar dos honorários advocatícios de sucumbência o legislador deixou claro que a "**sentença condenará o vencido a pagar honorários ao advogado do vencedor**" (CPC, art. 85, *caput*).[18] Esses honorários serão devidos mesmo nos casos em que o advogado estiver atuando em causa própria (ver CPC, art. 85, § 17).

Também haverá condenação na verba honorária na reconvenção, no cumprimento de sentença, na execução resistida ou não e nos recursos interpostos, de forma cumulativa, prestigiando aquilo que a jurisprudência e doutrina já vinham preconizando (ver CPC, art. 85, § 1°).

---

15. CPC, Art. 95. Cada parte adiantará a remuneração do assistente técnico que houver indicado, sendo a do perito adiantada pela parte que houver requerido a perícia ou rateada quando a perícia for determinada de ofício ou requerida por ambas as partes.
16. CPC, Art. 94. Se o assistido for vencido, o assistente será condenado ao pagamento das custas em proporção à atividade que houver exercido no processo.
17. CPC, Art. 96. O valor das sanções impostas ao litigante de má-fé reverterá em benefício da parte contrária, e o valor das sanções impostas aos serventuários pertencerá ao Estado ou à União.
18. CPC, Art. 85. A sentença condenará o vencido a pagar honorários ao advogado do vencedor.

LIÇÃO 7 • DOS ATORES DO PROCESSO   **85**

O percentual para a fixação dos honorários advocatícios se situarão entre o mínimo de 10 (dez) e o máximo de 20% (vinte por cento) sobre o valor da condenação, do proveito, do benefício ou da vantagem econômica obtidos, conforme for o caso, devendo o juiz levar em conta o grau de zelo do profissional; o lugar de prestação do serviço; a natureza e a importância da causa; o trabalho realizado pelo advogado e, o tempo exigido para o seu serviço (ver CPC, art. 85, § 2°). Nas causas em que for inestimável ou irrisório o proveito econômico ou, ainda, quando o valor da causa for muito baixo, o juiz fixará o valor dos honorários por apreciação equitativa (ver CPC, art. 85, § 8°).

Quando se tratar de demanda proposta contra a Fazenda Pública o Novo CPC criou regras especiais que estão elencadas nos parágrafos 3° ao 7° do já citado art. 85, aos quais recomendamos a leitura.

Como os honorários são dos advogados e não da parte, o legislador fez questão de reafirmar esse direito tem **natureza alimentar**, com os mesmos privilégios dos créditos oriundos da legislação do trabalho, sendo **proibida a compensação** em caso de sucumbência parcial exatamente por não se tratar de direito das partes.

> **Honorários recursais**: Diz o Novo CPC que o tribunal poderá majorar os honorários advocatícios fixados anteriormente, contudo não poderá ultrapassar o limite máximo de 20% (vinte por cento). Quer dizer, se o juiz de primeiro grau tiver fixado na sentença os honorários no patamar máximo de 20%, por exemplo, não poderá o tribunal acrescer nada (ver CPC, art. 85, § 11).
>
> **Importante**: Não confundir os honorários sucumbenciais de que trata o Código de Processo Civil, com os honorários advocatícios contratuais que estão tratados no Código Civil (ver arts. 389, 395 e 404).

1.8   Da gratuidade de justiça[19]

Importante inovação promoveu o legislador ao disciplinar a concessão dos benefícios da justiça gratuita no Novo CPC, revogando inclusive alguns dispositivos da Lei n° 1.060/50, procurando dar mais efetividade à questão da gratuidade processual, regulando a matéria nos arts. 98 a 102. Vale lembrar que o CPC/73 era silente quanto a matéria que era regulada exclusivamente pela Lei n° 1.060/50.

Nesse sentido, é importante deixar desde logo consignado que o Novo CPC acaba, por assim dizer, com a possibilidade de alguns magistrados negarem tal benefício confundindo o que seja gratuidade de justiça com assistência judiciária, fato comumente ocorrente por cômoda ignorância do real significado dos dois institutos. Veja-se que o Novo CPC, ao tratar do tema, o faz de maneira adequada, denominando-o de "gratuidade de justiça", afastando qualquer possibilidade de confusão que se possa fazer com a "assistência judiciária gratuita".

---

19. Conforme Nehemias Domingos de Melo. *Novo CPC, Anotado, Comentado e Comparado*, 2ª. ed., p. 96/97.

De longa data já vimos nos manifestando sobre a necessidade de melhor disciplinamento deste importante instituto tendo em vista a tendência atual da maioria dos magistrados, especialmente de primeiro grau, em negar tal benefício aos requerentes, escudando-se muitas vezes em argumentos sem nenhum fundamento legal.

O Código começa por dizer claramente que a pessoa "natural ou jurídica", "nacional ou estrangeira", pode ser beneficiária da gratuidade de justiça se provar insuficiência de recursos para arcar com as despesas processuais (ver CPC, art. 98, *caput*). Essa previsão legal é de fundamental importância porque para muitos magistrados os benefícios da gratuidade de justiça somente poderiam ser concedidos a pessoa natural e jamais para a pessoa jurídica. Tanto é verdade que foi necessário o Superior Tribunal de Justiça editar a súmula n° 481 de seguinte teor: "Faz jus ao benefício da justiça gratuita a pessoa jurídica com ou sem fins lucrativos que demonstrar sua impossibilidade de arcar com os encargos processuais".

Embora a lei fale em "pessoa" natural ou jurídica, entendemos que este benefício pode ser concedido também os entes despersonalizados como, por exemplo, o espólio, o condomínio e o nascituro, dentre outros.

A gratuidade da justiça isenta o beneficiário de diversas despesas processuais, tais como custas iniciais, despesas com citações (por cartas, oficial de justiça ou mesmo editalícia), despesas e emolumentos cartorários, despesas com realização de perícia, honorários advocatícios (ver CPC, art. 98, §§ 1°, 7° e 8°).

Embora o § 2°, do art. 98, do CPC, consigne expressamente que a concessão de gratuidade não afasta a responsabilidade do beneficiário pelas despesas processuais e pelos honorários advocatícios da parte contrária, decorrentes de sua sucumbência, na prática isso é uma meia verdade porque nos termos do § 3° do mesmo art. 98, essa **condenação ficará sob condição suspensiva de exigibilidade pelo prazo prescricional de 5 (cinco) anos**. Quer dizer, o ganhador da demanda somente poderá executar as despesas e honorários sucumbenciais se provar que houve mudança na situação do beneficiário e somente dentro do lapso temporal de 5 (cinco) anos. Passado esse prazo, nada mais se poderá fazer.

Oportuno destacar que a concessão de gratuidade não afasta o dever de o beneficiário pagar, ao final, as multas processuais que lhe sejam impostas. Ademais, a gratuidade pode ser concedida para a totalidade dos atos processuais ou pode ser concedida para algum ato específico do processo, podendo ainda consistir na redução do percentual de despesas processuais que o beneficiário tiver de adiantar no curso do procedimento ou até mesmo no parcelamento destas despesas.

Concedida a gratuidade de justiça, a parte contrária poderá impugnar a concessão do benefício na contestação (quando for concedida ao autor inicialmente), na réplica (se foi concedida ao réu na sua contestação) ou nas contrarrazões do recurso (quando concedida na fase recursal). Nos demais casos, poderá promover

LIÇÃO 7 • DOS ATORES DO PROCESSO **87**

a impugnação por simples petição no prazo de 15 (quinze) dias, nos próprios autos do processo (CPC, art. 100).[20]

A decisão que negar o pedido de gratuidade ou acolher o pedido de sua revogação deve ser enfrentada através de agravo de instrumento, a não ser que a questão seja resolvida na sentença quando, então, caberá apelação (CPC, art. 101).[21] No eventual recurso, o recorrente estará dispensado do recolhimento de custas até decisão do relator sobre a questão, que deverá ocorrer preliminarmente ao julgamento do recurso.

Caso seja confirmada a denegação ou a revogação da gratuidade, deverá o relator ou o órgão colegiado determinar ao recorrente o recolhimento das custas processuais, assinalando prazo de 5 (cinco) dias para cumprimento, sob pena de não conhecimento do recurso (ver CPC, art. 101, § 2°).

Caso a decisão que revoga o benefício tenha transitado em julgado, a parte deverá efetuar o recolhimento de todas as despesas de cujo adiantamento foi dispensada, inclusive as relativas ao recurso interposto, se houver, no prazo fixado pelo juiz, sem prejuízo de aplicação das sanções previstas em lei. Se a parte não realizar o recolhimento no prazo assinalado, o processo será extinto sem resolução de mérito, tratando-se do autor. Nos demais casos, não poderá ser deferida a realização de nenhum ato ou diligência requerida pela parte enquanto não efetuado o depósito (CPC, art. 102).[22]

> **Importante**: o pedido de gratuidade da justiça pode ser formulado em qualquer momento processual, tanto na petição inicial, quanto na contestação, na petição de terceiro que pretende ingressar no processo ou por qualquer das partes na fase recursal (ver CPC, art. 99, *caput*).

---

20. CPC, Art. 100. Deferido o pedido, a parte contrária poderá oferecer impugnação na contestação, na réplica, nas contrarrazões de recurso ou, nos casos de pedido superveniente ou formulado por terceiro, por meio de petição simples, a ser apresentada no prazo de 15 (quinze) dias, nos autos do próprio processo, sem suspensão de seu curso.

    Parágrafo único. Revogado o benefício, a parte arcará com as despesas processuais que tiver deixado de adiantar e pagará, em caso de má-fé, até o décuplo de seu valor a título de multa, que será revertida em benefício da Fazenda Pública estadual ou federal e poderá ser inscrita em dívida ativa.

21. CPC, Art. 101. Contra a decisão que indeferir a gratuidade ou a que acolher pedido de sua revogação caberá agravo de instrumento, exceto quando a questão for resolvida na sentença, contra a qual caberá apelação.

    § 1° O recorrente estará dispensado do recolhimento de custas até decisão do relator sobre a questão, preliminarmente ao julgamento do recurso.

    § 2° Confirmada a denegação ou a revogação da gratuidade, o relator ou o órgão colegiado determinará ao recorrente o recolhimento das custas processuais, no prazo de 5 (cinco) dias, sob pena de não conhecimento do recurso.

22. CPC, Art. 102. Sobrevindo o trânsito em julgado de decisão que revoga a gratuidade, a parte deverá efetuar o recolhimento de todas as despesas de cujo adiantamento foi dispensada, inclusive as relativas ao recurso interposto, se houver, no prazo fixado pelo juiz, sem prejuízo de aplicação das sanções previstas em lei.

    Parágrafo único. Não efetuado o recolhimento, o processo será extinto sem resolução de mérito, tratando-se do autor, e, nos demais casos, não poderá ser deferida a realização de nenhum ato ou diligência requerida pela parte enquanto não efetuado o depósito.

Atenção: tratando-se de pessoa física (ou natural), a simples declaração de pobreza faz presumir ser verdadeira a necessidade de gratuidade (ver CPC, art. 99, § 3º).

Cabe ainda destacar: a assistência do requerente por advogado particular não é motivo, por si só, para o indeferimento do pedido de gratuidade da justiça (ver CPC, art. 99, § 4º).

1.9 Dos procuradores das partes

Para postular no juízo cível é necessário ter **capacidade postulatória**, conferida aos advogados regularmente inscritos nos quadros da Ordem dos Advogados do Brasil aos Defensores Públicos[23] e, excepcionalmente, aos membros do Ministério Público (CPC, art. 103).[24]

Nada impede que a parte, sendo advogado regularmente habilitado, possa postular em causa própria. Nesse caso, deverá informar claramente na petição inicial ou na contestação sua condição de advogado, número de sua inscrição na OAB, endereço e o nome da sociedade de advogado se de alguma participar (CPC, art. 106).[25]

A procuração é o instrumento que comprova o mandato (ver CC, art. 653 e ss) e que autoriza ao advogado representar a parte em juízo. Quer dizer, sem mandato, o advogado não será admitido em juízo, salvo nas exceções legais (CPC, art. 104).[26]

O CPC deixa claro que o advogado pode postular em juízo sem procuração excepcionalmente, quando necessário sua atuação para evitar preclusão, além da decadência ou prescrição, ou para praticar ato considerado urgente. Contudo, deverá o advogado regularizar a representação processual, independentemente de caução, no prazo de 15 (quinze) dias, prorrogável por igual período por despacho

---

23. Há uma discussão não resolvida envolvendo a Ordem dos Advogados do Brasil e as Defensorias Públicas (estaduais e federais) quanto à necessidade de seus membros serem inscrito nos quadros da OAB.

24. CPC, Art. 103. A parte será representada em juízo por advogado regularmente inscrito na Ordem dos Advogados do Brasil.

    Parágrafo único. É lícito à parte postular em causa própria quando tiver habilitação legal.

25. CPC, Art. 106. Quando postular em causa própria, incumbe ao advogado:

    I – declarar, na petição inicial ou na contestação, o endereço, seu número de inscrição na Ordem dos Advogados do Brasil e o nome da sociedade de advogados da qual participa, para o recebimento de intimações;

    II – comunicar ao juízo qualquer mudança de endereço.

    § 1º Se o advogado descumprir o disposto no inciso I, o juiz ordenará que se supra a omissão, no prazo de 5 (cinco) dias, antes de determinar a citação do réu, sob pena de indeferimento da petição.

    § 2º Se o advogado infringir o previsto no inciso II, serão consideradas válidas as intimações enviadas por carta registrada ou meio eletrônico ao endereço constante dos autos..

26. CPC, Art. 104. O advogado não será admitido a postular em juízo sem procuração, salvo para evitar preclusão, decadência ou prescrição, ou para praticar ato considerado urgente.

    § 1º Nas hipóteses previstas no *caput*, o advogado deverá, independentemente de caução, exibir a procuração no prazo de 15 (quinze) dias, prorrogável por igual período por despacho do juiz.

    § 2º O ato não ratificado será considerado ineficaz relativamente àquele em cujo nome foi praticado, respondendo o advogado pelas despesas e por perdas e danos.

LIÇÃO 7 • DOS ATORES DO PROCESSO   **89**

do juiz. Não sanada a irregularidade, o ato será considerado ineficaz relativamente àquele em cujo nome foi praticado, respondendo o advogado pelas despesas e por perdas e danos.

A procuração geral para o foro é a chamada **procuração *ad judicia*** que pode ser outorgado por instrumento público ou particular. Se for conferida por instrumento particular não há necessidade de reconhecimento de firma, mesmo para aquelas com poderes especiais. Além disso, pode ser outorgada digitalmente, na forma da Lei nº 11.419/06 (CPC, art. 105).[27]

A procuração *ad judicia*, como regra, habilita o advogado para a prática de todos os atos processuais exceto receber citação, confessar, reconhecer a procedência do pedido, transigir, desistir, renunciar ao direito sobre o qual se funda a ação, receber, dar quitação, firmar compromisso e assinar declaração de hipossuficiência econômica. Para que o advogado possa praticar estes atos, a procuração deverá ter uma cláusula específica na qual a parte deixe claro que outorgou **poderes especiais** ao advogado.

> **Exceção**: com relação à obrigatoriedade da assistência por advogado, existem algumas exceções como, por exemplo, nos Juizados Especiais Estaduais onde é permitido às partes postularem sem o patrocínio de advogado nas causas cujo valor não ultrapasse 20 salários mínimos (ver Lei nº 9.099/95, art. 9º). Da mesma forma nos Juizados Especiais Federais (ver Lei nº 10.259/01, art. 10). O *jus postulandi* das partes também pode ocorrer na Justiça Trabalhista (ver CLT, art. 791) e na impetração de habeas corpus (ver CPP, art. 654).

1.10   Da sucessão das partes

Em regra, somente aquele que é titular do direito material violado é que tem legitimidade para pedir a proteção do Estado através do processo. Já vimos que "ninguém poderá pleitear direito alheio em nome próprio, salvo quando autorizado pelo ordenamento jurídico" (CPC, art. 18).[28]

---

27. CPC, Art. 105. A procuração geral para o foro, outorgada por instrumento público ou particular assinado pela parte, habilita o advogado a praticar todos os atos do processo, exceto receber citação, confessar, reconhecer a procedência do pedido, transigir, desistir, renunciar ao direito sobre o qual se funda a ação, receber, dar quitação, firmar compromisso e assinar declaração de hipossuficiência econômica, que devem constar de cláusula específica.

    § 1º A procuração pode ser assinada digitalmente, na forma da lei.

    § 2º A procuração deverá conter o nome do advogado, seu número de inscrição na Ordem dos Advogados do Brasil e endereço completo.

    § 3º Se o outorgado integrar sociedade de advogados, a procuração também deverá conter o nome dessa, seu número de registro na Ordem dos Advogados do Brasil e endereço completo. § 4º Salvo disposição expressa em sentido contrário constante do próprio instrumento, a procuração outorgada na fase de conhecimento é eficaz para todas as fases do processo, inclusive para o cumprimento de sentença.

28. CPC, Art. 18. Ninguém poderá pleitear direito alheio em nome próprio, salvo quando autorizado pelo ordenamento jurídico.

    Parágrafo único. Havendo substituição processual, o substituído poderá intervir como assistente litisconsorcial.

É a lógica da estabilização do processo que não pode permitir que a parte ingresse, ou saia, do processo ao seu bel prazer. Significa dizer que depois do processo em curso, não se pode alterar os polos da relação processual, a não ser nos casos em que exista expressa autorização de lei.

É o caso, por exemplo, da substituição das partes quando ocorrer a morte de um dos contendores (CPC, art. 110).[29] Trata-se da sucessão *causa mortis* em que o espólio (ente sem personalidade jurídica) ou os herdeiros (a título singular ou universal), conforme seja o caso, assumirão o processo no estágio em que estiver.

No curso do processo de inventário, o espólio é que será legitimado para sucessão processual, tanto ativa quanto passivamente. Terminado o inventário, não mais existirá o espólio, quando então serão os herdeiros que sucederão o falecido no processo em que ele era titular. Em alguns tipos de ação a sucessão será desde logo pelos herdeiros, independentemente da existência de inventário como, por exemplo, na ação de investigação de paternidade.

Advirta-se, contudo que, a simples alienação da coisa ou do direito litigioso por ato entre vivos, a título particular, não altera a legitimidade das partes. Naturalmente, se as partes concordarem, o adquirente ou cessionário poderá ingressar em juízo, sucedendo o alienante ou cedente. Se não for admitido como parte, ainda resta ao adquirente ou cessionário a possibilidade de intervir no processo como assistente litisconsorcial do alienante ou cedente (ver CPC, art. 108).

Embora a substituição processual seja a regra é importante destacar que essa regra comporta exceção, especialmente quando a ação versar sobre direitos intransmissíveis ou personalíssimos como, por exemplo, na ação que visa obrigar o Estado a fornecer medicamento a determinada pessoa. Se essa pessoa morrer durante a tramitação do processo, o mesmo será extinto e não há falar-se em substituição processual exatamente por tratar-se de direito personalíssimo, logo intransmissível.

1.11 Da sucessão dos procuradores

A substituição do procurador pode ocorrer pelos seguintes motivos: revogação do mandado, renúncia do mandato ou morte do procurador. Nas três hipóteses, haverá necessidade de substituição do procurador como garantia fundamental do contraditório e da ampla defesa.

Se a parte revogar o mandato anteriormente outorgado deverá, no mesmo ato, constituir novo advogado que assumirá o patrocínio da causa. Nessa hipótese, prevê a nossa lei processual que não sendo constituído novo procurador no prazo de 15 (quinze) dias, o juiz poderá extinguir o processo, se a falha for do autor; ou, decla-

---

29. CPC, Art. 110. Ocorrendo a morte de qualquer das partes, dar-se-á a sucessão pelo seu espólio ou pelos seus sucessores, observado o disposto no art. 313, §§ 1º e 2º.

rará a revelia, se o faltante for o réu; ou ainda, reconhecerá a revelia ou excluirá do processo o terceiro, se competia a ele essa providência (ver CPC, art. 76).

O advogado poderá renunciar ao mandato a qualquer tempo sem a necessidade de anuência da parte, porém deverá provar nos autos que comunicou a renúncia ao seu cliente, como forma de lhe oportunizar a nomeação de novo advogado. Essa notificação deve se dar por vias extrajudiciais (CPC, art. 112).[30]

Na hipótese de renúncia o advogado renunciante deverá ainda continuar representando seu cliente, pelo prazo de 10 (dez) dias, como forma de evitar qualquer espécie de prejuízos para a parte. Esse prazo deve ser contado da efetiva notificação do cliente, razão porque é importante que ela seja feita por cartório ou por carta com aviso de recebimento.

O Novo CPC prevê a desnecessidade de comunicação quando apenas um dos advogados renunciar e a procuração tiver sido outorgada a vários outros advogados, tendo em vista que a renúncia de um não impedirá a defesa da parte, que continuará sendo representada pelos demais, apesar daquela renúncia.

A morte do procurador da parte é um dos motivos de suspensão do processo e se isso ocorrer o juiz determinará que a parte constitua novo mandatário, no prazo de 15 (quinze) dias, ao final do qual extinguirá o processo sem resolução de mérito, se o autor não nomear novo mandatário, ou ordenará o prosseguimento do processo à revelia do réu, se falecido o procurador deste (ver CPC, art. 313, *caput* I e § 3°).

2. DO LITISCONSÓRCIO

Litisconsórcio é o fenômeno processual que ocorre quando duas ou mais pessoas passam a litigar em conjunto, no mesmo processo, seja no polo ativo como autoras (**litisconsórcio ativo**) ou no polo passivo como réus (**litisconsórcio passivo**), conforme estabelece o Código de Processo civil (art. 113).[31] Também nada impede que

---

30. CPC, Art. 112. O advogado poderá renunciar ao mandato a qualquer tempo, provando, na forma prevista neste Código, que comunicou a renúncia ao mandante, a fim de que este nomeie sucessor.

§ 1° Durante os 10 (dez) dias seguintes, o advogado continuará a representar o mandante, desde que necessário para lhe evitar prejuízo.

§ 2° Dispensa-se a comunicação referida no *caput* quando a procuração tiver sido outorgada a vários advogados e a parte continuar representada por outro, apesar da renúncia.

31. CPC, Art. 113. Duas ou mais pessoas podem litigar, no mesmo processo, em conjunto, ativa ou passivamente, quando:

I – entre elas houver comunhão de direitos ou de obrigações relativamente à lide;

II – entre as causas houver conexão pelo pedido ou pela causa de pedir;

III – ocorrer afinidade de questões por ponto comum de fato ou de direito.

§ 1° O juiz poderá limitar o litisconsórcio facultativo quanto ao número de litigantes na fase de conhecimento, na liquidação de sentença ou na execução, quando este comprometer a rápida solução do litígio ou dificultar a defesa ou o cumprimento da sentença.

§ 2° O requerimento de limitação interrompe o prazo para manifestação ou resposta, que recomeçará da intimação da decisão que o solucionar.

tenhamos várias pessoas como autoras e várias pessoas como rés (**litisconsórcio misto**).

Na lição de Moacyr Amaral dos Santos o litisconsórcio encerra uma pluralidade de lides ou de sujeitos. São vários autores, por exemplo, que formulam suas pretensões contra o mesmo ou diversos réus. Não obstante serem várias lides, elas se contêm num só processo, estabelecendo uma única relação processual. Apesar disso ser uma única relação processual, cada um dos litisconsortes goza de autonomia própria, e de outro lado, os submetem uniformemente às consequências da unidade processual.

Os fundamentos que justificam a existência dessa figura jurídica se centram nos princípios da celeridade e economia processual. Tem a ver também com a segurança jurídica, pois esse mecanismo pode contribuir para evitar decisões dispares para uma mesma questão de direito ou de fato.

Quer dizer, embora via de regra o processo apresente um único autor e um único réu, é perfeitamente possível haver mais de um titular de um direito no polo passivo ou ativo de qualquer demanda, formando aquilo que a doutrina chama de litisconsórcio.

2.1 Formação do litisconsórcio

O Código menciona três situações que autoriza a formação de litisconsórcio, quais sejam:

a) **Comunhão de direito ou obrigações:**

Quando entre as pessoas houver comunhão de direitos ou obrigações relativamente à mesma lide (CPC, art. 113, I). Isso pode ocorrer quando duas ou mais pessoas se apresentam como titulares de um só direito ou quando elas são apontadas como obrigadas por um mesmo vínculo.

Exemplo 1 – Ativo: cada condômino tem legalmente o direito de reivindicar a coisa indivisa e não somente a sua fração ideal (CC, art. 1.314).[32] Contudo, nada impede que, em razão da comunhão de direitos, todos os condôminos ou alguns deles resolvam demandar o bem comum em litisconsórcio (nesse caso litisconsórcio facultativo ativo).

Exemplo 2 – Passivo: quando estamos diante de uma obrigação solidária inadimplida o credor pode demandar qualquer dos devedores (CC, art. 275).[33] Porém por haver comunhão de obrigações ele pode, se quiser, pro-

---

32. CC, Art. 1.314. Cada condômino pode usar da coisa conforme sua destinação, sobre ela exercer todos os direitos compatíveis com a indivisão, reivindicá-la de terceiro, defender a sua posse e alhear a respectiva parte ideal, ou gravá-la.

33. CC, Art. 275. O credor tem direito a exigir e receber de um ou de alguns dos devedores, parcial ou totalmente, a dívida comum; se o pagamento tiver sido parcial, todos os demais devedores continuam obrigados solidariamente pelo resto.

por a ação de cobrança contra todos os devedores (estaremos diante de um litisconsórcio facultativo passivo).

b) **Conexão entre ações:**

Quando entre as causas houver conexão pelo pedido ou pela causa de pedir, poderá ensejar a formação do litisconsórcio (ver CPC, art. 113, II). Já vimos que duas ações são conexas quando têm o mesmo pedido e a mesma causa de pedir.

Exemplo: Podemos exemplificar com o fato de duas pessoas poderem ingressar em juízo conjuntamente por conta de terem sofrido danos em razão de um mesmo acidente de trânsito, envolvendo ônibus de passageiros. Neste caso, ambas podem ir a juízo individualmente ou em litisconsórcio facultativo contra a empresa de ônibus, porque ambos os pedidos estarão fundados no mesmo fato (o acidente).

c) **Afinidade de questões por ponto comum de fato ou de direito:**

Autoriza também a formação de litisconsórcio a afinidade de questões por um ponto comum de fato ou de direito (ver CPC, art. 113, III). Isto pode acontecer quando houver um mínimo de proximidade entre as demandas a serem propostas por pessoas diferentes.

Exemplo: várias pessoas ingressam em juízo pretendendo a revisão de cláusulas de contrato bancário de financiamento, sendo certo que o banco réu, reconhecidamente, possui um contrato padrão para todos os seus clientes. Embora a situação de cada uma delas possa ser diferente, há um ponto em comum: o contrato padrão.

2.2 Classificação do litisconsórcio

Conforme sejam os laços que unem os litigantes podemos classificar o litisconsórcio como necessário ou facultativo. Já no que diz respeito à sentença a ser proferida, poderá ser simples ou unitário.

a) **Litisconsórcio necessário:**

Haverá litisconsórcio necessário, quando, por disposição de lei ou pela própria natureza da relação jurídica, **o juiz tiver de decidir a lide de modo uniforme** para todas as partes envolvidas; caso em que a eficácia da sentença dependerá da citação de todos os litisconsortes no processo (CPC, art. 114).[34]

Parágrafo único. Não importará renúncia da solidariedade a propositura de ação pelo credor contra um ou alguns dos devedores.

34. CPC, Art. 114. O litisconsórcio será necessário por disposição de lei ou quando, pela natureza da relação jurídica controvertida, a eficácia da sentença depender da citação de todos que devam ser litisconsortes.

Exemplo 1, por disposição de lei: na ação de usucapião que devem ser citados pessoalmente além do titular do domínio, os confrontantes, é um exemplo clássico de litisconsórcio necessário (ver CPC, art. 246, § 3°). Podemos ainda utilizar como exemplo ilustrativo de litisconsórcio necessário por determinação de lei, a propositura de ações versando sobre direitos reais imobiliários que envolvam pessoas casadas, já que obrigatoriamente o casal deverá integrar o polo passivo, exceto as pessoas casadas com separação total de bens (ver CPC, art. 73, § 1°).

Exemplo 2, pela natureza da relação jurídica: já no que diz respeito ao litisconsórcio necessário em face da relação jurídica, imagine-se o contrato de crédito firmado por duas pessoas com uma determinada instituição financeira, e um dos devedores queira discutir em juízo a anulação do contrato. Nesse caso os dois terão que, obrigatoriamente, participar do processo porque o contrato não poderá ser anulado somente em relação a uma delas.

b) **Litisconsórcio facultativo:**

O litisconsórcio será facultativo quando a sua formação depender apenas da vontade das partes, respeitando-se o que está previsto no art. 113 do CPC.

Exemplo: numa ação de cobrança de aluguéis, o credor pode acionar somente o devedor ou incluir também o fiador, formando assim um litisconsórcio passivo facultativo.

c) **Litisconsórcio simples:**

Dizemos que o litisconsórcio é simples quando a decisão a ser proferida pelo juiz não será, necessariamente, igual para todos os demandados ou demandantes.

Exemplo: por danos decorrentes de acidente envolvendo veículos, Jojolino ingressa com ação em juízo contra o motorista e o proprietário do veículo sendo que, nesse caso, pode a decisão afastar a responsabilidade do proprietário, condenando responsável apenas o motorista ou vice-versa.

d) **Litisconsórcio unitário:**

O litisconsórcio será considerado unitário sempre que, pela natureza da relação jurídica controvertida, a solução do litígio tiver que ser igual para todas as partes (CPC, art. 116).[35]

Exemplo: se for promovida a ação de dissolução da sociedade, a decisão a ser proferida no final do processo não poderá valer para alguns sócios e outros não.

---

35. CPC, Art. 116. O litisconsórcio será unitário quando, pela natureza da relação jurídica, o juiz tiver de decidir o mérito de modo uniforme para todos os litisconsortes.

2.3 Momento da formação

O litisconsórcio também pode ser classificado de acordo com o momento de sua formação, podendo ser inicial ou ulterior, vejamos.

a) **Inicial:**

Em regra o litisconsórcio é formado pela vontade do autor que já o formula na apresentação da petição inicial, porém pode também acontecer por determinação do juiz, quanto ao litisconsórcio necessário que, neste caso, determinará que o autor emende a inicial para fazer constar todas as partes que deveriam estar no processo (CPC, art. 115, I e II).[36]

b) **Ulterior:**

Vai ocorrer nos casos em que a formação do litisconsórcio vai se manifestar por vontade do réu, nas situações em que promove a denunciação da lide (ver CPC, art. 125) ou o chamamento ao processo (ver CPC, art. 130), ou ainda, quando houver sucessão processual (ver CPC, art. 110).

2.4 Observações importantes

Alguns aspectos são importantes destacar no que diz respeito aos litisconsórcios, pois a sua formação vai ter algumas consequências, vejamos:

a) **Quanto aos prazos:**

Os prazos processuais serão contados em dobro se os litisconsortes estiverem representados por procuradores diferentes e os autos forem físicos. Quer dizer, se os autos forem eletrônicos essa regra cai por terra (CPC, art. 229).[37]

b) **Limitação do número de litisconsortes:**

Quando se trata do litisconsórcio voluntário, o Juiz pode limitar o número de litigantes, em qualquer fase processual, para evitar tumulto processual (ver CPC, art. 113, § 1°).

---

36. CPC, Art. 115. A sentença de mérito, quando proferida sem a integração do contraditório, será:

    I – nula, se a decisão deveria ser uniforme em relação a todos que deveriam ter integrado o processo;

    II – ineficaz, nos outros casos, apenas para os que não foram citados.

    Parágrafo único. Nos casos de litisconsórcio passivo necessário, o juiz determinará ao autor que requeira a citação de todos que devam ser litisconsortes, dentro do prazo que assinar, sob pena de extinção do processo.

37. CPC, Art. 229. Os litisconsortes que tiverem diferentes procuradores, de escritórios de advocacia distintos, terão prazos contados em dobro para todas as suas manifestações, em qualquer juízo ou tribunal, independentemente de requerimento.

    § 1° Cessa a contagem do prazo em dobro se, havendo apenas 2 (dois) réus, é oferecida defesa por apenas um deles.

    § 2° Não se aplica o disposto no *caput* aos processos em autos eletrônicos.

c) Cada litigante é uma parte distinta:

Os litigantes serão tratados distintamente, sendo certo que os atos de uns não prejudicam nem beneficiam os outros, exceto no caso de litisconsórcio unitário, caso em que os atos e as omissões embora não prejudiquem, poderão beneficiar os demais (CPC, art. 117).[38]

d) Autonomia processual:

Ainda que o litisconsórcio seja unitário, os litisconsortes são autônomos, tendo em vista que cada um tem o direito de promover o andamento do processo e todos têm o direito de serem intimados dos respectivos atos processuais (CPC, art. 118).[39]

e) Litisconsórcio não é intervenção de terceiro:

Não se deve fazer confusão entre os dois institutos, pois o litisconsórcio é diferente da intervenção de terceiro, explico: os litisconsortes são partes originárias do processo, ainda que, em certas hipóteses, seus nomes não constem da petição inicial; enquanto que a intervenção de terceiro é, em regra, um incidente através do qual, alguém que não é parte originária no processo, pode nele vir a intervir.

Importante: embora os dois institutos sejam diferentes é possível fazer surgir um litisconsórcio como resultado da intervenção de terceiro.

3. INTERVENÇÃO DE TERCEIROS

A intervenção de terceiro é um incidente processual pelo qual alguém que não é parte no processo originário, busca nele intervir, de forma forçada ou voluntária, com a finalidade de defender direito seu que entende esteja presente na demanda, atuando como parte ou mesmo como coadjuvante de uma das partes litigantes, e pode ser exercida através dos seguintes institutos: assistência, denunciação da lide ou chamamento ao processo.

Para efeito de estudos a doutrina classifica a intervenção de terceiro segundo o critério de quem toma a iniciativa, vejamos:

a) Iniciativa é do terceiro (espontânea):

Nesse caso é o terceiro que toma espontaneamente a iniciativa de ingressar no processo que está em andamento como no caso da assistência.

---

38. CPC, Art. 117. Os litisconsortes serão considerados, em suas relações com a parte adversa, como litigantes distintos, exceto no litisconsórcio unitário, caso em que os atos e as omissões de um não prejudicarão os outros, mas os poderão beneficiar.
39. CPC, Art. 118. Cada litisconsorte tem o direito de promover o andamento do processo, e todos devem ser intimados dos respectivos atos.

b) Iniciativa é das partes originárias (provocada):

Nesse caso o terceiro é provocado a vir integrar a relação processual por iniciativa de uma das partes primitivas do processo. É o caso da denunciação da lide e do chamamento ao processo.

Como regra a intervenção de terceiro em nada prejudica a competência originariamente já determinada na propositura da ação. Por exceção a competência pode ser alterada quando a intervenção atingir a União ou as autarquias federais, pois nesse caso a competência será deslocada para a Justiça Federal (ver CF, art. 109, I).

3.1 Assistência

A assistência é o incidente processual pelo qual alguém tendo interesse que a demanda seja decidida de modo favorável a uma das partes litigantes, ingressa em processo já existente entre as duas partes, visando sustentar as razões de uma delas contra a outra, para prestar-lhe colaboração defendendo o próprio direito da parte assistida (CPC, art. 119).[40]

O assistente recebe o processo no estado em que se encontrar, não podendo nele inovar quanto aos atos já praticados no passado.

No nosso sistema processual é possível identificar duas espécies de assistência: a simples e a litisconsorcial, vejamos:

a) Assistência simples:

O assistente será um mero auxiliar da parte principal, porém exercerá os mesmos poderes e se sujeitará aos mesmos ônus processuais que eventualmente recaia sobre o assistido (CPC, art. 121)[41] Na assistência simples o assistente não é o titular da relação jurídica que está sendo discutida em juízo, tanto é assim que a parte principal pode reconhecer a procedência do pedido, pode desistir da ação ou mesmo renunciar ou transigir sobre o direito que motiva a ação (CPC, art. 122).[42]

Exemplo: vamos imaginar um contrato de locação entre Molly (locadora) e Jack (locatário). Depois Jack faz uma sublocação para Jojolino. Caso Molly ingresse com uma ação contra Jack visando rescindir o contrato de locação,

---

40. CPC, Art. 119. Pendendo causa entre 2 (duas) ou mais pessoas, o terceiro juridicamente interessado em que a sentença seja favorável a uma delas poderá intervir no processo para assisti-la.

Parágrafo único. A assistência será admitida em qualquer procedimento e em todos os graus de jurisdição, recebendo o assistente o processo no estado em que se encontre.

41. CPC, Art. 121. O assistente simples atuará como auxiliar da parte principal, exercerá os mesmos poderes e sujeitar-se-á aos mesmos ônus processuais que o assistido.

Parágrafo único. Sendo revel ou, de qualquer outro modo, omisso o assistido, o assistente será considerado seu substituto processual.

42. CPC, Art. 122. A assistência simples não obsta a que a parte principal reconheça a procedência do pedido, desista da ação, renuncie ao direito sobre o que se funda a ação ou transija sobre direitos controvertidos.

Jojolino teria interesse em que o contrato não venha a ser rescindido, podendo ingressar no processo como assistente de Jack.

b) **Assistência litisconsorcial**:

Diferentemente da assistência simples, nesse caso existe uma relação jurídica entre o assistente e o adversário do assistido, de sorte que ele sofrerá os reflexos da decisão final no processo (CPC, art. 124).[43] O assistente se equipara à própria parte.

Exemplo: numa ação de anulação de testamento proposta contra o testamenteiro, o legatário terá interesse em intervir porque se a sentença for julgada procedente poderá atingir o bem que lhe foi deixado por legado.

3.2   Denunciação da lide (ou litisdenunciação)

É o incidente provocado por uma das partes (normalmente o réu), pelo qual se chama ao processo um terceiro (denunciado) que mantenha vínculo de direito com a parte que o chamou (denunciante), seja em decorrência de lei ou do contrato, para vir a participar do processo como garante, na eventualidade do denunciante sair vencido no processo (CPC, art. 125).[44]

Tanto autor quanto réu podem promover a denunciação da lide. Se for o autor, deverá requerer a citação do denunciado na sua petição inicial. Se a denunciação for promovida pelo réu, deverá fazê-la em preliminares de sua contestação (CPC, art. 126).[45]

Se a denunciação for feita pelo autor, o denunciado poderá assumir a posição de litisconsorte do denunciante e acrescentar novos argumentos à petição inicial, procedendo-se em seguida à citação do réu (CPC, art. 127).[46]

Se for feita pelo réu, as hipóteses são variadas. Se o denunciado contestar o pedido formulado pelo autor, o processo prosseguirá tendo, em litisconsórcio

---

43. CPC, Art. 124. Considera-se litisconsorte da parte principal o assistente sempre que a sentença influir na relação jurídica entre ele e o adversário do assistido.

44. CPC, Art. 125. É admissível a denunciação da lide, promovida por qualquer das partes:

    I – ao alienante imediato, no processo relativo à coisa cujo domínio foi transferido ao denunciante, a fim de que possa exercer os direitos que da evicção lhe resultam;

    II – àquele que estiver obrigado, por lei ou pelo contrato, a indenizar, em ação regressiva, o prejuízo de quem for vencido no processo.

    § 1º O direito regressivo será exercido por ação autônoma quando a denunciação da lide for indeferida, deixar de ser promovida ou não for permitida.

    § 2º Admite-se uma única denunciação sucessiva, promovida pelo denunciado, contra seu antecessor imediato na cadeia dominial ou quem seja responsável por indenizá-lo, não podendo o denunciado sucessivo promover nova denunciação, hipótese em que eventual direito de regresso será exercido por ação autônoma.

45. CPC, Art. 126. A citação do denunciado será requerida na petição inicial, se o denunciante for autor, ou na contestação, se o denunciante for réu, devendo ser realizada na forma e nos prazos previstos no art. 131.

46. CPC, Art. 127. Feita a denunciação pelo autor, o denunciado poderá assumir a posição de litisconsorte do denunciante e acrescentar novos argumentos à petição inicial, procedendo-se em seguida à citação do réu.

LIÇÃO 7 • DOS ATORES DO PROCESSO   **99**

passivo, denunciante e denunciado. Se o denunciado for revel, o denunciante pode deixar de prosseguir com sua defesa, eventualmente oferecida, e abster-se de recorrer, restringindo sua atuação à ação regressiva. Se o denunciado confessar os fatos alegados pelo autor na ação principal, o denunciante poderá prosseguir com sua defesa ou, aderindo a tal reconhecimento, pedir apenas a procedência da ação de regresso (CPC, art. 128).[47]

Embora a lei seja silente, entendemos que promovida a denunciação e a mesma seja acolhida pelo juiz, o processo deverá ficar suspenso até que se realize a citação do denunciado.

É importante deixar claro que a denunciação da lide só é cabível em situações expressamente prevista em lei, ou seja, quem promove a denunciação da lide deve fundamentar juridicamente seu pedido. Assim, a denunciação da lide é cabível nas seguintes hipóteses:

a) **Garantia do direito de evicção:**

Pode ser promovida a denunciação da lide para garantia da evicção ao alienante imediato (ver CPC, art. 125, I). Cumpre esclarecer que evicção é a perda da propriedade, posse ou uso do bem, adquirido de forma onerosa e atribuído a outrem, por força de uma sentença judicial, em virtude de direito anterior ao contrato de aquisição (ver CC, arts. 447 a 457).

Exemplo: vamos imaginar que Molly adquiriu onerosamente um imóvel de Jack. Molly depois descobre que esse imóvel era, em verdade, de Jojolino. Se Jojolino mover ação contra a Molly visando retomar o imóvel, Molly poderá promover a denunciação da lide contra Jack, pois se a ação for julgada procedente, ela irá perder o imóvel, mas terá direito de receber de volta o que pagou para o Jack. Por questão de economia processual isto poderá ser feito no mesmo processo.

b) **Direito de regresso:**

Outra hipótese de cabimento da denunciação da lide visa garantir o direito de regresso para quem estiver obrigado, por lei ou pelo contrato, a indenizar o prejuízo de quem for vencido no processo (ver CPC, art. 125, II).

---

47. CPC, Art. 128. Feita a denunciação pelo réu:

I – se o denunciado contestar o pedido formulado pelo autor, o processo prosseguirá tendo, na ação principal, em litisconsórcio, denunciante e denunciado;

II – se o denunciado for revel, o denunciante pode deixar de prosseguir com sua defesa, eventualmente oferecida, e abster-se de recorrer, restringindo sua atuação à ação regressiva;

III – se o denunciado confessar os fatos alegados pelo autor na ação principal, o denunciante poderá prosseguir com sua defesa ou, aderindo a tal reconhecimento, pedir apenas a procedência da ação de regresso.

Parágrafo único. Procedente o pedido da ação principal, pode o autor, se for o caso, requerer o cumprimento da sentença também contra o denunciado, nos limites da condenação deste na ação regressiva.

Exemplo: o locatário é demandado para indenizar por danos causados ao vizinho em razão de obras feitas no imóvel locado. O locatário denuncia o proprietário alegando que é dele a responsabilidade pela realização das obras.

Finalmente, devemos destacar ainda alguns aspectos sumamente importantes com relação à temática, a saber:

a) **A denunciação não é obrigatória:**

É uma opção da parte. O direito daquele eventualmente atingido pela sentença final poderá ser exercido contra o terceiro em ação de regresso autônoma (ver CPC, art. 125, § 1°).

b) **Recurso contra a decisão:**

A decisão que acolher ou rejeitar a denunciação da lide poderá ser enfrentada por agravo de instrumento (ver CPC, art. 1.015, IX).

c) **Denunciação sucessiva ou em cascata:**

Embora não seja comum, é possível que o denunciado tenha direito de regresso contra outrem, quando então poderá promover o seu chamamento. O Novo CPC limita a uma única denunciação sucessiva, sem prejuízo de que o denunciado sucessivo promova, ao depois, a respectiva ação de regresso para se ver indenizado contra o verdadeiro causador do dano (ver CPC, art. 125, § 2°).

d) **A denunciação só existe por iniciativa das partes:**

Por ter natureza de ação, a denunciação da lide não pode ser instarada de ofício pelo juiz (princípio da inércia da jurisdição), devendo ser sempre provocada pelas partes que deverão motivar juridicamente seu pedido.

e) **Processo nos quais é cabível:**

A denunciação da lide só é cabível no processo de conhecimento, tanto no procedimento comum quanto no especial quando se convertam, após a resposta, em procedimento comum como, por exemplo, no processo de demarcação (ver CPC, art. 578).

e) **Julgamento:**

A denunciação é uma demanda secundária e a sentença que julgar a lide irá solucionar duas demandas: a do autor contra o réu; e, a do denunciante contra o denunciado (CPC, art. 129).[48]

---

48. CPC, Art. 129. Se o denunciante for vencido na ação principal, o juiz passará ao julgamento da denunciação da lide.

Parágrafo único. Se o denunciante for vencedor, a ação de denunciação não terá o seu pedido examinado, sem prejuízo da condenação do denunciante ao pagamento das verbas de sucumbência em favor do denunciado.

3.3 Do chamamento ao processo

Chamamento ao processo é um tipo de incidente através do qual o Réu chama ao processo os demais coobrigados pela dívida de tal sorte a também responsabilizá-los pelo resultado da demanda (CPC, art. 130).[49]

É importante deixar consignado desde logo que **somente o réu tem legitimidade para promover o chamamento**. Além disso, somente é cabível nos casos de fiança ou quando há solidariedade. Acolhido o chamamento, forma-se um litisconsórcio passivo.

São três as hipóteses em que é cabível o chamamento ao processo. Estas situações vêm expressas no já mencionado art. 130, do CPC, quais sejam:

a) do **afiançado**, na ação em que o fiador for réu;

b) dos **outros fiadores**, quando para a ação for citado apenas um deles; e,

c) todos os **devedores solidários**, quando o credor exigir de um ou de algum deles, parcial ou totalmente, a dívida comum.

Assim, é cabível o chamamento ao processo do afiançado, na ação em que o fiador foi acionado sozinho como réu. A lógica está em que o afiançado, como devedor principal, poderá ter defesa a apresentar que possa, eventualmente contrariar as alegações do autor da demanda. Ademais, o fiador executado poderá alegar o benefício de ordem, nomeando à penhora bens do afiançado e, caso esses bens sejam insuficientes à satisfação do crédito exequendo, executar o afiançado nos próprios autos (ver Novo CPC, art. 794).

Também é cabível o chamamento ao processo dos demais fiadores, na ação proposta contra um ou alguns deles, tendo em vista que a fiança prestada por mais de uma pessoa faz presumir que todas elas são solidárias, exceto no caso de constar expressamente o benefício de divisão (ver CC, art. 829).

Por fim, se o credor promover a ação contra um ou alguns dos devedores solidários, autoriza o Código que aqueles que foram acionados possam utilizar do chamamento ao processo para trazer aos autos os demais devedores solidários. Vale lembrar que, em se tratando de solidariedade, o credor tem direito a exigir e receber de um ou de alguns dos devedores, parcial ou totalmente, a dívida comum, conforme estabelece o Código Civil (ver CC, art. 275).

A citação daquele que deve ser chamado a figurar em litisconsórcio passivo será requerida pelo réu na contestação e deve ser promovida no prazo de 30 (trinta)

---

49. CPC, Art. 130. É admissível o chamamento ao processo, requerido pelo réu:

I – do afiançado, na ação em que o fiador for réu;

II – dos demais fiadores, na ação proposta contra um ou alguns deles;

III – dos demais devedores solidários, quando o credor exigir de um ou de alguns o pagamento da dívida comum.

dias, sob pena de ficar sem efeito o chamamento. Caso o chamado resida em outra comarca, seção ou subseção judiciárias, ou em lugar incerto, o prazo será de 2 (dois) meses (CPC, art. 131).[50]

Embora não haja previsão no Código de Processo Civil, entendemos que o processo principal ficará suspenso até que se realize as diligências de citação do chamado para vir integrar o processo na condição de litisconsorte passivo.

3.4 Da desconsideração da personalidade jurídica[51]

A desconsideração da personalidade jurídica empresária, também chamada de disregard doctrine, embora tenha surgido na Inglaterra, ganhou maior realce no direito americano com o intuito de obstar a fraude e o abuso de direito e, como construção doutrinária, passou a existir entre nós após a segunda metade do século passado, estando hoje positivado no nosso ordenamento jurídico, tanto no Código Civil (art. 50), quanto no Código de Defesa do Consumidor (art. 28), além de estar presente em outras legislações esparsas.[52]

Para a exata compreensão da importância do instituto, temos que rememorar que o Código Civil de 1916 limitava a responsabilidade dos sócios pelos atos praticados em nome da pessoa jurídica (art. 20). Ademais, a Lei das Sociedades por Quotas de Responsabilidade Limitada (Decreto nº 3708/19), limitou a responsabilidade dos sócios ao total do valor subscrito do capital social, ainda não integralizado. Isto permitiu que muitas fraudes fossem cometidas por empresários inescrupulosos que se escondiam sob o biombo da sociedade empresária, enriqueciam às custas de terceiros e depois, simplesmente "fechavam" a empresa deixando os credores literalmente a "ver navios".

O Código Civil de 2002 (Lei nº 10.406/02) adotou como regra, para desconsiderar a personalidade jurídica da sociedade empresária, aquilo que a doutrina chama de "Teoria Maior da Desconsideração da Personalidade Jurídica". Pela "**Teoria Maior**" seria exigido a demonstração de gestão fraudulenta ou abusiva por parte dos sócios ou gerentes para que se caracterizasse a necessidade da desconsideração. Esta

---

50. CPC, Art. 131. A citação daqueles que devam figurar em litisconsórcio passivo será requerida pelo réu na contestação e deve ser promovida no prazo de 30 (trinta) dias, sob pena de ficar sem efeito o chamamento. Parágrafo único. Se o chamado residir em outra comarca, seção ou subseção judiciárias, ou em lugar incerto, o prazo será de 2 (dois) meses.

51. Conforme Nehemias Domingos de Melo In: *Novo CPC Anotado, Comentado e Comparado*, 2ª. edição, pp. 127/133.

52. A título de exemplo, veja-se o Código Tributário Nacional (Lei nº 5.172/66), que em seu artigo 135, já contemplava a hipótese da desconsideração, porém limitada aos casos que envolvessem excesso de poderes, infração de lei ou do contrato social. Também na Lei das S/A (Lei nº 6.404/76) que em seu artigo 158 responsabilizava o administrador por culpa, dolo ou violação de lei ou do estatuto. Este instituto também está presente na Lei nº 8.884/94, que dispõe sobre a prevenção e a repressão às infrações contra a ordem econômica; e, na Lei nº 9.605/98 que disciplina a responsabilidade por lesões ao meio ambiente, dentre outras.

LIÇÃO 7 • DOS ATORES DO PROCESSO   **103**

teoria é mais consistente e dotada de maior abstração, o que daria maior segurança aos empreendedores em geral.

Já o Código de Defesa do Consumidor (Lei n° 8.078/90), adotou uma segunda vertente, que chamamos de "**Teoria Menor**", pela qual não se exige maiores perquirições bastando tão somente a demonstração de que o patrimônio da empresa aparenta ser insuficiente para adimplir a execução. Quer dizer, esta segunda teoria se contenta com a demonstração de inexistência de bens da sociedade capaz e suficiente de honrar o crédito eventualmente pleiteado, de tal sorte a depreender que a fraude ou o abuso de direito são presumidos.

O Novo CPC vem disciplinar a aplicação deste instituto, que não tinha um procedimento normatizado no CPC/73, dizendo que ele será tratado como um 'incidente', quando não for requerido na petição inicial. Por incidente processual deve ser entendido como algo a ser processado, paralelamente a um determinado processo em andamento que, não cria nenhuma relação jurídica nova, mas pode influenciar o resultado final da demanda principal. Sendo o incidente de desconsideração um acessório, deverá ser decidido pelo juiz antes do julgamento final da causa em questão.

Cabe destacar algumas previsões importantes contidas no Novo CPC, tratando do incidente da desconsideração da personalidade jurídica, vejamos:

a) **Não pode ser determinada de ofício:**

   O legislador quis deixar claro que o incidente não poderá ser instaurado de ofício pelo juiz dependendo sempre de provocação da parte ou do Ministério Público quando lhe couber intervir no feito (CPC, art. 133, *caput*).[53]

b) **Direito material como fundamento:**

   Os fundamentos jurídicos que autorizam a aplicação do incidente são aqueles previstos na lei material. Significa dizer que paralelamente ao estatuto processual, a parte deverá utilizar como fundamento para fazer o pedido de desconsideração, o previsto na lei material (ver CPC, art. 133, § 1° c/c art. 134, § 4°).

c) **Desconsideração inversa da personalidade jurídica:**

   Salutar que o Novo CPC tenha trazido expressa previsão quanto a desconsideração inversa da personalidade jurídica. Nesse caso, quem age fraudulentamente não é a empresa, mas o seu sócio ou outra empresa integrante do grupo. Com a desconsideração inversa torna-se possível atingir os bens da sociedade empresária para quitação de débitos inadimplidos por seu sócio,

---

53. CPC, Art. 133. O incidente de desconsideração da personalidade jurídica será instaurado a pedido da parte ou do Ministério Público, quando lhe couber intervir no processo.

§ 1° O pedido de desconsideração da personalidade jurídica observará os pressupostos previstos em lei.

§ 2°Aplica-se o disposto neste Capítulo à hipótese de desconsideração inversa da personalidade jurídica.

administrador ou de outras empresas. Essa tese doutrinária já vinha sendo acolhida pela jurisprudência dos nossos tribunais, mas agora ganha força de lei (ver CPC, art. 133, § 2°).

d) Cabimento do instituto:

A desconsideração da personalidade jurídica é um incidente, cabível em todas as fases do processo de conhecimento, no cumprimento de sentença e também na execução fundada em título executivo extrajudicial (CPC, art. 134).[54]

Atenção: embora não conste neste capítulo do Código de Processo Civil, é perfeitamente cabível a instauração do incidente nos tribunais, tanto nos processos de competência originária, quanto nos processos nos quais tenha sido interposto o recurso de apelação (ver CPC, art. 932, VI).

e) Anotação no distribuidor:

Instaurado o incidente, o fato deverá ser imediatamente comunicado ao distribuidor para as devidas anotações e, o processo principal ficará suspenso até final decisão (ver CPC, art. 134, § 1°).

Atenção: dispensa-se a instauração do incidente se o pedido de desconsideração for realizado na petição inicial, caso em que, o sócio ou a pessoa jurídica será citado para integrar a lide. Nesse caso, o sócio ou a pessoa jurídica terá garantido o direito à ampla defesa e ao e ao contraditório, pois integrarão o polo passivo da demanda desde o início

f) Obrigatoriedade de citação do sócio ou da empresa:

A lei exige a citação do sócio ou da pessoa jurídica para que se manifeste no prazo de 15 (quinze) dias sobre o incidente, requerendo, se for o caso, as provas que entenda cabíveis (CPC, art. 135).[55]

Exceção: da forma como o legislador disciplinou a matéria constatamos que a desconsideração da personalidade jurídica sem conhecimento da parte que será atingida, é exceção. Quer dizer, não está proibida a desconsideração sem a oitiva prévia do sócio ou da empresa, podendo o juiz concedê-la nos casos em que seja demonstrado a sua necessidade caute-

---

54. CPC, Art. 134. O incidente de desconsideração é cabível em todas as fases do processo de conhecimento, no cumprimento de sentença e na execução fundada em título executivo extrajudicial.

§ 1° A instauração do incidente será imediatamente comunicada ao distribuidor para as anotações devidas.

§ 2° Dispensa-se a instauração do incidente se a desconsideração da personalidade jurídica for requerida na petição inicial, hipótese em que será citado o sócio ou a pessoa jurídica.

§ 3° A instauração do incidente suspenderá o processo, salvo na hipótese do § 2°.

§ 4° O requerimento deve demonstrar o preenchimento dos pressupostos legais específicos para desconsideração da personalidade jurídica.

55. CPC, Art. 135. Instaurado o incidente, o sócio ou a pessoa jurídica será citado para manifestar-se e requerer as provas cabíveis no prazo de 15 (quinze) dias.

larmente, quando se mostre necessário para assegurar o resultado útil do processo, postergando o contraditório para a fase posterior à concessão (ver tutelas provisórias de urgências). Mais vale frisar que isto será exceção, pois a regra é que a parte seja citada para manifestação prévia, isto é, antes da concessão da medida.

Observação: embora a forma como restou disciplinado a desconsideração da personalidade jurídica no Novo CPC tenha o significado de oferecer segurança jurídica e garantir o contraditório e a ampla defesa daquele que será atingido com a medida, é evidente que colabora para o insucesso do instituto na exata medida em que a exigência de citação pessoal, especialmente do sócio, certamente dificultará o regular andamento do feito. Antes do Novo CPC a aplicação do instituto se processava de forma célere e sua efetividade era bastante elogiada. Com a nova sistemática, ganha-se em segurança jurídica e perde-se em celeridade. Basta o sócio se esconder para não receber a citação e já teremos um grande problema para resolver.

g) **Recurso cabível contra a decisão:**

A decisão que resolve o pedido de desconsideração é decisão interlocutória, portanto qualquer contrariedade da parte contra o *decisium* deverá ser manifestada via agravo de instrumento (ver CPC, art. 1015, IV).

Atenção: se a decisão for proferida pelo relator no Tribunal, deverá ser atacada via agravo interno (CPC, art. 136, parágrafo único).[56]

h) **Fraude à execução:**

se for acolhido o pedido de aplicação da desconsideração da personalidade jurídica, qualquer alienação ou oneração de bens, após a instauração do incidente, será ineficaz em relação ao requerente, pois isso caracteriza fraude à execução (CPC, art. 137).[57]

Importante: com essa previsão legal, o juiz poderá desconsiderar a alienação realizada e mandar penhorar os bens alienados irregularmente (ver CPC, art. 790, VII c/c art 792 § 3º).

i) **Juizados especiais cíveis:**

O Novo CPC faz expressão previsão de cabimento do procedimento de desconsideração da personalidade jurídica aos processos que tramitam pelas regras do Juizado Especial regulado na Lei nº 9.099/95 (ver CPC, art. 1.062).

---

56. CPC, Art. 136. Concluída a instrução, se necessária, o incidente será resolvido por decisão interlocutória. Parágrafo único. Se a decisão for proferida pelo relator, cabe agravo interno.
57. CPC, Art. 137. Acolhido o pedido de desconsideração, a alienação ou a oneração de bens, havida em fraude de execução, será ineficaz em relação ao requerente.

Cumpre observar por fim que o acolhimento do incidente de desconsideração da personalidade jurídica acaba por criar um litisconsórcio passivo facultativo com a inclusão do terceiro no polo passivo da demanda (sócio ou empresa).

3.5 Do *amicus curiae*

Cabe esclarecer inicialmente que a expressão *amicus curiae*, de origem latina, significa "amigo da corte" ou "amigo do tribunal". Seria a pessoa ou entidade que é estranha à causa que foi proposta (portanto terceiro), mas que teria interesse na solução da lide, em razão da repercussão social do fato apreciado pelo juízo ou tribunal.

Disciplinando a intervenção do *amicus curiae*, diz o Novo CPC que o juiz ou o relator, considerando a relevância da matéria, a especificidade do tema objeto da demanda ou a repercussão social da controvérsia, poderá, por decisão irrecorrível, de ofício ou a requerimento das partes ou de quem pretenda manifestar-se, solicitar ou admitir a participação de pessoa natural ou jurídica, órgão ou entidade especializada, com representatividade adequada, no prazo de 15 (quinze) dias de sua intimação (CPC, art. 138).[58]

Assim, a intervenção do *amicus curiae* poderá ser decidida de ofício pelo magistrado oficiante em face de pedido das partes ou mesmo dos interessados na causa. Em qualquer caso, a decisão é irrecorrível.

No pedido de intervenção o interessado, a pessoa física jurídica ou mesmo ente despersonalizado, deverá demonstrar seu interesse e provar a sua representatividade. O eventual ingresso do *amicus curiae* não irá alterar a competência, nem permitirá que ele interponha recursos, a não ser os embargos de declaração. Excepcionalmente, poderá recorrer contra a decisão que julgar o incidente de demanda repetitivas.

Por fim, tem o juiz ou o relator do processo nos tribunais, poderes para, na própria decisão que solicitar ou admitir a intervenção, definir quais são os poderes do *amicus curiae*, estabelecendo assim, limites à sua atuação.

Esclareça-se ainda que o instituto do *amicus curiae* não é novo no nosso ordenamento jurídico, mas é salutar que agora esteja disciplinado no Novo CPC o que permite o ingresso dessa figura em qualquer tipo de processo e em qualquer instância.

---

58. CPC, Art. 138. O juiz ou o relator, considerando a relevância da matéria, a especificidade do tema objeto da demanda ou a repercussão social da controvérsia, poderá, por decisão irrecorrível, de ofício ou a requerimento das partes ou de quem pretenda manifestar-se, solicitar ou admitir a participação de pessoa natural ou jurídica, órgão ou entidade especializada, com representatividade adequada, no prazo de 15 (quinze) dias de sua intimação.

§ 1º A intervenção de que trata o *caput* não implica alteração de competência nem autoriza a interposição de recursos, ressalvadas a oposição de embargos de declaração e a hipótese do § 3º.

§ 2º Caberá ao juiz ou ao relator, na decisão que solicitar ou admitir a intervenção, definir os poderes do amicus curiae.

§ 3º O amicus curiae pode recorrer da decisão que julgar o incidente de resolução de demandas repetitivas.

LIÇÃO 7 • DOS ATORES DO PROCESSO   **107**

4.   DOS JUÍZES: DEVERES, PODERES E RESPONSABILIDADE

O juiz é um dos sujeitos do processo, sendo o seu diretor, devendo primar por conduzi-lo de acordo com as regras das leis processuais, de forma imparcial, impessoal e insuspeita, e deverá, após o regular processamento, proferir uma decisão que efetive o direito assegurando a uma das partes.

O juiz, assim como todo e qualquer funcionário público, responde pelos atos que tenha praticado no campo da responsabilidade civil. Veremos como isso pode ocorrer.

4.1   Poderes/deveres do juiz

Os principais poderes/deveres do juiz, estabelecidos no Código de Processo Civil são, a bem da verdade, instrumentos indispensáveis para a direção do processo e para o exercício da jurisdição (CPC, art. 139),[59] quais sejam:

a)   **Tratar com igualdade as partes:**

O juiz tem o dever de assegurar as partes igualdade de tratamento. Essa é uma regra fundamental e se assenta no princípio constitucional da isonomia

Exceção: embora a regra seja o tratamento isonômico, a própria lei se encarrega de criar alguns regimes especiais como, por exemplo, nos casos de preferência com relação aos idosos (ver CPC, art. 1.048, I), prazos diferenciados para a Fazenda Pública (ver CPC, art. 183) e para o Ministério Público (ver CPC, art. 180), isenção de custas para os necessitados (ver CPC, art. 98),

---

59.   CPC, Art. 139. O juiz dirigirá o processo conforme as disposições deste Código, incumbindo-lhe:

I – assegurar às partes igualdade de tratamento;

II – velar pela duração razoável do processo;

III – prevenir ou reprimir qualquer ato contrário à dignidade da justiça e indeferir postulações meramente protelatórias;

IV – determinar todas as medidas indutivas, coercitivas, mandamentais ou sub-rogatórias necessárias para assegurar o cumprimento de ordem judicial, inclusive nas ações que tenham por objeto prestação pecuniária;

V – promover, a qualquer tempo, a autocomposição, preferencialmente com auxílio de conciliadores e mediadores judiciais;

VI – dilatar os prazos processuais e alterar a ordem de produção dos meios de prova, adequando-os às necessidades do conflito de modo a conferir maior efetividade à tutela do direito;

VII – exercer o poder de polícia, requisitando, quando necessário, força policial, além da segurança interna dos fóruns e tribunais;

VIII – determinar, a qualquer tempo, o comparecimento pessoal das partes, para inquiri-las sobre os fatos da causa, hipótese em que não incidirá a pena de confesso;

IX – determinar o suprimento de pressupostos processuais e o saneamento de outros vícios processuais;

X – quando se deparar com diversas demandas individuais repetitivas, oficiar o Ministério Público, a Defensoria Pública e, na medida do possível, outros legitimados a que se referem o art. 5º da Lei no 7.347, de 24 de julho de 1985, e o art. 82 da Lei no 8.078, de 11 de setembro de 1990, para, se for o caso, promover a propositura da ação coletiva respectiva.

Parágrafo único. A dilação de prazos prevista no inciso VI somente pode ser determinada antes de encerrado o prazo regular.

possibilidade de inversão do ônus da prova para o consumidor (ver CDC, art. 6°, VIII), dentre outros.

b) **Velar pela duração razoável do processo:**

Embora a iniciativa do processo seja da parte, proposta a ação, deverá o juiz velar pela rápida solução do litígio. Compete ao juiz na direção do processo exigir pronto atendimento às suas determinações, tanto das partes quanto de seus auxiliares, e de si próprio, evitando a realização de atos e incidentes desnecessários ou protelatórios.

c) **Prevenir ou reprimir os atos contrários à dignidade da justiça:**

Também deverá atuar com determinação reprimindo os atos e pedidos meramente protelatórios, punindo, se for o caso, o litigante de má-fé, tendo em vista o princípio da boa-fé que deve ser seguido por todos (ver CPC, art. 77 e art. 772 dentre outros).

d) **Poder de efetivação das decisões judiciais:**

Ao estabelecer que incumbe ao juiz "determinar todas as medidas indutivas, coercitivas, mandamentais ou sub-rogatórias necessárias para assegurar o cumprimento de ordem judicial, inclusive nas ações que tenham por objeto prestação pecuniária" o Novo CPC criou, por assim dizer, a possibilidade de o juiz flexibilizar as regras executivas visando a plena satisfação do direito em jogo (ver CPC, art. 139, IV).

e) **Promover a autocomposição entre as partes:**

Deve o juiz tentar, a qualquer tempo, conciliar as partes, tendo em vista que a composição amigável é a forma ideal e mais rápida de solução dos litígios.

f) **Flexibilizar os prazos e os meios processuais:**

Embora os prazos devam ser respeitados, inclusive pelo juiz, a regra insculpida no inciso VI do art. 139 do CPC, visa dotar o magistrado de maiores poderes para dilatar os prazos processuais tendo em vista as peculiaridades de cada caso, além de poder alterar a ordem da produção de provas, desde que isso colabore para a efetividade do processo. Essa previsão se harmoniza com a filosofia do Novo CPC que prima pela possibilidade de tratar o processo como um negócio jurídico (ver CPC, arts. 190 e 191).

Importante: embora o CPC nada diga, entendemos que essa possibilidade de dilação dos prazos se aplica tantos para os prazos dilatórios quanto os peremptórios, excepcionando a regra insculpida no art. 218, do CPC.

Atenção: a autorização dada ao magistrado pelo Novo CPC é para "aumentar" (dilatar) os prazos, jamais para reduzir. Ademais, os prazos somente podem ser dilatados antes do encerramento do prazo regular (ver CPC, art. 139, parágrafo único).

LIÇÃO 7 • DOS ATORES DO PROCESSO

g) Exercer o poder de polícia:

Naturalmente que compete ao juiz exercer sua função com autoridade e para fazer valer essa autoridade poderá requisitar, se necessário, a força policial necessária para manter a ordem, especialmente quando da realização de audiências.

h) Determinar o comparecimento das partes a qualquer tempo:

Tem ainda o juiz o poder de determinar a qualquer tempo, o comparecimento pessoal das partes, para inquiri-las sobre os fatos da causa. Seria aquilo que a doutrina chama de "interrogatório livre".

Atenção: o não comparecimento da parte ou mesmo comparecendo nada falando, não cabe a aplicação da pena de confesso, pois esta só se pode cogitar quando se trata de depoimento pessoal (ver CPC, art. 385, § 1º).

i) Determinar o suprimento de pressupostos processuais e o saneamento de vícios:

No inciso IX, do art. 139, do CPC, o legislador fez prever a possibilidade de o juiz determinar o suprimento de pressupostos processuais e o saneamento de outros vícios processuais, reforçando o dever de cooperação das partes e do juiz, em prestígio ao princípio da precedência do julgamento do mérito e à proibição de decisão surpresa.

j) Alertar para a necessidade de ação coletiva:

Diz finalmente o art. 139 do CPC, em seu inciso X, que o juiz, quando se deparar com diversas demandas individuais repetitivas, deverá oficiar o Ministério Público, a Defensoria Pública e, na medida do possível, outros legitimados a que se referem o art. 5º da Lei no 7.347/85 (Lei de Ação Civil Pública), para, se for o caso, promover a propositura da ação coletiva respectiva.

Além dos poderes/deveres estabelecidos no art. 139 do CPC, encontramos ainda, em outras passagens do mesmo dispositivo legal, outros deveres e atribuições a ser impostos aos magistrados, senão vejamos:

a) Determinar a realização de provas necessárias ao julgamento da lide:

É dever do juiz determinar a realização das provas necessárias ao julgamento do mérito, que dizer, deverá determinar as provas necessárias à solução da lide, de ofício ou a requerimentos das partes, bem como deverá indeferir as diligências inúteis ou protelatórias (CPC, art. 370).[60]

---

60. CPC, Art. 370. Caberá ao juiz, de ofício ou a requerimento da parte, determinar as provas necessárias ao julgamento do mérito.

b) Deve julgar mesmo que haja lacunas ou obscuridade:

O juiz não se exime de decidir sob a alegação de lacuna ou obscuridade. É a proibição da "**não decisão**" ou "**non liquet**", ou seja, se diante do caso concreto o juiz não encontrar legislação específica que possa ser aplicada ao caso *sub judice*, deverá se servir dos princípios constitucionais e dos princípios gerais de direito, das regras legais similares ou análogas e, se for o caso, valer-se da experiência do que comumente acontece no cotidiano, prestigiando os costumes. É o princípio da **indeclinabilidade da jurisdição** (CPC, art. 140).[61]

Atenção: disposição similar já se encontrava na Lei de Introdução às normas do Direito Brasileiro (ver LINDB, Art. 4º).

c) Julgar nos limites em que a ação foi proposta:

O juiz está preso ao que foi pedido pelo autor na sua petição inicial sendo-lhe vedado conhecer de matérias que não foram suscitadas (CPC, art. 141).[62] Essa previsão decorre do **princípio da inércia da jurisdição**, de sorte que o juiz deverá decidir a lide nos limites daquilo que foi pedido sendo-lhe vedado conceder algo diferente ou com fundamento diverso ao que foi pedido (*extra petita*), ou algo além do que foi pedido (*ultra petita*).

d) Impedir qualquer tentativa de fraude processual:

Se o juiz se convencer que as partes estão utilizando o processo para praticar ato simulado e assim fraudar a lei ou terceiros, deverá proferir decisão de ofício que impeça tal medida, além de aplicar as penas por litigância de má-fé (CPC, art. 142).[63]

e) Decidir por equidade quando a lei autorizar:

Sempre que possível o juiz deve aplicar o princípio da equidade, com isso abrandando o rigor da norma legal, nos casos em que a lei assim autorize (ver CPC, art. 140, parágrafo único e art. 723).

f) Declarar-se suspeito ou impedido:

É dever de o juiz declarar-se suspeito ou impedido quando as circunstâncias do caso posto em apreciação assim evidenciar (ver CPC, arts. 144 a 148).

---

61. CPC, Art. 140. O juiz não se exime de decidir sob a alegação de lacuna ou obscuridade do ordenamento jurídico.

    Parágrafo único. O juiz só decidirá por equidade nos casos previstos em lei.

62. CPC, Art. 141. O juiz decidirá o mérito nos limites propostos pelas partes, sendo-lhe vedado conhecer de questões não suscitadas a cujo respeito a lei exige iniciativa da parte.

63. CPC, Art. 142. Convencendo-se, pelas circunstâncias, de que autor e réu se serviram do processo para praticar ato simulado ou conseguir fim vedado por lei, o juiz proferirá decisão que impeça os objetivos das partes, aplicando, de ofício, as penalidades da litigância de má-fé.

g) Julgar observando o princípio da legalidade:

O juiz tem liberdade para interpretar a lei segunda máxima de experiências, com o fim de adequá-la aos costumes e aos anseios da sociedade, porém não pode se colocar acima da lei. Deve respeito ao princípio da legalidade.

h) Apreciar livremente todas as circunstâncias, fatos e provas:

Todas as provas produzidas nos autos devem ser apreciadas livremente pelo juiz, independente de quem as produziu, justificando sua decisão com base no que constou do processo (CPC, art. 371).[64]

i) Julgar preferencialmente em ordem cronológica:

Os julgamentos devem obedecer a ordem cronológica de processos aptos a receber uma sentença, pois isso é uma garantia que decorre dos princípios constitucionais da isonomia (CF, art. 5°) e da impessoalidade da Administração Pública (CF, art. 37). Também concretizaria, ainda que por vias transversas, o princípio da duração razoável do processo (CF, art. 5°, LXX-VIII). Para efetivação disso, os Tribunais deverão criar e manter uma lista dos processos aptos para julgamento e de disponibilizá-las publicamente, não só em cartório como também através da rede mundial de computadores (ver CPC, art. 12).

Exceção: Estão excluídos dessa regra as sentenças proferidas em audiência, homologatórias de acordo ou de improcedência liminar do pedido; o julgamento de processos em bloco para aplicação de tese jurídica firmada em julgamento de casos repetitivos; o julgamento de recursos repetitivos ou de incidente de resolução de demandas repetitivas; as decisões proferidas com base nos arts. 485 (decisões sem julgamento do mérito) e 932 (decisões do relator ao receber um recurso non tribunal); o julgamento de embargos de declaração; o julgamento de agravo interno; as preferências legais e as metas estabelecidas pelo Conselho Nacional de Justiça; os processos criminais, nos órgãos jurisdicionais que tenham competência penal; e, a causa que exija urgência no julgamento, assim reconhecida por decisão fundamentada (ver art. 12, § 2°).

4.2   Responsabilidade do Juiz

O juiz, assim como qualquer funcionário público, pode ser responsabilizado civilmente pelos danos que seus atos possam ter causado a outrem.

Contudo, o juiz só responderá civilmente **se tiver agido com dolo ou fraude** (responsabilidade por ação) ou recusar, omitir ou retardar, sem justo motivo, pro-

---

64. CPC, Art. 371. O juiz apreciará a prova constante dos autos, independentemente do sujeito que a tiver promovido, e indicará na decisão as razões da formação de seu convencimento.

vidência que deva ordenar de ofício ou a requerimento da parte (responsabilidade por omissão). Mesmo nesta segunda hipótese, somente poderá ser responsabilizado se a parte tiver constatado a inércia do magistrado e tenha peticionado requerendo ao juiz que determine a providência e o requerimento não seja apreciado no prazo de 10 (dez) dias (CPC, art. 143).[65]

Cumpre esclarecer que o dolo é a intenção consciente de violar dever de ofício, enquanto que a fraude vai se caracterizar se o juiz tiver agido, em conluio ou não com a parte contrária, com a intenção de ludibriar.

Nesse caso a parte prejudicada deverá mover uma ação, na qual o juiz será réu com todos os direitos ao contraditório e a ampla defesa.

Embora possa haver controvérsias, entendemos que a responsabilidade pessoal do juiz não inibe a responsabilidade objetiva e solidária do Estado.

> **Atenção:** o juiz não pode ser responsabilizado por erro decorrente da culpa eventual, pois neste caso a vítima deve dirigir seu pedido indenizatório contra o Estado. Quer dizer, quem responde pelo "**erro judiciário**" é o Estado, cuja responsabilidade é objetiva (ver CF, art. 37, § 6°). Cumpre assinalar que pode haver o *error in procedendo* (equivocada condução do processo) e o *error in judicando* (equívoco de julgamento). Em ambos os casos o lesado poderá mover a ação contra o Estado visando obter indenização em face do erro judiciário (ver CF, art. 5°, LXXV).

> **Importante:** independente da responsabilidade civil, os juízes podem responder também administrativamente com base no regimento interno do respectivo tribunal ou com base na LOMAN (Lei Complementar n° 35/79).

4.3 Dos impedimentos e da suspeição

As regras atinentes aos impedimentos e à suspeição se fundamentam na garantia de imparcialidade do juiz. Visa assegurar as partes o direito a um julgamento imparcial. Para isso, o Código de Processo Civil prevê as situações em que o juiz não poderá atuar no processo e, se assim não se declarar, caberá a parte arguir tal situação através de simples petição.

Em ambos os casos, espera-se que o magistrado que se enquadre numa das previsões legais decline, espontaneamente, de atuar em processos nos quais possa pesar a suspeita de que sua atuação não será imparcial.

---

65. CPC, Art. 143. O juiz responderá, civil e regressivamente, por perdas e danos quando:

I – no exercício de suas funções, proceder com dolo ou fraude;

II – recusar, omitir ou retardar, sem justo motivo, providência que deva ordenar de ofício ou a requerimento da parte.

Parágrafo único. As hipóteses previstas no inciso II somente serão verificadas depois que a parte requerer ao juiz que determine a providência e o requerimento não for apreciado no prazo de 10 (dez) dias.

4.3.1 Dos impedimentos

São razões de ordem ética que proíbem o juiz de atuar em determinados processos. São motivos graves a ponto de tornar nulos todos os atos praticados pelo impedido, até mesmo a sentença proferida e transitada em julgado, que poderá ser rescindida através da ação rescisória (ver CPC, art. 966, II).

Os casos de impedimento previsto no Código de Processo Civil visam, primacialmente, impedir que o juiz que tenha algum interesse na causa ou ligações duvidosas com as partes ou seus representantes, possa atuar naquele determinado processo. Dentre tantas hipóteses, basta imaginar que isenção pode ter um juiz para julgar um processo cujo parte é o seu cônjuge ou companheiro. Por mais que ele aja com imparcialidade e isenção, sempre ficará a dúvida no ar (ver CPC, art. 144, IV).

4.3.2 Da suspeição

Também se embasam em razões de ordem ética e moral, tendo em vista a imparcialidade do juiz, porém é menos grave do que o impedimento tanto que se não for arguida em tempo hábil pelas partes, torna a matéria preclusa não podendo mais ser invocada.

A primeira previsão de suspeição contemplada no Código de Processo Civil é a hipótese de o juiz ser amigo íntimo ou inimigo mortal de qualquer das partes ou dos seus advogados. Também é suspeito aquele juiz que receber presentes de pessoas que possam ter, de alguma forma, interesses na causa *sub judice*, dentre outras hipóteses (ver CPC, art. 145).

4.3.3 Processamento dos impedimentos ou da suspeição

Como já dito, espera-se que o impedimento ou a suspeição seja declarado de ofício pelo próprio magistrado, porém se isso não correr compete à parte, por simples petição dirigida diretamente ao juiz, no prazo de 15 (quinze) dias, a contar do conhecimento do fato, alegar o impedimento ou a suspeição, indicando quais são os fundamentos que embasam a sua motivação, instruindo o pedido com os documentos em que se fundar a alegação e com eventual rol de testemunhas (ver CPC, art. 146).

Apresentada a petição, tem agora o magistrado a oportunidade de se redimir do fato de não ter se declarado espontaneamente suspeito ou impedido. Se reconhecer o impedimento ou a suspeição ao receber a petição, o juiz ordenará imediatamente a remessa dos autos a seu substituto legal. Caso contrário, o processo será suspenso e o juiz determinará a autuação do incidente em apartado e, no prazo de 15 (quinze) dias, apresentará suas razões, acompanhadas de documentos e de rol de testemunhas, se houver, ordenando a remessa do incidente ao tribunal.

No tribunal, e distribuído o incidente, o relator deverá declarar os efeitos em que o recebe, sendo que, se for recebido sem efeito suspensivo, o processo voltará a correr. Em contrapartida, se for recebido no efeito suspensivo, o processo permanecerá suspenso até o julgamento final do incidente.

Enquanto não decidido pelo tribunal em qual efeito recebe o incidente, a parte poderá requerer ao juiz substituto que aprecie o pedido de tutela de urgência, seja cautelar ou antecipatória (ver CPC, art. 146, § 3°).

Se for verificado que a alegação de impedimento ou de suspeição é improcedente, o tribunal rejeitá-la-á. De outro lado, se for acolhida a alegação, seja de impedimento ou de manifesta suspeição, o tribunal condenará o juiz nas custas e remeterá os autos ao seu substituto legal, podendo o juiz recorrer da decisão.

Em sendo reconhecido o impedimento ou a suspeição, o tribunal deverá ainda estabelecer a partir de qual momento o juiz não poderia ter atuado, anulando os atos que ele possa ter praticado quando já estavam presentes os motivos de impedimento ou de suspeição.

4.3.4 Outros agentes sujeitos ao impedimento e suspeição

Aplicam-se os motivos de impedimento e de suspeição: ao membro do Ministério Público; aos auxiliares da justiça; e, todos os demais sujeitos que devam atuar com imparcialidade no processo (ver CPC, art. 148).

É o caso, por exemplo, das figuras do mediador e do conciliador judicial, do perito, do intérprete e todos os demais sujeitos imparciais que possam atuar no processo.

Quanto ao processamento, a parte interessada deverá arguir o impedimento ou a suspeição diretamente ao juiz da causa, em petição fundamentada e devidamente instruída, na primeira oportunidade em que lhe couber falar nos autos.

Recebida a petição com a arguição de impedimento ou suspeição, o juiz mandará processar o incidente em separado e sem suspensão do processo, ouvirá o arguido no prazo de 15 (quinze) dias, facultando-lhe a oportunidade de apresentar provas, quando necessária.

Se a arguição de impedimento ou suspeição for apresentada nos tribunais, o processamento será disciplinado pelo regimento interno.

> **Atenção**: as regras do impedimento e da suspeição aqui tratadas, não se aplicam às testemunhas. Estas têm regras próprias prevista nos arts. 457 e 458, do CPC.

5. DOS AUXILIARES DA JUSTIÇA

São auxiliares da Justiça, além de outros cujas atribuições sejam determinadas pelas normas de organização judiciária, o escrivão, o chefe de secretaria, o oficial de justiça, o perito, o depositário, o administrador, o intérprete, o tradutor, o mediador, o conciliador judicial, o partidor, o distribuidor, o contabilista e o regulador de avarias (CPC, art. 149).[66]

5.1   Esclarecimentos sobre os auxiliares da justiça

Deve ser entendido como auxiliar da justiça todos aqueles que, de alguma forma, colaboram com o juiz. Por isso o rol apresentado no artigo 149 é meramente exemplificativo, podendo ser incluídas nesta classificação novas figuras que atuem em auxílio ao trabalho realizado pela justiça.

Dentre estes existem aqueles **auxiliares permanentes**, nomeados por concurso, tais como o escrivão e os oficiais de justiça. Existem também aqueles **auxiliares eventuais** que, normalmente, não possuem vínculo com o Estado, mas que são chamados a atuar, em caráter excepcional, em favor da justiça como, por exemplo, o perito e o intérprete.

5.2   O escrivão ou chefe de secretaria

O escrivão tratado no Código de Processo Civil é o chefe do cartório ou o chefe de secretaria, ou seja, qualquer que seja o título que se lhe atribua ele é o chefe do setor responsável por fazer com que as ordens judiciais ganhem concretude através das várias funções que o Código lhe reserva como, por exemplo, redigir os ofícios, os mandados, as cartas precatórias, fornecer certidões ou termo do processo para quem requerer, dentre tantas outras tarefas (CPC, art. 152).[67]

---

66. CPC, Art. 149. São auxiliares da Justiça, além de outros cujas atribuições sejam determinadas pelas normas de organização judiciária, o escrivão, o chefe de secretaria, o oficial de justiça, o perito, o depositário, o administrador, o intérprete, o tradutor, o mediador, o conciliador judicial, o partidor, o distribuidor, o contabilista e o regulador de avarias.

67. CPC, Art. 152. Incumbe ao escrivão ou ao chefe de secretaria:

     I – redigir, na forma legal, os ofícios, os mandados, as cartas precatórias e os demais atos que pertençam ao seu ofício;

     II – efetivar as ordens judiciais, realizar citações e intimações, bem como praticar todos os demais atos que lhe forem atribuídos pelas normas de organização judiciária;

     III – comparecer às audiências ou, não podendo fazê-lo, designar servidor para substituí-lo;

     IV – manter sob sua guarda e responsabilidade os autos, não permitindo que saiam do cartório, exceto:

     a)   quando tenham de seguir à conclusão do juiz;

     b)   com vista a procurador, à Defensoria Pública, ao Ministério Público ou à Fazenda Pública;

     c)   quando devam ser remetidos ao contabilista ou ao partidor;

     d)   quando forem remetidos a outro juízo em razão da modificação da competência;

     V – fornecer certidão de qualquer ato ou termo do processo, independentemente de despacho, observadas as disposições referentes ao segredo de justiça;

     VI – praticar, de ofício, os atos meramente ordinatórios.

     § 1º O juiz titular editará ato a fim de regulamentar a atribuição prevista no inciso VI.

     § 2º No impedimento do escrivão ou chefe de secretaria, o juiz convocará substituto e, não o havendo, nomeará pessoa idônea para o ato.

Devemos ainda destacar que o escrivão ou o chefe de secretaria deverá atender, preferencialmente, à ordem cronológica de recebimento para publicação e efetivação dos pronunciamentos judiciais. Caso assim não faça, caberá a parte preterida reclamar, nos próprios autos, ao juiz da causa que determinará as providências cabíveis.

Se for constatado preterição o juiz determinará o imediato cumprimento do ato, sem prejuízo da instauração de processo administrativo disciplinar contra o servidor (ver CPC, art. 153).

5.3 O oficial de justiça

O oficial de justiça é o auxiliar do juiz responsável por fazer cumprir as ordens emanadas do juízo. Ele é, por assim dizer, o garantidor de que as ordens judiciais serão cumpridas. É como se fosse a ação externa do juiz, exatamente por isso, são considerados *longa manus* do poder judiciário.

O Código de Processo Civil enumera as várias funções reservadas aos oficiais de justiça tais como fazer pessoalmente citações, prisões, penhoras, arrestos e demais diligências determinadas pelo juízo ao qual estiver subordinado (CPC, art. 154).[68]

Cabe destacar que os chamados meios alternativos de resolução dos conflitos saem bastante fortalecidos no Novo CPC. Nesta linha, o Novo CPC atribui ao oficial de justiça a tarefa de certificar, em mandado que tenha cumprido, a eventual proposta de autocomposição apresentada por qualquer das partes, na ocasião de realização de ato de comunicação que lhe coube realizar (ver CPC, art. 154, VI).

> **Atenção:** se o oficial de justiça certificar que houve proposta de autocomposição, o juiz ordenará a intimação da parte contrária para manifestar-se, no prazo de 5 (cinco) dias, sem prejuízo do andamento regular do processo, entendendo-se o silêncio como recusa.

---

68. CPC, Art. 154. Incumbe ao oficial de justiça:

    I – fazer pessoalmente citações, prisões, penhoras, arrestos e demais diligências próprias do seu ofício, sempre que possível na presença de 2 (duas) testemunhas, certificando no mandado o ocorrido, com menção ao lugar, ao dia e à hora;

    II – executar as ordens do juiz a que estiver subordinado;

    III – entregar o mandado em cartório após seu cumprimento;

    IV – auxiliar o juiz na manutenção da ordem;

    V – efetuar avaliações, quando for o caso;

    VI – certificar, em mandado, proposta de autocomposição apresentada por qualquer das partes, na ocasião de realização de ato de comunicação que lhe couber.

    Parágrafo único. Certificada a proposta de autocomposição prevista no inciso VI, o juiz ordenará a intimação da parte contrária para manifestar-se, no prazo de 5 (cinco) dias, sem prejuízo do andamento regular do processo, entendendo-se o silêncio como recusa.

5.4 O perito

O perito é o auxiliar técnico do juiz, responsável por avaliar a prova que exija conhecimento técnico ou científico para a sua realização. Afinal de contas, o juiz é perito em direito, não em engenharia, medicina, mecânica ou outra especialidade técnica. Por isso mesmo, quando a questão objeto da controvérsia depender de conhecimentos técnicos específicos, o juiz nomeará um *expert* na matéria para lhe auxiliar a compreender os fatos.

A função a ser desempenhada pelo perito é de suma importância porque, embora o juiz não esteja vinculado ao resultado apresentado pela perícia, raramente ele diverge do laudo do seu auxiliar.

Dessa forma, justifica-se a novidade representada pela determinação de que os tribunais mantenham um cadastro atualizado dos profissionais que estão disponíveis, bem como a determinação de que a formação desse cadastro se realize de forma pública, com ampla divulgação e participação do Ministério Público, da Defensoria Pública e da Ordem dos Advogados do Brasil o que, em última análise, garante que o procedimento seja transparente (ver CPC, art. 156).

Ademais, os tribunais deverão fazer avaliações e reavaliações periódicas para manutenção do cadastro Eletrônico de Peritos e Órgãos Técnicos ou Científicos (CPTEC), considerando a formação profissional, a atualização do conhecimento, a experiência dos peritos interessados e a regularidade de seus registros perante seus respectivos órgãos de classe.[69]

Dessa forma, o juiz deverá sempre se basear neste cadastro para nomear o perito. Contudo, se na comarca (ou circunscrição judiciária) não houver técnico inscrito no cadastro disponibilizado pelo tribunal, a nomeação do perito é de livre escolha pelo juiz e deverá recair sobre profissional ou órgão técnico ou científico comprovadamente detentor do conhecimento necessário à realização da perícia.

Considerando que o perito pode ser impedido ou suspeito, quando o encargo da perícia for de responsabilidade de um órgão técnico ou científico determinado, para realização da perícia deverá informar ao juiz os nomes e os dados de qualificação dos profissionais que participarão da atividade.

> **Exemplo:** em São Paulo perícias médicas quando necessárias para aqueles que são beneficiários da gratuidade de justiça, normalmente recai sobre o IMESC[70] que, por sua vez, encaminhará para algum profissional dos seus quadros técnico. Nesse caso, a lei impõe o dever ao IMESC de informar ao juiz da causa os dados do perito que vai realizar o trabalho.

---

69. O Conselho Nacional de Justiça (CNJ) regulamentou a matéria através da Res. 233/2016 (sugerimos a sua leitura).
70. O IMESC é uma autarquia estadual vinculada à Secretaria da Justiça e da Defesa da Cidadania do Estado de São Paulo.

5.5 Conciliadores e mediadores judiciais

Os conciliadores ou mediadores merecem um capítulo especial pelo papel relevante que lhes foi reservado pelo Novo CPC no seu disciplinamento. A importância do tema surge já no início do Novo CPC que, ao tratar das normas fundamentais do processo civil, embora reafirme o princípio da inafastabilidade do judiciário, impõe ao Estado, e de todos os que participem do processo, o dever de promover, sempre que possível, "**a solução consensual dos conflitos**" (ver CPC, art. 3°).

Cabe destacar por primeiro que os conciliadores ou mediadores poderão ser profissionais de qualquer área do conhecimento. Poderão também ser judiciais (atuam nos processos) ou mesmo extrajudiciais (particulares), conforme dispõe o próprio CPC (ver art. 175) e a Lei n° 13.140/15.[71]

Os tribunais deverão criar centros judiciários de solução consensual de conflitos, que serão responsáveis pela realização de sessões e audiências de conciliação e mediação e pelo desenvolvimento de programas destinados a auxiliar, orientar e estimular a autocomposição, cuja composição e organização deverão ser definidas pelo respectivo tribunal, observadas as normas expedidas pelo Conselho Nacional de Justiça (CNJ),[72] conforme estabelece o Novo CPC (CPC, art. 165).[73]

O Novo CPC define o **conciliador** como sendo aquele auxiliar do juízo que irá atuar em processos nos quais as partes não tenham um vínculo jurídico anterior ao conflito e o seu papel será o de sugerir soluções conciliatórias, sem nenhuma espécie de imposição, intimidação ou constrangimento para as partes.

Já o **mediador** será aquele que irá atuar nos casos em que já havia alguma espécie de relação entre as partes, anterior ao conflito, e procurará auxiliar os interessados a compreender as questões que motivaram o conflito de interesses, de modo que sendo neutro em relação as partes, possa buscar o restabelecimento da comunicação, e fazê-los identificar, por si próprios, a melhor soluções para o conflito.

---

71. Esta Lei dispõe sobre a mediação como meio de solução de controvérsias entre particulares e sobre a autocomposição de conflitos no âmbito da administração pública.
72. Ver a Res. 125 do CNJ, atualizada pela Emenda 2 de 2016.
73. CPC, Art. 165. Os tribunais criarão centros judiciários de solução consensual de conflitos, responsáveis pela realização de sessões e audiências de conciliação e mediação e pelo desenvolvimento de programas destinados a auxiliar, orientar e estimular a autocomposição.

    § 1° A composição e a organização dos centros serão definidas pelo respectivo tribunal, observadas as normas do Conselho Nacional de Justiça.

    § 2° O conciliador, que atuará preferencialmente nos casos em que não houver vínculo anterior entre as partes, poderá sugerir soluções para o litígio, sendo vedada a utilização de qualquer tipo de constrangimento ou intimidação para que as partes conciliem.

    § 3° O mediador, que atuará preferencialmente nos casos em que houver vínculo anterior entre as partes, auxiliará aos interessados a compreender as questões e os interesses em conflito, de modo que eles possam, pelo restabelecimento da comunicação, identificar, por si próprios, soluções consensuais que gerem benefícios mútuos.

LIÇÃO 7 • DOS ATORES DO PROCESSO

A conciliação e a mediação são informadas pelos **princípios** da independência, da imparcialidade, da autonomia da vontade, da confidencialidade, da oralidade, da informalidade e da decisão informada. Além desses princípios que devem reger a busca da solução negociada, o legislador também fez prever que sejam aplicadas à mediação e à conciliação as técnicas negociais, com o objetivo de proporcionar ambiente favorável à autocomposição. Reforçando a ideia de que a autonomia da vontade das partes é o que deve prevalecer nessa fase processual, estabelece ainda o Novo CPC que a mediação e a conciliação serão regidas conforme a livre autonomia dos interessados, inclusive no que diz respeito à definição das regras procedimentais (CPC, art. 166).[74]

De maneira detalhada, o Novo CPC trata do **cadastro de conciliadores, mediadores e das câmaras privadas de conciliação e mediação** que serão inscritos em cadastro nacional e em cadastro de tribunal de justiça ou de tribunal regional federal, que manterá registro de profissionais habilitados, com indicação de sua área profissional. Trata ainda da capacitação mínima daqueles que pretendem se inscreverem para o exercício desta função que, necessariamente, terão que realizar curso, nos tribunais ou em entidades credenciadas, para só depois da obtenção do certificado poder requerer sua inscrição no cadastro nacional e no cadastro de tribunal de justiça ou de tribunal regional federal. Disciplina ainda a lei a forma pela qual o mediador ou conciliador irá atuar; a forma de distribuição dos processos; além da coleta e divulgação de dados estatísticos (ver CPC, art. 167).

Em prestígio à autonomia da vontade, permite a lei que **as partes possam, de comum acordo, escolherem o conciliador, o mediador ou a câmara privada de conciliação e de mediação**, conforme o caso. A escolha do conciliador ou mediador, a ser promovida pelas partes de comum acordo, poderá recair em pessoa que não esteja cadastrada no tribunal, porém, se não existir acordo, as partes se submetem à distribuição e o processo irá cair em mãos de um dos conciliadores ou mediadores previamente cadastrado no juízo ou tribunal, atentando-se para a especialização do profissional em face da demanda proposta (CPC, art. 168).[75]

---

74. CPC, Art. 166. A conciliação e a mediação são informadas pelos princípios da independência, da imparcialidade, da autonomia da vontade, da confidencialidade, da oralidade, da informalidade e da decisão informada.

    § 1º A confidencialidade estende-se a todas as informações produzidas no curso do procedimento, cujo teor não poderá ser utilizado para fim diverso daquele previsto por expressa deliberação das partes.

    § 2º Em razão do dever de sigilo, inerente às suas funções, o conciliador e o mediador, assim como os membros de suas equipes, não poderão divulgar ou depor acerca de fatos ou elementos oriundos da conciliação ou da mediação.

    § 3º Admite-se a aplicação de técnicas negociais, com o objetivo de proporcionar ambiente favorável à autocomposição.

    § 4º A mediação e a conciliação serão regidas conforme a livre autonomia dos interessados, inclusive no que diz respeito à definição das regras procedimentais.

75. CPC, Art. 168. As partes podem escolher, de comum acordo, o conciliador, o mediador ou a câmara privada de conciliação e de mediação.

Importante: para preenchimento dos cargos cada tribunal tem a opção de criar quadro próprio de conciliadores e mediadores, a ser preenchido mediante concurso público de provas e títulos ou preencher mediante inscrição livre dos possíveis interessados (ver CPC, art. 167, § 6°).

Remuneração: os conciliadores ou mediadores receberão pelo seu trabalho remuneração prevista em tabela fixada pelo tribunal, conforme parâmetros estabelecidos pelo Conselho Nacional de Justiça. Excepcionalmente estes profissionais poderão ser voluntários, observado quanto a isso a legislação pertinente (CPC, art. 169).[76]

Atenção: nas audiências de conciliação ou mediação, as partes deverão, obrigatoriamente, estar assistidas por advogados ou defensor público (ver CPC, art. 334, § 9°).

6. DO MINISTÉRIO PÚBLICO

A Constituição Federal dispõe expressamente ser da competência do Ministério Público, enquanto instituição permanente e essencial à função jurisdicional do Estado, a defesa da ordem jurídica, do regime democrático e dos interesses sociais e individuais indisponíveis (ver CF, art. 127).

O Ministério Público **pode intervir em processos como fiscal da lei ou como parte**, representante dos interesses mais elevados da sociedade. Nos casos em que a lei determina a intervenção do Ministério Público, a ausência de intimação implica em nulidade de todos os atos praticados no processo desde o momento em que o órgão ministerial deveria ter sido chamado (ver CPC, art. 279).

O Ministério Público goza do privilégio do **prazo em dobro** para manifestar-se nos autos, seja como parte ou mesmo como fiscal da lei. Se no prazo assinalado o Ministério Público não se manifestar, o juiz requisitará os autos e dará andamento ao processo (CPC, art. 180).[77]

---

§ 1° O conciliador ou mediador escolhido pelas partes poderá ou não estar cadastrado no tribunal.

§ 2° Inexistindo acordo quanto à escolha do mediador ou conciliador, haverá distribuição entre aqueles cadastrados no registro do tribunal, observada a respectiva formação.

§ 3° Sempre que recomendável, haverá a designação de mais de um mediador ou conciliador.

76. CPC, Art. 169. Ressalvada a hipótese do art. 167, § 6°, o conciliador e o mediador receberão pelo seu trabalho remuneração prevista em tabela fixada pelo tribunal, conforme parâmetros estabelecidos pelo Conselho Nacional de Justiça.

§ 1° A mediação e a conciliação podem ser realizadas como trabalho voluntário, observada a legislação pertinente e a regulamentação do tribunal.

§ 2° Os tribunais determinarão o percentual de audiências não remuneradas que deverão ser suportadas pelas câmaras privadas de conciliação e mediação, com o fim de atender aos processos em que deferida gratuidade da justiça, como contrapartida de seu credenciamento.

77. CPC, Art. 180. O Ministério Público gozará de prazo em dobro para manifestar-se nos autos, que terá início a partir de sua intimação pessoal, nos termos do art. 183, § 1°.

Exceção: quando a lei estabelecer, de forma expressa, prazo próprio para uma determinada manifestação do MP, este prazo será o determinado na lei e não em dobro. Ver como exemplo, o contido no *caput* do art. 178,[78] do CPC, que estabelece o prazo de 30 (trinta) dias para intervir como fiscal da ordem jurídica nas hipóteses previstas em lei ou na Constituição Federal e nos processos que envolvam: interesse público ou social; interesse de incapaz; e, litígios coletivos pela posse de terra rural ou urbana.

Outro aspecto que releva comentar é que a intimação do membro do Ministério Público será sempre pessoal (carga, remessa ou meio eletrônico) não se admitindo seja feita por intermédio de publicação na imprensa (ver CPC, art. 183, § 1°).

Quando intervém num processo como *custos legis* goza de alguns privilégios como, ter vista dos autos sempre depois da manifestação das partes e produzir todas as provas que entenda necessário para o descobrimento da verdade real (CPC, art. 179).[79] Quando atuar como parte, o Ministério Público terá os mesmos direitos e se submeterá aos mesmos deveres impostos às partes, a não ser com relação aos prazos.

Importante: a participação da Fazenda Pública em determinado processo não configura, por si só, hipótese de intervenção do Ministério Público (ver CPC, art. 178, parágrafo único).

7. DA ADVOCACIA PÚBLICA

Apesar de a Advocacia Pública ser regulada por diversas leis esparsas, nos diversos níveis, inclusive Lei Complementar como é o caso da Advocacia Geral da União (LC n° 73/93), é importante que o Novo CPC faça menção à Advocacia Pública, colocando-a dentre os órgãos que são indispensáveis à realização da Justiça (ver CPC, art. 182).

O Novo CPC ainda traz em seu bojo os resquícios de favorecimento do Estado prevendo que o prazo para a Fazenda Pública se manifestar será em dobro para todas as suas manifestações processuais. Diz ainda a novel legislação que esse prazo

---

78. CPC, Art. 178. O Ministério Público será intimado para, no prazo de 30 (trinta) dias, intervir como fiscal da ordem jurídica nas hipóteses previstas em lei ou na Constituição Federal e nos processos que envolvam:
    I – interesse público ou social;
    II – interesse de incapaz;
    III – litígios coletivos pela posse de terra rural ou urbana.
    Parágrafo único. A participação da Fazenda Pública não configura, por si só, hipótese de intervenção do Ministério Público.
79. CPC, Art. 179. Nos casos de intervenção como fiscal da ordem jurídica, o Ministério Público:
    I – terá vista dos autos depois das partes, sendo intimado de todos os atos do processo;
    II – poderá produzir provas, requerer as medidas processuais pertinentes e recorrer.

somente terá início a partir da intimação pessoal. Esta intimação poderá ser por carga, remessa ou meio eletrônico (CPC, art. 183).[80]

Atenção: o prazo em dobro aplica-se para os prazos em geral, porém, se houver prazo específico em lei especial, este deverá prevalecer.

8. DA DEFENSORIA PÚBLICA

Como instituição indispensável às funções da Justiça, a Defensoria Pública ganhou um título próprio no CPC/2015. Não temos dúvida em afirmar que a instituição sai fortalecida com a entrada em vigor do Novo CPC. Basta ver as diversas passagens em que o Novo CPC menciona a Defensoria Pública como, por exemplo, no art. 72, parágrafo único (curadoria especial), art. 95, § 5º (veda a utilização de recursos dos fundos de custeio da Defensoria Pública para a remuneração de peritos), art. 977, II (legitimação para provocar o incidente de resolução de demandas repetitivas), dentre vários outros.

O artigo inaugural estabelece quais são as funções da Defensoria Pública, reservando-lhe a tarefa de exercer a orientação jurídica, a promoção dos direitos humanos e a defesa, em todos os graus, dos direitos individuais e coletivos, de forma integral e gratuita, a todos necessitados (CPC, art. 185).[81]

É importante frisar que Defensoria Pública também pode fazer a defesa dos direitos e interesses individuais e coletivos, legitimando-a assim para promover ação civil pública para defesa dos direitos da cidadania.

A Defensoria Pública também goza do benefício do **prazo em dobro** para falar nos autos, exceto de houver outro prazo especificamente destinado à instituição em outras leis. Outro benefício para os Defensores Públicos é que esse prazo em dobro somente começa a contar a partir da sua intimação pessoal que poderá ser representado pela entrega dos autos em carga, remessa ou meio eletrônico (CPC, art. 186).[82]

---

80. CPC, Art. 183. A União, os Estados, o Distrito Federal, os Municípios e suas respectivas autarquias e fundações de direito público gozarão de prazo em dobro para todas as suas manifestações processuais, cuja contagem terá início a partir da intimação pessoal.

§ 1º A intimação pessoal far-se-á por carga, remessa ou meio eletrônico.

§ 2º Não se aplica o benefício da contagem em dobro quando a lei estabelecer, de forma expressa, prazo próprio para o ente público.

Art. 184. O membro da Advocacia Pública será civil e regressivamente responsável quando agir com dolo ou fraude no exercício de suas funções.

81. CPC, Art. 185. A Defensoria Pública exercerá a orientação jurídica, a promoção dos direitos humanos e a defesa dos direitos individuais e coletivos dos necessitados, em todos os graus, de forma integral e gratuita.

82. CPC, Art. 186. A Defensoria Pública gozará de prazo em dobro para todas as suas manifestações processuais.

§ 1º O prazo tem início com a intimação pessoal do defensor público, nos termos do art. 183, § 1º.

§ 2º A requerimento da Defensoria Pública, o juiz determinará a intimação pessoal da parte patrocinada quando o ato processual depender de providência ou informação que somente por ela possa ser realizada ou prestada.

Atenção: prazo em dobro também se aplica aos escritórios de prática jurídica das faculdades de Direito reconhecidas na forma da lei e às entidades que prestam assistência jurídica gratuita em razão de convênios firmados com a Defensoria Pública. Quer dizer, todas aquelas entidades que promovam a defesa gratuita dos necessitados, se equiparam à Defensoria Pública no seu mister.

---

§ 3º O disposto no *caput* aplica-se aos escritórios de prática jurídica das faculdades de Direito reconhecidas na forma da lei e às entidades que prestam assistência jurídica gratuita em razão de convênios firmados com a Defensoria Pública.

§ 4º Não se aplica o benefício da contagem em dobro quando a lei estabelecer, de forma expressa, prazo próprio para a Defensoria Pública.

PARTE III
DOS ATOS PROCESSUAIS: FORMA, TEMPO, LUGAR, PRAZO E COMUNICAÇÃO

Lição 8
DOS ATOS PROCESSUAIS: FORMA, TEMPO, LUGAR, COMUNICAÇÃO E NULIDADES

Sumário 1. Dos atos processuais em geral; 1.1 Da forma dos atos processuais; 1.2 Publicidade dos atos processuais; 1.2.1 Processos em segredo de justiça (exceção); 1.2.2 Terceiro interessado; 1.3 Negócio jurídico processual; 1.4 Ajuste para a prática dos atos processuais; 1.5 Obrigatoriedade do uso da língua portuguesa; 1.6 Da prática eletrônica dos atos processuais – 2. Classificação dos atos processuais; 2.1 Atos das partes; 2.2 Atos do juiz; 2.3 Atos dos auxiliares do juízo; 2.4 Atos de terceiros intervenientes no processo – 3. Do lugar dos atos processuais – 4. Do tempo dos atos processuais; 4.1 Regra geral quanto à prática dos atos processuais; 4.2 Dos prazos processuais para os atores do processo; 4.3 Da contagem dos prazos; 4.4 Da suspensão e prorrogação dos prazos; 4.5 Preclusão; 4.6 Princípios informativos de tempo – 5. Da verificação dos prazos e das penalidades; 5.1 Descumprimento dos prazos pelos advogados; 5.2 Descumprimento de prazos pelos serventuários; 5.3 Descumprimento dos prazos pelo magistrado; 5.4 Restituição dos autos a cartório – 6. Forma e comunicação dos atos processuais; 6.1 Das cartas; 6.2 Da citação; 6.2.1 Modalidades de citação; 6.2.2 Não se fará a citação; 6.2.3 Requisitos para validade da citação; 6.2.4 Efeitos da citação; 6.3 Das intimações; 6.3.1 Formas de intimação; 6.3.2 Intimação pelo advogado da parte; 6.3.3 Intimação por carga nos autos; 6.3.4 Intimação da Fazenda Pública; 6.3.5 Intimação das partes e de terceiros; 6.3.6 Requisitos de validade das intimações – 7. Invalidade dos atos processuais (nulidades); 7.1 Ato processual meramente irregular; 7.2 Ato processual nulo; 7.3. Ato processual inexistente; 7.4 Nulidades processuais previstas em lei; 7.5 Tipos de nulidades; 7.6 Nulidades sanáveis e insanáveis; 7.7 Dos princípios aplicáveis às nulidades; 7.8 Regularização dos vícios; 7.9 Nulidades e a coisa julgada; 7.10 Sentença inexistente.

1. DOS ATOS PROCESSUAIS EM GERAL

Atos processuais são todos os atos praticados pelas pessoas que intervêm dentro do processo, sejam as partes, seus procuradores, os juízes ou mesmo os serventuários da justiça.

1.1 Da forma dos atos processuais

O Código de Processo Civil privilegia mais o conteúdo do que a forma do ato processual, albergando assim o princípio da **liberdade das formas**, com a ressalva de que ela não vale quando a lei exigir uma forma determinada (CPC, art. 188).[1]

É o típico caso da citação que, para ser válida, deve ser realizada da forma como a lei estabelece. Contudo, se ela se realizou de forma incorreta, mas mesmo assim o réu tomou conhecimento e compareceu ao processo, o vício estará sanado porque a finalidade visada pelo instituto foi atingida. Quer dizer, ainda que o ato tenha sido realizado com alguma imperfeição, reputa-se perfeito porque atingiu a sua finalidade. É o princípio da **instrumentalidade das formas**.

1.2 Publicidade dos atos processuais

A regra é que os atos processuais são públicos. Esse é o **princípio da publicidade** dos atos processuais que está no Código de Processo Civil (CPC, art. 189)[2] em perfeita consonância com o estatuído na nossa Constituição Federal (ver CF, art. 93, IX).

Quer dizer, todos os julgamentos dos órgãos do Poder Judiciário devem ser públicos. A publicidade dos atos judiciais é, por assim dizer, um dos pilares constitucionais do estado democrático de direito. A exigência de que os atos sejam públicos, reforça a ideia de transparência e de legalidade das decisões judiciais, contribuindo assim, para inibir atos e decisões em afronta ao devido processo legal (ver CPC, art. 11).

1.2.1 Processos em segrego de justiça (exceção)

De ressalvar que apesar da publicidade ser a regra geral, há restrição à publicidade, porém somente nos casos expressamente previstos em lei. Assim, tramitam

---

1. CPC, Art. 188. Os atos e os termos processuais independem de forma determinada, salvo quando a lei expressamente a exigir, considerando-se válidos os que, realizados de outro modo, lhe preencham a finalidade essencial.
2. CPC, Art. 189. Os atos processuais são públicos, todavia tramitam em segredo de justiça os processos:

   I – em que o exija o interesse público ou social;

   II – que versem sobre casamento, separação de corpos, divórcio, separação, união estável, filiação, alimentos e guarda de crianças e adolescentes;

   III – em que constem dados protegidos pelo direito constitucional à intimidade;

   IV – que versem sobre arbitragem, inclusive sobre cumprimento de carta arbitral, desde que a confidencialidade estipulada na arbitragem seja comprovada perante o juízo.

   § 1º O direito de consultar os autos de processo que tramite em segredo de justiça e de pedir certidões de seus atos é restrito às partes e aos seus procuradores.

   § 2º O terceiro que demonstrar interesse jurídico pode requerer ao juiz certidão do dispositivo da sentença, bem como de inventário e de partilha resultantes de divórcio ou separação.

LIÇÃO 8 • DOS ATOS PROCESSUAIS: FORMA, TEMPO, LUGAR, COMUNICAÇÃO E NULIDADES **129**

em **segredo de justiça** os processos que versem sobres os temas que constam, como exceções, nos incisos do artigo 189, vejamos:

a) **Quando o exigir o interesse público ou social:**

Pode ser que o interesse público ou social seja relevante e deva ser preservado o sigilo de fonte. Às vezes o segredo é inerente ao próprio negócio das partes envolvidas como no caso de um processo no qual se discute marcas, patentes, fórmulas e outros segredos industriais. Outras vezes o interesse pode ser público como no caso de uma possível catástrofe ambiental que, para não alarmar o público, pode justificar tramitar em segredo de justiça.

b) **Que versem sobre questões de privacidade das famílias:**

As questões de família dizem respeito apenas à família. Não há interesse público que justifique a publicidade dos atos que versem sobre casamento, separação de corpos, divórcio, união estável, filiação, alimentos e guarda de crianças e adolescentes.

c) **Que envolvam os direitos à intimidade:**

Todos temos constitucionalmente assegurado o direito à intimidade e à vida privada (CF, art. 5°, V e X). Embora estejamos diante de dois princípios constitucionais há que ser feita a devida ponderação mitigando-se o princípio da publicidade em favor do princípio de proteção à intimidade e à vida privada.

d) **Quando as partes assim estipularem na arbitragem:**

Quando as partes estipularem no contrato de arbitragem (carta arbitral) a **cláusula de confidencialidade**, esta cláusula deve ser respeitada desde que comprovada em juízo. Isso se justifica porque o negócio jurídico envolvendo as partes pode versar sobre assuntos que necessitam ser mantido em sigilo (marcas e patentes, fórmulas, invenções etc.). A extensão do sigilo vai atingir inclusive, os atos de cumprimento de carta arbitral.

Contudo, apesar desses processos tramitarem em segredo de justiça, as partes e seus procuradores sempre terão direito de consultar os autos do processo, assim como de pedir certidões e cópias dos atos praticados.

1.2.2 *Terceiro interessado*

Também é garantido ao terceiro que demonstrar interesse jurídico, a possibilidade de requerer ao juiz certidão do dispositivo da sentença, bem como de inventário e de partilha resultantes de divórcio ou separação (ver CPC, art. 189, § 2°).

1.3 Negócio jurídico processual

Permite o nosso Código de Processo Civil que as partes possam estipular a forma como os atos processuais devam se realizar. Quer dizer, a lei permite que as partes possam ajustar a forma pelo qual o processo deva caminhar, inclusive no que diz respeito à distribuição do ônus probatório (CPC, art. 190).[3]

Cumpre alertar que só é possível esse tipo de acordo se o litígio versar sobre direitos disponíveis e desde que as partes sejam maiores e capazes. Nesse sentido, cabe ao juiz o papel de controlar a validade da convenção, seja de ofício ou a requerimento de qualquer das partes, velando para que o acordo processual se desenvolva de forma equilibrada e justa, recusando validade nos casos de nulidade e de abuso de direito. Ademais, deverá ficar atento, pois a inserção dessa cláusula em contratos de adesão poderá ser considerada cláusula abusiva, e como tal, nula de pleno direito nos termos da legislação consumerista em vigor (ver art. 51 da Lei n° 8.078/90), o que se justifica em razão do princípio da vulnerabilidade dos consumidores.

Vale ainda lembrar que estamos diante de um negócio jurídico, ainda que processual, logo, para sua validade temos que verificar se estão presentes todos os requisitos necessários à validade dos negócios jurídicos em geral, não podendo padecer de vícios ou defeitos (ver CC, arts. 138 a 165), além de estar em conformidade com os elevados princípios da boa-fé e da probidade (ver CC, art. 422).

1.4 Ajuste para a prática dos atos processuais

Visando criar possibilidade de maior cooperação entre os magistrados e as partes o novo CPC permite que, de comum acordo, os atores do processo possam estabelecer um calendário para a prática dos atos processuais que vinculará a todos, só podendo ser modificado, depois de ajustado, em situações excepcionais e devidamente justificada (CPC, art. 191).[4]

A ideia é de um processo participativo no qual às partes e o magistrado possam acordar sobre a realização de todos os atos do processo. Isso colabora para uma rápida solução do litígio, além de promover economia processual inclusive, com a dispensa de publicação e intimação referente aos atos que foram objeto do acordo.

---

3. CPC, Art. 190. Versando o processo sobre direitos que admitam autocomposição, é lícito às partes plenamente capazes estipular mudanças no procedimento para ajustá-lo às especificidades da causa e convencionar sobre os seus ônus, poderes, faculdades e deveres processuais, antes ou durante o processo.

   Parágrafo único. De ofício ou a requerimento, o juiz controlará a validade das convenções previstas neste artigo, recusando-lhes aplicação somente nos casos de nulidade ou de inserção abusiva em contrato de adesão ou em que alguma parte se encontre em manifesta situação de vulnerabilidade.

4. CPC, Art. 191. De comum acordo, o juiz e as partes podem fixar calendário para a prática dos atos processuais, quando for o caso.

   § 1° O calendário vincula as partes e o juiz, e os prazos nele previstos somente serão modificados em casos excepcionais, devidamente justificados.

   § 2° Dispensa-se a intimação das partes para a prática de ato processual ou a realização de audiência cujas datas tiverem sido designadas no calendário.

LIÇÃO 8 • DOS ATOS PROCESSUAIS: FORMA, TEMPO, LUGAR, COMUNICAÇÃO E NULIDADES **131**

1.5 Obrigatoriedade do uso da língua portuguesa

A lei processual exige que sejam as petições e documentos que serão juntados aos autos, grafados em língua portuguesa.

Admite-se a juntada de documentos estrangeiros desde que acompanhados de versão em língua portuguesa que, para ter validade, deverá ter passados pelas vias diplomáticas ou firmada por tradutor juramentado (CPC, art. 192).[5]

1.6 Da prática eletrônica dos atos processuais

Os atos processuais podem ser total ou parcialmente digitais, de forma a permitir que sejam produzidos, comunicados, armazenados e validados por meio eletrônico, na forma da lei (CPC, art. 193).[6]

Além do regramento previsto no Código de Processo Civil, que dedica uma seção ao tema (ver CPC, arts. 193 a 199), necessário se faz, para bem compreender a matéria, verificar a Lei 11.419/06, que trata da informatização do processo judicial.

2. CLASSIFICAÇÃO DOS ATOS PROCESSUAIS

Os atos processuais, como já dito, podem ser praticados pelas partes, pelos advogados das partes, pelos juízes e também pelos serventuários da justiça, bem como pelos terceiros intervenientes num determinado processo.

2.1 Atos das partes

A maioria dos atos praticados pelas partes se situa no âmbito das declarações unilaterais, tendo em vista que as partes encontram-se em lados opostos, duelando no processo. É assim com o início do processo através da propositura da ação via petição inicial. Será também assim quando o réu em resposta apresentar sua contestação e, assim por diante.

Pode excepcionalmente haver manifestações bilaterais, especialmente quando as partes concordam sobre algum ponto e peticionam em conjunto. É muito comum no dia a dia forense as partes conjuntamente pedirem a suspensão do processo por um determinado tempo visando buscar, nesse meio tempo, uma composição amigável sobre parte ou sobre todo o processo.

---

5. CPC, Art. 192. Em todos os atos e termos do processo é obrigatório o uso da língua portuguesa.

   Parágrafo único. O documento redigido em língua estrangeira somente poderá ser juntado aos autos quando acompanhado de versão para a língua portuguesa tramitada por via diplomática ou pela autoridade central, ou firmada por tradutor juramentado.

6. CPC, Art. 193. Os atos processuais podem ser total ou parcialmente digitais, de forma a permitir que sejam produzidos, comunicados, armazenados e validados por meio eletrônico, na forma da lei.

   Parágrafo único. O disposto nesta Seção aplica-se, no que for cabível, à prática de atos notariais e de registro.

De qualquer forma, as declarações unilaterais ou bilaterais de vontade produzem imediatamente a constituição, modificação ou extinção de direitos processuais (CPC, art. 200).[7]

2.2 Atos do juiz

Todos os atos dos magistrados sejam despachos, decisões, sentenças ou mesmo acórdãos, serão redigidos, datados e assinados pelo respectivo juiz. Quando os pronunciamentos forem proferidos oralmente, o servidor do juízo os documentará, submetendo-os aos juízes para revisão e assinatura (CPC, art. 205).[8]

A assinatura dos juízes, em todos os graus de jurisdição, pode ser feita digitalmente, na forma como a lei estabelecer.

Os pronunciamentos do juiz consistirão em sentenças, decisões interlocutórias e despachos (CPC, art. 203),[9] vejamos:

a) **Sentença:**

É o ato pelo qual o juiz encerra a fase de cognição do processo ou que extinguem a execução. O recurso cabível contra a sentença é a **apelação** (ver CPC, art. 1.009).

b) **Decisão interlocutória:**

É todo e qualquer pronunciamento do juiz, com caráter de decisão que não seja sentença. Vale anotar que no curso do processo o juiz profere inúmeras decisões, muitas delas importantíssimas como, por exemplo, a que nega ou concede as tutelas de urgência; a que resolve o incidente de desconsidera-

---

7. CPC, Art. 200. Os atos das partes consistentes em declarações unilaterais ou bilaterais de vontade produzem imediatamente a constituição, modificação ou extinção de direitos processuais.

   Parágrafo único. A desistência da ação só produzirá efeitos após homologação judicial.

8. CPC, Art. 205. Os despachos, as decisões, as sentenças e os acórdãos serão redigidos, datados e assinados pelos juízes.

   § 1º Quando os pronunciamentos previstos no *caput* forem proferidos oralmente, o servidor os documentará, submetendo-os aos juízes para revisão e assinatura.

   § 2º A assinatura dos juízes, em todos os graus de jurisdição, pode ser feita eletronicamente, na forma da lei.

   § 3º Os despachos, as decisões interlocutórias, o dispositivo das sentenças e a ementa dos acórdãos serão publicados no Diário de Justiça Eletrônico.

9. CPC, Art. 203. Os pronunciamentos do juiz consistirão em sentenças, decisões interlocutórias e despachos.

   § 1º Ressalvadas as disposições expressas dos procedimentos especiais, sentença é o pronunciamento por meio do qual o juiz, com fundamento nos arts. 485 e 487, põe fim à fase cognitiva do procedimento comum, bem como extingue a execução.

   § 2º Decisão interlocutória é todo pronunciamento judicial de natureza decisória que não se enquadre no § 1º.

   § 3º São despachos todos os demais pronunciamentos do juiz praticados no processo, de ofício ou a requerimento da parte.

   § 4º Os atos meramente ordinatórios, como a juntada e a vista obrigatória, independem de despacho, devendo ser praticados de ofício pelo servidor e revistos pelo juiz quando necessário.

LIÇÃO 8 • DOS ATOS PROCESSUAIS: FORMA, TEMPO, LUGAR, COMUNICAÇÃO E NULIDADES **133**

ção da personalidade jurídicas; a que aprecia o pedido de justiça gratuita, dentre tantas outras. Nesse caso, quando cabível, o recurso é o **agravo de instrumento** (ver CPC, art. 1.015).

c) **Despachos:**

São pronunciamentos do juiz, que não tenham carga decisória, que podem ser proferidos de ofício ou a requerimento da parte. São atos desprovidos de qualquer teor decisório, mais das vezes apenas para dar impulso ao processo, isto é, não decidindo nada, tais como mandar as partes apresentar rol de testemunhas, intimar a parte a falar sobre eventual interesse na realização de provas, dentre outros. **Destes atos**, quando praticados, **não cabe recurso.**

2.3 Atos do cartório do juízo

Devemos destacar por primeiro que, embora conste na seção que trata dos pronunciamentos do juiz, cabe aos serventuários a prática dos **atos meramente ordinatórios** do processo, tais como a juntada e a vista obrigatória, independente de despacho do juiz, devendo ser praticados de ofício pelo servidor e, eventualmente, revistos pelo juiz, se for necessário (ver CPC, art. 203, § 4°).

Os atos ordinatórios como, por exemplo, juntada e vistas, deverão ser rubricados pelo escrivão ou pelo chefe da secretaria (mesmo que digitalmente). Essa necessidade de rubricar é para garantir autenticidade, tendo em vista que tais serventuários gozem de fé pública (CPC, art. 208).[10]

2.4 Atos dos auxiliares do juízo

Além dos atos das partes, do juiz e do cartório do juízo, existem outros atos praticados pelos diversos auxiliares do juízo tais como os atos praticados pelos oficiais de justiça, pelo intérprete ou tradutor, pelo perito, pelo contador etc.

2.5 Atos de terceiros intervenientes no processo

No curso de qualquer processo é perfeitamente possível que pessoas que não integravam a relação processual inicial possam vir a fazer parte deste mesmo processo, o que pode ocorrer em razão da assistência, da denunciação da lide, do chamamento ao processo, da desconsideração da personalidade jurídica ou mesmo através do *amicus curiae*.

Esses terceiros depois de incluídos na lide, assim como as partes, poderão praticar atos unilaterais e bilaterais no curso do processo, nos limites do que a lei autorizar.

---

10. CPC, Art. 208. Os termos de juntada, vista, conclusão e outros semelhantes constarão de notas datadas e rubricadas pelo escrivão ou pelo chefe de secretaria.

3. DO LUGAR DOS ATOS PROCESSUAIS

Como regra os atos processuais serão realizados na sede do juízo, ou, excepcionalmente, em outro lugar em razão de deferência, de interesse da justiça, da natureza do ato ou de obstáculo arguido pelo interessado e acolhido pelo juiz (CPC, art. 217).[11]

Quer dizer, os atos processuais devem ser praticados na sede do judiciário onde o processo tramita, ou seja, no fórum. Excepcionalmente, os atos judiciais podem ser praticados em outro local quando a lei assim autorizar como, por exemplo, a oitiva de autoridades que devem ser inquiridas em suas residências ou onde exercem suas funções e não no fórum (ver CPC, art. 454), ou ainda, a práticas de atos do interesse da justiça que necessitem ser realizados em outra comarca através de cartas precatórias (ver CPC, art. 453, II).

Ainda em caráter de excepcionalidade, o ato judicial pode ser praticado fora da sede do juízo quando as circunstâncias assim o exigirem, como a tomada do depoimento da testemunha impossibilitada de comparecer na sede do juízo, cuja oitiva poderá ser realizada em qualquer outro lugar em que o juiz designe (ver CPC, art. 449, parágrafo único).

4. DO TEMPO DOS ATOS PROCESSUAIS

Sendo o processo uma série de atos que se sucedem no tempo e no espaço, com a finalidade de compor conflitos, é necessário que seja regulado o tempo para realização dos atos processuais, sob o risco de não o fazendo, tornar o processo infindável.

4.1 Regra geral quanto à prática dos atos processuais

Como regra, os atos processuais devem ser praticados nos dias úteis e no horário compreendido entre as 6 e as 20 horas, podendo, quando já iniciado, ser concluído além desse horário quando o adiamento prejudicar a diligência ou causar grave dano (CPC, art. 212).[12]

---

11. CPC, Art. 217. Os atos processuais realizar-se-ão ordinariamente na sede do juízo, ou, excepcionalmente, em outro lugar em razão de deferência, de interesse da justiça, da natureza do ato ou de obstáculo arguido pelo interessado e acolhido pelo juiz.

12. CPC, Art. 212. Os atos processuais serão realizados em dias úteis, das 6 (seis) às 20 (vinte) horas.

    § 1º Serão concluídos após as 20 (vinte) horas os atos iniciados antes, quando o adiamento prejudicar a diligência ou causar grave dano.

    § 2º Independentemente de autorização judicial, as citações, intimações e penhoras poderão realizar-se no período de férias forenses, onde as houver, e nos feriados ou dias úteis fora do horário estabelecido neste artigo, observado o disposto no art. 5º, inciso XI, da Constituição Federal.

    § 3º Quando o ato tiver de ser praticado por meio de petição em autos não eletrônicos, essa deverá ser protocolada no horário de funcionamento do fórum ou tribunal, conforme o disposto na lei de organização judiciária local.

LIÇÃO 8 • DOS ATOS PROCESSUAIS: FORMA, TEMPO, LUGAR, COMUNICAÇÃO E NULIDADES   135

Dias não úteis a rigor são os domingos e os feriados declarados por lei (nacional, estadual ou municipal). Contudo, como no sábado não há expediente forense, esse dia deve também ser considerado dia não útil. Significa dizer que os atos judiciais devem ser praticados de segunda a sexta no horário do expediente forense.

Por exceção, **alguns atos podem ser praticados fora desses horários**. As citações, intimações e penhoras podem ser realizadas no período de férias forense, nos feriados e nos dias úteis fora do horário regular, sem a necessidade de autorização judicial, respeitando-se a inviolabilidade do domicílio da pessoa que vai sofrer a diligência (ver CF, art. 5º, XI).

Com relação ao horário para o peticionamento em **processo físico** é aquele estabelecido na lei de organização judiciária do Estado em questão. Em São Paulo, por exemplo, esse horário é das 10 às 19 horas.

Se o ato processual a ser praticado recair em **processo digital**, pode ocorrer em qualquer lugar e até as 24 (vinte e quatro) horas do último dia do prazo. Nesse caso, o horário a ser considerado é aquele vigente no juízo perante o qual o ato deve ser praticado, para fins de atendimento do prazo (CPC, art. 213).[13]

4.2   Dos prazos processuais para os atores do processo

Os atos processuais serão realizados nos prazos prescritos em lei, sejam aqueles que se encontram dispersos no próprio Código de Processo, sejam aqueles prescritos em leis esparsas (CPC, art. 218).[14]

Não havendo prazo expresso em lei, caberá ao juiz estabelecer o prazo para a prática do ato, devendo levar em consideração à complexidade do ato a ser realizado.

A estipulação de prazos é de fundamental importância tendo em vista a necessidade de fazer com que o processo caminhe até final solução. Se não existisse prazo, o processo poderia se eternizar.

Existem os prazos ditos **peremptórios** e os prazos **dilatórios**. Dilatório é o prazo que, embora fixado na lei, permite a sua alteração por decisão do juiz ou por convenção das partes, podendo ser reduzido ou ampliado (ver CPC, arts. 139, VI,

---

13. CPC, Art. 213. A prática eletrônica de ato processual pode ocorrer em qualquer horário até as 24 (vinte e quatro) horas do último dia do prazo.

    Parágrafo único. O horário vigente no juízo perante o qual o ato deve ser praticado será considerado para fins de atendimento do prazo.

14. CPC, Art. 218. Os atos processuais serão realizados nos prazos prescritos em lei.

    § 1º Quando a lei for omissa, o juiz determinará os prazos em consideração à complexidade do ato.

    § 2º Quando a lei ou o juiz não determinar prazo, as intimações somente obrigarão a comparecimento após decorridas 48 (quarenta e oito) horas.

    § 3º Inexistindo preceito legal ou prazo determinado pelo juiz, será de 5 (cinco) dias o prazo para a prática de ato processual a cargo da parte.

    § 4º Será considerado tempestivo o ato praticado antes do termo inicial do prazo.

190 e 222, *caput* e § 2°, por exemplo). Já peremptórios são aqueles prazos que, em tese, não admitem serem alterados, incidindo inclusive a regra de que o juiz não os pode reduzir sem a expressa anuência das partes (ver CPC, art. 222, § 1°). É importante deixar claro que algumas matérias não admitem prorrogação, mesmo que as partes estejam de acordo, como o prazo para apresentação da contestação ou mesmo o prazo recursal.

Independente de qualquer ingerência a parte pode renunciar ao prazo que contava exclusivamente a seu favor, porém deverá fazê-lo de forma expressa (CPC, art. 225).[15] Se o prazo for comum, a renúncia só tem eficácia se ambas as partes expressamente renunciarem ao prazo a que ambas estão submetidas.

Advirta-se que todas as pessoas intervenientes no processo estão sujeitas ao cumprimento dos prazos fixados em lei, tanto o juiz, quanto os serventuários, as partes e os terceiros intervenientes, vejamos:

a) **Prazos do juiz:**

O juiz proferirá despachos de expediente no prazo de 5 (cinco); decisões interlocutórias no prazo de 10 (dez) dias; e, as sentenças, no prazo de 30 (trinta) dias (CPC art. 226).[16] Esses prazos são chamados de "**impróprios**" por não se sujeitarem ao fenômeno da preclusão, exatamente por não implicarem em perda da faculdade de agir, nem no fim da obrigação do juiz. Quer dizer, o fato de o juiz não proferir decisão no prazo que a lei assinala não significa dizer que ele agora não mais precisa praticar o ato, ou seja, ele não estará desobrigado de proferir a decisão porque excedeu o prazo. **Atenção:** havendo motivo justificado, o juiz pode exceder, por igual tempo, os prazos a que está submetido.

b) **Prazos do serventuário:**

Sempre que for praticado qualquer ato no processo, deve o serventuário remeter os autos à conclusão do juiz no prazo de 1 (um) dia, assim como executar qualquer ato determinado no prazo de 5 (cinco) dias (CPC art. 228).[17] Outros serventuários também têm prazos a cumprir, sejam eles fixados pelo juiz ou pela própria legislação.

---

15. CPC, Art. 225. A parte poderá renunciar ao prazo estabelecido exclusivamente em seu favor, desde que o faça de maneira expressa.
16. CPC, Art. 226. O juiz proferirá:
    I – os despachos no prazo de 5 (cinco) dias;
    II – as decisões interlocutórias no prazo de 10 (dez) dias;
    III – as sentenças no prazo de 30 (trinta) dias.
17. CPC, Art. 228. Incumbirá ao serventuário remeter os autos conclusos no prazo de 1 (um) dia e executar os atos processuais no prazo de 5 (cinco) dias, contado da data em que:
    I – houver concluído o ato processual anterior, se lhe foi imposto pela lei;
    II – tiver ciência da ordem, quando determinada pelo juiz.

LIÇÃO 8 • DOS ATOS PROCESSUAIS: FORMA, TEMPO, LUGAR, COMUNICAÇÃO E NULIDADES | **137**

Atenção: os prazos dos serventuários também são chamados de "**impróprios**" por também, assim como os atos dos juízes, não se sujeitarem ao fenômeno da preclusão.

c) **Prazos das partes**:

Quando não houver prazo fixado em lei, nem determinado pelo juiz, será de 5 (cinco) dias o prazo para a prática do ato processual pela parte (ver CPC art. 218, § 3°). Será de 15 (quinze) dias o prazo para contestação (ver CPC, art. 335), bem como para recorrer ou responder os recursos, exceto os embargos de declaração cujo prazo será de 5 (cinco) dias (ver CPC, art. 1.003, § 5°), dentre outros exemplos.

Atenção: os litisconsortes que tiverem diferentes procuradores, de escritórios de advocacia distintos, terão prazos em dobro para todas as suas manifestações, em qualquer juízo ou tribunal, independentemente de requerimento (CPC, art. 229).[18] Essa regra **só se aplica aos processos físicos**, tendo em vista que os processos eletrônicos são acessados por todos os interessados ao mesmo tempo e de qualquer lugar do país ou do mundo, não se justificando a deferência do prazo em dobro. Também não se aplica esta regra se, havendo apenas 2 (dois) réus, um deles for revel.

Importante: será considerado tempestivo o ato praticado antes do termo inicial do prazo. Quer dizer, se a parte já tem conhecimento da decisão através de informação constante do site do tribunal, não precisa esperar a publicação do ato (enquanto não publicado o prazo não conta), podendo desde logo peticionar (ver CPC, art. 218, § 4°).

4.3 Da contagem dos prazos

Cabe destacar por primeiro que na contagem de prazo em dias, estabelecido por lei ou pelo juiz, serão contados **somente os dias úteis** (CPC, art. 219).[19] Isso vale somente para os prazos processuais, não se aplicando aos prazos de direito material como, por exemplo, a decadência e a prescrição.

---

§ 1° Ao receber os autos, o serventuário certificará o dia e a hora em que teve ciência da ordem referida no inciso II.

§ 2° Nos processos em autos eletrônicos, a juntada de petições ou de manifestações em geral ocorrerá de forma automática, independentemente de ato de serventuário da justiça.

18. CPC, Art. 229. Os litisconsortes que tiverem diferentes procuradores, de escritórios de advocacia distintos, terão prazos contados em dobro para todas as suas manifestações, em qualquer juízo ou tribunal, independentemente de requerimento.

§ 1° Cessa a contagem do prazo em dobro se, havendo apenas 2 (dois) réus, é oferecida defesa por apenas um deles.

§ 2° Não se aplica o disposto no *caput* aos processos em autos eletrônicos.

19. CPC, Art. 219. Na contagem de prazo em dias, estabelecido por lei ou pelo juiz, computar-se-ão somente os dias úteis.

Parágrafo único. O disposto neste artigo aplica-se somente aos prazos processuais.

Os prazos podem ser contados em **minutos** (ver CPC, art. 362), em **horas** (ver CPC, art. 218, § 2°), em **dias** (ver CPC, art. 335), em **meses** (Ver CPC, art. 131, parágrafo único) e até mesmo em **anos** (ver CPC, art. 745).

O dia em que começa a contagem do prazo, também chamado de termo inicial (*dies ad quo*) é o momento a partir do qual abre-se oficialmente a oportunidade para a parte praticar o ato. Já o final do prazo, também chamado de termo final (*dies ad quem*) é o último dia para que a parte pratique o ato que lhe foi determinado.

Os prazos serão contados excluindo-se o dia do começo e incluindo o dia do vencimento. Considera-se como data de publicação o primeiro dia útil seguinte ao da disponibilização da informação no Diário da Justiça eletrônico. Estes prazos serão prorrogados para o primeiro dia útil seguinte, se coincidirem com dia em que o expediente forense for encerrado antes ou iniciado depois da hora normal, regra essa que se aplica aos autos físicos ou ocorrer indisponibilidade de sistema nos casos de autos eletrônicos (CPC, art. 224).[20]

A contagem do prazo terá início no primeiro dia útil depois da publicação. Vejamos: um ato com determinado prazo foi publicado na sexta feira; o prazo conta-se a partir da segunda-feira que é o primeiro dia útil subsequente (não do sábado). No caso da segunda-feira ser feriado, o prazo começa a contar a partir da terça feira (primeiro dia útil depois da publicação) e, assim, sucessivamente. Essas regras só se aplicam para os prazos em dias. Se os prazos forem em meses ou anos, aplicam-se as regras do art. 132, § 3°, do Código Civil. Além da regra geral quanto a contagem dos prazos pelo qual se exclui da contagem o dia de começo, incluindo-se o do vencimento (conforme art. 224 do CPC), o Código de Processo Civil cuidou de deixar claro qual é o **dia de começo dos prazos** nos casos que especifica no art. 231, que são:

a) **Na citação ou intimação pelo correio:**

   Nesse caso, conta-se da data de juntada aos autos o aviso de recebimento nos autos, comprovando que o citando recebeu a mensagem.

b) **Na citação ou intimação por oficial de justiça:**

   Conta-se da data de juntada aos autos do mandado cumprido, inclusive para os casos em que a citação ocorrer por hora certa.

---

20. CPC, Art. 224. Salvo disposição em contrário, os prazos serão contados excluindo o dia do começo e incluindo o dia do vencimento.

    § 1° Os dias do começo e do vencimento do prazo serão protraídos para o primeiro dia útil seguinte, se coincidirem com dia em que o expediente forense for encerrado antes ou iniciado depois da hora normal ou houver indisponibilidade da comunicação eletrônica.

    § 2° Considera-se como data de publicação o primeiro dia útil seguinte ao da disponibilização da informação no Diário da Justiça eletrônico.

    § 3° A contagem do prazo terá início no primeiro dia útil que seguir ao da publicação.

LIÇÃO 8 • DOS ATOS PROCESSUAIS: FORMA, TEMPO, LUGAR, COMUNICAÇÃO E NULIDADES

c) **Na citação ou intimação se der pelo escrivão:**

Conta-se da data em que o escrivão certificou a ocorrência da citação ou da intimação.

d) **Na citação ou intimação por edital:**

Nesse caso, conta-se do primeiro dia útil seguinte ao fim do prazo assinalado pelo juiz para manifestação da parte interessada.

e) **Na citação ou intimação por via eletrônica:**

Conta-se do dia útil seguinte à consulta ao teor da citação ou da intimação ou ao término do prazo para que a consulta se dê.

f) **Na citação ou intimação por carta:**

Conta-se da data da juntada da comunicação da carta precatória, rogatória ou de ordem, feita por meio eletrônico, pelo juiz deprecante ao juiz deprecado (CPC, art. 232) ou, não havendo esse comunicado, da data da juntada da carta aos autos de origem devidamente cumprida.

g) **Na intimação pelo Diário da Justiça:**

Quando a intimação for pelo diário da justiça (impresso ou eletrônico), o dia de começo do prazo será o dia da publicação.

h) **Na intimação por carga:**

Nesse caso conta-se da data da retirada dos autos em cartório, ou seja, conta-se do dia que foi feita a carga.

No caso de litisconsórcio passivo, o início do prazo para contestar começa a contar a partir da última citação regularmente realizada. Porém, havendo mais de um intimado, o prazo para cada um é contado individualmente (ver CPC, art. 231, §§ 1° e 2°).

Caso o ato tenha que ser praticado diretamente pela parte ou por quem, de qualquer forma, participe do processo, sem a devida representação processual, o início do prazo será contado a partir da data em que tenha sido realizada a comunicação.

4.4 Da suspensão e prorrogação dos prazos

Suspende-se a contagem dos prazos processuais no período de 20 de dezembro e 20 de janeiro, inclusive, período no qual não se realizarão audiências nem sessões de julgamento (CPC, art. 220). [21] Embora a lei não fale, mas isso corresponde às férias para a advocacia.

---

21. CPC, Art. 220. Suspende-se o curso do prazo processual nos dias compreendidos entre 20 de dezembro e 20 de janeiro, inclusive.

Apesar da regra contida no supra citado art. 220, tramitam durante as férias forenses, os procedimentos de jurisdição voluntária; os necessários à conservação de direitos, quando puderem ser prejudicados pelo adiamento; a ação de alimentos; os processos de nomeação ou remoção de tutor e curador (CPC, art. 215);[22] os processos que as leis esparsas determinarem como, por exemplo, as ações relativas à locação imobiliária (ver Lei n° 8.245/91, art. 58, I). Também se processarão durante as férias forenses os pedidos de tutelas de urgência (ver CPC, art. 214, II).

A suspensão dos prazos judiciais pode também ocorrer por incidente provocado pelas partes ou nas hipóteses constantes do art. 313 (morte, perda da capacidade processual, acordo entre as partes etc.) e, nesses casos, o restante do prazo deve ser garantido em complementação ao que faltava. Os prazos também podem ser suspensos durante a execução de programa instituído pelo Poder Judiciário para promover a autocomposição, incumbindo aos tribunais especificar, com antecedência, a duração dos trabalhos. (CPC, art. 221).[23]

Anote-se que ocorrendo a causa suspensiva o prazo para de correr e depois de superado o obstáculo, o prazo corre pelo tempo restante.

Os prazos também podem ser prorrogados, tanto a pedido das partes quanto por determinação de lei, como no caso de comarca ou seção judiciária de difícil acesso, porém sempre por determinação judicial (CPC, art. 222).[24]

Ademais, como o processo agora é visto como um negócio jurídico, as partes podem acordar quanto a forma e os prazos para os atos a serem praticados no processo, desde que homologados pelo juiz (ver CPC, art. 191).

---

§ 1° Ressalvadas as férias individuais e os feriados instituídos por lei, os juízes, os membros do Ministério Público, da Defensoria Pública e da Advocacia Pública e os auxiliares da Justiça exercerão suas atribuições durante o período previsto no *caput*.

§ 2° Durante a suspensão do prazo, não se realizarão audiências nem sessões de julgamento.

22. CPC, Art. 215. Processam-se durante as férias forenses, onde as houver, e não se suspendem pela superveniência delas:

I – os procedimentos de jurisdição voluntária e os necessários à conservação de direitos, quando puderem ser prejudicados pelo adiamento;

II – a ação de alimentos e os processos de nomeação ou remoção de tutor e curador;

III – os processos que a lei determinar.

23. CPC, Art. 221. Suspende-se o curso do prazo por obstáculo criado em detrimento da parte ou ocorrendo qualquer das hipóteses do art. 313, devendo o prazo ser restituído por tempo igual ao que faltava para sua complementação.

Parágrafo único. Suspendem-se os prazos durante a execução de programa instituído pelo Poder Judiciário para promover a autocomposição, incumbindo aos tribunais especificar, com antecedência, a duração dos trabalhos.

24. CPC, Art. 222. Na comarca, seção ou subseção judiciária onde for difícil o transporte, o juiz poderá prorrogar os prazos por até 2 (dois) meses.

§ 1° Ao juiz é vedado reduzir prazos peremptórios sem anuência das partes.

§ 2° Havendo calamidade pública, o limite previsto no *caput* para prorrogação de prazos poderá ser excedido.

4.5 Preclusão

Preclusão é a perda da faculdade de praticar ato processual a que a parte tinha direito por haver sido esgotado o tempo para seu exercício. Significa dizer que esgotado o prazo, a parte não mais poderá praticar o ato ou emendar o ato processual, independentemente de pronunciamento judicial (CPC, art. 223).[25]

Cumpre esclarecer que existem três tipos de preclusão: a temporal, a lógica e a consumativa, vejamos cada uma delas:

a) **A temporal:**

A parte não praticou o ato no prazo assinalado por lei (ou pelo juiz) como, por exemplo, se não apelou no prazo de 15 (quinze) dias úteis; não mais poderá apelar.

b) **A lógica:**

Nesse caso há uma incompatibilidade entre o ato praticado e outro que poderia ser praticado como, por exemplo, se manifestou concordância com a sentença; não pode mais dela recorrer. Nesse caso a proibição decorre do princípio da boa-fé, especialmente ao *venire contra factum proprium* (regra que proíbe o comportamento contraditório).

c) **A consumativa:**

Se o ato foi praticado antes do fim do prazo, não poderá mais ser renovado como, por exemplo, se protocolou a contestação no 5° dia do prazo, ainda que falte 10 (dez) dias para encerrar e prazo, a parte não poderá refazer aquele ato. Fundamenta-se no disposto no art. 200, do CPC, que atribui efeitos imediatos à prática de atos processuais.

Mesmo existindo o instituto da preclusão é perfeitamente possível que a parte possa ter perdido o prazo em razão de alguma justa causa. Nesse caso, se o juiz concordar com a justa causa apresentada poderá assinalar outro prazo para que a parte pratique o ato que deixou de praticar.

Atenção: parte da doutrina reconhece a existência de outro tipo de preclusão: **preclusão-punitiva** ou **preclusão sanção**. Um dos exemplos mencionado refere-se à parte que foi intimada para prestar depoimento pessoal e diante do juiz se cala, sendo-lhe aplicada a pena de confesso por ter se recusado a responder as questões (ver CPC, art. 385, § 1°).

---

25. CPC, Art. 223. Decorrido o prazo, extingue-se o direito de praticar ou de emendar o ato processual, independentemente de declaração judicial, ficando assegurado, porém, à parte provar que não o realizou por justa causa.
§ 1° Considera-se justa causa o evento alheio à vontade da parte e que a impediu de praticar o ato por si ou por mandatário.
§ 2° Verificada a justa causa, o juiz permitirá à parte a prática do ato no prazo que lhe assinar.

4.6 Princípios informativos de tempo

Com relação ao tempo para a prática dos atos processuais (prazos) existem alguns princípios que são fundamentais, para o bom andamento de qualquer processo e para garantia do devido processo legal, vejamos:

a) **Paridade de tratamento:**

Significa igualdade de tratamento para as partes, ou seja, o juiz não pode fixar prazos diferentes para as partes visando a realização de um mesmo ato.

Exceções: alguns entes gozam de prazos diferenciados, conforme estabelecido na lei processual ou mesmo em outras leis esparsas. Assim, a Fazenda Pública, o Ministério Público e a Defensoria Pública, por exemplo, gozam do prazo em dobro (ver CPC, art. 180, 183 e 186).

b) **Brevidade:**

O processo deve desenvolver-se e findar-se no menor prazo possível. É matéria de ordem pública, tanto é assim que consta doa Constituição Federal o princípio da razoável duração do processo (ver CF, art. 5º. LXXVIII).

c) **Utilidade:**

Os prazos devem ser suficientes e úteis para a prática do ato processual. O legislador do Novo CPC tentou uniformizar os prazos em 15 (quinze) dias, mas não conseguiu. Ainda existem vários prazos diferentes dispersos nos diversos artigos do *novel códex*.

d) **Inalterabilidade:**

Por esse princípio não é lícito ao juiz, em tese, alterar ou modificar o prazo quando estes decorram da lei. Daí decorre dois outros princípios: da improrrogabilidade e da irredutibilidade, que comporta as seguintes **exceções**: se as partes convierem e houver formulado pedido conjunto, o juiz poderá autorizar (ver CPC, arts. 190 e 313, II); a parte pode renunciar ao prazo (ver CPC, art. 225); e, onde for difícil o transporte o prazo pode ser prorrogado (ver CPC, art. 222).

e) **Peremptoriedade:**

É importante esclarecer por primeiro que **peremptório** significa por termo, encerrar, fechar. Assim, peremptório é aquilo que termina, que é fatal. Por esse princípio os prazos terminam fatalmente no dia do vencimento. Após esse prazo, torna-se impossível a prática do ato (ver CPC, art. 223). É desse princípio que decorre o da preclusão.

5. DA VERIFICAÇÃO DOS PRAZOS E DAS PENALIDADES

Um dos temas importantes do processo civil brasileiro é a obrigatoriedade de cumprimentos dos prazos estabelecidos em lei. Todos os atores do processo devem respeitar os prazos como forma de que o processo tenha uma duração razoável.

LIÇÃO 8 • DOS ATOS PROCESSUAIS: FORMA, TEMPO, LUGAR, COMUNICAÇÃO E NULIDADES **143**

Quem não cumprir os prazos fica sujeito às penas que o próprio ordenamento jurídico prevê, ressalvadas as hipóteses em que possa ter havido uma justa causa. No caso dos advogados a maior penalidade é a preclusão, ou seja, a perda da oportunidade de praticar aquele ato para o qual tinha sido intimado. Mas, não é só os advogados que devem cumprir prazos.

No nosso ordenamento jurídico é o juiz quem deve zelar pelo cumprimento dos prazos e aplicar as eventuais penalidades para os faltosos, de ofício ou a requerimento de qualquer das partes.

5.1 Descumprimento dos prazos pelos advogados

No caso dos advogados a maior penalidade processual é a preclusão, ou seja, a perda da oportunidade de praticar aquele ato para o qual tinha sido intimado.

Ademais, o advogado faltoso poderá ser judicialmente responsabilizado pelos danos (material e/ou moral) causados ao seu cliente em face de sua inércia (responsabilidade civil por perda de uma chance), nos termos do art. 187 do Código Civil (responsabilidade subjetiva). Também, poderá ser representado administrativamente junto à Ordem dos Advogados do Brasil, na seccional na qual esteja inscrito, sujeitando-se as penalidades previstas no Código de Ética e Disciplina que serão apuradas em processo ético-disciplinar.

5.2 Descumprimento de prazos pelos serventuários

Se o serventuário excedeu, sem motivo legítimo, os prazos que lhes competia, o juiz ordenará a instauração de processo administrativo. Nesse caso, qualquer das partes, o Ministério Público ou a Defensoria Pública poderá representar ao juiz contra o serventuário que injustificadamente exceder os prazos previstos em lei (CPC, art. 233).[26]

> **Atenção:** os prazos a que estão sujeitos os serventuários (e também os juízes) são **chamados de impróprio** porque não sofrem o efeito da preclusão, isto é, o fato do serventuário (ou o juiz) não ter praticado o ato no prazo assinalado, não o exonera de ainda praticá-lo.

5.3 Descumprimento dos prazos pelo magistrado

Se o magistrado (seja ele juiz, Desembargador ou Ministro) exceder os prazos previstos em lei, qualquer das partes, o Ministério Público ou a Defensoria Pública

---

26. CPC, Art. 233. Incumbe ao juiz verificar se o serventuário excedeu, sem motivo legítimo, os prazos estabelecidos em lei.

    § 1º Constatada a falta, o juiz ordenará a instauração de processo administrativo, na forma da lei.

    § 2º Qualquer das partes, o Ministério Público ou a Defensoria Pública poderá representar ao juiz contra o serventuário que injustificadamente exceder os prazos previstos em lei.

poderá representar ao corregedor do tribunal ou ao Conselho Nacional de Justiça. Nesse caso, será instaurado procedimento para apuração da responsabilidade, com intimação do representado por meio eletrônico para, querendo, apresentar justificativa no prazo de 15 (quinze) dias (CPC, art. 235).[27]

> **Atenção:** independentemente do processo administrativo para apurar a falta, o corregedor do tribunal ou o relator no Conselho Nacional de Justiça determinará a intimação do representado, por meio eletrônico, para que, em 10 (dez) dias, pratique o ato que foi apontado como de sua responsabilidade. Se o magistrado contra o qual se representou nada fizer, os autos serão remetidos ao seu substituto legal, para decisão em 10 (dez) dias.

5.4 Restituição dos autos a cartório

Os advogados públicos ou privados, o defensor público e o membro do Ministério Público devem restituir os autos no prazo do ato a ser praticado.

a) **Retenção pelo advogado:**

> Se o advogado for intimado e não devolver os autos no prazo de 3 (três) dias, perderá o direito à vista fora de cartório e incorrerá em multa correspondente à metade do salário-mínimo. O juiz comunicará o fato à seção local da Ordem dos Advogados do Brasil para procedimento disciplinar e imposição de multa (CPC, art. 234).[28]

---

27. CPC, Art. 235. Qualquer parte, o Ministério Público ou a Defensoria Pública poderá representar ao corregedor do tribunal ou ao Conselho Nacional de Justiça contra juiz ou relator que injustificadamente exceder os prazos previstos em lei, regulamento ou regimento interno.

    § 1º Distribuída a representação ao órgão competente e ouvido previamente o juiz, não sendo caso de arquivamento liminar, será instaurado procedimento para apuração da responsabilidade, com intimação do representado por meio eletrônico para, querendo, apresentar justificativa no prazo de 15 (quinze) dias.

    § 2º Sem prejuízo das sanções administrativas cabíveis, em até 48 (quarenta e oito) horas após a apresentação ou não da justificativa de que trata o § 1º, se for o caso, o corregedor do tribunal ou o relator no Conselho Nacional de Justiça determinará a intimação do representado por meio eletrônico para que, em 10 (dez) dias, pratique o ato.

    § 3º Mantida a inércia, os autos serão remetidos ao substituto legal do juiz ou do relator contra o qual se representou para decisão em 10 (dez) dias.

28. CPC, Art. 234. Os advogados públicos ou privados, o defensor público e o membro do Ministério Público devem restituir os autos no prazo do ato a ser praticado.

    § 1º É lícito a qualquer interessado exigir os autos do advogado que exceder prazo legal.

    § 2º Se, intimado, o advogado não devolver os autos no prazo de 3 (três) dias, perderá o direito à vista fora de cartório e incorrerá em multa correspondente à metade do salário-mínimo.

    § 3º Verificada a falta, o juiz comunicará o fato à seção local da Ordem dos Advogados do Brasil para procedimento disciplinar e imposição de multa.

    § 4º Se a situação envolver membro do Ministério Público, da Defensoria Pública ou da Advocacia Pública, a multa, se for o caso, será aplicada ao agente público responsável pelo ato.

    § 5º Verificada a falta, o juiz comunicará o fato ao órgão competente responsável pela instauração de procedimento disciplinar contra o membro que atuou no feito.

LIÇÃO 8 • DOS ATOS PROCESSUAIS: FORMA, TEMPO, LUGAR, COMUNICAÇÃO E NULIDADES **145**

b) **Retenção pelo MP, Defensoria Pública ou Advocacia Pública:**

Nesse caso a multa, se for o caso, será aplicada ao agente público responsável pelo ato. Além disso, o Juiz comunicará o fato ao órgão competente responsável pela instauração de procedimento disciplinar contra o membro que atuou no feito (ver CPC, art. 234).

6. FORMA E COMUNICAÇÃO DOS ATOS PROCESSUAIS

Os atos processuais serão cumpridos por determinação judicial. Para que os atos sejam cumpridos, necessário se faz que uma comunicação chegue àquele que está obrigado a praticar determinado ato. Para fazer isso, o Código Processo Civil utiliza dois instrumentos de comunicação dos atos processuais: citação e intimação.

Além disso, pode ocorrer no processo a necessidade de cooperação entre órgãos jurisdicionais distintos. Se isso ocorrer a comunicação do ato a ser praticado em cooperação se fará por meio de cartas: de ordem, rogatória, precatória ou arbitral, conforme o caso.

6.1 Das cartas

Uma das formas de comunicação dos atos processuais são as cartas que são instrumentos utilizados para a prática atos fora dos limites territoriais do tribunal, da comarca, da seção ou da subseção judiciárias, ressalvadas as hipóteses previstas em lei (CPC, art. 236).[29]

Os tribunais poderão expedir carta para juízo a ele vinculado, se o ato houver de se realizar fora dos limites territoriais do local de sua sede, admitindo-se também a prática de atos processuais por meio de videoconferência ou outro recurso tecnológico de transmissão de sons e imagens em tempo real.

São três os tipos de cartas que podem ser expedidas pelos órgãos judiciários para obter cooperação (nacional ou internacional) para a prática de determinados atos: de ordem, rogatória e precatória. Além dessas, o Novo CPC traz uma novidade representada pela possibilidade de um árbitro solicitar a cooperação de um juiz para

---

29. CPC, Art. 236. Os atos processuais serão cumpridos por ordem judicial.

§ 1º Será expedida carta para a prática de atos fora dos limites territoriais do tribunal, da comarca, da seção ou da subseção judiciárias, ressalvadas as hipóteses previstas em lei.

§ 2º O tribunal poderá expedir carta para juízo a ele vinculado, se o ato houver de se realizar fora dos limites territoriais do local de sua sede.

§ 3º Admite-se a prática de atos processuais por meio de videoconferência ou outro recurso tecnológico de transmissão de sons e imagens em tempo real.

a prática de determinado ato em sua comarca, através da carta arbitral (CPC, art. 237),[30] senão vejamos:

a) **Carta de ordem:**

É o pedido feito por um tribunal para que o órgão que lhe é subordinado realize determinado ato. Trata-se de uma determinação do relator para que um juiz de primeiro grau realize as diligências que sejam necessárias para instruir adequadamente um processo que esteja no tribunal.

b) **Carta rogatória:**

É um pedido de uma autoridade brasileira para a prática de algum ato jurisdicional por autoridade judiciária de outro país, relativo a processo em curso perante órgão jurisdicional brasileiro.

Atenção: no Brasil também são cumpridas cartas rogatórias quando autoridades de outros países necessitam que sejam praticados algum ato jurisdicional. Para serem cumpridas no Brasil elas precisam passar antes pelo STJ (ver CF, art. 105, I).

c) **Carta precatória:**

É o pedido de auxílio ou cooperação de um juiz (deprecante) para outro de competência similar em outra comarca (deprecado), sendo ambos de mesmo nível hierárquico. É um pedido de cooperação que visa o cumprimento de atos judiciais necessários à instrução do processo que tramita no juízo de origem, tais como citar ou intimar o réu, ouvir testemunhas, penhorar, avaliar e pracear bens situados em local que não o da causa, dentre outras medidas.

d) **Carta arbitral:**

É o pedido de cooperação pelo qual o arbitro pode pedir a qualquer órgão do Poder Judiciário que pratique ou determine o cumprimento, na área de sua competência territorial, de ato objeto de pedido do processo de arbitragem, inclusive os que importem efetivação de tutela provisória.

---

30. CPC, Art. 237. Será expedida carta:

I – de ordem, pelo tribunal, na hipótese do § 2º do art. 236;

II – rogatória, para que órgão jurisdicional estrangeiro pratique ato de cooperação jurídica internacional, relativo a processo em curso perante órgão jurisdicional brasileiro;

III – precatória, para que órgão jurisdicional brasileiro pratique ou determine o cumprimento, na área de sua competência territorial, de ato relativo a pedido de cooperação judiciária formulado por órgão jurisdicional de competência territorial diversa;

IV – arbitral, para que órgão do Poder Judiciário pratique ou determine o cumprimento, na área de sua competência territorial, de ato objeto de pedido de cooperação judiciária formulado por juízo arbitral, inclusive os que importem efetivação de tutela provisória.

Parágrafo único. Se o ato relativo a processo em curso na justiça federal ou em tribunal superior houver de ser praticado em local onde não haja vara federal, a carta poderá ser dirigida ao juízo estadual da respectiva comarca.

LIÇÃO 8 • DOS ATOS PROCESSUAIS: FORMA, TEMPO, LUGAR, COMUNICAÇÃO E NULIDADES **147**

Quando se tratar de cartas de ordem, precatória ou rogatória exige o CPC alguns requisitos: a indicação dos juízes de origem e de cumprimento do ato; o inteiro teor da petição, do despacho judicial e do instrumento do mandato conferido ao advogado; e, a menção do ato processual que lhe constitui o objeto. Nada impede que o juiz mande trasladar para a carta quaisquer outras peças, bem como instruí-la com mapa, desenho ou gráfico, sempre que esses documentos devam ser examinados, na diligência, pelas partes, pelos peritos ou pelas testemunhas. Quando o objeto da carta for exame pericial sobre documento, este será remetido em original, ficando nos autos reprodução fotográfica.

Em se tratando de carta arbitral, a mesma deverá atender no que couber, aos requisitos para as cartas de ordem, precatória ou rogatória e, além disso, deverá ser instruída com a convenção de arbitragem e com as provas da nomeação do árbitro e de sua aceitação da função (CPC, art. 260).[31]

Em todas as cartas o juiz fixará o prazo para cumprimento, atendendo à facilidade das comunicações e à natureza da diligência. Deverá também mandar intimar as partes do ato de expedição da carta; bem como, acompanhar o cumprimento da diligência perante o juízo destinatário, ao qual compete a prática dos atos de comunicação. Além disso, a parte a quem interessar o cumprimento da diligência cooperará para que o prazo fixado pelo juiz seja cumprido (CPC, art. 261).[32]

Cumprida a carta, será devolvida ao juízo de origem no prazo de 10 (dez) dias, independentemente de traslado, pagas as custas pela parte (CPC, art. 268).[33]

---

31. CPC, Art. 260. São requisitos das cartas de ordem, precatória e rogatória:

    I – a indicação dos juízes de origem e de cumprimento do ato;

    II – o inteiro teor da petição, do despacho judicial e do instrumento do mandato conferido ao advogado;

    III – a menção do ato processual que lhe constitui o objeto; IV – o encerramento com a assinatura do juiz.

    § 1º O juiz mandará trasladar para a carta quaisquer outras peças, bem como instruí-la com mapa, desenho ou gráfico, sempre que esses documentos devam ser examinados, na diligência, pelas partes, pelos peritos ou pelas testemunhas.

    § 2º Quando o objeto da carta for exame pericial sobre documento, este será remetido em original, ficando nos autos reprodução fotográfica. § 3º A carta arbitral atenderá, no que couber, aos requisitos a que se refere o *caput* e será instruída com a convenção de arbitragem e com as provas da nomeação do árbitro e de sua aceitação da função.

32. CPC, Art. 261. Em todas as cartas o juiz fixará o prazo para cumprimento, atendendo à facilidade das comunicações e à natureza da diligência.

    § 1º As partes deverão ser intimadas pelo juiz do ato de expedição da carta.

    § 2º Expedida a carta, as partes acompanharão o cumprimento da diligência perante o juízo destinatário, ao qual compete a prática dos atos de comunicação.

    § 3º A parte a quem interessar o cumprimento da diligência cooperará para que o prazo a que se refere o *caput* seja cumprido.

33. CPC, Art. 268. Cumprida a carta, será devolvida ao juízo de origem no prazo de 10 (dez) dias, independentemente de traslado, pagas as custas pela parte.

Importante: em face da realidade atual, determina o *novel codex* que as cartas deverão, preferencialmente, ser assinadas e expedidas por meio eletrônico (CPC, art. 263).[34]

Despesas: deverão ser assumidas pela parte, devendo ser depositadas à conta do juízo deprecante, isto é, aquele que expede a carta (CPC, art. 266).[35]

Recusa ao cumprimento: o juiz deprecado pode recusar o cumprimento da carta precatória ou arbitral, devolvendo-a com decisão motivada quando ela não preencher os requisitos legais; ou, o juiz não for competente em razão da matéria ou da hierarquia; ou ainda, se houver dúvida acerca de sua autenticidade. Em nome da celeridade e da efetividade do processo permite a lei que, no caso de incompetência em razão da matéria ou da hierarquia, o juiz deprecado, conforme o ato a ser praticado, remeta a carta ao juiz ou ao tribunal competente (CPC, art. 267).[36]

6.2   Da citação

Citação é o ato pelo qual se dá ciência ao réu, ao executado ou ao interessado da existência de um processo, concedendo-lhe a oportunidade de se defender (ver CPC, art. 238). Somente após regular citação é que se completa a relação processual. Podemos assim afirmar que a citação é **ato indispensável para validade do processo** (CPC, art. 239).[37]

Mesmo não ocorrendo a citação ou se ela ocorrer de forma irregular, esta nulidade estará sanada se o réu ou o executado comparecer espontaneamente ao processo, cujo prazo para a apresentação de sua contestação ou dos embargos

---

34. CPC, Art. 263. As cartas deverão, preferencialmente, ser expedidas por meio eletrônico, caso em que a assinatura do juiz deverá ser eletrônica, na forma da lei.

35. CPC, Art. 266. Serão praticados de ofício os atos requisitados por meio eletrônico e de telegrama, devendo a parte depositar, contudo, na secretaria do tribunal ou no cartório do juízo deprecante, a importância correspondente às despesas que serão feitas no juízo em que houver de praticar-se o ato.

36. CPC, Art. 267. O juiz recusará cumprimento a carta precatória ou arbitral, devolvendo-a com decisão motivada quando:

    I – a carta não estiver revestida dos requisitos legais;

    II – faltar ao juiz competência em razão da matéria ou da hierarquia;

    III – o juiz tiver dúvida acerca de sua autenticidade.

    Parágrafo único. No caso de incompetência em razão da matéria ou da hierarquia, o juiz deprecado, conforme o ato a ser praticado, poderá remeter a carta ao juiz ou ao tribunal competente.

37. CPC, Art. 239. Para a validade do processo é indispensável a citação do réu ou do executado, ressalvadas as hipóteses de indeferimento da petição inicial ou de improcedência liminar do pedido.

    § 1º O comparecimento espontâneo do réu ou do executado supre a falta ou a nulidade da citação, fluindo a partir desta data o prazo para apresentação de contestação ou de embargos à execução.

    § 2º Rejeitada a alegação de nulidade, tratando-se de processo de:

    I – conhecimento, o réu será considerado revel;

    II – execução, o feito terá seguimento.

LIÇÃO 8 • DOS ATOS PROCESSUAIS: FORMA, TEMPO, LUGAR, COMUNICAÇÃO E NULIDADES **149**

à execução contar-se-á desta data. Nesse caso, o réu deverá alegar a nulidade como forma de advertir ao juiz que seu prazo conta-se do momento em que teve acesso ao processo. Advirta-se, contudo que se for rejeitada a alegação de nulidade, ele será considerado revel, tratando-se de processo de conhecimento, ou se for processo de execução, o feito terá seguimento sem conhecimento de seus embargos.

A citação é o ato judicial pelo qual alguém, independente de sua vontade, é convocado para fazer parte de um processo na condição de réu, executado ou interessado. A lei também fala em interessado porque existem processos onde não se pode falar em réu como, por exemplo, nos processos de jurisdição voluntária.

> **Exceção:** há duas situações em que mesmo não havendo citação os processos serão plenamente validos, que são: **indeferimento da petição inicial** (ver CPC, art. 330); e, **improcedência liminar do pedido** (ver CPC, art. 332). Em ambos os casos, tendo a decisão transitada em julgado, o escrivão ou ao chefe de secretaria, deverá comunicar tal fato ao réu (CPC, art. 241 c/c art. 331, § 3°).

6.2.1 Modalidades de citação

A lei processual estabelece que a citação deverá ser feita preferencialmente por meio eletrônico. Porém também pode ser feita pelo correio, por oficial de justiça, pelo escrivão ou chefe de secretaria e por edital (CPC, art. 246).[38]

Dentre estas formas de citação a doutrina destaca dois tipos: a real e a ficta. A citação é **real** quando se tem certeza de que o citando recebeu a comunicação (citação por meio eletrônico, pelo correio ou oficial de justiça); e, será **ficta** quando há uma presunção de que ele tenha sido cientificado como no caso de edital e de hora certa.

Cada uma delas tem suas peculiaridades que devem ser respeitadas sob pena de nulidade, vejamos cada uma delas:

---

38. CPC, Art. 246. A citação será feita preferencialmente por meio eletrônico, no prazo de até 2 (dois) dias úteis, contado da decisão que a determinar, por meio dos endereços eletrônicos indicados pelo citando no banco de dados do Poder Judiciário, conforme regulamento do Conselho Nacional de Justiça.

    § 1° As empresas públicas e privadas são obrigadas a manter cadastro nos sistemas de processo em autos eletrônicos, para efeito de recebimento de citações e intimações, as quais serão efetuadas preferencialmente por esse meio.

    § 1°-A A ausência de confirmação, em até 3 (três) dias úteis, contados do recebimento da citação eletrônica, implicará a realização da citação:

    I – pelo correio;

    II – por oficial de justiça;

    III – pelo escrivão ou chefe de secretaria, se o citando comparecer em cartório;

    IV – por edital.

    (omissis)

a) Por meio eletrônico e correio:

Está é a regra geral, exceto nas ações de estado, contra incapaz, contra ente público, quando o réu residir em local não atendido e, por fim, se o autor expressamente requerer por outra forma (CPC, art. 247).[39]

A citação por meio eletrônico é a forma preferencial dado a sua simplicidade, agilidade e economia.

Atenção: para validade da citação pelo correio, o escrivão ou o chefe de secretaria deverá remeter ao citando, juntamente com o mandado, cópias da petição inicial e do despacho do juiz, comunicando-o do prazo para resposta, o endereço do juízo e o respectivo cartório. Além disso, o carteiro, quando da entrega da correspondência, deverá exigir a assinatura do citando ou do seu representante legal como comprovante de entrega (CPC, art. 248).[40]

Exceções: Se o réu for pessoa jurídica a carta pode ser entregue a funcionário que habitualmente recebe a correspondência. Assim como, se o réu residir em condomínios ou loteamentos com controle de acesso, a carta poderá ser entregue ao funcionário da portaria responsável pelo recebimento de correspondência (ver CPC, art. 248, §§ 2° e 4°).

b) Por mandato (oficial de justiça):

A citação por mandato é aquela feita por oficial de justiça nos casos excepcionados no art. 247, e também quando a citação por meio eletrônico ou pelo correio for frustrada, ou ainda, quando o autor assim expressamente requerer.

---

39. CPC, Art. 247. A citação será feita por meio eletrônico ou pelo correio para qualquer comarca do País, exceto:

    I – nas ações de estado, observado o disposto no art. 695, § 3°;

    II – quando o citando for incapaz;

    III – quando o citando for pessoa de direito público;

    IV – quando o citando residir em local não atendido pela entrega domiciliar de correspondência;

    V – quando o autor, justificadamente, a requerer de outra forma.

40. CPC, Art. 248. Deferida a citação pelo correio, o escrivão ou o chefe de secretaria remeterá ao citando cópias da petição inicial e do despacho do juiz e comunicará o prazo para resposta, o endereço do juízo e o respectivo cartório.

    § 1° A carta será registrada para entrega ao citando, exigindo-lhe o carteiro, ao fazer a entrega, que assine o recibo.

    § 2° Sendo o citando pessoa jurídica, será válida a entrega do mandado a pessoa com poderes de gerência geral ou de administração ou, ainda, a funcionário responsável pelo recebimento de correspondências.

    § 3° Da carta de citação no processo de conhecimento constarão os requisitos do art. 250.

    § 4° Nos condomínios edilícios ou nos loteamentos com controle de acesso, será válida a entrega do mandado a funcionário da portaria responsável pelo recebimento de correspondência, que, entretanto, poderá recusar o recebimento, se declarar, por escrito, sob as penas da lei, que o destinatário da correspondência está ausente.

LIÇÃO 8 • DOS ATOS PROCESSUAIS: FORMA, TEMPO, LUGAR, COMUNICAÇÃO E NULIDADES

Importante: quando a pessoa a ser citada residir em Comarca diferente, e for o caso de citação por oficial de justiça, deve ser requerida a expedição de carta precatória.

Atenção: não há necessidade de precatória quando o ato a ser praticado pelo oficial de justiça se situar na divisa entre comarcas contíguas de fácil comunicação e nas que se situem na mesma região metropolitana (CPC, art. 255).[41] Quer dizer, a divisão territorial entre comarcas contigua ou de fácil comunicação, não pode ser empecilho para a realização da citação.

c) **Por edital:**

Pode ocorrer quando o réu for desconhecido ou encontrar-se em lugar incerto e não sabido ou ainda quando a lei assim determinar como, por exemplo, nos casos de usucapião de imóveis (CPC, art. 259).[42] É a chamada **citação ficta** (presumida) como forma de permitir supor que o réu tomou ciência e assim considerar regularizar a relação processual.

Requisitos: o autor ou o oficial de justiça deverá, conforme o caso, informar que estão presentes as circunstâncias que autorizam a citação por edital. Além disso, deverá ser publicado no sítio do respectivo tribunal e na plataforma de editais do Conselho Nacional de Justiça, devendo tudo isso ser certificado nos autos. Nada obsta que o magistrado determine a publicação do edital em jornal de ampla circulação e também em outros meios em face das peculiaridades da comarca ou seção judiciária (CPC, art. 257).

Advertência: deverá constar do edital a advertência de que, se o réu não comparecer, será nomeado curador especial e ele será considerado revel.

Atenção: A parte que requerer a citação por edital, mentindo sobre as circunstâncias que autorizam a sua realização, poderá sofrer uma pena pecuniária no valor de 5 (cinco) vezes o salário-mínimo que reverterá a favor do citando (ver CPC, art. 258).

d) **Pelo escrivão ou chefe da secretaria:**

A citação também que pode ser feita pelo escrivão ou chefe de secretaria, nos casos em que o citando comparece em cartório.

---

41. CPC, Art. 255. Nas comarcas contíguas de fácil comunicação e nas que se situem na mesma região metropolitana, o oficial de justiça poderá efetuar, em qualquer delas, citações, intimações, notificações, penhoras e quaisquer outros atos executivos.

42. CPC, Art. 259. Serão publicados editais:

I – na ação de usucapião de imóvel;

II – na ação de recuperação ou substituição de título ao portador;

III – em qualquer ação em que seja necessária, por determinação legal, a provocação, para participação no processo, de interessados incertos ou desconhecidos.

e) Por meio eletrônico:

A citação também pode ser feita por meio eletrônico, novidade incorporado ao nosso ordenamento jurídico pela Lei n° 11.419/06 que disciplina a forma como deve ser realizado o ato.

Atenção: determina o Código de Processo Civil que, com exceção das microempresas e das empresas de pequeno porte, todas as empresas públicas e privadas são obrigadas a manter cadastro nos sistemas de processo em autos eletrônicos, para efeito de recebimento de citações e intimações, as quais serão efetuadas preferencialmente por esse meio. Obrigação esta que se estende à União, aos Estados, ao Distrito Federal, aos Municípios e às entidades da administração indireta (ver CPC, art. 246, §§ 1° e 2°).

f) Citação por hora certa:

É uma forma de citação a ser realizada por oficial de justiça quando ele, após procurar o réu por duas vezes em seu domicílio ou residência e não o encontrar, suspeitar que o mesmo está se ocultando para não receber a citação. Nesse caso, poderá intimar qualquer parente ou mesmo vizinho de que em dia e hora determinada, voltará para efetivar a citação (CPC, art. 252).[43] Retornando no dia marcado, se o réu não estiver presente para receber a citação, o oficial de justiça fará a citação na pessoa de quem esteja presente, dando-se o ato por perfeito e acabado. Nesse ato o oficial de justiça deverá advertir que o não comparecimento do réu ao processo significará à revelia e, nesse caso, lhe será nomeado curador especial (CPC, art. 253).[44]

Importante: quando o citando residir em condomínios edilícios ou nos loteamentos com controle de entrada, o oficial de justiça pode proceder a

---

43. CPC, Art. 252. Quando, por 2 (duas) vezes, o oficial de justiça houver procurado o citando em seu domicílio ou residência sem o encontrar, deverá, havendo suspeita de ocultação, intimar qualquer pessoa da família ou, em sua falta, qualquer vizinho de que, no dia útil imediato, voltará a fim de efetuar a citação, na hora que designar.

Parágrafo único. Nos condomínios edilícios ou nos loteamentos com controle de acesso, será válida a intimação a que se refere o *caput* feita a funcionário da portaria responsável pelo recebimento de correspondência.

44. CPC, Art. 253. No dia e na hora designados, o oficial de justiça, independentemente de novo despacho, comparecerá ao domicílio ou à residência do citando a fim de realizar a diligência.

§ 1° Se o citando não estiver presente, o oficial de justiça procurará informar-se das razões da ausência, dando por feita a citação, ainda que o citando se tenha ocultado em outra comarca, seção ou subseção judiciárias.

§ 2° A citação com hora certa será efetivada mesmo que a pessoa da família ou o vizinho que houver sido intimado esteja ausente, ou se, embora presente, a pessoa da família ou o vizinho se recusar a receber o mandado.

§ 3° Da certidão da ocorrência, o oficial de justiça deixará contrafé com qualquer pessoa da família ou vizinho, conforme o caso, declarando-lhe o nome.

§ 4° O oficial de justiça fará constar do mandado a advertência de que será nomeado curador especial se houver revelia.

LIÇÃO 8 • DOS ATOS PROCESSUAIS: FORMA, TEMPO, LUGAR, COMUNICAÇÃO E NULIDADES

citação por hora certa na pessoa do funcionário da portaria responsável pelo recebimento de correspondência.

Atenção: depois de realizada a citação por hora certa, a lei impõe uma obrigação adicional para o escrivão ou chefe de secretaria, qual seja, de enviar para o citando, no prazo de 10 (dez) dias, a confirmação da citação realizada por hora certa, através de carta, telegrama ou correspondência eletrônica (CPC, art. 254).[45] Cumpre esclarecer que esta comunicação em nada interfere com o prazo para o citando se manifestar que será contado a partir da juntada aos autos do mandado cumprido.

6.2.2   Não se fará a citação

Como regra a citação será realizada em qualquer lugar onde a pessoa a ser citada se encontre. Quer dizer, o réu, o executado ou o interessado pode ser citado na sua residência ou domicílio, bem assim em seu local de trabalho, em local que habitualmente frequente e até mesmo no bar da esquina. Se a parte alegar que não sabe onde reside o militar da ativa, ou mesmo sabendo, comprove que lá ele não foi encontrado, poderá requerer ao juiz que a citação seja realizada na unidade em que estiver servindo (CPC, art. 243).[46]

Apesar dessa previsão legal, não se fará a citação, salvo para evitar o perecimento do direito, nas hipóteses expressamente previstas no art. 244[47] do Código de Processo Civil:

a) **De quem estiver participando de ato de culto religioso:**

Não poderá ser feita a citação de quem estiver participando de ato de culto religioso como forma de respeito ao direito de culto que atinge não somente o fiel como também o celebrante.

b) **Dos parentes do morto:**

Também não se fará a citação do cônjuge, de companheiro ou de qualquer parente do morto, consanguíneo ou afim, em linha reta ou na linha colateral

---

45. CPC, Art. 254. Feita a citação com hora certa, o escrivão ou chefe de secretaria enviará ao réu, executado ou interessado, no prazo de 10 (dez) dias, contado da data da juntada do mandado aos autos, carta, telegrama ou correspondência eletrônica, dando-lhe de tudo ciência.
46. CPC, Art. 243. A citação poderá ser feita em qualquer lugar em que se encontre o réu, o executado ou o interessado.
    Parágrafo único. O militar em serviço ativo será citado na unidade em que estiver servindo, se não for conhecida sua residência ou nela não for encontrado.
47. CPC, Art. 244. Não se fará a citação, salvo para evitar o perecimento do direito:
    I – de quem estiver participando de ato de culto religioso;
    II – de cônjuge, de companheiro ou de qualquer parente do morto, consanguíneo ou afim, em linha reta ou na linha colateral em segundo grau, no dia do falecimento e nos 7 (sete) dias seguintes;
    III – de noivos, nos 3 (três) primeiros dias seguintes ao casamento;
    IV – de doente, enquanto grave o seu estado.

em segundo grau, no dia do falecimento e nos 7 (sete) dias seguintes. Trata-se de respeito ao luto da família.

c) **Dos noivos:**

Excepciona ainda a lei processual o caso dos nubentes, não só no dia do casamento, bem como nos 3 (três) primeiros dias seguintes ao casamento. Regra estatuída como forma de prestigiar a entidade do casamento e a tranquilidade que deve cercar os recém-casados nos primeiros dias de suas bodas.

d) **Doente em estado grave:**

Também não se fará a citação dos doentes, enquanto grave o seu estado. Justifica-se tal proibição porquanto a pessoa que se encontre neste estado já estará moral e fisicamente debilitada, não se justificando possa lhe ser imposta uma preocupação adicional.

Excepcionalmente, todas estas pessoas mencionadas podem ser citadas quando o ato for necessário para evitar o perecimento do direito.

Também não se fará citação quando se verificar que o **citando é mentalmente incapaz ou está impossibilitado de recebê-la** (CPC, art. 245).[48] Trata-se de mais um impedimento e, nesse caso, deverá o oficial de justiça descrever e certificar minuciosamente a ocorrência. Se for reconhecida a impossibilidade, o juiz nomeará curador ao citando, observando, quanto à sua escolha, a preferência estabelecida em lei e restringindo a nomeação à causa. A citação será feita na pessoa do curador, a quem incumbirá a defesa dos interesses do citando.

6.2.3   Requisitos para validade da citação

Para sua validade a citação deve atender determinados requisitos prescritos em lei, tais como, que conste no mandato os nomes de autor e réu, além de seus respectivos endereços, bem como se faça acompanhar de cópia da petição inicial. Deverá também indicar qual é a finalidade da citação, menção do prazo para defesa e informe sobre a revelia, bem como para embargar a execução, com o alerta de eventuais outras sanções pelo descumprimento da ordem (CPC, art. 250).[49]

---

48. CPC, Art. 245. Não se fará citação quando se verificar que o citando é mentalmente incapaz ou está impossibilitado de recebê-la.

   § 1º O oficial de justiça descreverá e certificará minuciosamente a ocorrência.

   § 2º Para examinar o citando, o juiz nomeará médico, que apresentará laudo no prazo de 5 (cinco) dias.

   § 3º Dispensa-se a nomeação de que trata o § 2º se pessoa da família apresentar declaração do médico do citando que ateste a incapacidade deste.

   § 4º Reconhecida a impossibilidade, o juiz nomeará curador ao citando, observando, quanto à sua escolha, a preferência estabelecida em lei e restringindo a nomeação à causa.

   § 5º A citação será feita na pessoa do curador, a quem incumbirá a defesa dos interesses do citando.

49. CPC, Art. 250. O mandado que o oficial de justiça tiver de cumprir conterá:

   I – os nomes do autor e do citando e seus respectivos domicílios ou residências;

LIÇÃO 8 • DOS ATOS PROCESSUAIS: FORMA, TEMPO, LUGAR, COMUNICAÇÃO E NULIDADES

Devemos destacar que a **citação é pessoal**, isto é, deve ser feita na pessoa do citando (pessoa física) ou do seu representante legal (pessoa jurídica, incapaz ou entes despersonalizados) que é chamado pela doutrina de **citação direta**. Mas há também a **citação indireta** aquela que permite que a citação seja realizada na pessoa do procurador legalmente habilitado para isso. É também citação indireta aquela realizada na ausência do citando, feita na pessoa de seu mandatário, administrador, preposto ou gerente, quando a ação se originar de atos por eles praticados ou aquela que prevê a hipótese da citação do locador que se ausentou do Brasil sem cientificar o locatário, que poderá ser realizada na figura do administrador do imóvel (CPC, art. 242).[50]

Tratando-se da União, dos Estados, do Distrito Federal, dos Municípios e de suas respectivas autarquias e fundações de direito público, a citação será realizada perante o órgão de Advocacia Pública responsável por sua representação judicial.

Se a intimação for para comparecimento em audiência de conciliação ou de mediação, o mandato deverá conter, além dos informes de data, hora e local, também a informação de que o citando deve se fazer acompanhar de advogado ou de defensor público, podendo ser representado por preposto por procuração específica para este fim.

Além disso, quando o juiz tiver deferido alguma das tutelas de urgência, além da cópia da petição inicial, deverá acompanhar o mandato, cópia do despacho ou da decisão que deferiu o pedido.

Como a **citação é pessoal**, no caso de citação pelo correio, a carta deverá ser registrada e o carteiro deverá exigir o recibo no ato de entrega. Sendo pessoa jurídica será válida a citação se a carta for entregue a funcionário que habitualmente recebe a correspondência. Assim como, se o réu reside em condomínios ou nos loteamentos com controle de acesso, será válida a entrega do mandado a funcionário da portaria responsável pelo recebimento de correspondência que, entretanto, poderá recusar

---

II – a finalidade da citação, com todas as especificações constantes da petição inicial, bem como a menção do prazo para contestar, sob pena de revelia, ou para embargar a execução;

III – a aplicação de sanção para o caso de descumprimento da ordem, se houver;

IV – se for o caso, a intimação do citando para comparecer, acompanhado de advogado ou de defensor público, à audiência de conciliação ou de mediação, com a menção do dia, da hora e do lugar do comparecimento;

V – a cópia da petição inicial, do despacho ou da decisão que deferir tutela provisória;

VI – a assinatura do escrivão ou do chefe de secretaria e a declaração de que o subscreve por ordem do juiz.

50. CPC, Art. 242. A citação será pessoal, podendo, no entanto, ser feita na pessoa do representante legal ou do procurador do réu, do executado ou do interessado.

§ 1º Na ausência do citando, a citação será feita na pessoa de seu mandatário, administrador, preposto ou gerente, quando a ação se originar de atos por eles praticados.

§ 2º O locador que se ausentar do Brasil sem cientificar o locatário de que deixou, na localidade onde estiver situado o imóvel, procurador com poderes para receber citação será citado na pessoa do administrador do imóvel encarregado do recebimento dos aluguéis, que será considerado habilitado para representar o locador em juízo.

§ 3º A citação da União, dos Estados, do Distrito Federal, dos Municípios e de suas respectivas autarquias e fundações de direito público será realizada perante o órgão de Advocacia Pública responsável por sua representação judicial.

o recebimento, se declarar, por escrito, sob as penas da lei, que o destinatário da correspondência está ausente (ver CPC, art. 248, §§ 2º e 4º).

> **Importante:** embora a lei processual exija uma série de formalidade para que a citação seja considerada válida, admite-se que ela se aperfeiçoe, ainda que realizada de forma incorreta, quando o réu ou o executado comparecer espontaneamente ao processo. Quer dizer, ainda que o réu ou o executado ingresse no processo para arguir a nulidade ou imperfeição da nulidade, sua presença terá o condão de suprir a falta, a imperfeição ou mesmo a nulidade da citação, sendo-lhe devolvido a partir desta data o prazo para apresentação de contestação ou de embargos à execução (ver CPC, art. 239, § 1º). Contudo, se sua arguição de nulidade for rejeitada, ele será considerado revel no procedimento comum ou os atos executivos continuarão normalmente como se ele não estivesse no processo de execução (ver CPC, art. 239, § 2º).

6.2.4   Efeitos da citação

A citação regularmente realizada, ainda quando ordenada por juízo incompetente, induz litispendência, torna litigiosa a coisa e constitui em mora o devedor (CPC, art. 240).[51]

É importante destacar que o *caput* do art. 240, do CPC, faz uma ressalva com relação aos artigos 397 e 398 do Código Civil que se justifica porque, em ambos os casos, o devedor estará constituído em mora independente de processo ou de citação. Diz aqueles dispositivos do Código Civil que nas obrigações positivas e líquidas o devedor estará constituído automaticamente em mora desde o termo final ou na inexistência de termo, desde a interpelação judicial ou extrajudicial (ver CC, art. 397); assim como, também estará constituído em mora o devedor desde o evento danoso, quando tratar-se de ato ilícito, (ver CC, art. 398).

Vejamos quais são os efeitos da citação:

a) **Induz litispendência:**

Realizada a citação válida desde este momento já existirá uma lide. Assim, a propositura de outra ação idêntica (as mesmas partes, a mesma causa de

---

51. CPC, Art. 240. A citação válida, ainda quando ordenada por juízo incompetente, induz litispendência, torna litigiosa a coisa e constitui em mora o devedor, ressalvado o disposto nos arts. 397 e 398 da Lei no 10.406, de 10 de janeiro de 2002 (Código Civil).

    § 1º A interrupção da prescrição, operada pelo despacho que ordena a citação, ainda que proferido por juízo incompetente, retroagirá à data de propositura da ação.

    § 2º Incumbe ao autor adotar, no prazo de 10 (dez) dias, as providências necessárias para viabilizar a citação, sob pena de não se aplicar o disposto no § 1º.

    § 3º A parte não será prejudicada pela demora imputável exclusivamente ao serviço judiciário.

    § 4º O efeito retroativo a que se refere o § 1º aplica-se à decadência e aos demais prazos extintivos previstos em lei.

LIÇÃO 8 • DOS ATOS PROCESSUAIS: FORMA, TEMPO, LUGAR, COMUNICAÇÃO E NULIDADES

pedir e o mesmo pedido) irá fazer surgir o fenômeno da litispendência que autoriza o juiz da primeira causa a extinguir este segundo processo sem julgamento do mérito (ver CPC, art. 485, V).

b) **Torna a coisa litigiosa:**

Proposta a ação e realizada a citação válida, a coisa objeto dessa ação torna-se litigiosa o que impede que o seu proprietário possa dela dispor livremente, pois isto poderá caracterizar fraude à execução (ver CPC, art. 792).

c) **Constitui o devedor em mora:**

O devedor estará em mora desde o momento que a citação se realizou regularmente. Isso é relevante porque a partir daí se poderá contar juros moratórios (ressalvado o disposto nos arts. 397 e 398 do Código Civil).

d) **Interrompe a prescrição:**

É importante esta previsão legal, que ocorrerá com o despacho que ordena a citação, ainda que proferido por juízo incompetente, **retroagindo à data da propositura da ação**. Isso é importante porque ainda que a citação demore, os direitos da parte estarão protegidos e não serão atingidos pela prescrição nem pela decadência. Para que a interrupção e a retroação tenham validade é necessário que o autor adote todas as providências necessárias, no prazo de 10 (dez) dias, para que viabilizar a citação. Quer dizer, o autor deve providenciar tudo que seja necessário para a realização da citação como, por exemplo, o recolhimento da guia de condução do oficial de justiça.

O referido artigo 240, do CPC, ainda traz a previsão de que a parte não será prejudicada pela demora na realização do serviço judiciário. A lógica está em que não se pode penalizar a parte pela ineficiência do Poder Público. Assim, se a demora na citação for imputada ao juiz ou aos serventuários da justiça, ainda assim os efeitos serão válidos para as partes.

Uma curiosidade: ao tempo do CPC de 1973 falava-se também que a citação tornava o **juiz prevento** (art. 219, daquele diploma legal). Todavia não é mais assim porque o que torna o juiz prevento, nas regras do CPC de 2015, não é a citação, mas "o registro ou a distribuição da petição inicial" (ver CPC art. 59).

6.3 Das intimações

Intimação é ato pelo qual se dá ciência a alguém dos atos e termos do processo para que faça ou deixe de fazer alguma coisa (CPC, art. 269).[52] Normalmente é

---

52. CPC, Art. 269. Intimação é o ato pelo qual se dá ciência a alguém dos atos e dos termos do processo.

§ 1º É facultado aos advogados promover a intimação do advogado da outra parte por meio do correio, juntando aos autos, a seguir, cópia do ofício de intimação e do aviso de recebimento.

§ 2º O ofício de intimação deverá ser instruído com cópia do despacho, da decisão ou da sentença.

feita na pessoa do advogado que representa a parte e, se não for realizada por meio eletrônico, deverá ser feita através de publicação no diário da justiça (CPC, art. 272, *caput*)[53] ou outras formas conforme veremos a seguir.

6.3.1   Formas de intimação

Embora o Novo CPC eleja como regra a intimação por meio eletrônico (CPC, art. 270)[54] é certo que existem outras formas de citações que podem ser utilizadas, especialmente se não for possível a citação eletrônica. Vejamos cada uma delas:

a) **Meio eletrônico:**

Esta é a regra geral prevista no CPC/2015, porém ainda falta regulamentação de como assim proceder, apesar da existência da Lei nº 11.419/06 ter tratado do assunto e do Novo CPC disciplinar a matéria com relação aos entes públicos e as empresas em geral (ver CPC, art. 245, §§ 1º e 2º).

b) **Imprensa:**

Não sendo realizada por meio eletrônico, a citação deve ser realizada através de publicação no diário oficial. Esta ainda é a forma mais comum de intimar as partes dos atos processuais em desenvolvimento.

---

§ 3º A intimação da União, dos Estados, do Distrito Federal, dos Municípios e de suas respectivas autarquias e fundações de direito público será realizada perante o órgão de Advocacia Pública responsável por sua representação judicial.

53. CPC, Art. 272. Quando não realizadas por meio eletrônico, consideram-se feitas as intimações pela publicação dos atos no órgão oficial.

§ 1º Os advogados poderão requerer que, na intimação a eles dirigida, figure apenas o nome da sociedade a que pertençam, desde que devidamente registrada na Ordem dos Advogados do Brasil.

§ 2º Sob pena de nulidade, é indispensável que da publicação constem os nomes das partes e de seus advogados, com o respectivo número de inscrição na Ordem dos Advogados do Brasil, ou, se assim requerido, da sociedade de advogados.

§ 3º A grafia dos nomes das partes não deve conter abreviaturas.

§ 4º A grafia dos nomes dos advogados deve corresponder ao nome completo e ser a mesma que constar da procuração ou que estiver registrada na Ordem dos Advogados do Brasil.

§ 5º Constando dos autos pedido expresso para que as comunicações dos atos processuais sejam feitas em nome dos advogados indicados, o seu desatendimento implicará nulidade.

§ 6º A retirada dos autos do cartório ou da secretaria em carga pelo advogado, por pessoa credenciada a pedido do advogado ou da sociedade de advogados, pela Advocacia Pública, pela Defensoria Pública ou pelo Ministério Público implicará intimação de qualquer decisão contida no processo retirado, ainda que pendente de publicação.

§ 7º O advogado e a sociedade de advogados deverão requerer o respectivo credenciamento para a retirada de autos por preposto.

§ 8º A parte arguirá a nulidade da intimação em capítulo preliminar do próprio ato que lhe caiba praticar, o qual será tido por tempestivo se o vício for reconhecido.

§ 9º Não sendo possível a prática imediata do ato diante da necessidade de acesso prévio aos autos, a parte limitar-se-á a arguir a nulidade da intimação, caso em que o prazo será contado da intimação da decisão que a reconheça.

54. CPC, Art. 270. As intimações realizam-se, sempre que possível, por meio eletrônico, na forma da lei.

Parágrafo único. Aplica-se ao Ministério Público, à Defensoria Pública e à Advocacia Pública o disposto no § 1º do art. 246.

LIÇÃO 8 • DOS ATOS PROCESSUAIS: FORMA, TEMPO, LUGAR, COMUNICAÇÃO E NULIDADES 159

c) **Pessoalmente:**

Se não for possível a intimação por meio eletrônico e não houver na localidade publicação em órgão oficial, o cartório do juízo intimará pessoalmente os advogados das partes, se for domiciliado na sede do juízo (ver CPC, 273, I).

d) **Correio:**

Se não for possível a intimação por meio eletrônico e não houver na localidade publicação em órgão oficial e o advogado da parte tiver domicílio em outra localidade, a intimação se fará por carta registrada, com aviso de recebimento (ver CPC, 273, II).

e) **Oficial de justiça:**

Quando a intimação não puder ser feita por meio eletrônico, pela imprensa ou pelo correio, será feita por oficial de justiça através de mandato (CPC, art. 275).[55] Ao realizar o ato o serventuário deverá indicar na certidão de intimação o lugar e a descrição da pessoa intimada, mencionando, quando possível, o número de seu documento de identidade e o órgão que o expediu; a declaração de entrega da contrafé; e a nota de ciente ou a certidão de que o interessado não a colocou no mandado.

Atenção: é perfeitamente possível a realização da intimação por hora certa, nos mesmos moldes como já estudado no capítulo que trata da citação.

f) **Edital:**

Embora não haja previsão direta no Código de Processo Civil desta forma de intimação, ela aparece de forma marginal quando a lei se refere à citação por oficial de justiça, conforme consta do § 2º do art. 275, do CPC.

6.3.2 Intimação pelo advogado da parte

Apesar de a regra ser a intimação pelo órgão jurisdicional, admite o Código de Processo Civil que a intimação possa ser feita pelo advogado da parte ao seu colega que representa a parte contrária (ver CPC, art. 269, § 1º).

O CPC/2015 em consonância com a modernidade criou a possibilidade de o advogado promover a intimação do colega que representa a parte contrária por correio,

---

55. CPC, Art. 275. A intimação será feita por oficial de justiça quando frustrada a realização por meio eletrônico ou pelo correio.

§ 1º A certidão de intimação deve conter:

I a indicação do lugar e a descrição da pessoa intimada, mencionando, quando possível, o número de seu documento de identidade e o órgão que o expediu;

II a declaração de entrega da contrafé;

III – a nota de ciente ou a certidão de que o interessado não a apôs no mandado.

§ 2º Caso necessário, a intimação poderá ser efetuada com hora certa ou por edital.

juntando depois a comprovação nos autos. Para isso, o ofício de intimação deverá ser instruído com cópia do despacho, da decisão ou da sentença a ser cumprida.

Isso é importante porque vem em reforço ao princípio da razoável duração do processo e da efetividade das decisões judiciais.

6.3.3   Intimação por carga nos autos

A retirada dos autos do cartório ou da secretaria em carga pelo advogado, por pessoa credenciada a pedido do advogado ou da sociedade de advogados, pela Advocacia Pública, pela Defensoria Pública ou pelo Ministério Público implicará intimação de qualquer decisão contida no processo retirado, ainda que pendente de publicação (ver CPC, art. 272, § 6°). Claro que esta disposição somente se aplica aos autos físicos.

O processo poderá ser retirado em carga por preposto desde que o advogado ou a sociedade de advogados expressamente requeiram o seu credenciamento (ver CPC, art. 272, § 7°). É importante registrar que mesmo os autos sendo retirado por preposto, este ato implicará na ciência da intimação contida no mesmo, independente de publicação.

A intimação por carga nos autos também se aplica à Advocacia Pública, Defensoria Pública e aos membros do Ministério Público.

6.3.4   Intimação da Fazenda Pública

A intimação das pessoas jurídicas de direito público será realizada através do órgão da advocacia pública que as representem nos autos (ver CPC, art. 269, § 3°).

6.3.5   Intimação das partes e de terceiros

Em algumas situações específicas pode ser necessário intimar a parte independentemente de seus procuradores. Nesse caso a intimação se fará, preferencialmente, por carta com aviso de recebimento (CPC, art. 274).[56]

A carta será enviada ao endereço da parte constante dos autos e a intimação será considerada válida se entregue no endereço a qualquer pessoa. Além disso, a lei faz presumir que as intimações entregues no endereço informado nos autos serão válidas ainda que o intimado não mais resida no local, contando-se o prazo para sua manifestação a partir da juntada aos autos do comprovante de entrega.

---

56.   CPC, Art. 274. Não dispondo a lei de outro modo, as intimações serão feitas às partes, aos seus representantes legais, aos advogados e aos demais sujeitos do processo pelo correio ou, se presentes em cartório, diretamente pelo escrivão ou chefe de secretaria.
    Parágrafo único. Presumem-se válidas as intimações dirigidas ao endereço constante dos autos, ainda que não recebidas pessoalmente pelo interessado, se a modificação temporária ou definitiva não tiver sido devidamente comunicada ao juízo, fluindo os prazos a partir da juntada aos autos do comprovante de entrega da correspondência no primitivo endereço.

LIÇÃO 8 • DOS ATOS PROCESSUAIS: FORMA, TEMPO, LUGAR, COMUNICAÇÃO E NULIDADES · 161

Assim, é importante que as partes mantenham seus endereços para correspondência atualizados nos autos sob pena de sofrer as consequências de sua desídia.

6.3.6 Requisitos de validade das intimações

Sob pena de nulidade, é indispensável que da intimação publicada no diário oficial constem os nomes das partes e de seus advogados sem abreviaturas, com o respectivo número de inscrição na Ordem dos Advogados do Brasil, ou, se assim requerido, da sociedade de advogados da qual o advogado é integrante (ver CPC, art. 272, §§ 2°, 3° e 4°).

Na petição inicial ou em petição avulsa encartada aos autos em qualquer momento processual, é possível requerer que as intimações se realizem em nome de um determinado advogado. Se assim tiver sido requerido e as intimações não se realizarem no nome indicado, serão consideradas nulas e não obrigarão as partes (ver CPC, art. 272, § 5°).

Esta nulidade deverá ser alegada pela parte tão logo tenha conhecimento, em preliminar do ato que devia praticar, requerendo a devolução do prazo que, se reconhecido pelo juiz, ter-se-á o ato como tempestivo. Se não for possível a prática imediata do ato diante da necessidade de acesso prévio aos autos, a parte limitar-se-á a arguir a nulidade da intimação em simples petição, caso em que o prazo será contado da intimação da decisão que a reconheça o vício (ver CPC, art. 272, §§ 7° e 8°).

7. INVALIDADE DOS ATOS PROCESUAIS (NULIDADES)

Quando a lei estabelece uma forma pela qual se deva praticar determinado ato processual (requisitos, modo, tempo ou lugar), sua inobservância acarretará a invalidade do ato processual. Quer dizer, o ato processual tem que ser realizado no tempo certo, no lugar determinado e pela forma que a lei estabelecer.

O ato processual pode apresentar simples irregularidades, nulidades ou até mesmo ser considerado inexistente, porém todos eles podem produzir efeitos sendo sempre necessária uma decisão judicial que os declare ineficazes.

Conforme seja a norma processual aplicável ao caso concreto, podemos classificar em duas categorias: **normas cogentes**, enquanto norma jurídica imperativa, isto é, obrigatórias (exemplo: intervenção do MP quando há incapaz); e, **norma dispositiva**, enquanto norma supletiva que, inclusive, permite que as partes possam estabelecer seu cumprimento de forma diferente (exemplo: competência territorial).

Nessa perspectiva, vejamos como podemos melhor entender o que são as nulidades, anulabilidades ou mesmo inexistência do ato processual.

7.1 Ato processual meramente irregular

Irregulares são aqueles atos que derivam da inobservância de determinadas formalidades pouco relevantes para o processo, como por exemplo, um documento apresentado com rasuras ou apagado poderá, quando muito, ensejar a determinação de que se apresente um novo documento legível e não rasurado.

7.2 Ato processual nulo

O ato processual nulo é aquele que é praticado sem a observância de requisitos de validade imposto pela norma processual e que cause prejuízo ao regular desenvolvimento do processo ou a qualquer das partes.

Mesmo o ato processual nulo deve ser analisado de forma isolada e deve ser declarado nos limites do que ele possa ter contaminado o restante do processo. Por isso mesmo o juiz ao reconhecer a nulidade, declarará quais serão os atos atingidos e ordenará as providências necessárias a fim de que sejam repetidos ou retificados (CPC, art. 282, *caput*).[57]

De outro lado, se o juiz puder decidir o mérito a favor da parte a quem aproveitaria a decretação da nulidade, não será necessário se manifestar sobre a nulidade ou sobre a sua eventual correção (CPC, art. 282, § 2º).

Em síntese: o pronunciamento judicial sobre qualquer nulidade deverá desconstituir apenas a parte viciada do ato, devendo ser aproveitado todos os outros atos realizados anteriormente e também aqueles que não são dependentes do ato que se pretende ver declarado nulo (CPC, art. 281), devendo o juiz declarar quais atos foram atingidos pela nulidade, determinando as providência necessárias para que sejam repetidos ou retificados (ver CPC, art. 282).

7.3. Ato processual inexistente

Inexistente é aquele ato que deveria ser praticado de determinada forma ou em determinado tempo e não o foi. É o caso, por exemplo, da contestação apresentada fora do prazo legal que, embora recebida e encartada aos autos, não irá gerar efeitos porque o juiz considerará como se ela não tivesse sido apresentada e declarará à revelia do réu.

Vamos imaginar que uma das partes, não tendo ficado satisfeita com a decisão do juiz que lhe negou o pedido de tutela de urgência. Considerando a decisão er-

---

57. CPC, Art. 282. Ao pronunciar a nulidade, o juiz declarará que atos são atingidos e ordenará as providências necessárias a fim de que sejam repetidos ou retificados.

§ 1º O ato não será repetido nem sua falta será suprida quando não prejudicar a parte.

§ 2º Quando puder decidir o mérito a favor da parte a quem aproveite a decretação da nulidade, o juiz não a pronunciará nem mandará repetir o ato ou suprir-lhe a falta.

LIÇÃO 8 • DOS ATOS PROCESSUAIS: FORMA, TEMPO, LUGAR, COMUNICAÇÃO E NULIDADES **163**

rada, a parte resolve recorrer. Ingressa nos próprios autos e requer ao próprio juiz que reveja seu ato e mude sua decisão anteriormente proferida. Essa manifestação não tem nenhum embasamento legal e, a rigor, o juiz não estará sequer obrigado a responder (a parte deveria interpor agravo de instrumento).

Veja-se que nestes dois exemplos não se trata de nulidade do ato, mas de ineficácia do ato praticado que não respeitou os requisitos determinados em lei. No primeiro caso, o ato não irá gerar nenhum efeito por ter sido atingido pelo manto da preclusão. No segundo também não gerará nenhum efeito porque o recurso deveria ser endereçado ao tribunal.

7.4 Nulidades processuais previstas em lei

O Código de Processo Civil não enumerou todas as nulidades que podem atingir o processo, deixando ao julgador a aferição das nulidades decorrentes do sistema processual. Porém em diversas passagens, de maneira esparsa, é possível identificar exemplos de nulidades como a não intervenção do MP quando sua participação for obrigatória (CPC, art. 279);[58] as citações e intimações quando feita sem a observação do que dispõe a lei (CPC, art. 280);[59] falta de citação do réu ou do executado (ver CPC, art. 239), dentre outros.

7.5 Tipos de nulidades

Existem as nulidades absolutas e as nulidades relativas, porém mais uma vez, a lei processual não fez distinção entre as duas:

a) **Absolutas:**

As nulidades absolutas são as infrações à ordem pública e que devem ser conhecidas e declaradas de ofício pelo juiz (pode também ser provocada pela parte), não sendo atingida pela preclusão. Estas nulidades são também chamadas "**de pleno direito**" ou "**ipso jure**". A nulidade absoluta opera os efeitos *ex tunc*.

Exemplo: a falta intervenção do Ministério Público é um exemplo típico, pois torna o processo nulo, quando a sua participação era obrigatória e o juiz, nesse caso, declarará nulo todos os atos praticados desde o momento

---

58. CPC, Art. 279. É nulo o processo quando o membro do Ministério Público não for intimado a acompanhar o feito em que deva intervir.

    § 1º Se o processo tiver tramitado sem conhecimento do membro do Ministério Público, o juiz invalidará os atos praticados a partir do momento em que ele deveria ter sido intimado.

    § 2º A nulidade só pode ser decretada após a intimação do Ministério Público, que se manifestará sobre a existência ou a inexistência de prejuízo.

59. CPC, Art. 280. As citações e as intimações serão nulas quando feitas sem observância das prescrições legais.

em que ele deveria ter sido intimado, determinando o seu refazimento (ver CPC, art. 279).

b) **Relativas**:

Somente podem ser arguidas pela parte que não lhe deu causa (CPC, art. 276)[60] e que tenha legítimo interesse na sua declaração e, se não arguida em tempo hábil, sofrerá os efeitos da preclusão. Vale lembrar que a nulidade relativa opera os efeitos *ex nunc*.

Exemplo: é o caso da incompetência relativa do juízo que, em princípio pode prejudicar o réu, mas se não for alegada como preliminar da contestação, sofrerá os efeitos da preclusão e haverá o fenômeno da prorrogação de competência (ver CPC, art. 65).

7.6 Nulidades sanáveis e insanáveis

Em princípio podemos considerar que o vício/nulidade insanável corresponde à nulidade absoluta e o vício/nulidade sanável corresponde à nulidade relativa.

Nulidade sanável, também chamada de **relativa** é aquela que admite, de alguma forma, que o ato viciado possa ser refeito ou mesmo ignorado se não foi por alguém arguido (CPC, art. 278, *caput*).[61]

Já a nulidade insanável ou **absoluta** é aquela que não está sujeita à preclusão e, de regra, pode ser conhecida de ofício pelo magistrado em qualquer tempo e grau de jurisdição (ver CPC, art. 278, parágrafo único).

7.7 Dos princípios aplicáveis às nulidades

Com relação às nulidades/anulabilidades existem diversos princípios que devem orientar a decisão quanto a validade ou invalidade do ato, dentre os quais destacamos: o princípio da liberdade das formas (ver CPC, art. 188); o princípio da instrumentalidade das formas (ver CPC, art. 277); o princípio da lealdade processual (ver CPC, art. 276); o princípio da causalidade dos atos processuais (ver CPC, arts. 281, 282 e 283); princípio do aproveitamento dos atos processuais (ver CPC, art. 283) e, o princípio do prejuízo (ver CPC, arts. 279, § 2°, 282, § 1° e 283, parágrafo único).

Todos são importantes, mas dentre estes destacamos, pela importância, o princípio da instrumentalidade das formas e o princípio do prejuízo, que merecem uma atenção especial, vejamos:

---

60. CPC, Art. 276. Quando a lei prescrever determinada forma sob pena de nulidade, a decretação desta não pode ser requerida pela parte que lhe deu causa.
61. CPC, Art. 278. A nulidade dos atos deve ser alegada na primeira oportunidade em que couber à parte falar nos autos, sob pena de preclusão.

    Parágrafo único. Não se aplica o disposto no *caput* às nulidades que o juiz deva decretar de ofício, nem prevalece a preclusão provando a parte legítimo impedimento.

LIÇÃO 8 • DOS ATOS PROCESSUAIS: FORMA, TEMPO, LUGAR, COMUNICAÇÃO E NULIDADES   **165**

a) **Princípio da instrumentalidade das formas:**

Quando a nulidade não decorrer de expressa determinação legal, o juiz poderá considerar válido o ato se o mesmo, apesar de viciado, atingir a finalidade à qual se prestava (CPC, art. 277).[62] Quer dizer, a forma não pode ser mais importante do que o conteúdo. Esse princípio aplica-se tanto às nulidades relativas quanto às absolutas.

Exemplo: a citação para ser válida deve ser realizada da forma como a lei prescreve (CPC, art. 280).[63] Contudo, se ela for realizada irregularmente, mas o citando comparecer ao processo e praticar o ato que lhe competia, não há falar-se em anulação do ato porque, ainda que a citação tenha sido realizada de forma irregular, ela atingiu sua finalidade que foi a de dar ciência e oportunidade ao réu de comparecer ao processo.

b) **Princípio do prejuízo:**

Não se decretará nulidade e, por conseguinte, não será refeito o ato se não for provado o prejuízo que tal vício possa ter causado à parte (ver CPC, art. 282, § 1°).

Exemplo: já vimos que a falta intervenção do Ministério Público é um exemplo de vício que torna o processo nulo, quando a sua participação era obrigatória. Contudo, o juiz somente decretará a nulidade depois que o MP se manifestar sobre a existência de prejuízo (ver CPC, art. 279, § 2°).

7.8   Regularização dos vícios

A forma mais adequada de regularizar o vício é a parte refazer o ato que fora praticado erroneamente, fazendo-o agora de forma regular ou, se não havia praticado, praticá-lo no prazo que foi assinalado.

Não podemos esquecer que o novo CPC albergou o "princípio da primazia da resolução de mérito" pelo qual, sempre que possível, o juiz deve procurar todas as formas de sanar os vícios na busca de proferir, ao final, uma decisão de mérito que coloque fim a controvérsia levado à juízo.

Um dos exemplos claro desse princípio é aquele previsto no art. 317 do Novo CPC, pelo qual o juiz, antes de proferir decisão sem resolução de mérito, deverá conceder à parte oportunidade para, se possível, corrigir o vício.

Há também determinação no mesmo sentido dirigido aos Tribunais, inclusive aos Superiores, que estabelece como obrigação do relator, antes de considerar inad-

---

62. CPC, Art. 277. Quando a lei prescrever determinada forma, o juiz considerará válido o ato se, realizado de outro modo, lhe alcançar a finalidade.
63. CPC, Art. 280. As citações e as intimações serão nulas quando feitas sem observância das prescrições legais.

missível qualquer recurso, conceder prazo de 5 (cinco) dias para que o recorrente possa sanar vícios ou complementar a documentação exigível (ver CPC, art. 932).

Assim, a regra é que todo defeito processual deverá ser sanado. A exceção é a decretação da nulidade.

7.9 Nulidades e a coisa julgada

Advirta-se que no Direito Processual Civil não existe nulidade de pleno direito, como ocorre no Direito Civil. A nulidade dependerá sempre de um pronunciamento judicial declarando-a, de tal sorte que se não forem declaradas, consolidam-se no tempo.

Quer dizer, o ato nulo ou anulável poderá produzir efeitos e consequências processuais, enquanto o juiz assim não declarar sua invalidade.

Para se ter uma ideia, se uma sentença foi proferida com vício que se qualifica de nulidade absoluta e transita em julgado, tornando-se coisa julgada material, ela passa a gerar efeitos até que seja declarada nula através da propositura de **ação rescisória** (ver CPC, art. 966). Mais grave ainda, como a rescisória só pode ser proposta no prazo de 2 (dois) anos, significa dizer que passado esse prazo aquela sentença que sofria de vício insanável ao ser prolatada, agora se encontra perfeita.

> **Atenção:** se há erro ou vício na sentença que é meramente homologatória (sentença que não decide o mérito), a forma de corrigir o defeito eventualmente existente é através da "**ação anulatória**" (ver CPC, art. 966, § 4°). A ação anulatória é uma ação de conhecimento declaratória, proposta perante o juízo de primeiro grau que proferiu a sentença que se pretende anular. O prazo prescricional que deve ser considerado para a propositura da ação anulatória é aquele referente ao direito material do negócio jurídico que foi objeto da homologação.

7.10 Sentença inexistente

Se a sentença puder ser considerada inexistente por padecer de vício gravíssimo, não será o caso de ação rescisória. Nesse caso, a ação própria para desconstituir a sentença é uma ação declaratória de nulidade (**querela nullitatis**), proposta perante o juízo que proferiu a decisão. Essa ação é imprescritível.

Os vícios que autorizam a propositura da ação declaratória de nulidade são chamados de "**vícios transrescisórios**". Um desses vícios, somente para exemplificar, é a sentença proferida no processo onde não houve a citação do réu.

Vale rememorar que os atos jurídicos inexistentes, nem chegam a existir, logo não necessitam ser anulados. O máximo que se pode pretender é a declaração de sua inexistência, o que justifica a ação declaratória de nulidade.

PARTE IV
DA FORMAÇÃO, SUSPENSÃO E EXTINÇÃO DO PROCESSO: DA DISTRIBUIÇÃO, DO REGISTRO E DAS TUTELAS DE URGÊNCIA

LIÇÃO 9
DAS TUTELAS PROVISÓRIAS: DE URGÊNCIA E DE EVIDÊNCIA

Sumário: 1. Disposições gerais – 2. Conceito de tutela provisória – 3. Características – 4. Espécies de tutelas provisórias; 4.1 De urgência ou evidência; 4.2 Antecedente ou incidente; 4.3 Antecipada ou cautelar; 5. Recorribilidade das provisórias – 6. Poder geral de cautela do juiz – 7. Dever de fundamentação do juiz – 8. Competência do juízo – 9. Das tutelas de urgência; 9.1 Efetivação das medidas cautelares; 9.2 Responsabilidade pelos danos causados; 9.3 Tutela antecipada em caráter antecedente; 9.3.1 Negativa de concessão da tutela antecipada antecedente; 9.3.2 Estabilização da tutela antecipada antecedente; 9.3.3 Revisão da tutela estabilizada; 9.4 Tutela cautelar requerida em caráter antecedente; 9.4.1 Citação do réu; 9.4.2 Aditamento da petição inicial antecedente; 9.4.3 Eficácia de tutela concedida; 9.4.4 Indeferimento da tutela cautelar; 9.5 Fungibilidade das tutelas provisórias – 10. Tutela de evidência; 10.1 Diferenças entre tutela de evidência e tutela de urgência; 10.2 Concessão liminar; 10.3 Tutela de evidência e julgamento antecipado; 11. Tutelas provisórias contra a fazenda pública.

1. DISPOSIÇÕES GERAIS[1]

A primeira coisa que precisa ser destacado é que as tutelas provisórias existem para atenuar os malefícios do tempo do processo. Sabemos que o ideal seria obter desde logo a tutela definitiva que contivesse um juízo de certeza. Sabemos também da morosidade do judiciário, razão pela qual os processos se alongam no tempo, principalmente respeitada todas as garantias do devido processo legal.

O decurso do tempo processual traz prejuízos econômicos e morais às partes; afronta os princípios da efetividade e da celeridade processuais; contribui para a insegurança jurídica e pode ocasionar, inclusive, o perecimento do direito pleiteado, com o consequente fracasso do acesso à justiça.

Diante de efeitos tão nefastos, é imprescindível uma solução, mesmo que paliativa, a qual consiste numa tutela provisória, que não resolve definitivamente

---

1. As disposições gerais constam do texto da Profa. Marcia Cardoso Simões In: MELO, Nehemias Domingos de. *Novo CPC Anotado, Comentado e Comparado*, 2ª. ed. Rumo Legal, 2016, pp 257/294.

a lide, mas atende, em parte, à efetividade da justiça, porque pode desde logo ser executada, ou seja, realizada no mundo dos fatos.

As tutelas provisórias nunca fazem coisa julgada, ou seja, são inaptas para se tornar imutáveis e indiscutíveis. Já as tutelas definitivas, ao transitar em julgado, adquirem imunidade contra decisões posteriores. A coisa julgada é imutável porque não pode ser modificada por decisão posterior. Consequentemente, a propositura de mesma lide em outro processo fica vedada. Além de imutável, ela é indiscutível porque impede que se aprecie a mesma questão em outro processo futuro entre as mesmas partes. Já a tutela provisória não transita em julgado, de modo que pode ser modificada ou revogada por decisão posterior, além de também poder ser rediscutida no mesmo processo ou em outro processo futuro entre as mesmas partes. Uma vez extinto o processo na qual ela foi concedida, a tutela provisória não impede a reapreciação da mesma lide em outro processo entre as mesmas partes.

Como já dissemos o objetivo maior das tutelas provisórias consiste em atender à efetividade e à celeridade processuais, de forma que se abre mão de um juízo de certeza em prol da efetividade e celeridade. Um juízo de certeza jurídica somente pode ser obtido após a produção integral de provas, obedecido o contraditório, a ampla defesa, efetivado todo o procedimento legal, enfim, respeitadas todas as garantias do devido processo legal.

As tutelas provisórias têm pronta eficácia. A grande vantagem das tutelas provisórias consiste na sua executoriedade imediata. Uma vez concedida, a decisão pode ser realizada no mundo dos fatos desde logo, mesmo na pendência de recurso.

As tutelas provisórias podem ser revogadas ou modificadas, de ofício ou a requerimento da parte, em qualquer momento processual, enquanto houver a busca para encontrar a solução definitiva para o direito em litígio.

As tutelas provisórias sempre estão relacionadas à tutela definitiva, que chamamos de principal. Afinal elas só existem porque a tutela principal exige o cumprimento minucioso de todo o procedimento traçado pela lei, com obediência ao contraditório e à ampla defesa, tarefa que demanda tempo, fator inimigo da efetividade e que pode trazer prejuízos às partes.

Em regra, as tutelas provisórias têm como objetivo direto preservar a utilidade da futura tutela definitiva ou evitar que o próprio direito objeto da ação pereça completamente antes da decisão final. Em ambos os casos, para obter a tutela provisória é imprescindível demonstrar a probabilidade de obter a solução definitiva para a lide. Logo só é possível pensar em tutela provisória se tivermos em mente qual seria a tutela definitiva correspondente.

A concessão da tutela provisória sempre significa atender ao princípio da efetividade e da celeridade processuais, em prejuízo do princípio da segurança jurídica, conforme passamos a explicar. Já vimos que as medidas provisórias advêm de uma cognição superficial, não obstante, poderem ser executadas imediatamente, mesmo na pendência de recurso. De forma que se torna possível executar sem que se tenha certeza jurídica sobre o direito litigado. Executar sem certeza vai de encontro ao princípio da segurança jurídica, expressado no artigo 5º, inciso LIV, da Constituição, segundo o qual "ninguém será privado da liberdade ou de seus bens sem o devido processo legal".

Quer dizer, apenas outro princípio do mesmo quilate pode justificar essa invasão da esfera jurídica de alguém sem o completo devido processo legal. Trata-se do princípio da efetividade da jurisdição, garantia decorrente da inafastabilidade da jurisdição, pois o direito de acesso à justiça compreende não apenas obter a solução jurídica ao caso concreto levado à juízo, mas igualmente o direito de ter realizado no mundo dos fatos a solução jurídica obtida.

O pressuposto das tutelas provisórias consiste em "circunstâncias de fato" que configurem um risco ou, pelo menos, um embaraço ao princípio da efetividade da jurisdição, que garante a entrega da tutela jurisdicional em tempo e em condições adequadas à preservação do bem da vida.

Nas tutelas provisórias de urgência a circunstância de fato deve significar um perigo, uma ameaça de perecimento do objeto do processo ou uma ameaça à utilidade/efetividade da decisão definitiva final do processo. Já o embaraço ao princípio da efetividade e da celeridade prescinde da situação de perigo, mas configura um entrave à prestação da tutela jurisdicional em prazo razoável e com a celeridade e presteza exigidas pelo inciso LXXVII do art. 5º da Constituição Federal.

De qualquer modo, quando o julgador é chamado a decidir provisoriamente, ele deve enfrentar o dilema de decidir qual das garantias constitucionais fundamentais sairá vencedora em prejuízo da outra: segurança jurídica ou efetividade (e celeridade) da tutela jurisdicional? Trata-se, portanto, de um conflito de normas de segundo grau, para o qual não há solução preconcebida, cabendo ao juiz elaborar frente ao caso concreto a regra conformadora entre os princípios que se afrontam.

2. CONCEITO DE TUTELA PROVISÓRIA

Podemos conceituar as tutelas provisórias como sendo o instrumento processual através do qual o requerente pode se beneficiar de um provimento judicial que, ainda que provisório, poderá antecipar o mérito do processo (no todo ou em parte) ou autorizar medidas protetivas do direito posto em discussão, antes da decisão final a ser proferida naquele determinado processo, concedida sempre com base na urgência ou na probabilidade do direito, possível de ser modificada ou revogada a qualquer tempo por decisão fundamentada.

3. CARACTERÍSTICAS

Em face do conceito acima apresentado podemos destacar as seguintes características das tutelas provisórias:

a) **Inaptidão para tornar-se imutável e indiscutível:**

Como a concessão da medida provisória não é atingida pelo manto da coisa julgada, ela pode ser modificada a qualquer tempo, tanto pelo juiz da própria causa quanto por decisão proferida em instâncias superiores.

b) **Fundamenta-se numa cognição não exauriente:**

O juiz ao conceder a tutela provisória o faz com base numa cognição superficial, muitas vezes até mesmo sem a oitiva da parte contrária (caso da concessão liminar). Mesmo quando concedida no curso do processo será sempre com base em probabilidade ou em face de uma urgência em proteger um determinado direito.

c) **Tem eficácia imediata:**

Tão logo concedida a tutela provisória pode ser executada e conserva sua eficácia durante toda a tramitação do processo (CPC, art. 296)[2], regra que proíbe o comportamento a não ser que venha a ser modifica ou revogada no curso do processo.

d) **Revogável e modificável a qualquer tempo:**

Exatamente por ser provisória ela pode ser modificada ou mesmo revogada a qualquer tempo, por decisão motivada do juiz da causa. Além disso, a tutela provisória conservará a eficácia mesmo durante o período da eventual suspensão do processo. (ver CPC, art. 296).

e) **Tem sempre como referência a correspondente tutela definitiva:**

A tutela provisória deverá ser requerida tendo em conta qual o pedido final a ser feito naquele determinado processo (o bem da vida). A existência das tutelas provisórias somente se justifica em função da preservação do bem da vida, e da garantia que ele será efetivamente entregue a quem a decisão jurisdicional final do processo determinar. Logicamente, depois de transcorrido todo o tempo necessário para o conhecimento pleno e profundo da causa.

f) **Atende aos princípios da efetividade e da celeridade:**

Naturalmente ao atender os princípios da efetividade e da celeridade as tutelas provisórias acabam por prejudicar, por assim dizer, o princípio da segurança

---

2. CPC, Art. 296. A tutela provisória conserva sua eficácia na pendência do processo, mas pode, a qualquer tempo, ser revogada ou modificada.

    Parágrafo único. Salvo decisão judicial em contrário, a tutela provisória conservará a eficácia durante o período de suspensão do processo.

LIÇÃO 9 • DAS TUTELAS PROVISÓRIAS: DE URGÊNCIA E DE EVIDÊNCIA

jurídica. Isto se justifica em face da morosidade do judiciário que, em muitos casos, se a parte for esperar pela decisão final, não haverá mais direito ou objeto a ser desfrutado por ter se exaurido na longa tramitação do processo.

4. ESPÉCIES DE TUTELAS PROVISÓRIAS

Se verificarmos o que consta do capítulo do Código de Processo Civil que trata da matéria, podemos identificar as seguintes espécies de tutelas provisórias:

4.1 De urgência ou evidência

Em relação aos requisitos para sua concessão, as medidas provisórias podem ser classificadas em duas espécies: de urgência ou de evidência.

As tutelas de urgência (satisfativa ou cautelar) serão sempre baseadas na probabilidade do direito e no perigo de dano ou o risco ao resultado útil do processo (ver CPC, art. 300). Corresponde aquilo que a doutrina nomina de *fumus boni iuris* (fumaça do bom direito) e *periculum in mora* (perigo na demora).

Já as tutelas de evidência serão concedidas independentemente do perigo de dano ou de risco ao resultado útil do processo. Em compensação, para serem concedidas elas exigem um altíssimo grau de probabilidade do direito. Ao invés do simples *fumus boni iuris*, as medidas de evidência têm como requisito a demonstração de que o direito da parte é tão evidente que "salta aos olhos". Enquanto o requisito do *fumus boni iuris* (exigido para concessão das medidas provisórias de urgência) admite a existência de dúvidas sobre o direito da parte que requereu a medida provisória, o requisito da evidência exige uma demonstração do direito tão transparente, tão alto que "por um triz" não chega a ser uma certeza absoluta sobre o direito da parte. Além disso, a outra hipótese para concessão da tutela de evidência se contenta com a demonstração de que houve abuso de direito de defesa ou manifesto propósito protelatório da parte contraria (ver CPC, art. 311).

Em suma, é possível afirmar que as tutelas de urgência (antecipatórias ou cautelares) diferem das tutelas de evidência no que diz respeito aos requisitos para sua concessão:

a) **Tutelas de urgência:**

As tutelas de urgência têm como requisitos o *fumus boni iuris* e a situação de perigo de dano ou o risco ao resultado útil do processo (ver CPC, art. 300).

b) **Tutelas de evidência:**

Já as tutelas de evidência têm como único requisito o altíssimo grau de probabilidade, uma quase certeza sobre o direito da parte que requer a medida provisória. Sendo que a evidência do direito pleiteado é quase cabal, seja por ser evidente, seja porque a protelação do réu acaba por indicar isso (ver CPC, art. 311).

4.2 Antecedente ou incidente

A classificação das tutelas provisórias em antecedentes e incidentes diz respeito ao momento no qual a parte requer em juízo a tutela provisória de urgência.

A tutela provisória será antecedente quando for requerida antes do requerimento da tutela definitiva. Sendo assim a relação processual entre as partes que formam a lide é inaugurada apenas com o pedido provisório. Em relação ao pedido principal, o requerente deve apenas fazer "a indicação do pedido de tutela final, com a exposição da lide e do direito que se busca realizar" (ver CPC, art. 303 *caput*). Mas, o requerimento para concessão do bem da vida (pedido principal) será efetivado ou confirmado posteriormente por ocasião do aditamento da petição inicial (ver CPC, art. 303, § 1º, I).

Portanto, antecedente é aquela tutela de urgência requerida quando ainda não existe processo, isto é, ela é preparatória de uma futura ação, cujo objeto consiste no pedido principal que ainda vai ser proposto em juízo.

Já a tutela incidente é aquela requerida no curso de um processo que já existe e está em andamento quando surgiu a urgência que motivou o pedido de urgência ou nas hipóteses em que a tutela provisória é requerida na mesma petição inicial na qual também está sendo feito o pedido definitivo (ver CPC, art. 294, parágrafo único).

4.3 Antecipada ou cautelar

As medidas provisórias de urgência podem ser classificadas de acordo com o objetivo que pretendem alcançar: se for de caráter cautelar elas visam proteger a efetividade da decisão final do processo, ou seja, a possibilidade de realização da decisão definitiva no mundo dos fatos. Já as tutelas antecipadas visam proteger diretamente o bem da vida que pereceria caso não fosse entregue ao jurisdicionado antes da elaboração do juízo de certeza.

Nesse mesmo sentido, podemos afirmar que as cautelares consistem em uma medida, qualquer que seja, diferente do bem da vida disputado no processo. Enquanto que nas antecipatórias, o bem da vida é entregue e efetivado antes do juízo de certeza.

5. RECORRIBILIDADE DAS PROVISÓRIAS

As decisões proferidas com relação as tutelas provisórias, sejam as que concede ou mesmo as que negam o pedido de tal provimento são decisões interlocutórias e, como tal, podem ser atacadas através de **agravo de instrumento** quando proferidas pelo juízo de primeiro grau (ver CPC, art. 1.015, I).

Se a decisão concessiva ou negativa for proferida pelo relator do processo em segunda instância (decisão monocrática), o recurso cabível visando modificar a decisão será o **agravo interno** (ver CPC, art. 1.021).

LIÇÃO 9 • DAS TUTELAS PROVISÓRIAS: DE URGÊNCIA E DE EVIDÊNCIA **175**

Se de outro lado a decisão que concedeu a tutela provisória foi proferida na sentença, o recurso contra tal decisão será o de **apelação** que será recebida apenas no efeito devolutivo (ver CPC, art. 1.012, § 1º, V), cabendo à parte requerer que o relator lhe atribui efeito suspensivo para sustar o cumprimento da medida (ver CPC, art. 1.012, §§ 3º e 4º).

6. PODER GERAL DE CAUTELA DO JUIZ

O juiz poderá determinar as medidas que considerar adequadas para efetivação da tutela provisória deferida (CPC, art. 297).[3] Quer dizer, não basta conceder a tutela pleiteada, é preciso que ela seja realmente efetivada.

De outro lado, efetivar a tutela provisória significa executá-la. Para isso determina a lei que seja seguida na execução das medidas provisórias as mesmas normas aplicáveis ao cumprimento provisório de sentença (ver CPC, art. 513 e ss).

7. DEVER DE FUNDAMENTAÇÃO DO JUIZ

Determina o Novo CPC que nas decisões que conceder, negar, modificar ou revogar a tutela provisória, o juiz deverá motivar o seu convencimento de modo claro e preciso (CPC, art. 298).[4]

Essa regra vem em consonância com o princípio processual constitucional da motivação das decisões jurisdicionais, expresso no art. 93, inciso IX, da Constituição Federal.

8. COMPETÊNCIA DO JUÍZO

Para definir qual é o juízo competente para o pedido da tutela provisória, temos os seguintes critérios (CPC, art. 299):[5]

a) **Tutela provisória incidental:**

Nesse caso, competente é o juízo onde está tramitando o processo, ou seja, o juiz da causa.

---

3. CPC, Art. 297. O juiz poderá determinar as medidas que considerar adequadas para efetivação da tutela provisória.
   Parágrafo único. A efetivação da tutela provisória observará as normas referentes ao cumprimento provisório da sentença, no que couber.
4. CPC, Art. 298. Na decisão que conceder, negar, modificar ou revogar a tutela provisória, o juiz motivará seu convencimento de modo claro e preciso.
5. CPC, Art. 299. A tutela provisória será requerida ao juízo da causa e, quando antecedente, ao juízo competente para conhecer do pedido principal.
   Parágrafo único. Ressalvada disposição especial, na ação de competência originária de tribunal e nos recursos a tutela provisória será requerida ao órgão jurisdicional competente para apreciar o mérito.

b) Tutela provisória antecedente:

Se for requerida a tutela provisória como forma preparatória da futura ação principal, competente será o juízo que tem prerrogativa para conhecer da ação principal.

c) Tutela requerida nos tribunais:

Se for necessário pedir a tutela em processos originários dos tribunais ou em processo que esteja na fase recursal, competente será o relator ou órgão jurisdicional competente para o conhecimento do mérito.

9. DAS TUTELAS DE URGÊNCIA

Para a concessão das tutelas de urgência, seja as cautelares ou mesmo as antecipadas, existem alguns aspectos que o juiz deve observar (CPC, art. 300),[6] vejamos:

a) Probabilidade do direito:

O requisito da probabilidade do direito exige que o requerente da tutela de urgência demonstre que o direito material, o bem da vida por ele almejado têm boas perspectivas de ser acolhido pelo ordenamento jurídico, que é provável que seu pedido principal seja julgado procedente. É aquilo que a doutrina chama de *fumus boni iuris* (fumaça do bom direito).

b) Perigo de dano ou risco ao resultado útil do processo:

Significa que o requerente deve demonstrar a existência de uma situação de perigo, que necessita de medida jurisdicional urgente sem a qual há grande chance de que ocorra um dano ou um grande perigo de que o direito pleiteado venha a não mais existir se houver demora na concessão da medida. Isso é o que a doutrina chama de *periculum in mora* (perigo na demora).

c) Caução real ou fidejussória:

Frente ao caso concreto, se o magistrado intuir que a concessão da medida de urgência poderá causar alguma espécie de dano a parte contrária, poderá determinar que o requerente preste caução (real ou fidejussória) como forma de garantia para uma eventual reparação futura.

---

6. CPC, Art. 300. A tutela de urgência será concedida quando houver elementos que evidenciem a probabilidade do direito e o perigo de dano ou o risco ao resultado útil do processo.

§ 1º Para a concessão da tutela de urgência, o juiz pode, conforme o caso, exigir caução real ou fidejussória idônea para ressarcir os danos que a outra parte possa vir a sofrer, podendo a caução ser dispensada se a parte economicamente hipossuficiente não puder oferecê-la.

§ 2º A tutela de urgência pode ser concedida liminarmente ou após justificação prévia.

§ 3º A tutela de urgência de natureza antecipada não será concedida quando houver perigo de irreversibilidade dos efeitos da decisão.

d) Concessão liminar ou mediante justificação prévia:

O juiz tem a prerrogativa de conceder a tutela provisória de urgência em caráter liminar quando o autor do pedido trouxer elementos de convencimento que não deixe margens a dúvidas e o fará sem ouvir a parte contrária (liminar *inaudita altera parte*). Se dúvidas houver o juiz não concederá a liminar e determinará que o autor justifique melhor sua pretensão até mesmo, se for o caso, em audiência específica para este fim.

e) Perigo de irreversibilidade:

Quando se tratar de tutela antecipada, o juiz não concederá a medida se entender que a mesma pode ser irreversível. O perigo de irreversibilidade como pressuposto para concessão da tutela antecipada é chamado pela doutrina de **pressuposto negativo**.

Entendendo melhor: a reversibilidade de que fala a lei, não é a irreversibilidade do provimento antecipatório já que todas as medidas provisórias são reversíveis. A reversibilidade é dos efeitos da medida concedida.

Exemplo: vamos imaginar que o Poder Público interdita uma construção antiga por entender que ela faz parte do patrimônio histórico e cultural da localidade. O proprietário do imóvel ingressa em juízo é pede uma liminar que o autorize a demolir o prédio. Se for concedida a liminar e depois da contestação do Poder Público o juiz se convencer de que a liminar não devia ter sido concedida, nada mais poderá ser feito porque o bem objeto da concessão já terá sido demolido, ou seja, não mais existirá.

9.1 Efetivação das medidas cautelares

Em se tratando das medidas provisórias de caráter cautelar, elas podem ser efetivadas através arresto, sequestro, arrolamento de bens, registro de protesto contra alienação de bem ou qualquer outra medida que seja necessária para assegurar o direito pleiteado (CPC, art. 301).[7]

Quer dizer, as medidas elencadas no citado artigo são apenas exemplos de medidas cautelares que podem ser concedidas em nome do poder geral de cautela do magistrado, inserido na expressão "qualquer outra medida idônea para asseguração do direito".

---

7. CPC, Art. 301. A tutela de urgência de natureza cautelar pode ser efetivada mediante arresto, sequestro, arrolamento de bens, registro de protesto contra alienação de bem e qualquer outra medida idônea para asseguração do direito.

9.2 Responsabilidade pelos danos causados

Independentemente da reparação por dano processual, a parte que requereu a medida provisória, responderá pelos prejuízos que a efetivação da tutela de urgência possa ter causado à parte contrária, nas seguintes hipóteses (CPC, art. 302):[8]

a) **A sentença lhe for desfavorável:**

Depois de toda a tramitação do processo, se a ação for julgada improcedente, a tutela antecipada também será cassada. Nesse caso, o autor que perdeu a ação deverá indenizar a parte contrária dos prejuízos que a implantação da medida provisória possa ter gerado.

b) **Não fornecer os meios para a citação do réu:**

Se for obtida liminarmente a tutela em caráter antecedente, o autor deve fornecer os meios necessários para a citação do requerido no prazo de 5 (cinco) dias. Se não o fizer, poderá ser responsabilizado pelos danos da efetivação da medida.

c) **Ocorrer a cessação da eficácia da medida em qualquer hipótese legal:**

Se o juiz cassar a medida provisória anteriormente concedida, significa que a parte não fazia jus a tal benefício, logo, se a sua efetivação causou prejuízo à parte contrária esses prejuízos devem ser suportados por aquele que foi o beneficiado pela medida provisória.

d) **Ocorrer o reconhecimento da prescrição ou a decadência:**

Se o juiz acolher a alegação da parte contrária de decadência ou prescrição da pretensão do autor, deverá julgar extinto o processo e, nesse caso, o julgamento é de mérito. Nesse caso também o autor perderá a ação e também deverá ser responsabilizado se na execução da liminar houve algum prejuízo para o réu.

9.3 Tutela antecipada em caráter antecedente

Quando a urgência existe, mas ainda não há nenhum processo em tramitação, dizemos que a urgência é contemporânea à propositura da ação (CPC,

---

8. CPC, Art. 302. Independentemente da reparação por dano processual, a parte responde pelo prejuízo que a efetivação da tutela de urgência causar à parte adversa, se:

I – a sentença lhe for desfavorável;

II – obtida liminarmente a tutela em caráter antecedente, não fornecer os meios necessários para a citação do requerido no prazo de 5 (cinco) dias;

III – ocorrer a cessação da eficácia da medida em qualquer hipótese legal;

IV – o juiz acolher a alegação de decadência ou prescrição da pretensão do autor.

Parágrafo único. A indenização será liquidada nos autos em que a medida tiver sido concedida, sempre que possível.

art. 303)[9] e, nesse caso, o autor tem duas formas de peticionar tentando obter a medida liminar:

a) **Petição inicial completa:**

O autor pode elaborar sua petição inicial com todos os pedidos e, dentre estes, pode fazer o pedido de antecipação da tutela. O juiz analisará a petição como um todo e poderá deferir, ou não, a medida antecipatória pleiteada. Negando ou concedendo a medida, o processo seguirá sua regular tramitação.

b) **Petição só com o pedido de urgência:**

O autor pode também requerer somente a medida provisória de urgência antecipatória (**pedido em caráter antecedente**), bastando para isso indicar qual seria a tutela final pretendida (a lide) e o valor da causa em face da pretensão final no processo.

Aditamento: se o autor peticionar pedindo apenas a urgência, se a medida for concedida, ele terá o prazo de 15 (quinze) dias, ou outro que o juiz fixar, para aditar a petição inicial completando-a com outros argumentos, novos documentos e os demais pedidos. Isso será feito nos próprios autos e não haverá novo recolhimento de custas.

Atenção: se o autor não aditar a petição inicial no prazo assinalado, o processo será extinto sem julgamento de mérito e a medida, eventualmente concedida, será cassada.

---

9. CPC, Art. 303. Nos casos em que a urgência for contemporânea à propositura da ação, a petição inicial pode limitar-se ao requerimento da tutela antecipada e à indicação do pedido de tutela final, com a exposição da lide, do direito que se busca realizar e do perigo de dano ou do risco ao resultado útil do processo.

§ 1º Concedida a tutela antecipada a que se refere o *caput* deste artigo:

I – o autor deverá aditar a petição inicial, com a complementação de sua argumentação, a juntada de novos documentos e a confirmação do pedido de tutela final, em 15 (quinze) dias ou em outro prazo maior que o juiz fixar;

II – o réu será citado e intimado para a audiência de conciliação ou de mediação na forma do art. 334;

III – não havendo autocomposição, o prazo para contestação será contado na forma do art. 335.

§ 2º Não realizado o aditamento a que se refere o inciso I do § 1º deste artigo, o processo será extinto sem resolução do mérito.

§ 3º O aditamento a que se refere o inciso I do § 1º deste artigo dar-se-á nos mesmos autos, sem incidência de novas custas processuais.

§ 4º Na petição inicial a que se refere o *caput* deste artigo, o autor terá de indicar o valor da causa, que deve levar em consideração o pedido de tutela final.

§ 5º O autor indicará na petição inicial, ainda, que pretende valer-se do benefício previsto no *caput* deste artigo.

§ 6º Caso entenda que não há elementos para a concessão de tutela antecipada, o órgão jurisdicional determinará a emenda da petição inicial em até 5 (cinco) dias, sob pena de ser indeferida e de o processo ser extinto sem resolução de mérito.

9.3.1 Negativa de concessão da tutela antecipada antecedente

Se o juiz entender que não é o caso de conceder a tutela antecipada antecedente porque não há elementos que a justifique, ao invés de simplesmente negar o pedido e extinguir o processo, determinará que o autor emende a petição inicial, no prazo de 5 (cinco) dias, com a finalidade de aproveitar os atos processuais já praticados.

Se o autor não atender a determinação de emendar a petição inicial, o processo será extinto sem resolução de mérito. Caso o autor complete a petição inicial, o processo terá seu curso regular com a citação do réu para comparecimento em audiência de conciliação ou mediação (ver CPC, art. 334).

9.3.2 Estabilização da tutela antecipada antecedente

A tutela antecipada concedida em caráter antecedente, nos termos do art. 303 do Código de Processo Civil, poderá ser estabilizada, caso o réu não recorra de tal decisão por agravo de instrumento (ver CPC, art. 1.015, I) e desde que o autor tenha requerido especificamente este benefício na sua petição inicial (CPC, art. 304).[10]

Este instituto se assemelha à coisa julgada, no que diz respeito aos efeitos práticos que a medida irá gerar. Quer dizer, estabilizada a tutela provisória concedida em caráter antecedente, o autor não precisará mais dar andamento ao processo de conhecimento. Bastará executar a medida antecipatória estabilizada para obter os resultados que almejava com o processo jurisdicional de forma que os efeitos da tutela se projetarão para o futuro enquanto se fizer necessário.

No entanto **é preciso distinguir a tutela estabilizada da coisa julgada**. Pois esta última tem caráter definitivo porque não pode ser modificada e nem mesmo discutida em outro processo entre as mesmas partes. Já a tutela estabilizada permanecerá estável enquanto a jurisdição não for novamente provocada conforme

---

10. CPC, Art. 304. A tutela antecipada, concedida nos termos do art. 303, torna-se estável se da decisão que a conceder não for interposto o respectivo recurso.

§ 1º No caso previsto no *caput*, o processo será extinto.

§ 2º Qualquer das partes poderá demandar a outra com o intuito de rever, reformar ou invalidar a tutela antecipada estabilizada nos termos do *caput*.

§ 3º A tutela antecipada conservará seus efeitos enquanto não revista, reformada ou invalidada por decisão de mérito proferida na ação de que trata o § 2º.

§ 4º Qualquer das partes poderá requerer o desarquivamento dos autos em que foi concedida a medida, para instruir a petição inicial da ação a que se refere o § 2º, prevento o juízo em que a tutela antecipada foi concedida.

§ 5º O direito de rever, reformar ou invalidar a tutela antecipada, previsto no § 2º deste artigo, extingue-se após 2 (dois) anos, contados da ciência da decisão que extinguiu o processo, nos termos do § 1º.

§ 6º A decisão que concede a tutela não fará coisa julgada, mas a estabilidade dos respectivos efeitos só será afastada por decisão que a revir, reformar ou invalidar, proferida em ação ajuizada por uma das partes, nos termos do § 2º deste artigo.

LIÇÃO 9 • DAS TUTELAS PROVISÓRIAS: DE URGÊNCIA E DE EVIDÊNCIA **181**

dispõe o parágrafo segundo do art. 304 do CPC. Porquanto, diferentemente da coisa julgada, a tutela estabilizada não é definitiva no sentido processual, porque pode ser invalidada, modificada dentro do prazo de 2 (dois) anos previsto no parágrafo 5º do art. 304 do CPC.

Entenda a dinâmica: o autor ingressa em juízo com uma petição na qual requer somente a tutela antecipada de caráter antecedente e deixa claro na sua petição que pretende utilizar dos benefícios do *caput* do art. 304. Concedida a medida, o réu será citado e receberá cópia da petição inicial com a informação de que o autor pretende se beneficiar do fenômeno da estabilização da tutela. Nessa circunstância o réu tem duas opções:

a) **Recorre da decisão:**

Se o réu não se satisfez com a decisão que concedeu a tutela antecipada antecedente deverá dela recorrer, através de agravo de instrumento, visando modificar a decisão no tribunal. Ao fazer isso, independentemente do que venha a decidir o tribunal, a tutela concedida não se estabilizará.

b) **Queda-se silente:**

Se o réu fica inerte e não recorre da decisão, faz presumir que concorda com a decisão liminar e assim, a tutela se estabilizará e seus efeitos permanecerão válido independente de qualquer outra atitude do autor ou do judiciário. Aliás, nesse caso o processo será extinto sem julgamento do mérito, mas os efeitos da decisão liminar permanecerão válidos.

9.3.3   Revisão da tutela estabilizada

Quando se trata da tutela estabilizada, qualquer das partes pode, no prazo de 2 (dois) anos, propor ação autônoma para rediscutir a medida concedida. A contagem do prazo inicia-se com a ciência da decisão que extinguiu o processo (ver CPC, art. 304, §§ 2º, 4º e 5º).

O interessado poderá requerer o desarquivamento dos autos no qual foi concedida a medida, dele tirar cópias e assim instruir a petição inicial na ação que vai discutir o acerto, ou não, da decisão concessiva. Nesse caso a ação deverá ser distribuída por dependência ao mesmo juízo que proferiu a decisão antecipatória.

9.4   Tutela cautelar requerida em caráter antecedente

Assim como nas tutelas antecipadas, aplica-se também às tutelas cautelares a possibilidade de o autor requerer antecipadamente a medida de urgência, para só depois, completar a petição inicial com seu pedido completo.

Para obter sucesso na sua postulação o autor deverá atentar para os requisitos que devem ser demonstrados na petição. Assim, o autor deverá indicar a lide e seu

LIÇÕES DE PROCESSO CIVIL – VOLUME 1 • Nehemias Domingos de Melo

fundamento, a exposição sumária do direito que se objetiva assegurar e o perigo de dano ou o risco ao resultado útil do processo (CPC, art. 305, *caput*).[11]

9.4.1 Citação do réu

O réu será citado para, querendo, contestar o pedido e indicar as provas que entende possam ser úteis ao deslinde da demanda (CPC, art. 306).[12]

Veja-se que nesse caso o réu não será citado para audiência de conciliação ou mediação (isto só ocorrerá depois do aditamento com o pedido principal), mas para contestar o pedido cautelar, caso não tenha sido concedida liminar *inaudita altera parte*.

Se o réu não contestar a ação ocorrerá a revelia, presumir-se-ão aceitos os fatos alegados na exordial e o juiz deve decidir a tutela provisória em 5 (cinco) dias (CPC, art. 307).[13]

9.4.2 Aditamento da petição inicial antecedente

O autor, tendo pleiteado e obtido a tutela cautelar antecedente, deverá formular seu pedido principal, aditando a petição inicial, no prazo de 30 (trinta) dias, contados da efetivação da tutela cautelar, sem a necessidade de recolhimento de novas custas (CPC, art. 308).[14]

Assim como nas tutelas antecipadas antecedente, permite o Código de Processo Civil que o autor possa fazer a sua petição completa, isto é, pede a tutela de urgência no corpo de uma petição que já está completa com todos os pedidos.

---

11. CPC, Art. 305. A petição inicial da ação que visa à prestação de tutela cautelar em caráter antecedente indicará a lide e seu fundamento, a exposição sumária do direito que se objetiva assegurar e o perigo de dano ou o risco ao resultado útil do processo.
    Parágrafo único. Caso entenda que o pedido a que se refere o *caput* tem natureza antecipada, o juiz observará o disposto no art. 303.
12. CPC, Art. 306. O réu será citado para, no prazo de 5 (cinco) dias, contestar o pedido e indicar as provas que pretende produzir.
13. CPC, Art. 307. Não sendo contestado o pedido, os fatos alegados pelo autor presumir-se-ão aceitos pelo réu como ocorridos, caso em que o juiz decidirá dentro de 5 (cinco) dias.
    Parágrafo único. Contestado o pedido no prazo legal, observar-se-á o procedimento comum.
14. CPC, Art. 308. Efetivada a tutela cautelar, o pedido principal terá de ser formulado pelo autor no prazo de 30 (trinta) dias, caso em que será apresentado nos mesmos autos em que deduzido o pedido de tutela cautelar, não dependendo do adiantamento de novas custas processuais.
    § 1º O pedido principal pode ser formulado conjuntamente com o pedido de tutela cautelar.
    § 2º A causa de pedir poderá ser aditada no momento de formulação do pedido principal.
    § 3º Apresentado o pedido principal, as partes serão intimadas para a audiência de conciliação ou de mediação, na forma do art. 334, por seus advogados ou pessoalmente, sem necessidade de nova citação do réu.
    § 4º Não havendo autocomposição, o prazo para contestação será contado na forma do art. 335.

LIÇÃO 9 • DAS TUTELAS PROVISÓRIAS: DE URGÊNCIA E DE EVIDÊNCIA

Qualquer que seja o momento da formulação do pedido principal, neste momento processual é permitido aditar a causa de pedir (ver CPC, art. 308, § 2°).

Depois do aditamento com o pedido principal ou sua reformulação, as partes serão intimadas para a audiência de conciliação ou de mediação, na forma do art. 334, por seus advogados ou pessoalmente, sem necessidade de nova citação do réu.

9.4.3   Eficácia de tutela concedida

Cessará os efeitos da tutela concedida quando o autor não deduzir o pedido principal no prazo legal; não for efetivada dentro de 30 (trinta) dias; ou, o juiz julgar improcedente o pedido principal formulado pelo autor ou extinguir o processo sem resolução de mérito (CPC, art. 309).[15]

Se por qualquer motivo cessar a eficácia da tutela cautelar, é vedado à parte renovar o pedido, a não ser que seja em face de um novo fundamento.

9.4.4   Indeferimento da tutela cautelar

É importante destacar que o fato de o juiz indeferir a tutela cautelar antecedente não impede que parte ingresse com ação regular baseado no pedido principal. Diz ainda o nosso Código de Processo Civil que o resultado do indeferimento da cautelar não deverá influir no julgamento da ação principal, a não ser que o motivo do indeferimento tenha sido pelo reconhecimento de decadência ou de prescrição (CPC, art. 310).[16]

9.5   Fungibilidade das tutelas provisórias

Se o autor propuser uma ação e pleitear tutela cautelar e o juiz entender que o caso era de tutela antecipada, a lei autoriza que ele conceda uma pela outra (ver CPC, art. 305, parágrafo único).

A este fenômeno chamamos de "fungibilidade das tutelas provisórias". Isso vem reforçar o caráter do processo civil moderno que deve, tanto quanto possível, ser racional, célere e eficaz. Quer dizer, mesmo que o advogado da parte faça o pedido provisório inadequado, o juiz está autorizado a conceder a medida correta.

---

15. CPC, Art. 309. Cessa a eficácia da tutela concedida em caráter antecedente, se:

     I – o autor não deduzir o pedido principal no prazo legal;

     II – não for efetivada dentro de 30 (trinta) dias;

     III – o juiz julgar improcedente o pedido principal formulado pelo autor ou extinguir o processo sem resolução de mérito.

     Parágrafo único. Se por qualquer motivo cessar a eficácia da tutela cautelar, é vedado à parte renovar o pedido, salvo sob novo fundamento.

16. CPC, Art. 310. O indeferimento da tutela cautelar não obsta a que a parte formule o pedido principal, nem influi no julgamento desse, salvo se o motivo do indeferimento for o reconhecimento de decadência ou de prescrição.

10. TUTELA DE EVIDÊNCIA

Nos termos da redação do art. 311 do novo CPC,[17] a tutela de evidência será concedida, independentemente da demonstração de risco de dano irreparável ou de difícil reparação, quando, estiver presente algumas das seguintes situações:

a) **Abuso de direito ou propósito protelatório:**

Se ficar caracterizado o abuso do direito de defesa ou o manifesto propósito protelatório da parte, o juiz pode conceder a tutela de evidência. Quer dizer, a concessão da medida não estará fundamentada na certeza de um direito que o autor postule, mas na presunção de que o réu oferece resistência imotivada exatamente por não ter direito a opor ao pedido do autor. Neste caso, a concessão da medida irá funcionar como uma espécie de punição ao *improbus litigator.*

b) **Fatos provados apenas documentalmente:**

Outra hipótese concessiva é aquela em que no processo, as alegações da parte puderem ser comprovadas apenas documentalmente (sem necessidade de provas testemunhais). Além da petição inicial já vir instruída com todos os documentos necessários à comprovação do direito postulado, é necessário também que o autor demonstre que o direito invocado já foi objeto de discussão nos tribunais superiores e há tese que foi firmada em julgamento de casos repetitivos ou em súmula vinculante.

c) **Pedido de devolução da coisa depositada com terceiro:**

Também cabe tutela de evidência quando se tratar de pedido reipersecutório fundado em prova documental adequada do contrato de depósito, caso em que será decretada a ordem de entrega do objeto custodiado, sob cominação de multa. Nesse caso a urgência se justifica em razão da necessidade de o depositante obter a restituição imediata da coisa depositada, não se justificando que o depositário se recuse a devolução imediata do bem em questão.

---

17. CPC, Art. 311. A tutela da evidência será concedida, independentemente da demonstração de perigo de dano ou de risco ao resultado útil do processo, quando:
   I – ficar caracterizado o abuso do direito de defesa ou o manifesto propósito protelatório da parte;
   II – as alegações de fato puderem ser comprovadas apenas documentalmente e houver tese firmada em julgamento de casos repetitivos ou em súmula vinculante;
   III – se tratar de pedido reipersecutório fundado em prova documental adequada do contrato de depósito, caso em que será decretada a ordem de entrega do objeto custodiado, sob cominação de multa;
   IV – a petição inicial for instruída com prova documental suficiente dos fatos constitutivos do direito do autor, a que o réu não oponha prova capaz de gerar dúvida razoável.
   Parágrafo único. Nas hipóteses dos incisos II e III, o juiz poderá decidir liminarmente.

LIÇÃO 9 • DAS TUTELAS PROVISÓRIAS: DE URGÊNCIA E DE EVIDÊNCIA

d) Houver prova no processo que o réu não opôs a contraprova:

Quer dizer, se a petição inicial for instruída com prova documental suficiente dos fatos constitutivos do direito do autor e o réu não apresentar prova capaz de gerar dúvida razoável quanto ao direito postulado, o juiz também poderá conceder a tutela de evidência. Nesse caso, prestigia-se a prova incontestável, antecipando para o autor o direito pleiteado de imediato, sem a demora natural de qualquer processo.

10.1 Diferenças entre tutela de evidência e tutela de urgência

Não se deve confundir as tutelas de urgência (antecipada ou cautelar) com a tutela de evidência, tendo em vista que esta prescinde de qualquer urgência ou mesmo perigo de dano (*periculum in mora*).

A tutela de evidência se baseia fundamentalmente num juízo de probabilidade do direito alegado pelo autor, probabilidade esta que se pode obter a partir da prova documental forte e irrefutável dos fatos alegados como constitutivos do direito do autor ou quando a controvérsia posta em apreciação já tenha sido objeto de julgamento em casos repetitivos ou tenha sido objeto de súmula vinculante, ou ainda, quando este direito fique também evidente em face das medidas protelatórias do réu.

10.2 Concessão liminar

Somente nos casos previsto nos incisos II e III do art. 311, do CPC, é que autoriza a concessão da medida liminarmente, isto é, *inaudita altera parte*. Nos casos previstos nos incisos I e IV o juiz somente poderá conceder depois da presença do réu no processo.

Tem razão o legislador porque nas hipóteses dos incisos I e IV o juiz somente pode avaliar a possibilidade de concessão da medida depois apresentação da contestação do réu e dos demais atos praticados no processo, pois somente a partir dessa participação é que se poderá aquilatar se houve o abuso de direito ou mesmo a questão da prova desconstitutiva do direito postulado pelo autor.

10.3 Tutela de evidência e julgamento antecipado

A tutela de evidência não deve ser confundida com o julgamento antecipado do mérito (ver CPC, arts. 355 e 356) porque existem diferenças significativas entre os dois institutos, vejamos:

a) Decisão interlocutória:

A tutela de evidência, sendo uma decisão interlocutória não faz coisa julgada enquanto o julgamento do mérito faz coisa julgada.

b) Recurso cabível:

Na concessão da tutela de evidência o recurso a ser manejado é o de agravo de instrumento (ver CPC, art. 1.015, I); enquanto que no julgamento antecipado o recurso cabível é o de apelação (ver CPC, art. 1.009).

c) Cognição:

A tutela de evidência decorre de uma cognição superficial do juiz e com base nessa avaliação sumária concede a medida que deverá ser confirmada depois por uma sentença final; enquanto que no julgamento antecipado a cognição é exauriente, isto é, o juiz apreciou aprofundadamente todas as circunstância do caso e proferiu uma decisão definitiva lastreada em sua certeza.

11. TUTELAS PROVISÓRIAS CONTRA A FAZENDA PÚBLICA

Com relação à Fazenda Pública o Código de Processo Civil, em seu art. 1.059, determina que nas tutelas provisórias requeridas contra a Fazenda Pública aplica-se o disposto nos arts. 1º a 4º da Lei nº 8.437, de 30 de junho de 1992, e o art. 7º, § 2º, da Lei nº 12.016, de 7 de agosto de 2009.

Se atentarmos para o que diz os dispositivos citados, chegaremos a conclusão que será sempre muito difícil a concessão das tutelas provisórias contra a Fazenda Pública, especialmente a tutela de evidência.

A Lei nº 8.437/92, só para termos um singelo exemplo, proíbe a concessão de liminar de caráter satisfativo contra a Fazenda Pública; admite a possibilidade de concessão de efeito suspensivo nos recursos; permite ainda, que o presidente do tribunal suspenda o cumprimento da liminar.

Nos termos do que determina a Lei do Mandado de Segurança, especialmente o citado § 2º, do art. 7º: "Não será concedida medida liminar que tenha por objeto a compensação de créditos tributários, a entrega de mercadorias e bens provenientes do exterior, a reclassificação ou equiparação de servidores públicos e a concessão de aumento ou a extensão de vantagens ou pagamento de qualquer natureza".

Conclui-se, portanto, deixando claro que é possível a concessão de tutela provisória de urgência, seja de natureza cautelar ou mesmo antecipatória, desde que atendidas as disposições legais aplicáveis à espécie. Já no tocante à tutela de evidência quer nos parecer que não há possibilidade de sua concessão, tendo em vista a expressão vedação de medida concessiva de caráter satisfativo.

LIÇÃO 10
DA DISTRIBUIÇÃO, DO REGISTRO, DO VALOR DA CAUSA E DA FORMAÇÃO, SUSPENSÃO E EXTINÇÃO DO PROCESSO

Sumário: I – Da distribuição, do registro e do valor da causa; 1. Da distribuição e do registro; 1.1 A distribuição; 1.2 Distribuição por dependência; 1.3 Fiscalização da distribuição – 2. Do valor da causa; 2.1 Correção de ofício pelo juiz; 2.2 Impugnação ao valor da causa; 2.3 Importância da atribuição de valor a qualquer causa. II – Formação do processo – 3. Propositura da demanda; 3.1 Princípio dispositivo; 3.2 Impulso oficial; 3.3 Efeitos da propositura da ação; 3.4 Estabilização da demanda. III – Suspensão do processo – 4. Suspensão do processo; 4.1 Causa suspensivas; 4.2 Mérito depender de apuração no juízo criminal. IV – Extinção do processo – 5. Extinção do processo; 5.1 Extinção com julgamento do mérito (*sentença de mérito ou definitiva*); 5.2 Extinção sem julgamento do mérito (*sentença terminativa*); 5.3 Recurso cabível contra a sentença.

I – DA DISTRIBUIÇÃO, DO REGISTRO E DO VALOR DA CAUSA

1. DA DISTRIBUIÇÃO E DO REGISTRO

Determina o nosso Código de Processo civil que todos os processos estão sujeitos a registro, devendo ser distribuídos onde houver mais de um juiz (CPC, art. 284).[1] Isso também se aplica aos tribunais que terá uma seção específica para o registro e distribuição dos recursos bem como dos processos de competência originária do próprio tribunal que será feita conforme determinar o regimento interno que deverá observar a alternatividade, o sorteio eletrônico e a publicidade (CPC, art. 930).[2]

---

1. CPC, Art. 284. Todos os processos estão sujeitos a registro, devendo ser distribuídos onde houver mais de um juiz.
2. CPC, Art. 930. Far-se-á a distribuição de acordo com o regimento interno do tribunal, observando-se a alternatividade, o sorteio eletrônico e a publicidade.
   Parágrafo único. O primeiro recurso protocolado no tribunal tornará prevento o relator para eventual recurso subsequente interposto no mesmo processo ou em processo conexo.

A finalidade da norma é garantir a publicidade dos processos com seus elementos identificadores como, por exemplo, os nomes das partes, a natureza da ação e o valor dado à causa, dentre outros. Além disso, estabelece ainda o CPC que, onde houver mais de um juiz igualmente competente, deverá haver a distribuição.

1.1 A distribuição

Pelo princípio da paridade, a distribuição deverá ser alternada e aleatória, obedecendo-se rigorosa igualdade (CPC, art. 285).[3] O objetivo da norma é garantir que haja igualdade de feitos distribuídos aos juízes e cartório, evitando assim a sobrecarga de um em benefício de outro.

Atualmente, a distribuição é feita por computadores, o que garante ainda mais lisura ao procedimento e, diariamente, é divulgado pelo Diário da Justiça, a lista dos feitos distribuídos e os respectivos cartórios e juízos.

> **Atenção:** quando existe um só juiz na comarca ou seção judiciária, não haverá distribuição já que todos os processos irão para o mesmo e único juiz.

1.2 Distribuição por dependência

Ocorrerá a distribuição por dependência das causas de qualquer natureza: quando se relacionarem, por conexão ou continência, com outra já ajuizada; ou, quando, tendo sido extinto o processo sem resolução de mérito, for reiterado o pedido, ainda que em litisconsórcio com outros autores ou que sejam parcialmente alterados os réus da demanda, ou ainda, quando houver ajuizamento de ações que, mesmo sem conexão, possam gerar risco de decisões conflitantes (ver CPC, art. 55, § 3º).

Se houver intervenção de terceiro, reconvenção ou outra hipótese de ampliação objetiva do processo, o juiz, de ofício, mandará proceder à respectiva anotação pelo distribuidor (CPC, art. 286).[4]

1.3 Fiscalização da distribuição

A parte, através de seu advogado, poderá fiscalizar a distribuição, cabendo tal incumbência também ao Ministério Público e a Defensoria Pública (ver CPC, art. 289).

---

3. CPC, Art. 285. A distribuição, que poderá ser eletrônica, será alternada e aleatória, obedecendo-se rigorosa igualdade.

    Parágrafo único. A lista de distribuição deverá ser publicada no Diário de Justiça.

4. CPC, Art. 286. Serão distribuídas por dependência as causas de qualquer natureza: quando se relacionarem, por conexão ou continência, com outra já ajuizada;

    I – quando, tendo sido extinto o processo sem resolução de mérito, for reiterado o pedido, ainda que em litisconsórcio com outros autores ou que sejam parcialmente alterados os réus da demanda;

    II – quando houver ajuizamento de ações nos termos do art. 55, § 3º, ao juízo prevento.

    Parágrafo único. Havendo intervenção de terceiro, reconvenção ou outra hipótese de ampliação objetiva do processo, o juiz, de ofício, mandará proceder à respectiva anotação pelo distribuidor.

LIÇÃO 10 • DA DISTRIBUIÇÃO, DO REGISTRO, DO VALOR DA CAUSA (...)

O juiz, de ofício ou a requerimento do interessado, corrigirá o erro ou compensará a falta de distribuição (ver CPC, art. 288).

2. DO VALOR DA CAUSA

O valor da causa é obrigatório e será sempre o valor correspondente ao bem da vida que se almeja buscar ao final do processo. Mesmo se a ação não versar sobre valores determinados ou mesmo que não tenha conteúdo econômico imediatamente aferível, ainda assim deverá ser atribuído um valor à causa tão somente para efeitos legais (CPC, art. 291).[5]

> **Entendendo melhor:** Se o autor ingressa, por exemplo, com uma ação indenizatória em face de um acidente de veículo, o valor da causa será o montante que ele irá pedir para cobrir as despesas realizadas com o conserto do veículo. Na hipótese de não haver valor econômico no seu pedido como no caso de uma ação de investigação de paternidade, ainda assim determina a lei que o autor deverá fazer uma estimativa de valor e fazer constar isso na sua petição inicial.

O legislador estabeleceu ainda algumas outras regras para o cálculo do valor da causa, em diversas situações que específicas (CPC, art. 292),[6] porém, é importante deixar claro, que essas situações são apenas exemplificativas, quer dizer, não exaure a questão, vejamos:

a) **Na ação de cobrança de dívida:**

O valor deverá ser a soma monetariamente corrigida do principal, dos juros de mora vencidos e de outras penalidades, se houver, contados na data de propositura da ação.

---

5. CPC, Art. 291. A toda causa será atribuído valor certo, ainda que não tenha conteúdo econômico imediatamente aferível.
6. CPC, Art. 292. O valor da causa constará da petição inicial ou da reconvenção e será:

   I – na ação de cobrança de dívida, a soma monetariamente corrigida do principal, dos juros de mora vencidos e de outras penalidades, se houver, até a data de propositura da ação;

   II – na ação que tiver por objeto a existência, a validade, o cumprimento, a modificação, a resolução, a resilição ou a rescisão de ato jurídico, o valor do ato ou o de sua parte controvertida;

   III – na ação de alimentos, a soma de 12 (doze) prestações mensais pedidas pelo autor;

   IV – na ação de divisão, de demarcação e de reivindicação, o valor de avaliação da área ou do bem objeto do pedido;

   V – na ação indenizatória, inclusive a fundada em dano moral, o valor pretendido;

   VI – na ação em que há cumulação de pedidos, a quantia correspondente à soma dos valores de todos eles;

   VII – na ação em que os pedidos são alternativos, o de maior valor;

   VIII – na ação em que houver pedido subsidiário, o valor do pedido principal.

   § 1º Quando se pedirem prestações vencidas e vincendas, considerar-se-á o valor de umas e outras.

   § 2º O valor das prestações vincendas será igual a uma prestação anual, se a obrigação for por tempo indeterminado ou por tempo superior a 1 (um) ano, e, se por tempo inferior, será igual à soma das prestações.

   § 3º O juiz corrigirá, de ofício e por arbitramento, o valor da causa quando verificar que não corresponde ao conteúdo patrimonial em discussão ou ao proveito econômico perseguido pelo autor, caso em que se procederá ao recolhimento das custas correspondentes.

b) Na ação que discute validade de negócio jurídico:

Na ação que tiver por objeto discutir a existência, a validade, o cumprimento, a modificação, a resolução, a resilição ou a rescisão de ato jurídico, o valor da causa será o valor do negócio em questionamento. Se a ação versar sobre parte do negócio o valor da causa será o valor da parte controvertida do negócio.

c) Ação de alimentos:

O valor da causa será o valor equivalente a 12 prestações mensais do valor que for pedido pelo autor na sua petição inicial.

d) Na ação de divisão, demarcação ou reivindicação:

Será o valor da avaliação da área ou do bem objeto do pedido.

e) Ação indenizatória:

Nas ações indenizatórias de qualquer natureza, o valor da causa será o valor pretendido pelo autor. Isto se aplica, inclusive, as **ações de indenização por danos morais** nas quais o autor deverá estabelecer quanto entende merecer de indenização para, a partir desse montante pretendido, fixar o valor da causa.

f) Na cumulação de pedidos:

Havendo cumulação de pedidos, isto é, se o autor fizer mais de um pedido condenatório, o valor da causa será a somatória de todos os pedidos.

g) Nos pedidos alternativos:

Se o autor fizer pedido alternativo, o valor da causa será o de maior valor entre os pedidos.

h) Pedido subsidiário:

Caso os pedidos postos na inicial sejam subsidiários, o valor da causa será o valor do pedido principal.

i) Prestações vencidas e vincendas:

No caso das prestações vencidas o valor da causa será o valor das prestações que serão cobradas. Já no caso das vincendas, o valor da causa será igual a uma prestação anual, se a obrigação for por tempo indeterminado ou por tempo superior a 1 (um) ano, e, se por tempo inferior, será igual à soma das prestações.

2.1 Correção de ofício pelo juiz

Determina o nosso Código de Processo Civil que o juiz corrigirá, de ofício e por arbitramento, o valor da causa quando verificar que não corresponde ao conteúdo patrimonial em discussão ou ao proveito econômico perseguido pelo autor, caso em que determinará que o autor proceda ao recolhimento da diferença das custas, sob pena de indeferimento da petição inicial. (ver CPC, art. 292, § 3º.)

2.2 Impugnação ao valor da causa

Se o réu não concordar com o valor que foi atribuído à causa pelo autor, poderá impugnar esse valor, em preliminar da contestação. Se não o fizer nesta oportunidade, ocorrerá a preclusão (CPC, art. 293).[7]

Pode ocorrer de o autor não respeitar os critérios estabelecidos na lei como padrão para o cálculo. Também pode ocorrer de o autor o infringir o que está previsto em lei e faça uma estimativa abusiva, pensando quem sabe, em dificultar a defesa do réu. Em qualquer dessas circunstâncias, a solução é o réu impugnar o valor da causa, para prevenir futuros aborrecimentos.

Apresentada a impugnação, e o juiz decidirá a respeito. Se o juiz acolher a pretensão do réu, determinará, em decisão irrecorrível, que o autor realize a complementação das custas.

2.3 Importância da atribuição de valor a qualquer causa

Atribuir um valor à causa é importante porque sobre ela serão cobradas as chamadas "custas" que nada mais é do que uma taxa judiciária recolhida ao Estado para que o autor possa ingressar com seu processo na justiça.

Serve também, em muitas situações como base para arbitramento dos honorários advocatícios de sucumbência nas sentenças nas quais foi condenada a parte vencida.

Serve ainda como parâmetro para fixar a punição para aquele que age no processo sem a devida lealdade. É o caso, por exemplo, do litigante de má-fé (ver CPC, art. 81) ou daquele que interpõe embargos declaratórios meramente protelatório (ver CPC, art. 1.026, § 2°), dentre outras hipóteses.

Ainda importa o valor da causa nas questões de atribuição de competência. Pode ocorrer que as leis gerais ou mesmo as normas de organização judiciária dos Estados estabeleçam competências definidas a partir do valor da causa (ver CPC, art. 44). Basta ver o exemplo dos Juizados Especiais Cíveis, na Justiça Estadual, que tem competência para julgar ações cujo valor não ultrapasse 40 (quarenta) salários mínimos (ver Lei n° 9.099/95). Na comarca de São Paulo, a competência dos Foros Regionais é de 500 (quinhentos) salários mínimos (ver Resolução n° 2/76, do TJSP).

---

7. CPC, Art. 293. O réu poderá impugnar, em preliminar da contestação, o valor atribuído à causa pelo autor, sob pena de preclusão, e o juiz decidirá a respeito, impondo, se for o caso, a complementação das custas.

II – FORMAÇÃO DO PROCESSO

3. PROPOSITURA DA DEMANDA

O ato que dá início ao processo é a propositura da demanda pelo autor, através do protocolo de sua petição inicial que, após registro e distribuição, provocará o juiz a dizer se a mesma está em termos (mandando citar o réu) ou não (determinando emenda ou aditamento ou extinguindo o processo sem julgamento do mérito, conforme o caso).

Protocolada a petição inicial estará proposta a demanda que prosseguirá se o juiz der pela sua regularidade, caso em que, mandará citar o réu, completando-se a relação processual. Também pode ocorrer de a petição inicial ter alguma imperfeição ou lhe faltar algum complemento quando então o juiz mandará o réu emendar ou aditar o seu petitório para, só depois de regularizada, mandar citar o réu. Em situações mais extremas, pode ocorrer de a petição inicial ter um defeito insanável, aferível *prima facie*, quando então o juiz poderá indeferir a petição inicial, extinguindo o processo sem julgamento do mérito.

3.1 Princípio dispositivo

Resume-se no fato de que o processo começa por iniciativa da parte. Significa dizer que o Poder Judiciário não prestará tutela jurisdicional senão quando houver provocação das partes ou dos interessados (CPC, art. 2°).[8]

3.2 Impulso oficial

Muito embora o início do processo esteja condicionado a iniciativa do autor, seu posterior andamento se dará por impulso oficial do juiz.

3.3 Efeitos da propositura da ação

Sendo proposta a ação, tal fato gera de imediato o efeito da **litispendência** que é a existência de lide pendente de julgamento, embora seus efeitos somente passem a ocorrer após a citação válida (ver CPC, art. 240).

Além da litispendência, a propositura da ação, se o juiz a considerar regular e mandar citar o réu, gerará outros efeitos, senão vejamos:

a) **Interrompe a prescrição e a decadência:**

Nesse caso os efeitos retroagem à data da propositura da ação, mesmo que o despacho que a ordenou tenha sido proferido por juiz incompetente.

---

8. CPC, Art. 2° O processo começa por iniciativa da parte e se desenvolve por impulso oficial, salvo as exceções previstas em lei.

LIÇÃO 10 • DA DISTRIBUIÇÃO, DO REGISTRO, DO VALOR DA CAUSA (...)

b) Faz a coisa litigiosa:

Proposta a ação e realizada a citação válida, a coisa objeto dessa ação torna-se litigiosa o que impede que o seu proprietário possa dela dispor livremente, pois isto poderá caracterizar fraude à execução (ver CPC, art. 792).

3.4 Estabilização da demanda

Até o réu ser citado o autor pode emendar a petição inicial para alterar, suprimir ou acrescer novos pedidos. Depois de contestado o feito, não há como se oportunizar a emenda da inicial, a não ser com a anuência do réu.

Depois do saneamento, não se poderá mais haver modificação da causa de pedir nem do pedido, razão porque dizemos que terá ocorrido a **estabilização da lide** (ver CPC, art. 329).

III – SUSPENSÃO DO PROCESSO

4. SUSPENSÃO DO PROCESSO

No curso regular de qualquer processo pode ocorrer situações que justificam a sua paralisação. Se o motivo da suspensão não for temporário, o caso será de extinção do processo e não suspensão.

São várias as causa que podem determinar a suspensão do processo. As causas suspensivas podem decorrer da lei, do juiz ou até mesmo da vontade das partes.

Durante a suspensão do processo não serão praticados atos processuais, a não se aqueles que sejam urgentes e tenham como caráter salvaguardar a coisa ou o interesse dos litigantes (CPC, art. 314).[9]

4.1 Causa suspensivas

São várias as hipóteses de suspensão do processo e todas elas vêm explicitadas nos vários incisos do art. 313[10] do Código de Processo Civil, quais sejam:

---

9. CPC, Art. 314. Durante a suspensão é vedado praticar qualquer ato processual, podendo o juiz, todavia, determinar a realização de atos urgentes a fim de evitar dano irreparável, salvo no caso de arguição de impedimento e de suspeição.
10. CPC, Art. 313. Suspende-se o processo:
    I – pela morte ou pela perda da capacidade processual de qualquer das partes, de seu representante legal ou de seu procurador;
    II – pela convenção das partes;
    III – pela arguição de impedimento ou de suspeição;
    IV – pela admissão de incidente de resolução de demandas repetitivas;
    V – quando a sentença de mérito:

a) Morte ou perda da capacidade:

A morte ou a perda da capacidade processual de qualquer das partes, do seu representante legal ou mesmo de seus respectivos procuradores é o primeiro motivo de suspensão indicado pela lei. Neste caso, se foi a parte que morreu deverá ser substituída pelo espólio ou pelos herdeiros habilitados, no prazo que o juiz assinalar (CPC, art. 110).[11] Da mesma forma se for o procurador que venha a morrer, pois haverá irregularidade de representação que deverá ser sanada em prazo razoável (CPC, art. 76).[12]

Atenção: se não for ajuizada ação de habilitação, o juiz ao tomar conhecimento da morte de qualquer das partes, determinará a suspensão do processo e adotará o procedimento disciplinados nos §§ 2° e 3°, do art. 313, do CPC.

b) Acordo entre as partes:

A convenção entre as partes pode resultar na suspensão do processo, se isto for peticionado em conjunto, cujo prazo máximo será de seis meses. Nada obsta que as partes possam requerer novo prazo, ficando a critério do juiz conceder ou não.

c) Arguição de impedimento ou suspeição:

Enquanto não for julgada a arguição de impedimento ou suspeição, o processo deverá ficar parado aguardando solução para, só depois disso, seguir seu regular processamento.

---

a) depender do julgamento de outra causa ou da declaração de existência ou de inexistência de relação jurídica que constitua o objeto principal de outro processo pendente;

b) tiver de ser proferida somente após a verificação de determinado fato ou a produção de certa prova, requisitada a outro juízo;

VI – por motivo de força maior;

VII – quando se discutir em juízo questão decorrente de acidentes e fatos da navegação de competência do Tribunal Marítimo;

VIII – nos demais casos que este Código regula.

IX – pelo parto ou pela concessão de adoção, quando a advogada responsável pelo processo constituir a única patrona da causa;

X – quando o advogado responsável pelo processo constituir o único patrono da causa e tornar-se pai. (...)

11. CPC, Art. 110. Ocorrendo a morte de qualquer das partes, dar-se-á a sucessão pelo seu espólio ou pelos seus sucessores, observado o disposto no art. 313, §§ 1° e 2°.

12. CPC, Art. 76. Verificada a incapacidade processual ou a irregularidade da representação da parte, o juiz suspenderá o processo e designará prazo razoável para que seja sanado o vício.

§ 1° Descumprida a determinação, caso o processo esteja na instância originária:

I – o processo será extinto, se a providência couber ao autor;

II – o réu será considerado revel, se a providência lhe couber;

III – o terceiro será considerado revel ou excluído do processo, dependendo do polo em que se encontre.

§ 2° Descumprida a determinação em fase recursal perante tribunal de justiça, tribunal regional federal ou tribunal superior, o relator:

I – não conhecerá do recurso, se a providência couber ao recorrente;

II – determinará o desentranhamento das contrarrazões, se a providência couber ao recorrido.

LIÇÃO 10 • DA DISTRIBUIÇÃO, DO REGISTRO, DO VALOR DA CAUSA (...) **195**

d) **Incidente de resolução de demandas repetitivas:**

Se o processo em julgamento é daqueles cujo objeto da ação tenha sido selecionado para ser julgado como demanda repetitiva, tal incidente faz com que todos os processos que versem sobre a matéria fiquem suspensos esperando a decisão final do tribunal (ver CPC, art. 982).

e) **Sentença de mérito que dependa do julgamento de outros processos:**

Quando a sentença de mérito depender do julgamento de outra causa ou da declaração de existência ou de inexistência de relação jurídica que constitua o objeto principal de outro processo pendente. Também se suspenderá o processo se tiver de ser proferida decisão somente após a verificação de determinado fato ou a produção de certa prova, requisitada a outro juízo.

f) **Motivo de força maior:**

São os fatos imprevisíveis e inevitáveis que possam criar obstáculos ao andamento regular do processo tais como greve do judiciário ou desastres naturais que impeçam o funcionamento dos serviços judiciários.

g) **Fato atinente ao Tribunal Marítimo:**

Quando se discutir em juízo questão decorrente de acidentes e fatos da navegação de competência do Tribunal Marítimo, o processo deverá ficar suspenso até que se decida a questão naquele órgão de caráter administrativo, ligado ao Ministério da Marinha (ver Lei nº 2.180/54).

h) **Advogada Lactante:**

No caso de parto ou concessão de adoção, a advogada, sendo a única responsável pelo processo, terá direito à suspensão do processo, pelo prazo de 30 (trinta dias), contados da data do parto ou da concessão da adoção, mediante petição com os documentos comprobatórios.

i) **Advogado que se torna pai:**

Nesse caso a suspensão será por 8 (oito) dias, requerido mediante petição com a juntada dos devidos documentos que provem o fato.

j) **Demais casos previstos em lei:**

No próprio Código de Processo Civil existem várias previsões de suspensão do processo, tais como a regularização da representação processual (ver CPC, art. 76); a desconsideração da personalidade jurídica (ver CPC, art. 134, § 2º); a suspensão no período férias forense (ver CPC, art. 214); não existência de bens penhoráveis do devedor no processo de execução (ver CPC, art. 921, III), dentre outras. Além disso, pode também as leis esparsas preverem situações em que se justificam a suspensão do processo.

4.2 Mérito depender de apuração no juízo criminal

Se o conhecimento do mérito de uma ação proposta no âmbito civil depender de verificação da existência de fato delituoso no juízo criminal, o juiz pode determinar a suspensão do processo até que a justiça criminal se pronuncie (CPC, art. 315).[13]

Isso é por demais importante para evitar que sejam proferidas decisões conflitantes, porém o juiz só deve determinar a suspensão se intuir que isso possa realmente acontecer.

Quando a ação penal for de iniciativa privada, se a ação penal não for proposta no prazo de 3 (três) meses, contado da intimação do ato de suspensão, cessará o efeito desse, incumbindo ao juiz cível examinar incidentemente a questão prévia.

De outro lado, proposta a ação penal (de iniciativa privada ou pública), o processo ficará suspenso pelo prazo máximo de 1 (um) ano, ao final do qual cessará a suspensão, devendo o juiz cível dar prosseguimento ao processo regularmente.

IV – EXTINÇÃO DO PROCESSO

5. EXTINÇÃO DO PROCESSO

O processo de conhecimento termina sempre com uma sentença, seja ela de mérito (aquelas que apreciam a pretensão do autor) ou sem julgamento do mérito (aquelas em que se verificou alguma irregularidade de forma que impediu o andamento regular do processo), nos termos do art. 316 do Novo CPC.[14]

5.1 Extinção com julgamento do mérito *(sentença de mérito ou definitiva)*

A extinção com o julgamento do mérito é a forma natural pela qual se espera seja encerrado o processo que, assim, terá atingido seu fim com o juiz dizendo o direito aplicável ao caso concreto submetido à apreciação jurisdicional (CPC, art. 487).[15]

---

13. CPC, Art. 315. Se o conhecimento do mérito depender de verificação da existência de fato delituoso, o juiz pode determinar a suspensão do processo até que se pronuncie a justiça criminal.

   § 1º Se a ação penal não for proposta no prazo de 3 (três) meses, contado da intimação do ato de suspensão, cessará o efeito desse, incumbindo ao juiz cível examinar incidentemente a questão prévia.

   § 2º Proposta a ação penal, o processo ficará suspenso pelo prazo máximo de 1 (um) ano, ao final do qual aplicar-se-á o disposto na parte final do § 1º.

14. CPC, Art. 316. A extinção do processo dar-se-á por sentença.

15. CPC, Art. 487. Haverá resolução de mérito quando o juiz:

   I – acolher ou rejeitar o pedido formulado na ação ou na reconvenção;

   II – decidir, de ofício ou a requerimento, sobre a ocorrência de decadência ou prescrição;

   III – homologar:

   a) o reconhecimento da procedência do pedido formulado na ação ou na reconvenção;

   b) a transação;

LIÇÃO 10 • DA DISTRIBUIÇÃO, DO REGISTRO, DO VALOR DA CAUSA (...)

O Código de Processo Civil prevê três hipóteses em que o processo será extinto com julgamento do mérito que são as seguintes: quando o juiz acolher ou rejeitar o pedido do autor; quando o juiz decidir sobre a decadência ou a prescrição; quando as partes transigirem e o juiz homologar.

5.2 Extinção sem julgamento do mérito *(sentença terminativa)*

É a forma anormal de encerramento do processo, pois não tendo havido apreciação do mérito pode se dizer que o processo foi infrutífero, podendo ocorrer nos seguintes casos: indeferimento da petição inicial; o processo ficar parado por negligência da parte; quando o autor não promover os atos e diligências determinados; se o juiz constatara ausência de pressuposto de constituição e desenvolvimento válido; se ocorrer perempção, litispendência ou coisa julgada; falta de legitimidade e interesse processual; acolher a alegação de existência de convenção de arbitragem; quando o autor desistir da ação; quando ocorrer a morte da parte e a ação for considerada intransmissível por disposição legal; e, finalmente, nos demais casos previstos em lei (CPC, art. 485).[16]

---

c)   a renúncia à pretensão formulada na ação ou na reconvenção.

Parágrafo único. Ressalvada a hipótese do § 1º do art. 332, a prescrição e a decadência não serão reconhecidas sem que antes seja dada às partes oportunidade de manifestar-se.

16.   CPC, Art. 485. O juiz não resolverá o mérito quando:

I – indeferir a petição inicial;

II – o processo ficar parado durante mais de 1 (um) ano por negligência das partes;

III – por não promover os atos e as diligências que lhe incumbir, o autor abandonar a causa por mais de 30 (trinta) dias;

IV – verificar a ausência de pressupostos de constituição e de desenvolvimento válido e regular do processo;

V – reconhecer a existência de perempção, de litispendência ou de coisa julgada;

VI – verificar ausência de legitimidade ou de interesse processual;

VII – acolher a alegação de existência de convenção de arbitragem ou quando o juízo arbitral reconhecer sua competência;

VIII – homologar a desistência da ação;

IX – em caso de morte da parte, a ação for considerada intransmissível por disposição legal; e

X – nos demais casos prescritos neste Código.

§ 1º Nas hipóteses descritas nos incisos II e III, a parte será intimada pessoalmente para suprir a falta no prazo de 5 (cinco) dias.

§ 2º No caso do § 1º, quanto ao inciso II, as partes pagarão proporcionalmente as custas, e, quanto ao inciso III, o autor será condenado ao pagamento das despesas e dos honorários de advogado.

§ 3º O juiz conhecerá de ofício da matéria constante dos incisos IV, V, VI e IX, em qualquer tempo e grau de jurisdição, enquanto não ocorrer o trânsito em julgado.

§ 4º Oferecida a contestação, o autor não poderá, sem o consentimento do réu, desistir da ação.

§ 5º A desistência da ação pode ser apresentada até a sentença.

§ 6º Oferecida a contestação, a extinção do processo por abandono da causa pelo autor depende de requerimento do réu.

§ 7º Interposta a apelação em qualquer dos casos de que tratam os incisos deste artigo, o juiz terá 5 (cinco) dias para retratar-se.

5.3 Recurso cabível contra a sentença

Qualquer que seja o tipo de sentença o recurso cabível será sempre a apelação (CPC, art. 1.009).[17]

Dessa forma, seja sentença de mérito (ver CPC, art. 487) ou mesmo sentença sem julgamento de mérito (ver CPC, art. 485), isto é, qualquer sentença proferida por juiz de primeiro grau, prevê o nosso sistema jurídico processual que o recurso a ser manejado é a apelação.

Embora seja obvio é importante consignar que se a sentença tiver alguma omissão, obscuridade ou contradição, antes de interpor a apelação deverá o interessado manejar os embargos de declaração com a finalidade de corrigir ou aclarar a decisão (ver CPC, art. 1.022).

> **Atenção:** os embargos de declaração, como regra, não alteram o julgado (por exceção pode ter efeitos infringentes). Dessa maneira, o principal objetivo dos embargos declaratórios não é precipuamente alterar, mas esclarecer ou integrar decisões que padecem de algum vício.

---

17. CPC, Art. 1.009. Da sentença cabe apelação.

§ 1º As questões resolvidas na fase de conhecimento, se a decisão a seu respeito não comportar agravo de instrumento, não são cobertas pela preclusão e devem ser suscitadas em preliminar de apelação, eventualmente interposta contra a decisão final, ou nas contrarrazões.

§ 2º Se as questões referidas no § 1º forem suscitadas em contrarrazões, o recorrente será intimado para, em 15 (quinze) dias, manifestar-se a respeito delas.

§ 3º O disposto no *caput* deste artigo aplica-se mesmo quando as questões mencionadas no art. 1.015 integrarem capítulo da sentença.

Lição 11
DA PETIÇÃO INICIAL, DO PEDIDO E DA AUDIÊNCIA DE CONCILIAÇÃO OU DE MEDIAÇÃO

Sumário: 1. Da petição inicial; 1.1 Requisitos da petição inicial; 1.2 Recebimento da petição inicial; 1.3 Aditamento e emenda da petição inicial; 1.4 Indeferimento da petição inicial; 1.5 Recurso contra o indeferimento e juízo de retratação – 2. Do pedido; 2.1 Pedido certo; 2.2 Pedido determinado; 2.3 Pedido genérico; 2.4 Pedido implícito; 2.5 Pedido alternativo; 2.6 Pedido em ordem subsidiária; 2.7 Cumulação de pedidos; 2.8 Aditamento ou modificação do pedido; 2.9 Improcedência liminar do pedido – 3. Audiência de conciliação ou mediação; 3.1 Ato atentatório à dignidade da justiça; 3.2 Resultado da audiência.

1. DA PETIÇÃO INICIAL

A petição inicial é a peça através da qual o autor provoca a atividade jurisdicional do Estado. É através dela que se inicia o processo. Nela, o autor delimita a atividade jurisdicional na exata medida em que formula uma pretensão, indicando o seu pedido e os fundamentos que entende justificam o seu pleito. É também nessa peça que o autor indica quem deve responder como réu, no polo passivo da demanda, informando os dados que possa identificar o demandado.

Para atender a finalidade de fazer o Estado prestar seus serviços jurisdicionais, a petição inicial deve atender determinados requisitos e forma sob pena de ser indeferida, até mesmo liminarmente, razão porque deve ser elaborada com todo o cuidado e técnicas recomendáveis.

1.1 Requisitos da petição inicial

Os requisitos indispensáveis de qualquer petição inicial vêm elencados nos arts. 319[1] e 320[2] do Código de Processo Civil. No primeiro constam as exigências intrínsecas da petição inicial, enquanto no segundo encontram-se os elementos extrínsecos.

Vejamos um a um quais são os requisitos:

a) **Juízo a que é dirigida:**

É o **endereçamento**, ou seja, no cabeçalho da petição inicial o autor deve dirigir sua petição ao juiz competente. Se houver um só juiz na comarca, ou na vara, ou na seção judiciária onde se propõe ação, o endereçamento pode até mencionar o nome da autoridade; se houver mais de um, o endereçamento do pedido é genérico.

b) **Preâmbulo (Autor e Réu):**

O **autor** deve ser qualificado de forma a não deixar dúvidas quanto à sua identidade. Se for pessoa jurídica, deve ser também qualificada, mencionando-se quem a representa, legalmente, juntando-se contrato social, ou estatuto, e ata de eleição do dirigente autorizado a outorgar procuração. Se for incapaz, será representado por quem de direito. Se houver mais de um autor, todos devem ser qualificados. O **Réu** da mesma forma que o autor, deverá ter sua qualificação completa, seja um só réu, sejam mais de um, seja pessoa física ou jurídica. Pode acontecer de o autor desconhecer alguns dados do réu e se isso acontecer, esta circunstância deve ser mencionada, requerendo ao juiz as diligências necessárias à sua obtenção.

---

1. CPC, Art. 319. A petição inicial indicará:

   I – o juízo a que é dirigida;

   II – os nomes, os prenomes, o estado civil, a existência de união estável, a profissão, o número de inscrição no Cadastro de Pessoas Físicas ou no Cadastro Nacional da Pessoa Jurídica, endereço eletrônico, o domicílio e a residência do autor e do réu;

   III – o fato e os fundamentos jurídicos do pedido;

   IV – o pedido com as suas especificações;

   V– o valor da causa;

   VI – as provas com que o autor pretende demonstrar a verdade dos fatos alegados;

   VII – a opção do autor pela realização ou não de audiência de conciliação ou de mediação.

   § 1º Caso não disponha das informações previstas no inciso II, poderá o autor, na petição inicial, requerer ao juiz diligências necessárias a sua obtenção.

   § 2º A petição inicial não será indeferida se, a despeito da falta de informações a que se refere o inciso II, for possível a citação do réu.

   § 3º A petição inicial não será indeferida pelo não atendimento ao disposto no inciso II deste artigo se a obtenção de tais informações tornar impossível ou excessivamente oneroso o acesso à justiça.

2. CPC, Art. 320. A petição inicial será instruída com os documentos indispensáveis à propositura da ação.

LIÇÃO 11 • DA PETIÇÃO INICIAL, DO PEDIDO E DA AUDIÊNCIA DE CONCILIAÇÃO OU DE MEDIAÇÃO

c) O fato e os fundamentos jurídicos:

A petição deve mencionar, com clareza, os fatos que justificam a propositura da ação. Além disso, deve fazer uma exposição da legislação aplicável ao caso concreto. Deve o autor mencionar, com clareza, não só a lei aplicável, mas também os dispositivos desta, que são os fundamentos jurídicos do pedido. Se mencionar doutrina deve indicar qual é o autor, livro e página. Se mencionar jurisprudência, deverá fazer constar o Tribunal, número do processo, nome do relator, data de julgamento e a fonte.

d) O Pedido com as suas especificações:

O pedido é um dos elementos mais importantes da petição inicial, pois é ele que vai delimitar a atividade do judiciário. Por sua importância merecem um item a parte, que veremos a seguir.

e) Valor da causa:

Quanto ao valor da causa, será sempre o valor correspondente ao bem que se almeja buscar ao final do processo. Em alguns casos a lei determina a forma pela qual se deve calcular o valor da causa, porém no geral o autor tem liberdade para fixar o valor da causa que poderá ser alterado pelo juiz de ofício ou por provocação da outra parte através de impugnação.[3]

f) Documentos:

O autor deve apresentar toda a documentação que julga necessária a provar seu direito e a verdade dos fatos. Deve referir-se a todos os documentos que sejam importantes para comprovação dos fatos alegados e também para provar a legitimidade tanto do Réu quanto do Autor. Aliás, em algumas situações existem **documentos que são considerados indispensáveis** à propositura da ação como, por exemplo, a certidão de casamento na ação de divórcio.

g) As provas das alegações:

O autor já deve indicar na sua petição inicial as provas que tem a respeito dos fatos narrados. Se entender que existem outras provas que ainda pretende produzir, deve indicá-las de forma clara e requerê-las ao juiz (testemunhas, periciais, etc.). Contudo, é admitido o **protesto genérico por provas** tendo em vista que na fase do saneamento, se necessário à realização de provas, o juiz deve abrir oportunidade para que, tanto autor quanto o réu, possam indicar as provas que ainda se faça necessário.

h) Opção pela realização da audiência de conciliação ou mediação:

Outra exigência da lei é que o autor já diga na sua petição inicial se tem interesses na realização da audiência de conciliação ou mediação.

---

3. Sobre o valor da causa remetemos o leitor à lição 10.

Naturalmente isto só vale para aquelas ações que versem sobre direito disponíveis.

i) **Outros pedidos** (ou requerimento):

Embora não conste dos dois artigos mencionados, existem outros pedidos que deverão ser deduzidos na petição inicial como, por exemplo, o pedido de **citação do réu** (ou réus), para responder aos termos da ação (dizendo por qual forma deseja que ela se realize; por correio, por oficial de justiça ou edital); o pedido de **gratuidade de justiça** (se o autor for economicamente hipossufuciente); o pedido de condenação do réu nos **ônus da sucumbência**; pedido de **tutela provisória**, se for o caso; pedido de **desconsideração da personalidade jurídica**; dentre outros.

j) **Outras exigências:**

Embora o Código de Processo Civil nada diga, a petição inicial deve ser assinada por quem tenha capacidade postulatória (advogado, defensor público ou membro do ministério público); dentre os documentos indispensáveis que deve acompanhar a inicial, encontra-se a exigência de procuração (ver CPC, art. 287); deverá também provar o recolhimentos das custas processuais, cuja omissão ensejará o cancelamento da distribuição (ver CPC, art. 290).

1.2 Recebimento da petição inicial

Após o registro e a distribuição, a petição inicial será encaminhada ao juiz competente que irá verificar de sua regularidade. Nesse momento será feito uma espécie de juízo de admissibilidade, abrindo-se três possibilidades:

a) **A petição está em ordem:**

O juiz proferirá um despacho, dando pela regularidade da petição e mandará citar o réu para os termos da ação.

Atenção: o fato de o juiz considerar a petição inicial regular não implica nenhum prejulgamento da causa. O magistrado apenas verifica e atesta a regularidade formal da petição.

b) **A petição tem defeitos ou irregularidades sanáveis:**

Nesse caso, o juiz determinará ao autor que, no prazo de 15 (quinze) dias, emende ou adite a sua petição inicial, informando com clareza o que deve ser corrigido ou completado (CPC, art. 321 – NR-4).

Atenção: se o autor não cumprir com essa determinação, o juiz indeferirá a petição inicial.

LIÇÃO 11 • DA PETIÇÃO INICIAL, DO PEDIDO E DA AUDIÊNCIA DE CONCILIAÇÃO OU DE MEDIAÇÃO

c) A petição tem defeitos insanáveis:

O juiz deve indeferir a petição inicial (ver CPC, art. 330). Se isso ocorrer o autor pode, de duas uma: propor novamente a mesma ação corrigindo o defeito insanável que a petição inicial tinha ou recorrer da decisão através do recurso de apelação.

1.3 Aditamento e emenda da petição inicial

Se a petição inicial não preencher os requisitos exigidos pelo Código de Processo Civil (ver CPC, art. 319 e 320) ou apresente defeitos ou irregularidades que dificulte o julgamento de mérito, o juiz deverá determinar ao autor a sua regularização (CPC, art. 321).[4]

Quer dizer, a eventual falta de qualquer dos requisitos da petição inicial, bem como defeitos e irregularidades que possam dificultar o conhecimento do mérito, poderá ensejar a necessidade de emenda ou aditamento da petição inicial com a finalidade de adequá-la, cabendo ao juiz determinar a sua regularização no prazo de 15 (quinze) dias.

Não sendo atendida a determinação, o juiz estará autorizado a indeferir a petição inicial (ver CPC, art. 321, parágrafo único c/c art. 330, IV) com a consequente extinção do processo sem resolução do mérito (ver CPC, art. 485, I).

Dessa decisão o autor poderá interpor apelação, facultado ao juiz, no prazo de 5 (cinco) dias reformar sua decisão (ver CPC, art. 331).[5]

> **Atenção:** Diferença entre emenda e aditamento. A palavra emenda é sinônimo de correção, não devendo ser confundida com aditamento, cujo sinônimo é acréscimo.

1.4 Indeferimento da petição inicial

Já falamos que cabe ao juiz verificar a regularidade da petição inicial. Se havia vícios sanáveis já foi determinado a emenda ou aditamento da petição. Já vimos também que se o autor não atendeu a determinação de emenda ou aditamento, a

---

4. CPC, Art. 321. O juiz, ao verificar que a petição inicial não preenche os requisitos dos arts. 319 e 320 ou que apresenta defeitos e irregularidades capazes de dificultar o julgamento de mérito, determinará que o autor, no prazo de 15 (quinze) dias, a emende ou a complete, indicando com precisão o que deve ser corrigido ou completado.
   Parágrafo único. Se o autor não cumprir a diligência, o juiz indeferirá a petição inicial.
5. CPC, Art. 331. Indeferida a petição inicial, o autor poderá apelar, facultado ao juiz, no prazo de 5 (cinco) dias, retratar-se.
   § 1º Se não houver retratação, o juiz mandará citar o réu para responder ao recurso.
   § 2º Sendo a sentença reformada pelo tribunal, o prazo para a contestação começará a correr da intimação do retorno dos autos, observado o disposto no art. 334.
   § 3º Não interposta a apelação, o réu será intimado do trânsito em julgado da sentença.

petição inicial deve ser inferida, sendo esse, um dos motivos para indeferimento (ver CPC, art. 321). Outra hipótese de indeferimento também tem a ver com o não cumprimento de determinação judicial, que se aplica ao advogado que atua em causa própria, quando ele não atender o que prescreve a lei (ver art. 106, § 1°).

Advirta-se que o indeferimento da petição inicial pode ser **total** e, nesse caso, o processo será extinto sem julgamento do mérito; ou **parcial**, devendo prosseguir com relação aos pedidos que foram considerados regulares.

Os casos de indeferimento da petição inicial vêm elencados no art. 330[6] do Código de Processo Civil, vejamos:

a) **Inépcia da petição inicial:**

A petição será considerada inepta quando lhe faltar pedido ou causa de pedir; quando o pedido for indeterminado, exceto se a lei autorizar o pedido genérico; quando da narração dos fatos não decorrer uma conclusão lógica; e, quando os pedidos forem incompatíveis entre si.

b) **Parte manifestamente ilegítima:**

A legitimidade de parte também é uma das condições da ação. Qualquer das partes deve ser legitimada para participar do processo. Sendo questão de ordem pública, a questão da legitimidade pode ser decidida em qualquer momento processual.

c) **O autor carecer de interesse processual:**

É a falta de interesse de agir que consiste em verificar a necessidade ou utilidade de o autor recorrer ao judiciário.

d) **Não atendimento ao prescrito nos arts. 106 e 321:**

Já vimos também que se o autor não atendeu a determinação de emenda ou aditamento, a petição inicial deve ser indeferida, sendo esse, um dos motivos para indeferimento (ver CPC, art. 321). Outra hipótese de indeferimento

---

6. CPC, Art. 330. A petição inicial será indeferida quando:

I – for inepta;

II – a parte for manifestamente ilegítima;

III – o autor carecer de interesse processual;

IV – não atendidas as prescrições dos arts. 106 e 321.

§ 1° Considera-se inepta a petição inicial quando:

I – lhe faltar pedido ou causa de pedir;

II – o pedido for indeterminado, ressalvadas as hipóteses legais em que se permite o pedido genérico;

III – da narração dos fatos não decorrer logicamente a conclusão;

IV – contiver pedidos incompatíveis entre si.

§ 2° Nas ações que tenham por objeto a revisão de obrigação decorrente de empréstimo, de financiamento ou de alienação de bens, o autor terá de, sob pena de inépcia, discriminar na petição inicial, dentre as obrigações contratuais, aquelas que pretende controverter, além de quantificar o valor incontroverso do débito.

§ 3° Na hipótese do § 2°, o valor incontroverso deverá continuar a ser pago no tempo e modo contratados.

LIÇÃO 11 • DA PETIÇÃO INICIAL, DO PEDIDO E DA AUDIÊNCIA DE CONCILIAÇÃO OU DE MEDIAÇÃO

também tem a ver com o não cumprimento de determinação judicial, que se aplica ao advogado que atua em causa própria, quando ele não atender o que prescreve a lei (ver art. 106, § 1°).

1.5 Recurso contra o indeferimento e juízo de retratação

Indeferida a petição inicial, cabe ao autor ingressar com recurso de apelação para que o tribunal possa reapreciar a questão. Se isso ocorrer, é facultado ao juiz, no prazo de 5 (cinco) dias, exercer o juízo de retratação (ver CPC, art. 331).

Se o juiz se retratar, deverá mandar citar o réu para comparecer em audiência de conciliação ou mediação ou para responder aos termos da ação, conforme o direito posto em apreciação (ver CPC, art. 334). Caso não haja retratação, o juiz mandará citar o réu para responder ao recurso, isto é, apresentar suas contrarrazões. É a garantia do contraditório, mesmo nessa fase inicial.

No tribunal, ocorrendo a reforma da sentença, o prazo para os demais atos do processo começará a correr da intimação do retorno dos autos ao juízo de origem. Se o tribunal mantiver a decisão do juiz, o autor ainda poderá interpor recurso especial para o STJ conforme seja o caso.

Atenção: Caso não seja interposta a apelação, o réu deverá ser intimado do trânsito em julgado da sentença.

2. DO PEDIDO

Estabelece o Código de Processo Civil que o pedido com suas especificações é um dos requisitos fundamentais da petição inicial (ver CPC, art. 319, IV).

Cumpre esclarecer que o pedido é o núcleo essencial da petição inicial. É aquilo que o autor pretende que o Estado imponha ao Réu. Ademais, é o pedido que põe o processo em marcha e delimita o objeto da lide.

Como regra o pedido deve ser **certo e determinado**, contudo, em determinadas situações excepcionais pode ser genérico.

O pedido deve ser **concludente**, isto é, deve ser uma conclusão lógica do direito exposto pelo autor. Quer dizer, o pedido deve estar de acordo com os fatos e o direito exposto. Quando não há conexão entre a causa de pedir e o pedido, a petição inicial será considerada inepta (ver CPC, art. 330, § 1°, III).

Ademais, a doutrina ensina que o pedido de desdobra em dois tipos, imediato e mediato, senão vejamos:

a) **Pedido imediato:**

Corresponde ao tipo de providência jurisdicional pretendida pelo autor como, por exemplo, a declaração, a condenação ou a constituição de um direito pleiteado.

b) Pedido mediato:

Chama-se de pedido mediato o bem jurídico de direito material que se pretende seja tutelado como, por exemplo, a condenação do réu a pagar determinada quantia em dinheiro, a determinação para entrega da coisa, a desocupação do imóvel, etc. Em síntese: é o resultado prático, que o autor pretende conseguir com a propositura da demanda.

2.1 Pedido certo

Quando o Código fala em pedido certo, quer dizer que o pedido deve ser expresso e bem preciso, não deve ficar subtendido (CPC, art. 322, *caput*).[7]

Sabemos que a o magistrado fica adstrito ao pedido do autor, não lhe podendo dar mais do que pediu (*ultra petita*), nem diferente do que foi pedido (*extra petita*).

Ainda ao analisar o pedido, o magistrado deverá ter em mente o conjunto da postulação feita pelo autor cotejado com o princípio da boa-fé (ver CPC, art. 322, § 2°), de sorte que podemos entender que o pedido deve ser interpretado de forma extensiva para contemplar toda a postulação do autor.

2.2 Pedido determinado

A regra é que o pedido seja determinado. A questão da determinação diz respeito com a clareza do pretendido. Quer dizer, tem a ver com a qualidade e quantidade do que se pede (CPC, art. 324, *caput*).[8]

2.3 Pedido genérico

Embora a regra seja de que o pedido deva ser certo e determinado, a lei admite que, por exceção, se possa fazer pedido genérico (ver CPC, art. 324, § 1°), nas seguintes hipóteses:

a) Ações universais:

Admite-se seja indeterminado o pedido nas ações universais quando ao autor não puder, desde logo, individualizar os bens demandados.

---

7. CPC, Art. 322. O pedido deve ser certo.

§ 1° Compreendem-se no principal os juros legais, a correção monetária e as verbas de sucumbência, inclusive os honorários advocatícios.

§ 2° A interpretação do pedido considerará o conjunto da postulação e observará o princípio da boa-fé.

8. CPC, Art. 324. O pedido deve ser determinado.

§ 1° É lícito, porém, formular pedido genérico:

I – nas ações universais, se o autor não puder individuar os bens demandados;

II – quando não for possível determinar, desde logo, as consequências do ato ou do fato;

III – quando a determinação do objeto ou do valor da condenação depender de ato que deva ser praticado pelo réu.

§ 2° O disposto neste artigo aplica-se à reconvenção.

LIÇÃO 11 • DA PETIÇÃO INICIAL, DO PEDIDO E DA AUDIÊNCIA DE CONCILIAÇÃO OU DE MEDIAÇÃO — 207

Exemplo: o autor ingressa com ação de petição de herança e não sabe de antemão quais bens lhe serão possível reivindicar na partilha da herança na qual pretende se habilitar.

b) Quando não for possível determinar o alcance dos danos do ato ou fato:

Em muitas situações não é de todo possível determinar o alcance dos danos causados por algum ato ou fato ilícito, no momento da propositura da ação. Nesta circunstância autoriza a lei que o autor possa fazer pedido genérico, porém deverá explicar as razões de não poder fazer o pedido determinado.

Exemplo: é o caso de uma ação de indenização por lesões corporais com parcial invalidez, na qual o autor pleiteia uma verba alimentar vitalícia, cujo valor somente poderá ser apurado e determinado após perícia que determine o grau de invalidez e por liquidação de sentença (ver CPC, arts. 509 e ss).

c) Quando o valor da condenação depender de ato do réu:

Existem hipóteses em que a determinação do pedido depende de ato a ser praticado pelo réu.

Exemplo: na ação de prestação de contas nas quais não se sabe sequer se haverá saldo; ou ainda, nas ações que visem o cumprimento de obrigações de dar, quando a escolha cabe ao devedor.

2.4 Pedido implícito

Quando a doutrina fala em pedidos implícitos, significa dizer que são pedidos que mesmo não declinado pelo autor em sua petição inicial, são pedidos que deverão ser atendidos pelo juiz e são eles:

a) Juros, correção e sucumbência:

Subtende-se incluído no pedido principal os juros que incidirão no montante a ser apurado no final do processo, bem como a atualização monetária desse valor, além das verbas de sucumbência (ver CPC, art. 322, § 1°).

b) Prestações vincendas nas obrigações sucessivas:

Nas obrigações sucessivas, aquelas que vão se cumprindo a prestações, ao propor a ação o autor irá pedir as prestações inadimplidas (já vencidas) e, mesmo que não peça as prestações futuras (vincendas), o juiz deverá conceder (CPC, art. 323).[9]

---

9. CPC, Art. 323. Na ação que tiver por objeto cumprimento de obrigação em prestações sucessivas, essas serão consideradas incluídas no pedido, independentemente de declaração expressa do autor, e serão incluídas na condenação, enquanto durar a obrigação, se o devedor, no curso do processo, deixar de pagá-las ou de consigná-las.

2.5 Pedido alternativo

O pedido será alternativo quando, pela natureza da obrigação, o devedor puder cumprir a prestação por mais de um modo diferente (CPC, art. 325).[10] Pode ocorrer quando o autor formula dois ou mais pedido, deixando claro que aceita um ou outro. Quer dizer, o atendimento pelo réu de qualquer dos pedidos, satisfaz o autor.

Quando, pela lei ou pelo contrato, a escolha couber ao devedor, mesmo que o autor não faça pedido alternativo, o juiz assegurará ao devedor o direito de cumprir a prestação de um ou de outro modo (ver CPC, art. 325, parágrafo único).

> **Exemplo:** numa obrigação de fazer inadimplida o credor pode ingressar em juízo para obrigar o devedor a cumprir com a obrigação contratada ou a condenação em perdas e danos.

2.6 Pedido em ordem subsidiária

A doutrina classifica esse tipo de pedido como sendo "**cumulação imprópria**" porque não é propriamente uma cumulação na exata medida em que somente um dos pedidos é que será atendido.

Assim, o autor formula dois pedidos contando que, se o primeiro não for conhecido, que o juiz conheça do segundo (CPC, art. 326).[11]

Em suma, o autor faz um pedido principal, pedindo ao juiz que na impossibilidade de cumprimento da forma pleiteada, conheça e determine que se cumpra da forma sugerida como subsequente.

> **Exemplo:** na compra de uma área de terra, na qual se constatou diferenças de metragem o comprador pode pedir a complementação da área (pedido principal) ou se impossível, o abatimento proporcional do preço (pedido secundário). Para conhecer do subsidiário, o juiz deverá conhecer primeiro o principal.

2.7 Cumulação de pedidos

Ocorre a cumulação quando o autor, em um único processo, faz mais de um pedido dirigido contra o mesmo réu, pleiteando o acolhimento de todos eles.

---

10. CPC, Art. 325. O pedido será alternativo quando, pela natureza da obrigação, o devedor puder cumprir a prestação de mais de um modo.

    Parágrafo único. Quando, pela lei ou pelo contrato, a escolha couber ao devedor, o juiz lhe assegurará o direito de cumprir a prestação de um ou de outro modo, ainda que o autor não tenha formulado pedido alternativo.

11. CPC, Art. 326. É lícito formular mais de um pedido em ordem subsidiária, a fim de que o juiz conheça do posterior, quando não acolher o anterior.

    Parágrafo único. É lícito formular mais de um pedido, alternativamente, para que o juiz acolha um deles.

LIÇÃO 11 • DA PETIÇÃO INICIAL, DO PEDIDO E DA AUDIÊNCIA DE CONCILIAÇÃO OU DE MEDIAÇÃO **209**

Pode ser feita a cumulação mesmo que não haja conexão entre os pedidos (CPC, art. 327).[12]

Para que seja admissível a cumulação é necessário que o autor atenda a determinados requisitos, vejamos:

a) **Que os pedidos sejam compatíveis entre si:**

Decorrente de um mesmo fato o autor pode pedir perdas e danos e cumular seu pedido com dano moral.

b) **Que o juiz seja competente para conhecer dos pedidos**

O mesmo juiz deve ser competente para conhecer dos pedidos cumulados. Não pode um pedido ser afeito ao juízo de família e outro ao juízo do cível.

c) **Que o procedimento seja adequado para todos os pedidos.**

Se os procedimentos forem distintos ainda assim o autor poderá cumular seus pedidos, porém terá que optar pelo procedimento comum.

Exemplo: o autor tem um título executivo extrajudicial e, portanto, pode ingressar com ação de execução para receber os créditos deste título; e, tem outro título que não é título executivo de sorte que precisa do procedimento comum para ver reconhecido esse crédito. Em princípio não pode haver cumulação já que os procedimentos são diferentes. Porém, se o autor promover a ação de conhecimento, pelo procedimento comum, poderá fazer a cumulação.

A doutrina identifica duas modalidades de cumulação, a simples e a sucessiva, vejamos cada uma delas:

a) **Cumulação simples:**

É a forma mais comum e ocorre quando o autor faz mais de um pedido e eles são independentes entre si, de sorte que o acolhimento de um dos pedidos não depende do acolhimento ou da rejeição de nenhum outro.

Exemplo: autor ingressa com ação de cobrança de duas dívidas originárias de fatos diversos, contra o mesmo réu. Ambas podem ser procedentes, somente

---

12. CPC, Art. 327. É lícita a cumulação, em um único processo, contra o mesmo réu, de vários pedidos, ainda que entre eles não haja conexão.

§ 1º São requisitos de admissibilidade da cumulação que:

I – os pedidos sejam compatíveis entre si;

II – seja competente para conhecer deles o mesmo juízo;

III – seja adequado para todos os pedidos o tipo de procedimento.

§ 2º Quando, para cada pedido, corresponder tipo diverso de procedimento, será admitida a cumulação se o autor empregar o procedimento comum, sem prejuízo do emprego das técnicas processuais diferenciadas previstas nos procedimentos especiais a que se sujeitam um ou mais pedidos cumulados, que não forem incompatíveis com as disposições sobre o procedimento comum.

§ 3º O inciso I do § 1º não se aplica às cumulações de pedidos de que trata o art. 326.

uma delas pode ser procedente ou mesmo ambas podem ser improcedentes, porém o resultado de uma não interfere no resultado da outra.

b) **Cumulação sucessiva:**

Nesse caso, o autor faz mais de um pedido e espera que todos sejam reconhecidos. Quer dizer, ele tem mais de uma pretensão contra o mesmo réu. Ocorre que, diferentemente da simples, na sucessiva é necessário o acolhimento do pedido principal para, em decorrência dele, se possa conhecer do subsequente.

Exemplo: autor ingressa com ação de investigação de paternidade e cumula o pedido de petição de herança. Nesse caso é preciso primeiro resolver a questão da paternidade para depois julgar o pedido de petição de herança.

2.8 Aditamento ou modificação do pedido

Antes da citação do réu, o autor pode aditar ou modificar o pedido. Após a citação, somente poderá fazê-lo com a anuência do Réu, garantindo-se a este o direito ao contraditório e ao devido processo legal inclusive com o requerimento de prova suplementar (CPC, art. 329).[13] Se o autor não fizer o aditamento do pedido nestas oportunidades, somente por outra ação distinta poderá fazer valer esse eventual outro seu direito.

Depois do saneador não poderá mais aditar. Nem mesmo com a concordância do Réu, o pedido poderá ser modificado. É que depois do saneador o processo se estabiliza, dando-se pela regularidade do que já foi produzido e definindo-se os passos seguintes.

2.9 Improcedência liminar do pedido

Nas causas que dispensam instrução probatória, isto é, naquelas causas em que a matéria discutida é exclusivamente de direito ou sendo de fato e de direito os fatos já se encontrarem devidamente provados, o juiz está autorizado a, **independentemente da citação do réu**, julgar liminarmente improcedente o pedido que contrariar (CPC, art. 332):[14]

---

13. CPC, Art. 329. O autor poderá:

    I – até a citação, aditar ou alterar o pedido ou a causa de pedir, independentemente de consentimento do réu;

    II – até o saneamento do processo, aditar ou alterar o pedido e a causa de pedir, com consentimento do réu, assegurado o contraditório mediante a possibilidade de manifestação deste no prazo mínimo de 15 (quinze) dias, facultado o requerimento de prova suplementar.

    Parágrafo único. Aplica-se o disposto neste artigo à reconvenção e à respectiva causa de pedir.

14. CPC, Art. 332. Nas causas que dispensem a fase instrutória, o juiz, independentemente da citação do réu, julgará liminarmente improcedente o pedido que contrariar:

    I – enunciado de súmula do Supremo Tribunal Federal ou do Superior Tribunal de Justiça;

a) Súmulas dos tribunais superiores:

Se a postulação do autor contrariar enunciado de súmula do Supremo Tribunal Federal ou do Superior Tribunal de Justiça, o juiz pode indeferir liminarmente a petição inicial, julgando improcedente o pedido.

b) Acórdão proferido em julgamento de caso repetitivo:

Se a matéria objeto do pedido do autor já foi julgada improcedente pelo Supremo Tribunal Federal ou pelo Superior Tribunal de Justiça como caso repetitivo, o resultado desse julgamento é vinculante, quer dizer, obriga todos os juízes a seguir.

c) Resolução de demandas repetitivas ou assunção de competência:

Se o pedido contrariar entendimento firmado pelo tribunal (estadual ou federal), proferido em incidente de resolução de demandas repetitivas ou de assunção de competência, também deverá ser liminarmente indeferido.

d) Súmula do tribunal de justiça sobre direito local:

Esse é mais uma das hipóteses em que o juiz de primeiro grau está autorizado a indeferir liminarmente o pedido do autor, se entender que tal pedido contraria enunciado de súmula de tribunal de justiça sobre direito local.

e) Prescrição e decadência:

Se o juiz constatar que o direito postulado pelo autor está fulminado pela prescrição ou decadência, também deverá indeferir liminarmente o pedido.

Ocorrendo o julgamento liminar, se o autor não se contentar com a decisão deverá interpor o recurso de apelação, podendo o juiz se retratar no prazo de 5 (cinco) dias e, se isso acontecer, deverá determinar o prosseguimento do feito com a citação do réu para comparecimento na audiência de conciliação ou mediação, se o direito em jogo permitir a autocomposição.

II – acórdão proferido pelo Supremo Tribunal Federal ou pelo Superior Tribunal de Justiça em julgamento de recursos repetitivos;

III – entendimento firmado em incidente de resolução de demandas repetitivas ou de assunção de competência;

IV – enunciado de súmula de tribunal de justiça sobre direito local.

§ 1º O juiz também poderá julgar liminarmente improcedente o pedido se verificar, desde logo, a ocorrência de decadência ou de prescrição.

§ 2º Não interposta a apelação, o réu será intimado do trânsito em julgado da sentença, nos termos do art. 241.

§ 3º Interposta a apelação, o juiz poderá retratar-se em 5 (cinco) dias.

§ 4º Se houver retratação, o juiz determinará o prosseguimento do processo, com a citação do réu, e, se não houver retratação, determinará a citação do réu para apresentar contrarrazões, no prazo de 15 (quinze) dias.

Em contrapartida, se não houver retratação, o juiz determinará a citação do réu para apresentar contrarrazões à apelação, no prazo de 15 (quinze) dias e esgotado esse prazo, com a resposta do réu (ou não), remeterá os autos ao tribunal.

Advirta-se ainda que, qualquer que seja a hipótese de improcedência liminar, trata-se de **julgamento de mérito** e, não interposta a apelação, o réu deverá ser intimado do trânsito em julgado da sentença.

3. AUDIÊNCIA DE CONCILIAÇÃO OU MEDIAÇÃO

Se a petição inicial estiver em ordem e não for o caso de improcedência liminar do pedido, o juiz mandará citar o réu, com antecedência de pelo menos 20 (vinte) dias, para comparecimento em audiência de conciliação ou de mediação (CPC, art. 334).[15]

A audiência de conciliação ou de mediação não é sempre obrigatória, tendo em vista que ela não será realizada em duas hipóteses:

a) **Direito indisponível:**

Se o direito posto em discussão não admite autocomposição não haverá audiência de conciliação ou mediação e o réu será citado normalmente para contestar o pedido do autor.

---

15. CPC, Art. 334. Se a petição inicial preencher os requisitos essenciais e não for o caso de improcedência liminar do pedido, o juiz designará audiência de conciliação ou de mediação com antecedência mínima de 30 (trinta) dias, devendo ser citado o réu com pelo menos 20 (vinte) dias de antecedência.

§ 1º O conciliador ou mediador, onde houver, atuará necessariamente na audiência de conciliação ou de mediação, observando o disposto neste Código, bem como as disposições da lei de organização judiciária.

§ 2º Poderá haver mais de uma sessão destinada à conciliação e à mediação, não podendo exceder a 2 (dois) meses da data de realização da primeira sessão, desde que necessárias à composição das partes.

§ 3º A intimação do autor para a audiência será feita na pessoa de seu advogado.

§ 4º A audiência não será realizada:

I – se ambas as partes manifestarem, expressamente, desinteresse na composição consensual;

II – quando não se admitir a autocomposição.

§ 5º O autor deverá indicar, na petição inicial, seu desinteresse na autocomposição, e o réu deverá fazê-lo, por petição, apresentada com 10 (dez) dias de antecedência, contados da data da audiência.

§ 6º Havendo litisconsórcio, o desinteresse na realização da audiência deve ser manifestado por todos os litisconsortes.

§ 7º A audiência de conciliação ou de mediação pode realizar-se por meio eletrônico, nos termos da lei.

§ 8º O não comparecimento injustificado do autor ou do réu à audiência de conciliação é considerado ato atentatório à dignidade da justiça e será sancionado com multa de até dois por cento da vantagem econômica pretendida ou do valor da causa, revertida em favor da União ou do Estado.

§ 9º As partes devem estar acompanhadas por seus advogados ou defensores públicos.

§ 10. A parte poderá constituir representante, por meio de procuração específica, com poderes para negociar e transigir.

§ 11. A autocomposição obtida será reduzida a termo e homologada por sentença.

§ 12. A pauta das audiências de conciliação ou de mediação será organizada de modo a respeitar o intervalo mínimo de 20 (vinte) minutos entre o início de uma e o início da seguinte.

LIÇÃO 11 • DA PETIÇÃO INICIAL, DO PEDIDO E DA AUDIÊNCIA DE CONCILIAÇÃO OU DE MEDIAÇÃO — 213

b) As partes não têm interesse:

Se ambos os contendores expressamente consignarem que não desejam a realização da audiência, ela não será designada. A oportunidade para o autor dizer do seu desinteresse é na própria petição inicial; já quanto ao réu, deverá fazê-lo por simples petição que deve ser apresentada em até 10 (dez) dias antes da data marcada para a sua realização.

Atenção: havendo litisconsórcio o desinteresse na realização da audiência deve ser manifestado por todos os litisconsortes.

Designada a audiência, que poderá ser realizada por meio eletrônico, o réu será citado normalmente para comparecimento (correio, oficial de justiça ou precatória) e o autor será intimado na pessoa de seu advogado já constituído nos autos.

Na audiência, tanto autor quanto réu, deverão, obrigatoriamente, se fazer acompanhar de seus respectivos patronos, seja ele o advogado particular seja o defensor público. As partes poderão se fazer representar por procurador (pode ser qualquer pessoa), por meio de procuração específica para essa finalidade, com poderes especiais para negociar e transigir.

3.1 Ato atentatório à dignidade da justiça

A lei pune, com multa de até 2% (dois por cento) da vantagem econômica pretendida ou do valor da causa, qualquer das partes que não comparecer à audiência de conciliação ou mediação sem um justo motivo, sendo tal fato considerado ato atentatório à dignidade da justiça.

A audiência de conciliação ou mediação é uma etapa importante do processo e o legislador impôs a obrigatoriedade de comparecimento como uma forma de prestigiar a solução extrajudicial de conflitos.

3.2 Resultado da audiência

Se for obtido o acordo na audiência de conciliação ou mediação, o conciliador ou mediador reduzirá tudo a termo, colherá as assinaturas das partes e de seus advogados e submeterá ao juiz para ser homologada por sentença.

De outro lado, caso a audiência reste frustrada por não gerar acordo, a partir deste momento contar-se-á o prazo para que o réu apresente a sua contestação, seguindo o processo todos os seus tramites regulares até final decisão.

LIÇÃO 12
DA CONTESTAÇÃO, DA RECONVENÇÃO E DA REVELIA

Sumário: 1. Contestação – 1.1 Prazo para apresentação da contestação; 1.2 Preliminares da contestação; 1.2.1 Preliminares que retardam o andamento do processo (dilatórias); 1.2.2 Preliminares que extinguem o processo (peremptórias); 1.3 Defesa de mérito ou substancial; 1.4 Contestação por negativa geral; 1.5 Novas alegações depois de apresentada a contestação; 1.6 Ilegitimidade de parte; 1.7 Alegação de incompetência – 2. Da reconvenção; 2.1 Finalidade da reconvenção; 2.2 Requisitos; 2.3 Características importantes; 2.4 Dispensa da reconvenção nas ações dúplices – 3. Da revelia; 3.1 Três efeitos decorrentes da revelia; 3.2 Circunstâncias Impeditivas da Revelia; 3.3 Revelia só se aplica à matéria de fato; 3.4 Comparecimento do revel *a posteriori*; 3.5 Processo de execução.

---

1. CONTESTAÇÃO

Contestação é a petição através da qual o réu apresenta sua resposta à postulação do autor, na qual deve ser concentrado todos os meios de defesa possíveis, além de indicar eventuais documentos e outras provas pelos quais se pretende ver afastada a pretensão do autor (CPC, art. 335).[1]

---

1. CPC, Art. 335. O réu poderá oferecer contestação, por petição, no prazo de 15 (quinze) dias, cujo termo inicial será a data:

   I – da audiência de conciliação ou de mediação, ou da última sessão de conciliação, quando qualquer parte não comparecer ou, comparecendo, não houver autocomposição;

   II – do protocolo do pedido de cancelamento da audiência de conciliação ou de mediação apresentado pelo réu, quando ocorrer a hipótese do art. 334, § 4º, inciso I;

   III – prevista no art. 231, de acordo com o modo como foi feita a citação, nos demais casos.

   § 1º No caso de litisconsórcio passivo, ocorrendo a hipótese do art. 334, § 6º, o termo inicial previsto no inciso II será, para cada um dos réus, a data de apresentação de seu respectivo pedido de cancelamento da audiência.

   § 2º Quando ocorrer a hipótese do art. 334, § 4º, inciso II, havendo litisconsórcio passivo e o autor desistir da ação em relação a réu ainda não citado, o prazo para resposta correrá da data de intimação da decisão que homologar a desistência.

Se o ordenamento jurídico garante ao autor o direito de ir ao judiciário para exercer a sua pretensão, garante também ao réu o sagrado direito de defesa que, *in casu*, é realizado através da contestação.

Citado regularmente o réu, surge para ele três possibilidades:

a) **Não aceita as alegações e apresenta contestação:**

É direito do réu se opor à pretensão do autor podendo dele discordar e apresentar os fatos e documentos que comprovam a sua tese de defesa, incluindo requerimento para a produção de provas tanto periciais quanto testemunhais.

b) **Contra-ataca apresentando reconvenção:**

Além da defesa regular que é feita através da contestação, ao réu é lícito formular uma pretensão contra o autor, porém deverá fazer isso num capítulo específico de sua contestação chamado de reconvenção. Poderá também apresentar somente a reconvenção.

c) **Não contesta e sofre os efeitos da revelia:**

O réu não é obrigado a contestar. A contestação é um direito e se o réu não quiser exercitá-lo basta quedar-se silente e aguardar o resultado dos efeitos da revelia a ser delimitado pelo juiz da causa.

1.1 Prazo para apresentação da contestação

Dependendo do direito posto em discussão, a forma de contagem do prazo para o oferecimento a contestação, difere:

a) **Direito indisponível:**

Se a pretensão do autor se encaixe dentre os direitos ditos indisponíveis, o prazo para apresentação da contestação será de 15 (quinze) dias, contados na forma como explicitado no art. 231, do CPC (este artigo estabelece a forma de contagem de prazo).

b) **Direito disponível:**

Se o direito posto em discussão é daqueles que admite autocomposição, o prazo para a apresentação da contestação será de 15 (quinze) dias, contados da data da realização da última sessão de conciliação, quando qualquer das partes não comparecer ou, tendo comparecido, não tenha realizado o acordo. Esse prazo será contado de forma diferente se o réu manifestou antecipadamente desinteresse na realização da audiência de conciliação ou mediação, tendo em vista que os 15 (quinze) dias contar-se-á da data do protocolo do seu pedido de cancelamento da audiência (ver CPC, art. 335, I).

Quando houver mais de um réu, conta-se o prazo para contestar a partir do último mandado de citação regularmente cumprido e juntado aos autos.

LIÇÃO 12 • DA CONTESTAÇÃO, DA RECONVENÇÃO E DA REVELIA **217**

Em se tratando do Ministério Público, da Defensoria Pública ou mesmo da Fazenda Pública (da União, dos Estados e Distrito Federal ou dos Municípios), todos os prazos, inclusive para contestar, serão **contados em dobro** e começará a fluir a partir da intimação pessoal de seus membros (ver CPC, arts. 182, 183 e 186).

Tratando-se de litisconsorte com diferentes procuradores, de escritórios de advocacia distintos, **o prazo também será contado em dobro**, porém essa regra somente se aplica aos autos físicos (ver CPC, art. 229).

1.2 Preliminares da contestação

Antes mesmo de discutir o mérito da pretensão autoral, determina a lei que o réu deverá opor preliminares que devam ser conhecidas pelo juiz antes do julgamento do mérito da causa (CPC, art. 337).[2]

São chamadas de **defesa processual de rito** e devém ser apresentadas no corpo da contestação, logo depois da qualificação das partes e antes do mérito, como preliminares.

Algumas das matérias alegáveis em preliminares visam tão somente retardar o andamento do processo, enquanto que outras impedem que o juiz conheça do pedido do autor, senão vejamos.

---

2. CPC, Art. 337. Incumbe ao réu, antes de discutir o mérito, alegar:

I – inexistência ou nulidade da citação;

II – incompetência absoluta e relativa;

III – incorreção do valor da causa;

IV – inépcia da petição inicial;

V – perempção;

VI – litispendência;

VII – coisa julgada;

VIII – conexão;

IX – incapacidade da parte, defeito de representação ou falta de autorização;

X – convenção de arbitragem;

XI – ausência de legitimidade ou de interesse processual;

XII – falta de caução ou de outra prestação que a lei exige como preliminar;

XIII – indevida concessão do benefício de gratuidade de justiça.

§ 1º Verifica-se a litispendência ou a coisa julgada quando se reproduz ação anteriormente ajuizada.

§ 2º Uma ação é idêntica a outra quando possui as mesmas partes, a mesma causa de pedir e o mesmo pedido.

§ 3º Há litispendência quando se repete ação que está em curso.

§ 4º Há coisa julgada quando se repete ação que já foi decidida por decisão transitada em julgado.

§ 5º Excetuadas a convenção de arbitragem e a incompetência relativa, o juiz conhecerá de ofício das matérias enumeradas neste artigo.

§ 6º A ausência de alegação da existência de convenção de arbitragem, na forma prevista neste Capítulo, implica aceitação da jurisdição estatal e renúncia ao juízo arbitral.

1.2.1 Preliminares que retardam o andamento do processo (dilatórias)

Algumas preliminares, chamadas de dilatórias, representam pequenos defeitos ou incorreções que vão, quando muito, suspender o processo até que seja regularizado. Essas imperfeições apenas retardam o regular andamento do processo. São elas:

a) **Inexistência ou nulidade de citação:**

A falta de citação ou mesmo a sua nulidade se alegada pelo réu e reconhecida pelo juiz, pode apenas significar a devolução do prazo para o réu se manifestar porque, normalmente, essa alegação tem a ver com a perda do prazo para falar nos autos. Vale lembrar que a função da citação é dar ciência ao réu da existência de uma ação contra ele e lhe oportunizar sua defesa. Assim, se apesar da irregularidade ou nulidade ele compareceu no processo, a função da citação terá sido cumprida (ver CPC, art. 239).

Atenção: Acolhida a preliminar pelo juiz, os atos que tenham sido praticados sem a presença do réu, deverão ser anulados e refeitos agora com a presença dele, inclusive com novo prazo para apresentação de contestação ou dos embargos à execução. De outro lado, se for rejeitada a arguição de inexistência ou a nulidade da citação, o réu será considerado revel, se o processo for de conhecimento; ou se for de execução, dar-se-á seguimento à execução.

b) **Incompetência absoluta ou relativa:**

Tanto no caso de incompetência absoluta quanto na relativa, se a tese for acolhida, apenas irá significar que o processo será encaminhado para o juiz que venha a ser indicado com competente. Chegando no novo juízo, ele apreciará os atos já praticados e determinar que o processo siga seu rumo normal.

c) **Incorreção do valor da causa:**

O erro na indicação do valor da causa tanto pode ser reconhecido pelo juiz de ofício ou por provocação do réu. Se o réu alegou tal incorreção nas suas preliminares e o juiz a reconheceu, deverá fixará prazo para que o autor recolha as custas adicionais. Feito isso, o processo seguirá seu rumo normal (ver CPC, art. 293).

d) **Conexão:**

Ocorre a conexão quando duas causas diferentes têm o mesmo pedido ou causa de pedir. Nesse caso, haverá reunião dos dois processos no mesmo juízo para que seja evitado decisões conflitantes.

e) **Incapacidade de parte, defeito de representação, falta de autorização:**

Essas também são imperfeições que vão apenas fazer o processo ficar parado até que o autor promova a regularização.

LIÇÃO 12 • DA CONTESTAÇÃO, DA RECONVENÇÃO E DA REVELIA

f) Falta de caução ou de outra prestação que a lei exige como preliminar:

Se a lei exigir como condição prévia que o autor comprove, na propositura da ação, depósito ou caução e ele não o fizer, cabe ao réu alegar tal defeito. Feito isso, o juiz irá analisar o caso e se acolher a alegação determinará prazo para que o autor supra a falta.

g) Indevida concessão dos benefícios da gratuidade de justiça:

Se o autor requereu os benefícios da justiça gratuita e o juiz a concedeu, o momento oportuno para o réu impugnar tal concessão é o da apresentação da contestação. Se o réu na levantar esta questão neste momento, a matéria será atingida pela preclusão (ver CPC, art. 100).

1.2.2   *Preliminares que extinguem o processo (peremptórias)*

Existem outras preliminares, chamadas de **peremptórias**, cujos vícios ou imperfeições são considerados de maior gravidade e se aceitas pelo juiz irá significar a extinção do processo sem julgamento do mérito. São elas:

a) Inépcia da inicial:

A petição inicial será considerada inepta quando: lhe faltar pedido ou causa de pedir; o pedido for indeterminado, ressalvadas as hipóteses legais em que se permite o pedido genérico; da narração dos fatos não decorrer logicamente a conclusão; ou ainda, quando contiver pedidos incompatíveis entre si (ver CPC, art. 330, § 1°).

b) Perempção:

Ocorre a perempção quando o autor ingressa com uma ação que já teve sua extinção decretada por 3 (três) vezes anteriores e cujo motivo tenha sido o abandono da causa. Quer dizer, se a mesma causa já foi proposta 3 (três) vezes e o autor deixou que a mesma fosse extinta por seu próprio desleixo, não pode vir provocar o Estado uma quarta vez.

c) Litispendência:

Ocorre a litispendência quando o autor propõe uma ação idêntica a outra que ele mesmo já propôs e que está em andamento em outro juízo. Quer dizer, são duas ações iguais tramitando em juízos diferentes.

d) Coisa julgada:

A coisa julgada é igual a litispendência com a diferença de que a ação proposta é idêntica a outra que já foi julgada e transitou em julgado. Quer dizer, o autor ingressou em juízo com uma ação igual a uma outra que ele havia proposto no passado e que já teve seu julgamento de mérito transitado em julgado.

e) Convenção de arbitragem:

As partes podem contratualmente instituir juízo arbitral para a resolução de seus conflitos, desde que a causa verse sobre direitos disponíveis (ver Lei n° 9.307/96). Se eles fizeram isso significa que renunciaram a jurisdição estatal. Logo, o juiz estatal para o qual foi distribuída a ação é incompetente para conhecer da matéria, mas como essa incompetência é relativa, deverá ser suscitada pelo réu na sua contestação.

f) Ausência de legitimidade ou de interesse processual:

Se qualquer das partes é parte ilegítima para figurara no polo ativo ou passivo da ação, esta alegação deverá ser feita nas preliminares da contestação. Da mesma forma se o autor for carecedor de interesse processual. Isso tradicionalmente era chamado de "**condições de ação**".

Atenção: exceto a alegação de existência de convenção de arbitragem e a incompetência relativa, todas as demais matérias listadas no art. 337 podem ser conhecidas de ofício pelo juiz. Nesses dois casos, se não for alegado pelo réu em preliminares de sua contestação haverá prorrogação de competência e o juiz ao qual foi distribuído o processo passará a ser considerado competente.

1.3   Defesa de mérito ou substancial

Independentemente da apresentação de preliminares, o réu deve apresentar sua defesa propriamente dita, contestando o mérito do pedido do autor, impugnando todas as alegações sob pena de não o fazendo serem presumidos como verdadeiros os fatos alegados.

Nessa fase processual incumbe ao réu, além de apresentar toda a sua defesa, juntar os documentos que comprovem suas alegações, bem como requerer, ainda que genericamente, as provas que pretende produzir (CPC, art. 336).[3]

A defesa do réu é ampla e pode consistir nas seguintes impugnações:

a) Preliminar de mérito:

São a prescrição e a decadência, que se forem reconhecidas pelo juiz extinguem o processo e, neste caso, com julgamento do mérito (ver CPC, art. 487, II), dispensando o magistrado do conhecimento das demais matérias alegadas pelo autor e pelo réu que restarão prejudicadas.

b) Defesa direta:

---

3. CPC, Art. 336. Incumbe ao réu alegar, na contestação, toda a matéria de defesa, expondo as razões de fato e de direito com que impugna o pedido do autor e especificando as provas que pretende produzir.

LIÇÃO 12 • DA CONTESTAÇÃO, DA RECONVENÇÃO E DA REVELIA **221**

É a defesa em que o réu nega os fatos alegados pelo autor, devendo impugnar e provar cada um dos fatos narrados na inicial, sob pena de não o fazendo serem presumidos verdadeiros (CPC, art. 341).[4]

c) **Defesa indireta:**

Neste caso, o réu não nega os fatos, mas contrapõe a eles alguma causa modificativa, impeditiva ou extintiva do direito postulado pelo autor.

Exemplo: na cobrança de dívida, o réu não nega que tenha recebido o crédito, porém alega que houve o pagamento daquele débito (total ou parcial) e apresenta o recibo que comprova essa alegação.

1.4 Contestação por negativa geral

O nosso sistema processual civil não admite a defesa por negativa geral, quer dizer, o réu tem o dever de impugnar especificamente cada um dos fatos alegados pelo autor, sob pena de que os fatos não impugnados sejam tidos por verdadeiros.

Só excepcionalmente se admite a contestação de forma genérica, isto é, por negativa geral. É o caso de a parte estar assistida por defensor público ou é defendida por advogado dativo ou se for curador especial (ver CPC, art. 341, parágrafo único).

1.5 Novas alegações depois de apresentada a contestação

Depois de protocolada a contestação, não é permitido que o réu apresente novas alegações, a não em situações excepcionais, quando (CPC, art. 342):[5]

a) **Relativas a direito ou a fato superveniente:**

Se depois de protocolada a contestação vem a lume direito novo ou surge um fato relevante para o processo e que não era conhecido anteriormente, permite a lei que o réu deduza novas alegações para levar esses fatos ao processo.

b) **Competir ao juiz conhecer delas de ofício:**

Se a matéria for de ordem pública e o réu não tenha alegado isso em sua contestação, como tais matérias podem ser conhecida em qualquer tempo

---

4. CPC, Art. 341. Incumbe também ao réu manifestar-se precisamente sobre as alegações de fato constantes da petição inicial, presumindo-se verdadeiras as não impugnadas, salvo se:

   I – não for admissível, a seu respeito, a confissão;

   II – a petição inicial não estiver acompanhada de instrumento que a lei considerar da substância do ato;

   III – estiverem em contradição com a defesa, considerada em seu conjunto.

   Parágrafo único. O ônus da impugnação especificada dos fatos não se aplica ao defensor público, ao advogado dativo e ao curador especial.

5. CPC, Art. 342. Depois da contestação, só é lícito ao réu deduzir novas alegações quando:

   I – relativas a direito ou a fato superveniente;

   II – competir ao juiz conhecer delas de ofício;

   III – por expressa autorização legal, puderem ser formuladas em qualquer tempo e grau de jurisdição.

ou mesmo grau de jurisdição, permite a lei que o réu possa suscitar estas questões a qualquer tempo (não há preclusão).

c) **Por expressa autorização legal:**

Se houver disposição legal autorizando que as questões possam ser formuladas em qualquer tempo e grau de jurisdição.

1.6   Ilegitimidade de parte

Se o réu alegar na contestação, que é parte ilegítima ou não é o responsável pelo prejuízo alegado na inicial, pode o juiz facultar ao autor, no prazo de 15 (quinze) dias, a alteração da petição inicial para promover a substituição do réu. Quer dizer, se o réu alega que não é ele quem deveria estar no polo passivo e o autor reconhece que ele está correto, poderá fazer uma alteração na petição inicial para substituição do réu (CPC, art. 338).[6]

Pelo princípio da causalidade, se for realizada a substituição, o autor deverá reembolsar o réu das despesas realizadas e pagará os honorários advocatícios que será fixado entre 3 (três) e 5% (cinco por cento) do valor da causa ou, em última análise, por equidade.

Se o réu tinha conhecimento de quem deveria ser o sujeito no polo passivo da relação jurídica na qual ele alega ser parte ilegítima, deverá indicar o sujeito passivo sob pena de responder pelas despesas processuais e de indenizar o autor pelos prejuízos decorrente da falta de indicação (CPC, art. 339).[7]

O autor, se aceitar a indicação, poderá proceder de duas formas diferentes: aceita a indicação e promove a alteração da petição inicial para a substituição do réu; ou, aceita a indicação e requer a alteração da exordial, mas prefere manter o réu no polo passivo, agora em litisconsorte passivo, juntamente com o sujeito indicado.

1.7   Alegação de incompetência

Se o réu alegar incompetência relativa ou absoluta nas preliminares de sua contestação, lhe é facultado protocolar sua peça no foro de seu próprio domicílio,

---

6. CPC, Art. 338. Alegando o réu, na contestação, ser parte ilegítima ou não ser o responsável pelo prejuízo invocado, o juiz facultará ao autor, em 15 (quinze) dias, a alteração da petição inicial para substituição do réu.

    Parágrafo único. Realizada a substituição, o autor reembolsará as despesas e pagará os honorários ao procurador do réu excluído, que serão fixados entre três e cinco por cento do valor da causa ou, sendo este irrisório, nos termos do art. 85, § 8º.

7. CPC, Art. 339. Quando alegar sua ilegitimidade, incumbe ao réu indicar o sujeito passivo da relação jurídica discutida sempre que tiver conhecimento, sob pena de arcar com as despesas processuais e de indenizar o autor pelos prejuízos decorrentes da falta de indicação.

    § 1º O autor, ao aceitar a indicação, procederá, no prazo de 15 (quinze) dias, à alteração da petição inicial para a substituição do réu, observando-se, ainda, o parágrafo único do art. 338.

    § 2º No prazo de 15 (quinze) dias, o autor pode optar por alterar a petição inicial para incluir, como litisconsorte passivo, o sujeito indicado pelo réu.

LIÇÃO 12 • DA CONTESTAÇÃO, DA RECONVENÇÃO E DA REVELIA **223**

por livre distribuição ou por juntada aos autos da precatória, caso tenha sido citado por carta precatória (CPC, art. 340).[8]

Se o fizer por livre distribuição, o juiz que receber a contestação comunicará imediatamente ao juiz da causa, preferencialmente por meio eletrônico. De outro lado, se peticionar nos autos da carta precatória, sua contestação será juntada aos autos dessa carta, sendo remetido ao juiz da causa.

Se for reconhecida a competência do foro indicado pelo réu, o juízo para o qual foi distribuída a contestação ou a carta precatória será considerado prevento.

Na eventualidade de já ter sido marcada, no juízo de origem, data para a realização da audiência de conciliação ou de mediação, a mesma será suspensa e ficará na dependência da solução quanto a competência, para só depois ser designada nova data para a audiência de conciliação ou de mediação.

2. DA RECONVENÇÃO

Tendo em vista que na contestação o réu não pode fazer pedidos, a não ser o de improcedência da ação, o legislador criou a possibilidade de o réu poder apresentar pedido contra o autor na mesma ação e chamou isso de reconvenção. Significa que o réu, além de se defender, pode utilizar do mesmo processo para fazer uma espécie de contra-ataque contra o autor.

A reconvenção nada mais é do que uma ação incidental que pode ser proposta pelo réu contra o autor, como preliminar de sua contestação, desde que a matéria seja conexa com a ação principal ou com os fundamentos da defesa. Importante deixar claro que o réu apresentará a reconvenção na sua peça de contestação e não em peça avulsa (CPC, art. 343).[9]

---

8. CPC, Art. 340. Havendo alegação de incompetência relativa ou absoluta, a contestação poderá ser protocolada no foro de domicílio do réu, fato que será imediatamente comunicado ao juiz da causa, preferencialmente por meio eletrônico.

   § 1º A contestação será submetida a livre distribuição ou, se o réu houver sido citado por meio de carta precatória, juntada aos autos dessa carta, seguindo-se a sua imediata remessa para o juízo da causa.

   § 2º Reconhecida a competência do foro indicado pelo réu, o juízo para o qual for distribuída a contestação ou a carta precatória será considerado prevento.

   § 3º Alegada a incompetência nos termos do *caput*, será suspensa a realização da audiência de conciliação ou de mediação, se tiver sido designada.

   § 4º Definida a competência, o juízo competente designará nova data para a audiência de conciliação ou de mediação.

9. CPC, Art. 343. Na contestação, é lícito ao réu propor reconvenção para manifestar pretensão própria, conexa com a ação principal ou com o fundamento da defesa.

   § 1º Proposta a reconvenção, o autor será intimado, na pessoa de seu advogado, para apresentar resposta no prazo de 15 (quinze) dias.

   § 2º A desistência da ação ou a ocorrência de causa extintiva que impeça o exame de seu mérito não obsta ao prosseguimento do processo quanto à reconvenção.

   § 3º A reconvenção pode ser proposta contra o autor e terceiro.

É uma nova ação na qual se invertem os polos passivos e ativos da relação processual originária, já que o autor da reconvenção é o réu no processo principal (passa a ser chamado de **autor reconvinte**), enquanto que o réu na reconvenção é o autor da demanda já proposta (**réu reconvindo**).

A reconvenção não é obrigatória podendo o réu interpor ação autônoma para ver reconhecido aquele determinado direito contra o autor. Se o fizer enquanto ainda tramita o processo principal, provavelmente as duas demandas serão reunidas por força da conexão.

Outro aspecto que releva comentar é que a reconvenção é autônoma em relação a ação principal. Significa dizer que mesmo que a ação principal venha a ser extinta por qualquer que seja o motivo, isto não afetará a reconvenção que deverá prosseguir e merecer julgamento autônomo.

2.1 Finalidade da reconvenção

Além do interesse particular das partes com a celeridade que resulta da reunião de dois processos em um só, há um interesse de ordem pública que tem a ver com o fato de evitar-se decisões contraditórias.

2.2 Requisitos

Para reconvir é preciso que sejam atendidos determinados requisitos específicos que são os seguintes:

a) **Conexão entre a reconvenção e a ação principal:**

Para haver conexão é preciso haver identidade de partes e objeto ou causa de pedir. Assim, conexão quer dizer o vínculo entre duas ou mais ações, por terem um ou dois elementos comuns.

Exemplo: Se o autor ingressa com uma ação declaratória de inexigibilidade de título, o banco réu pode apresentar reconvenção pedindo a condenação do autor ao pagamento do título em questão.

b) **Competência:**

É preciso que o juiz tenha competência originária ou adquirida para o conhecimento da ação e da reconvenção. Esta incompetência tem que ser absoluta porque se relativa, não haverá problema já que haverá prorrogação de competência.

---

§ 4º A reconvenção pode ser proposta pelo réu em litisconsórcio com terceiro.

§ 5º Se o autor for substituto processual, o reconvinte deverá afirmar ser titular de direito em face do substituído, e a reconvenção deverá ser proposta em face do autor, também na qualidade de substituto processual.

§ 6º O réu pode propor reconvenção independentemente de oferecer contestação.

LIÇÃO 12 • DA CONTESTAÇÃO, DA RECONVENÇÃO E DA REVELIA

Exemplo: o autor ingressou com uma ação que deve tramitar no juízo cível estadual, e o réu tem contra ele um direito oriundo do direito de família, logo, haverá incompatibilidade entre os juízos cível e de família.

c) **Procedimento compatível:**

O procedimento da reconvenção deve ser compatível com o procedimento da ação principal porque se for diferente o juiz irá extinguir a reconvenção, sem julgamento de mérito.

Exemplo: se o reconvinte tem direito de uma ação executiva em face de título executivo extrajudicial que tenha contra o autor, não poderá reconvir porque os ritos são diferentes, a não ser que ele abra mão da execução optando por fazer valer seu crédito pelo procedimento comum (ver CPC, art. 327, § 2°, por analogia).

2.3 Características importantes

Embora a figura da reconvenção não seja tão usual nos meios forenses, é importante para efeitos didáticos, apresentarmos algumas características que ressaltam do instituto, cabendo destacar os seguintes:

a) **Facultatividade:**

A reconvenção não é obrigatória. É uma opção do réu. Nada impede que o reconvinte proponha ação autônoma para defender seu direito. Nesse caso é possível que acabe por ocorrer a reunião das duas demandas por conexão.

b) **Revelia:**

O réu pode não apresentar contestação, mas se apresentou reconvenção não pode ser considerado revel, pois compareceu ao processo e, ainda que não tenha apresentado contestação, os fundamentos da reconvenção poderão ser incompatíveis com o pedido da ação principal.

c) **Litisconsórcio passivo na ação principal:**

Nada impede que havendo litisconsórcio passivo na ação principal, somente um dos réus possa reconvir.

Exemplo: Se uma dívida esta sendo cobrada de dois devedores solidários nada impede que um deles (ou mesmo os dois), apresente reconvenção pedindo, indenização por cobrança de dívida já paga.

d) **Litisconsórcio ativo na ação principal:**

Da mesma forma, nada impede que o réu apresente reconvenção apenas contra um dos autores da ação principal.

Exemplo: se duas pessoas cobram dívida já paga, o réu poderá reconvir somente em face de um deles (ou em face dos dois), pedindo repetição em dobro e indenização por danos morais.

e) **Reconvenção da reconvenção:**

Em princípio é perfeitamente possível a apresentação de reconvenções sucessivas, isto é, depois de o réu apresentar sua reconvenção, o autor fazer o mesmo em face da reconvenção apresentada.

Exemplo: Molly demanda Jack por dívida. Jack reconvém alegando compensação em face de outro contrato existente entre as partes e cobra a diferença. Molly oferece outra reconvenção pedindo a anulação do contrato no qual se funda a cobrança feita na primeira reconvenção.

f) **Denunciação da lide:**

Também não há nenhum impedimento para que se faça a denunciação de terceiros estranhos à lide inicial, se de alguma forma ele for o garante do que for pleiteado em reconvenção.

g) **Procedimento ao receber a reconvenção:**

Assim como no recebimento da petição inicial, o juiz deverá verificar a regularidade e o cabimento da reconvenção e, se houver irregularidades, determinar aditamento. Estando regular o juiz receberá e mandará intimar (não é citar) o reconvindo, na pessoa de seu advogado constante dos autos para apresentar contestação no prazo de 15 (quinze) dias.

h) **Autonomia:**

A ação principal e a reconvenção são autônomas, tanto que a desistência da ação principal ou a ocorrência de causa extintiva que impeça o exame de seu mérito, não prejudica o conhecimento da reconvenção.

i) **Recurso cabível:**

Da decisão que julgar a reconvenção antecipadamente, caberá agravo porque ela não terá posto fim ao processo. Embora sejam duas ações distintas, elas formam um único processo. Se de outro lado, a reconvenção foi julgada juntamente com a ação principal, pondo fim ao processo, o recurso cabível é a apelação.

j) **Legitimidade:**

A reconvenção pode ser proposta contra o autor e um terceiro que não fazia parte da ação principal. Da mesma forma, o reconvinte poderá se associar a um terceiro para apresentar reconvenção contra o autor da demanda principal (ver CPC, art. 343, §§ 3° e 4°).

k) **Substituto processual:**

Se o autor da ação principal funciona como substituto processual, ou seja, está buscando direito de terceiro, o reconvinte deverá ser titular do direito

LIÇÃO 12 • DA CONTESTAÇÃO, DA RECONVENÇÃO E DA REVELIA

em face do substituído; e a reconvenção será proposta em face do autor, na qualidade de substituto processual (ver CPC, art. 343, § 5º).

2.4 Dispensa da reconvenção nas ações dúplices

Já vimos que a contestação não é o lugar apropriado para que o réu possa fazer pedido, por isso é que existe a reconvenção. Aliás, o único pedido do réu na contestação é que a ação seja julgada improcedente (no todo ou em parte).

Contudo, excepcionalmente, o réu poder formular pedindo na contestação sem que apresente reconvenção nos casos em que a ação possa ser considerada dúplice. Isto somente será possível nos casos expressamente previsto em lei tais como na ação de consignação em pagamento (ver CPC, art. 544, IV) e também nas ações possessórias (ver CPC, art. 556), dentre outros.

3. DA REVELIA

É a ausência completa de resposta do réu que, tendo sido regularmente citado, permanece inerte e não se contrapõe ao pedido formulado pelo autor.

A revelia, portanto, é um fato jurídico que se origina a partir do silêncio do réu. Tendo o réu sido citado, o que se espera é que ele apresente sua contestação na qual se contraponha ao direito vindicado pelo autor juntando, se for o caso, provas de suas alegações. Se o réu abriu mão desse direito, presume-se que os fatos alegados contra ele são verdadeiros porque se assim não fosse ele viria ao processo e iria se contrapor aos mesmos. É uma questão de lógica.

É importante esclarecer que o réu não tem a obrigação de contestar o feito, mas se não o fizer deverá arcar com ônus de sua falta, cuja maior consequência é considerá-lo ausente, presumindo verdadeiros os fatos que foram contra ele alegados (CPC, art. 344).[10]

3.1 Três efeitos decorrentes da revelia

Ao se submeter aos efeitos da revelia, o réu tem que saber que desse fato vai decorrer alguns efeitos, vejamos:

a) **Presunção de veracidade dos fatos alegados:**

O principal efeito da revelia é a presunção de veracidade dos fatos alegados pelo autor, o que torna desnecessário a produção de provas com relação aos fatos deduzidos na petição inicial. Esta presunção é relativa, pois caberá ao juiz examinar-lhe a verossimilhança dando-lhe a credibilidade cabível.

---

10. CPC, Art. 344. Se o réu não contestar a ação, será considerado revel e presumir-se-ão verdadeiras as alegações de fato formuladas pelo autor.

Atenção: Significa dizer que os fatos alegados pelo autor serão tidos como se verdadeiros fossem, mas isto não obriga ao juiz em reconhecer automaticamente o direito postulado pelo autor o que significa dizer que mesmo com a revelia, a ação pode ser julgada totalmente improcedente.

b) **O processo não parará sua marcha:**

Um segundo efeito da revelia relaciona-se com os prazos porque o processo continuará sua tramitação. Os prazos contra o revel que não tenha advogado constituídos nos autos fluirão da data de publicação do ato decisório no órgão oficial (CPC, art. 346).[11]

c) **Julgamento antecipado de mérito:**

O terceiro efeito que decorre das consequências da revelia, é que o juiz pode julgar antecipadamente o pedido, proferindo sentença com resolução do mérito (ver CPC, art. 355, II).

3.2 Circunstâncias Impeditivas da Revelia

A própria lei exclui a presunção de veracidade dos fatos em face da revelia em determinadas situações que vem explicitada no art. 345[12] do CPC. Nesse caso, o juiz não declarará a revelia e mandará o autor especificar as provas que ainda se façam necessárias à comprovação de tudo quanto tenha sido deduzido na petição inicial.

As hipóteses em que não correrá os efeitos da revelia são as seguintes:

a) **Quando houver pluralidade de réus e um deles contestar:**

Havendo vários réus no polo passivo da demanda, ou seja, **litisconsórcio passivo**, se algum deles contestar o conteúdo de mérito, a defesa irá beneficiar a todos os outros.

Exemplo: Molly ingressa com ação contra Juka e Jack, visando a anulação de um contrato de compra e venda firmado entre eles. Se Juka contesta a ação e através de sua defesa convence o juiz que o contrato é plenamente válido, esta defesa beneficiária também o Jack porque o juiz não poderá considerar

---

11. CPC, Art. 346. Os prazos contra o revel que não tenha patrono nos autos fluirão da data de publicação do ato decisório no órgão oficial.

Parágrafo único. O revel poderá intervir no processo em qualquer fase, recebendo-o no estado em que se encontrar.

12. CPC, Art. 345. A revelia não produz o efeito mencionado no art. 344 se:

I – havendo pluralidade de réus, algum deles contestar a ação;

II – o litígio versar sobre direitos indisponíveis;

III – a petição inicial não estiver acompanhada de instrumento que a lei considere indispensável à prova do ato;

IV – as alegações de fato formuladas pelo autor forem inverossímeis ou estiverem em contradição com prova constante dos autos.

o contrato válido somente com relação a Juka (que contestou) e nulo em relação a Jack (que não contestou e por isso foi revel).

b) Direitos indisponíveis:

Direitos indisponíveis são aqueles que a lei não permite possa dele dispor o seu titular. Em regra, são os direitos da personalidade que dizem respeito ao estado e a capacidade das pessoas. Nessas circunstâncias ainda que o réu não tenha apresentado contestação não se aplicará automaticamente os efeitos da revelia.

Exemplos: nas ações que tratam de alimentos (tanto fixação quanto exoneração), ação declaratória de reconhecimento da união estável, investigação de paternidade, de anulação de casamento, de interdição, dentre outras, não se poderá falar em revelia se o réu não contestou porque a lei exclui da revelia as ações que versam sobre os direitos indisponíveis.

c) Falta de documento comprobatório do fato:

Existem relações negociais que necessitam ser provada através de documentos que, em alguns casos, são indispensáveis à propositura da ação (ver CPC, art. 341, II e 406).

Exemplo: nas ações de anulação ou nulidade do casamento, bem como na de divórcio, a apresentação da certidão de casamento é um documento indispensável ao conhecimento da matéria.

d) Alegações inverossímeis ou contraditórias:

Importante esclarecer que verossímil é aquilo que tem tudo para parecer verdade. Portanto se as alegações do autor não tiverem verossimilhança, apesar do réu não ter apresentado contestação o juiz determinará que o réu faça prova de suas alegações. Da mesma forma se as alegações forem contraditórias em relação as provas constantes dos autos.

e) Não for admissível a confissão:

A revelia não se aplica quando não for admissível a confissão, o que ocorre por exemplo, em se tratando de direitos indisponíveis (ver CPC art. 341, I do CPC).

Nesses casos, o juiz afastará a ocorrência da revelia e determinará que o autor especifique as provas que ainda pretenda produzir, sem prejuízo daquelas que o próprio magistrado venha a determinar (CPC, art. 348).[13]

---

13. CPC, Art. 348. Se o réu não contestar a ação, o juiz, verificando a inocorrência do efeito da revelia previsto no art. 344, ordenará que o autor especifique as provas que pretenda produzir, se ainda não as tiver indicado.

3.3 Revelia só se aplica à matéria de fato

É importante deixar bem claro que a revelia somente se refere aos fatos alegados pelo autor. Se a matéria for de fato e de direito, se o réu não contestar, ainda assim, o juiz terá que analisar as questões de direito.

Apesar da ocorrência da revelia a ação pode ser julgada improcedente porque a convicção do juiz sobre o direito pleiteado pode ser pela improcedência do pedido do autor. Ademais, existem outras questões de direito que serão analisadas pelo juiz tais como a legitimidade das partes, a ocorrência da prescrição e da decadência, dentre outras.

3.4 Comparecimento do revel *a posteriori*

O réu revel pode comparecer ao processo a qualquer tempo, porém receberá o mesmo no estado em que se encontrar não podendo impugnar os atos já realizados (CPC, art. 346, parágrafo único).

Ao réu revel também será lícita a produção de provas, contrapostas às alegações do autor, desde que se faça representar nos autos a tempo de praticar os atos processuais indispensáveis a essa produção (CPC, art. 349).[14]

3.5 Processo de execução

Não há revelia porque neste tipo de procedimento o executado não é citado para contestar a ação, mas sim para pagar, fazer ou deixar de fazer, ou entregar algo, não havendo neste tipo de ação julgamento de mérito, pois o juiz apenas determina os atos administrativos visando à satisfação do credor.

---

14. CPC, Art. 349. Ao réu revel será lícita a produção de provas, contrapostas às alegações do autor, desde que se faça representar nos autos a tempo de praticar os atos processuais indispensáveis a essa produção.

Lição 13
DAS PROVIDÊNCIAS PRELIMINARES, DO SANEAMENTO E DA AUDIÊNCIA DE INSTRUÇÃO E JULGAMENTO

Sumário: 1. Providências preliminares; 1.1 Não incidência dos efeitos da revelia; 1.2 Fato impeditivo, modificativo ou extintivo do direito do autor; 1.3 Alegações do réu com preliminares; 1.4 Irregularidades ou vícios sanáveis – 2. Do julgamento conforme o estado do processo – 3. Do julgamento antecipado do mérito – 4. Do julgamento antecipado parcial de mérito – 5. Do saneamento e da organização do processo; 5.1 Direito de esclarecimento; 5.2 Delimitação das questões de fato e de direito; 5.3 Saneamento participativo – 6. Da audiência de instrução e julgamento; 6.1 Procedimento que antecedem à realização da audiência; 6.2 Procedimento durante a audiência; 6.3 Adiamento da audiência; 6.4 A audiência é una; 6.5 Debates orais ou memoriais escritos; 6.6 Sentença; 6.7 Decisões proferidas em audiência.

---

1. PROVIDÊNCIAS PRELIMINARES

Depois de encerrado o prazo para a resposta do Réu, os autos serão conclusos ao juiz da causa para que o mesmo verifique da regularidade e determine as providências preliminares cabíveis (CPC, art. 347).[1]

Esta é uma fase importante porque o juiz irá verificar da regularidade do processo; verificará se houve alegação pelo réu de algum fato impeditivo, modificativo ou extintivo do direito do autor; bem como determinará as correções dos defeitos e vícios sanáveis que possam dificultar o conhecimento da matéria.

O objetivo central dessa fase, além de primar pela regularidade formal do processo, é assegurar o contraditório e ampla defesa, garantindo-se que as partes tenham as mesmas chances de defesa.

---

1. CPC, Art. 347. Findo o prazo para a contestação, o juiz tomará, conforme o caso, as providências preliminares constantes das seções deste Capítulo.

1.1 Não incidência dos efeitos da revelia

É nesta fase que o juiz irá verificar se ocorreu a revelia. Se entender que ela não deva ser pronunciada, ordenará que o autor especifique as provas que ainda pretenda produzir, sem prejuízo daquelas que o próprio magistrado entenda necessária (CPC, art. 348).[2]

Se o réu, mesmo sendo revel, requereu em tempo hábil a realização de provas para se contrapor ao direito alegado pelo autor, esse é o momento em que o juiz deverá analisar a questão (CPC, art. 349).[3]

Advirta-se, contudo que, se o juiz aplicar os efeitos da revelia, esta fase do processo estará superada, passando-se ao julgamento antecipado da lide (ver CPC, art. 355, II).

1.2 Fato impeditivo, modificativo ou extintivo do direito do autor

O réu ao apresentar sua contestação, pode ter formulado a **defesa de mérito indireta**, isto é, ter alegado fastos novos que se contrapõe ao direito alegado pelo autor. Estes fatos são chamados de impeditivo, modificativo ou extintivo do direito do autor (CPC, art. 350).[4]

Se isso ocorrer, o juiz deverá determinar que o autor se manifeste por réplica, no prazo de 15 (quinze) dias, podendo produzir provas.

1.3 Alegações do réu com preliminares

Se o réu, em preliminares de sua contestação, alegar qualquer uma das matérias elencadas no art. 337, deverá o juiz abrir prazo de 15 (quinze) dias para que o autor se manifeste sobre elas em réplica (CPC, art. 351).[5]

É a garantia do contraditório, tendo em vista que o réu alegou alguma defesa processual dilatória ou mesmo peremptória.

1.4 Irregularidades ou vícios sanáveis

Se o juiz verificar que existem vícios ou irregularidades passíveis de serem sanados, deverá determinar a sua correção, indicando qual o vício ou imperfeição

---

2. CPC, Art. 348. Se o réu não contestar a ação, o juiz, verificando a inocorrência do efeito da revelia previsto no art. 344, ordenará que o autor especifique as provas que pretenda produzir, se ainda não as tiver indicado.

3. CPC, Art. 349. Ao réu revel será lícita a produção de provas, contrapostas às alegações do autor, desde que se faça representar nos autos a tempo de praticar os atos processuais indispensáveis a essa produção.

4. CPC, Art. 350. Se o réu alegar fato impeditivo, modificativo ou extintivo do direito do autor, este será ouvido no prazo de 15 (quinze) dias, permitindo-lhe o juiz a produção de prova.

5. CPC, Art. 351. Se o réu alegar qualquer das matérias enumeradas no art. 337, o juiz determinará a oitiva do autor no prazo de 15 (quinze) dias, permitindo-lhe a produção de prova.

LIÇÃO 13 • DAS PROVIDÊNCIAS PRELIMINARES, DO SANEAMENTO (...) **233**

existe, além de indicar quem deva proceder a correção, se autor, réu ou terceiro (CPC, art. 352).[6]

Deverá fixar prazo razoável para a correção, não superior a 30 (trinta) dias. Não sanado o vício, por desleixo da parte ou porque insanável, o juiz deverá extinguir o processo sem resolução de mérito (ver CPC, art. 485).

2. DO JULGAMENTO CONFORME O ESTADO DO PROCESSO

Cumpridas as providências preliminares ou não havendo necessidade delas, o juiz proferirá julgamento conforme o estado do processo (CPC, art. 353),[7] nas seguintes situações:

a) **Extinção do processo sem julgamento de mérito:**

Se ocorrer qualquer das hipóteses constante do art. 485 e 487 incisos II e III, do CPC, o juiz extinguirá o processo sem julgamento de mérito (CPC, art. 354).[8]

b) **Extinção com julgamento de mérito:**

Nessa fase o juiz pode decidir por acolher ou rejeitar o pedido formulado na ação ou na reconvenção, bem como, de ofício ou a requerimento, decidir sobre a ocorrência de decadência ou prescrição, bem como poderá homologar o acordo realizado entre as partes na ação ou reconvenção. Em qualquer dessas situações haverá a extinção do processo com julgamento de mérito (ver CPC, art. 487).

A decisão pode dizer respeito a apenas parcela do processo. Nesse caso, a **extinção será parcial** e a parte inconformada deverá interpor recurso de agravo de instrumento, tendo em vista que a sentença terá sido parcial e não terminativa. Se terminativa o recurso cabível será apelação.

3. DO JULGAMENTO ANTECIPADO DO MÉRITO

Quando a matéria versada nos autos for exclusivamente de direito ou mesmo que envolva fatos, os mesmos estejam devidamente provados, o juiz julgará antecipadamente, cuja sentença resolverá o mérito (CPC, art. 355).[9]

---

6. CPC, Art. 352. Verificando a existência de irregularidades ou de vícios sanáveis, o juiz determinará sua correção em prazo nunca superior a 30 (trinta) dias.

7. CPC, Art. 353. Cumpridas as providências preliminares ou não havendo necessidade delas, o juiz proferirá julgamento conforme o estado do processo, observando o que dispõe o Capítulo X.

8. CPC, Art. 354. Ocorrendo qualquer das hipóteses previstas nos arts. 485 e 487, incisos II e III, o juiz proferirá sentença.

   Parágrafo único. A decisão a que se refere o *caput* pode dizer respeito a apenas parcela do processo, caso em que será impugnável por agravo de instrumento.

9. CPC, Art. 355. O juiz julgará antecipadamente o pedido, proferindo sentença com resolução de mérito, quando:

O juiz também proferirá julgamento antecipado nos casos em que tenha ocorrido a revelia, desde que não seja necessário atender ao requerimento de prova feito a tempo pelo revel.

4. DO JULGAMENTO ANTECIPADO PARCIAL DE MÉRITO

Pode ocorrer o julgamento de mérito de parte dos pedidos de forma antecipada nas situações prevista no art. 356[10] do CPC, vejamos:

a) **Havendo mais de um pedido, um deles se mostrar incontroverso:**

Se o réu não opõe resistência a um dos pedidos e, portanto, não o impugna, a matéria com relação a este pedido se tornou incontroversa. Não há razão que justifique fazer o autor esperar até o final do processo, para só então, poder gozar desse direito. Nesse caso o juiz já pode julgar antecipadamente o mérito com relação a esse pedido e o processo seguirá apenas com relação aos outros pedidos.

b) **Havendo mais de um pedido, um deles não necessitar de provas:**

Se houver mais de um pedido e com relação a um deles a matéria versada nos autos for somente de direito ou mesmo sendo de direito e de fato os fatos já estiverem provados, o juiz pode antecipar o julgamento do mérito com relação a esse pedido.

c) **Havendo mais de um pedido, ocorreu a revelia com relação a um deles:**

Nada obsta possa ocorrer de o autor fazer mais de um pedido e o réu venha a ser revel. Nesse caso, se o juiz reconhecer a revelia apenas com relação a um dos pedidos, já poderá antecipadamente julgar este pedido.

I – não houver necessidade de produção de outras provas;

II – o réu for revel, ocorrer o efeito previsto no art. 344 e não houver requerimento de prova, na forma do art. 349.

10. CPC, Art. 356. O juiz decidirá parcialmente o mérito quando um ou mais dos pedidos formulados ou parcela deles:

I – mostrar-se incontroverso;

II – estiver em condições de imediato julgamento, nos termos do art. 355.

§ 1º A decisão que julgar parcialmente o mérito poderá reconhecer a existência de obrigação líquida ou ilíquida.

§ 2º A parte poderá liquidar ou executar, desde logo, a obrigação reconhecida na decisão que julgar parcialmente o mérito, independentemente de caução, ainda que haja recurso contra essa interposto.

§ 3º Na hipótese do § 2º, se houver trânsito em julgado da decisão, a execução será definitiva.

§ 4º A liquidação e o cumprimento da decisão que julgar parcialmente o mérito poderão ser processados em autos suplementares, a requerimento da parte ou a critério do juiz.

§ 5º A decisão proferida com base neste artigo é impugnável por agravo de instrumento.

LIÇÃO 13 • DAS PROVIDÊNCIAS PRELIMINARES, DO SANEAMENTO (...)

Nas situações acima elencadas, a parte beneficiada com a decisão poderá executá-la desde logo, nos próprios autos ou em autos apartados, independentemente de caução, ainda que haja recurso contra essa interposto.

Aliás, importante destacar que o recurso cabível contra as decisões aqui relacionadas, é o de agravo de instrumento (ver CPC, art. 1.015, II), tendo em vista ser sentença parcial que não termina com o processo.

5. DO SANEAMENTO E DA ORGANIZAÇÃO DO PROCESSO

Não sendo o caso de extinção do processo, nem de julgamento antecipado de mérito (total ou parcial), deverá o juiz, em decisão de saneamento e de organização do processo, preparar o processo para o início da fase instrutória, adotando as seguintes medidas (CPC, art. 357):[11]

a) **Resolver as questões processuais pendentes, se houver:**

Se ainda houver pendências passíveis de serem sanadas, o juiz deve resolvê-las, até se for o caso, com a participação das partes.

b) **Delimitar quais fatos ainda devem ser provados:**

Deverá delimitar as questões de fato sobre as quais recairá a atividade probatória, especificando os meios de prova admitidos.

---

11. CPC, Art. 357. Não ocorrendo nenhuma das hipóteses deste Capítulo, deverá o juiz, em decisão de saneamento e de organização do processo:

I – resolver as questões processuais pendentes, se houver;

II – delimitar as questões de fato sobre as quais recairá a atividade probatória, especificando os meios de prova admitidos;

III – definir a distribuição do ônus da prova, observado o art. 373;

IV – delimitar as questões de direito relevantes para a decisão do mérito; V – designar, se necessário, audiência de instrução e julgamento.

§ 1º Realizado o saneamento, as partes têm o direito de pedir esclarecimentos ou solicitar ajustes, no prazo comum de 5 (cinco) dias, findo o qual a decisão se torna estável.

§ 2º As partes podem apresentar ao juiz, para homologação, delimitação consensual das questões de fato e de direito a que se referem os incisos II e IV, a qual, se homologada, vincula as partes e o juiz.

§ 3º Se a causa apresentar complexidade em matéria de fato ou de direito, deverá o juiz designar audiência para que o saneamento seja feito em cooperação com as partes, oportunidade em que o juiz, se for o caso, convidará as partes a integrar ou esclarecer suas alegações.

§ 4º Caso tenha sido determinada a produção de prova testemunhal, o juiz fixará prazo comum não superior a 15 (quinze) dias para que as partes apresentem rol de testemunhas.

§ 5º Na hipótese do § 1º, as partes devem levar, para a audiência prevista, o respectivo rol de testemunhas.

§ 6º O número de testemunhas arroladas não pode ser superior a 10 (dez), sendo 3 (três), no máximo, para a prova de cada fato.

§ 7º O juiz poderá limitar o número de testemunhas levando em conta a complexidade da causa e dos fatos individualmente considerados.

§ 8º Caso tenha sido determinada a produção de prova pericial, o juiz deve observar o disposto no art. 465 e, se possível, estabelecer, desde logo, calendário para sua realização.

§ 9º As pautas deverão ser preparadas com intervalo mínimo de 1 (uma) hora entre as audiências.

c) **Decidir sobre o ônus da prova:**

Embora a regra seja de que o ônus da prova incumbe a quem alega, nesta fase processual o juiz irá verificar se é o caso de aplicar a teoria da carga probatória dinâmica (ver CPC, art. 373, § 1°).

d) **Delimitar as questões de direito:**

Também deverá delimitar as questões de direito que sejam relevantes para a decisão do mérito.

e) **Marcar a audiência de instrução e julgamento:**

É também nesse momento que o magistrado deverá verificar se é o caso de realização de audiência de instrução e julgamento, marcando a data para sua realização.

Caso seja necessária a produção de prova testemunhal, além de marcar a data da realização da Audiência, o juiz deverá fixar prazo comum não superior a 15 (quinze) dias para que as partes apresentem rol de testemunhas, cujo número não poderá ser superior a 10 (dez), sendo 3 (três), no máximo, para a prova de cada fato. Advirta-se ainda que o juiz poderá limitar o número de testemunhas levando em conta a complexidade da causa e dos fatos individualmente considerados.

Na eventualidade de ser necessária a realização de perícia, o juiz deverá nomear perito especializado, oportunizando às partes não só questionar tal decisão, como também poder indicar assistente técnico e apresentar seus respectivos quesitos (ver CPC, art. 465).

5.1 Direito de esclarecimento

Realizado o saneamento, as partes têm o direito de pedir esclarecimentos ou solicitar ajustes ao juiz, no prazo comum de 5 (cinco) dias, findo o qual a decisão se torna estável.

5.2 Delimitação das questões de fato e de direito

Na linha de reforçar a ideia de um Código participativo, é permitido às partes apresentarem ao juiz, para homologação, a delimitação consensual das questões de fato e de direito, inclusive a distribuição do ônus da prova. Se o juiz homologar, esta decisão vincula as partes e o próprio juiz.

5.3 Saneamento participativo

Se a causa apresentar complexidade em matéria de fato ou de direito, deverá o juiz designar audiência especificamente para realizar, juntamente com as partes, o saneamento do processo que, nesse caso, será feito em cooperação com as partes.

LIÇÃO 13 • DAS PROVIDÊNCIAS PRELIMINARES, DO SANEAMENTO (...) **237**

Nessa audiência a parte já deverá levar o rol de testemunha caso entende que haverá necessidade de prova testemunha, sob pena de preclusão, oportunidade em que o juiz, se for o caso, convidará as partes a integrar ou esclarecer suas alegações.

6. DA AUDIÊNCIA DE INSTRUÇÃO E JULGAMENTO

A audiência de instrução e julgamento será realizada quando houver necessidade de produção de prova oral que serão produzidas na seguinte ordem preferencial: primeiro os esclarecimentos do perito ou do assistente técnico; em seguida o depoimento pessoal das partes e, por fim, a oitiva das testemunhas do autor e do réu, nessa ordem (CPC, art. 361).[12]

6.1 Procedimento que antecedem à realização da audiência

Para a realização da audiência algumas providências devem ser tomadas anteriormente pelo juiz, pela sua serventia ou mesmo pelos patronos das partes, vejamos:

a) **Intimação das partes:**

As partes deverão ser intimadas na pessoa de seus procuradores constante dos autos. As partes somente serão intimadas pessoalmente se for o caso de procurador sem poderes especiais ou quando for requerido o depoimento pessoal delas (ver CPC, art. 385, § 1°).

b) **Intimação das testemunhas:**

Embora as testemunhas possam comparecer espontaneamente por convite das partes, em muitos casos elas devem ser intimadas pelo advogado da parte que a arrolou (ver CPC, art. 455).

c) **Intimação do perito ou do assistente técnico:**

Excepcionalmente o perito ou o assistente técnico poderão ser intimados a comparecer para prestar esclarecimentos em audiência de instrução e julgamento e para isso deverá ser intimado com pelo menos 10 (dez) dias de antecedência (ver CPC, art. 477, § 3°).

---

12. CPC, Art. 361. As provas orais serão produzidas em audiência, ouvindo-se nesta ordem, preferencialmente:

I – o perito e os assistentes técnicos, que responderão aos quesitos de esclarecimentos requeridos no prazo e na forma do art. 477, caso não respondidos anteriormente por escrito;

II – o autor e, em seguida, o réu, que prestarão depoimentos pessoais;

III – as testemunhas arroladas pelo autor e pelo réu, que serão inquiridas.

Parágrafo único. Enquanto depuserem o perito, os assistentes técnicos, as partes e as testemunhas, não poderão os advogados e o Ministério Público intervir ou apartear, sem licença do juiz.

6.2 Procedimento durante a audiência

No dia e na hora designados, o juiz declarará aberta a audiência de instrução e julgamento e mandará apregoar as partes e os respectivos advogados, bem como outras pessoas que dela devam participar (CPC, art. 358).[13]

A audiência é pública, isto é, realizada de portas abertas ressalvadas as exceções legais como, por exemplo, os processos que correm em segredo de justiça (CPC, art. 368).[14]

Compete ao juiz zelar para que a audiência se realize sem incidentes podendo exercer o poder de polícia mandando retirar da sala aqueles que não se comportarem adequadamente requisitando, se for o caso, a força policial. Apesar desse poder é preciso consignar que o juiz tem o dever de tratar com urbanidade as partes, os advogados, os membros do Ministério Público e da Defensoria Pública e qualquer pessoa que participe do processo (CPC, art. 360).[15]

Além desses aspectos deve ainda o juiz, depois de instalada a audiência e no curso dela, adotar as seguintes providências:

a) **Tentar conciliar as partes:**

Presentes as partes, o juiz tentará novamente a conciliação, independente das tentativas anteriores (CPC, art. 359),[16] que se for positiva, dela lavrar-se-á o respectivo termo e o juiz homologará, encerrando-se o processo sem adentrar-se ao mérito, mas a homologação terá efeito de sentença com julgamento de mérito.

b) **Oitiva do perito e dos assistentes técnicos:**

Embora não seja comum, se for necessário ouvir esclarecimentos do perito ou dos assistentes técnicos, estes serão os primeiros a serem ouvidos na audiência de instrução e julgamento (CPC, art. 361, I).[17]

---

13. CPC, Art. 358. No dia e na hora designados, o juiz declarará aberta a audiência de instrução e julgamento e mandará apregoar as partes e os respectivos advogados, bem como outras pessoas que dela devam participar.
14. CPC, Art. 368. A audiência será pública, ressalvadas as exceções legais.
15. CPC, Art. 360. O juiz exerce o poder de polícia, incumbindo-lhe:
    I – manter a ordem e o decoro na audiência;
    II – ordenar que se retirem da sala de audiência os que se comportarem inconvenientemente;
    III – requisitar, quando necessário, força policial;
    IV – tratar com urbanidade as partes, os advogados, os membros do Ministério Público e da Defensoria Pública e qualquer pessoa que participe do processo;
    V – registrar em ata, com exatidão, todos os requerimentos apresentados em audiência.
16. CPC, Art. 359. Instalada a audiência, o juiz tentará conciliar as partes, independentemente do emprego anterior de outros métodos de solução consensual de conflitos, como a mediação e a arbitragem.
17. CPC, Art. 361. As provas orais serão produzidas em audiência, ouvindo-se nesta ordem, preferencialmente:
    I – o perito e os assistentes técnicos, que responderão aos quesitos de esclarecimentos requeridos no prazo e na forma do art. 477, caso não respondidos anteriormente por escrito;
    II – o autor e, em seguida, o réu, que prestarão depoimentos pessoais;

c) Depoimento pessoal:

Se as partes requereram e foi requerido e deferido o depoimento pessoal das partes, serão elas ouvidas na sequência, primeiro o autor e depois o réu (ver CPC, art. 361, II)

d) Oitiva das testemunhas:

Finalmente, serão ouvidas as testemunhas sendo primeiro as arroladas pelo autor e em seguida as do réu, primando o juiz para que umas não ouçam o depoimento das outras (ver CPC, art. 361, III).

Enquanto depuserem o perito, os assistentes técnicos, as partes e as testemunhas, não poderão os advogados e o Ministério Público intervir ou apartear, sem licença do juiz.

6.3 Adiamento da audiência

A audiência poderá ser adiada por acordo entre as partes. Também poderá ser adiada se algumas das pessoas que dela devam participar não puderem comparecer, desde que por motivo justificado que deverá ser apresentado até a abertura da audiência, já que, não o sendo, o juiz procederá à instrução (CPC, art. 362).[18]

Outro motivo para o adiamento da audiência é o atraso injustificado de seu início em tempo superior a 30 (trinta) minutos do horário marcado.

O juiz poderá dispensar a produção das provas requeridas pela parte cujo advogado ou defensor público não tenha comparecido à audiência, aplicando-se a mesma regra ao Ministério Público.

Advirta-se por fim que aquele que deu causa ao adiamento responderá pelas despesas acrescidas.

III – as testemunhas arroladas pelo autor e pelo réu, que serão inquiridas.

Parágrafo único. Enquanto depuserem o perito, os assistentes técnicos, as partes e as testemunhas, não poderão os advogados e o Ministério Público intervir ou apartear, sem licença do juiz.

18. CPC, Art. 362. A audiência poderá ser adiada:

I – por convenção das partes;

II – se não puder comparecer, por motivo justificado, qualquer pessoa que dela deva necessariamente participar;

III – por atraso injustificado de seu início em tempo superior a 30 (trinta) minutos do horário marcado.

§ 1º O impedimento deverá ser comprovado até a abertura da audiência, e, não o sendo, o juiz procederá à instrução.

§ 2º O juiz poderá dispensar a produção das provas requeridas pela parte cujo advogado ou defensor público não tenha comparecido à audiência, aplicando-se a mesma regra ao Ministério Público.

§ 3º Quem der causa ao adiamento responderá pelas despesas acrescidas.

6.4 A audiência é una

A audiência deve ser concluída no mesmo dia em que se iniciou. Na impossibilidade, a lei autoriza seja continuada no dia mais próximo possível, em pauta preferencial, em face da unicidade da mesma (CPC, art. 365).[19]

Pode também ser dividida excepcional e justificadamente na ausência de perito ou de testemunha, desde que haja concordância das partes.

6.5 Debates orais ou memoriais escritos

Finda a colheita de provas o juiz dará a palavras aos advogados das partes para alegações finais, falando primeiro o do autor e depois o do réu e, se for o caso o MP, pelo prazo de 20 (vinte) minutos, possível de prorrogação (CPC, art. 364).[20]

Havendo litisconsórcio o prazo é uno e deverá ser dividido entre os do mesmo grupo ou pela forma que convencionarem.

É permitido ao juiz substituir os debates por memoriais escritos, especialmente se a causa apresentar questões complexas de fato ou de direito, que serão apresentadas pelo autor e pelo réu, bem como pelo Ministério Público, se for o caso de sua intervenção, em prazos sucessivos de 15 (quinze) dias, assegurada vista dos autos.

6.6 Sentença

Depois da apresentação das alegações finais o juiz proferirá sentença, seja na própria audiência, seja determinando os autos à conclusão para sentença, que deverá ser proferida no prazo de 30 (trinta) dias (CPC, art. 366).[21]

---

19. CPC, Art. 365. A audiência é una e contínua, podendo ser excepcional e justificadamente cindida na ausência de perito ou de testemunha, desde que haja concordância das partes.

    Parágrafo único. Diante da impossibilidade de realização da instrução, do debate e do julgamento no mesmo dia, o juiz marcará seu prosseguimento para a data mais próxima possível, em pauta preferencial.

20. CPC, Art. 364. Finda a instrução, o juiz dará a palavra ao advogado do autor e do réu, bem como ao membro do Ministério Público, se for o caso de sua intervenção, sucessivamente, pelo prazo de 20 (vinte) minutos para cada um, prorrogável por 10 (dez) minutos, a critério do juiz.

    § 1º Havendo litisconsorte ou terceiro interveniente, o prazo, que formará com o da prorrogação um só todo, dividir-se-á entre os do mesmo grupo, se não convencionarem de modo diverso.

    § 2º Quando a causa apresentar questões complexas de fato ou de direito, o debate oral poderá ser substituído por razões finais escritas, que serão apresentadas pelo autor e pelo réu, bem como pelo Ministério Público, se for o caso de sua intervenção, em prazos sucessivos de 15 (quinze) dias, assegurada vista dos autos.

21. CPC, Art. 366. Encerrado o debate ou oferecidas as razões finais, o juiz proferirá sentença em audiência ou no prazo de 30 (trinta) dias.

6.7 Decisões proferidas em audiência

Durante a audiência o juiz pode proferir diversas decisões, tais como indeferimento de perguntas das partes; contraditas de testemunhas; indeferir a oitiva de testemunhas, dentre outras.

Estas decisões bem como tudo o que ocorrer durante a audiência deverá ser lavrado pelo servidor do juízo, sob ditado do juiz, termo que conterá, em resumo, o ocorrido na audiência, bem como, por extenso, os despachos, as decisões e a sentença, se proferida naquele ato (CPC, art. 367).[22]

Estes termos poderão ser eletrônicos já que a audiência pode ser integralmente gravada em imagem e áudio, digital ou analógico, desde que assegure o rápido acesso das partes e dos órgãos julgadores, observada a legislação específica.

Aliás, a gravação da audiência também pode ser realizada diretamente por qualquer das partes, independentemente de autorização judicial conforme consta expressamente no Código (ver CPC, art. 367, § 6º).

---

22. CPC, Art. 367. O servidor lavrará, sob ditado do juiz, termo que conterá, em resumo, o ocorrido na audiência, bem como, por extenso, os despachos, as decisões e a sentença, se proferida no ato.

    § 1º Quando o termo não for registrado em meio eletrônico, o juiz rubricar-lhe-á as folhas, que serão encadernadas em volume próprio.

    § 2º Subscreverão o termo o juiz, os advogados, o membro do Ministério Público e o escrivão ou chefe de secretaria, dispensadas as partes, exceto quando houver ato de disposição para cuja prática os advogados não tenham poderes.

    § 3º O escrivão ou chefe de secretaria trasladará para os autos cópia autêntica do termo de audiência.

    § 4º Tratando-se de autos eletrônicos, observar-se-á o disposto neste Código, em legislação específica e nas normas internas dos tribunais.

    § 5º A audiência poderá ser integralmente gravada em imagem e em áudio, em meio digital ou analógico, desde que assegure o rápido acesso das partes e dos órgãos julgadores, observada a legislação específica.

    § 6º A gravação a que se refere o § 5º também pode ser realizada diretamente por qualquer das partes, independentemente de autorização judicial.

Parte V
DA FASE INSTRUTÓRIA E DECISÓRIA DO PROCESSO: DAS PROVAS À SENTENÇA

Lição 14
DAS PROVAS

Sumário: 1. Disposições gerais sobre as provas; 1.1 Provar é um direito; 1.2 O juiz como destinatário da prova; 1.3 Finalidade da prova; 1.4 Liberdade do juiz na apreciação das provas; 1.5 Prova emprestada; 1.6 Ônus da prova; 1.6.1 Carga probatória dinâmica; 1.6.2 Acordo das partes sobre o ônus da prova; 1.6.3 Inversão do ônus da prova; 1.7 Não dependem de prova; 1.8 Dever de colaboração com o judiciário; 1.9 Instrução processual (fase instrutória); 1.10 Hierarquia das provas – 2. Produção antecipada de provas; 2.1 Do procedimento do pedido de produção antecipada de prova; 2.2 Do recurso contra neste procedimento; 2.3 Destinos dos autos – 3. Da ata notarial – 4. Depoimento pessoal; 4.1 Depoimento pessoal (propriamente dito); 4.2 Interrogatório das partes; 4.3 A parte não é obrigada a depor sobre fatos; 4.4 Ordem dos depoimentos; 4.5 Depoimento por videoconferência – 5. Confissão; 5.1 Espécies de confissão; 5.2 Caso haja litisconsorte; 5.3 Confissão do cônjuge; 5.4 Não se admite a confissão; 5.5 Irrevogabilidade da confissão; 5.6 A confissão pode ser anulada; 5.7 A confissão é indivisível; 5.8 Eficácia da confissão – 6. Da exibição de documento ou coisa; 6.1 Momento do requerimento; 6.2 Requisitos; 6.3 Exibição requerida contra a parte ou terceiro; 6.3.1 Recusa injusta pela parte; 6.3.2 Recusa injusta pelo terceiro; 6.3.3 Recusa justa – 7. Da prova documental; 7.1 Da força probante do documento público; 7.2 Da força probante do documento particular; 7.3 Da força probante dos telegramas ou radiogramas; 7.4 Da força probante das cartas e registros domésticos; 7.5 Dos livros empresariais; 7.6 Da força probante das cópias; 7.7 Momento de apresentação dos documentos; 7.8 Manifestação das partes sobre os documentos; 7.9 Documentos com rasuras, borrões, falsos ou alterados; 7.10 Da arguição de falsidade; 7.11 Dos documentos eletrônicos – 8. Da prova testemunhal; 8.1 Indeferimento da prova testemunhal; 8.2 Exceção da prova escrita; 8.3 Prova da simulação e vícios de consentimento; 8.4 Pessoas que não podem depor; 8.5 Local onde a testemunha deve depor; 8.6 Intimação da testemunha; 8.7 Da produção da prova testemunhal; 8.8 O depoimento em juízo é considerado serviço público – 9. Da prova pericial; 9.1 Prova técnica simplificada; 9.2 A perícia pode ser indeferida; 9.3 Nomeação do perito; 9.4 Deveres do perito; 9.5 Papel do assistente técnico; 9.6 Substituição do perito; 9.7 Dos quesitos; 9.8 Da perícia consensual; 9.9 O laudo pericial deve conter; 9.10 Entrega do laudo; 9.11 Segunda perícia; 9.12 O livre convencimento do juiz; 9.13 As despesas com a perícia – 10. Provas indiretas: indícios e presunções; 11. Da inspeção judicial.

1. DISPOSIÇÕES GERAIS SOBRE AS PROVAS

Quem propõe e quem resiste a uma ação, o faz baseado em fatos, através dos quais pretendem justificar a pretensão de um e a resistência do outro. É do exame dos fatos e de sua adequação ao direito que o juiz extrairá os fundamentos para solucionar o litígio através de uma sentença.

Assim, as provas são os meios através dos quais as partes conferem certeza aos fatos alegados, as quais o juiz apreciará livremente, sejam documentais, periciais ou mesmo testemunhais.

Podemos então afirmar que a prova é o meio hábil para demonstrar a existência de um fato. Ou se quisermos melhor elaborar, poderíamos dizer que prova é o meio pelo qual se procura demonstrar a certeza de um fato ou a veracidade de uma afirmação com a finalidade de convencer o julgador da certeza do direito posto em apreciação.

1.1 Provar é um direito

As partes têm o direito de empregar todos os meios legais, bem como os moralmente legítimos, ainda que não especificados no CPC, para provar a verdade dos fatos em que se funda o pedido ou a defesa e influir eficazmente na convicção do juiz (CPC, art. 369).[1]

1.2 O juiz como destinatário da prova

É o juiz o destinatário das provas cabendo a ele, de ofício ou a requerimento das partes, determinar as provas necessárias ao deslinde da demanda (CPC, art. 370).[2]

Cabe também ao juiz filtrar os pedidos de realização de provas porquanto pode ocorrer de as partes requerem diligências inúteis ou meramente protelatórias, devendo o juiz negá-las, em decisão fundamentada.

1.3 Finalidade da prova

As provas destinam-se a fornecer ao juiz, enquanto destinatário final da prova, os elementos para formar sua convicção à luz da verdade real. Por isso, mesmo as provas não produzidas ou não requeridas pelas partes, podem ser determinadas de

---

1. CPC, Art. 369. As partes têm o direito de empregar todos os meios legais, bem como os moralmente legítimos, ainda que não especificados neste Código, para provar a verdade dos fatos em que se funda o pedido ou a defesa e influir eficazmente na convicção do juiz.
2. CPC, Art. 370. Caberá ao juiz, de ofício ou a requerimento da parte, determinar as provas necessárias ao julgamento do mérito.

   Parágrafo único. O juiz indeferirá, em decisão fundamentada, as diligências inúteis ou meramente protelatórias.

ofício pelo juiz para que, tanto quanto possível, se possa chegar a uma solução a mais justa possível.

1.4 Liberdade do juiz na apreciação das provas

O juiz apreciará a prova constante dos autos, independentemente do sujeito que a tiver promovido, e indicará na decisão as razões da formação de seu convencimento (CPC, art. 371).[3] Este é o **princípio do livre convencimento motivado** ou **da persuasão racional**.

Quando a lei emprega a expressão "independente do sujeito que a tiver produzido", significa dizer que a prova é do processo, não da parte que a produziu.

1.5 Prova emprestada

O juiz poderá admitir a utilização de prova produzida em outro processo, atribuindo-lhe o valor que considerar adequado, desde que seja observado o devido contraditório (CPC, art. 372).[4]

Quanto ao contraditório aqui mencionado, deve ele ser observado no processo para o qual a prova foi transladada, de sorte a afirmar que não é imprescindível a identidade de partes entre os atuais demandantes e aqueles que participaram da demanda de onde se origina a prova emprestada.

1.6 Ônus da prova

É importante frisar inicialmente que a lei não obriga as partes a fazerem a prova, mas lhes atribui o ônus de provar tudo quanto tenha alegado no processo. Em caso de omissão, sofrerão as consequências de não ter feito as provas que eram necessárias.

A regra é de que quem alega (seja autor, réu, terceiros interessados ou qualquer outro interveniente) deve provar (CPC, art. 373, I e II).[5]

---

3. Art. 371. O juiz apreciará a prova constante dos autos, independentemente do sujeito que a tiver promovido, e indicará na decisão as razões da formação de seu convencimento.
4. CPC, Art. 372. O juiz poderá admitir a utilização de prova produzida em outro processo, atribuindo-lhe o valor que considerar adequado, observado o contraditório.
5. CPC, Art. 373. O ônus da prova incumbe:

   I – ao autor, quanto ao fato constitutivo de seu direito;

   II – ao réu, quanto à existência de fato impeditivo, modificativo ou extintivo do direito do autor.

   § 1º Nos casos previstos em lei ou diante de peculiaridades da causa relacionadas à impossibilidade ou à excessiva dificuldade de cumprir o encargo nos termos do *caput* ou à maior facilidade de obtenção da prova do fato contrário, poderá o juiz atribuir o ônus da prova de modo diverso, desde que o faça por decisão fundamentada, caso em que deverá dar à parte a oportunidade de se desincumbir do ônus que lhe foi atribuído.

   § 2º A decisão prevista no § 1º deste artigo não pode gerar situação em que a desincumbência do encargo pela parte seja impossível ou excessivamente difícil.

   § 3º A distribuição diversa do ônus da prova também pode ocorrer por convenção das partes, salvo quando:

1.6.1 Carga probatória dinâmica

Dependendo das circunstâncias do caso, o juiz pode distribuir o ônus da prova de forma diferente, desde que o faça por decisão fundamentada e, assegure a parte o tempo hábil para desincumbir do encargo.

Isso pode ocorrer nos casos previstos em lei, mas também diante de peculiaridades da causa relacionadas à impossibilidade ou à excessiva dificuldade de cumprir o encargo ou à maior facilidade de obtenção da prova do fato contrário.

Advirta-se, todavia, que essa distribuição de modo diverso não pode gerar situação em que a desincumbência do encargo pela parte seja impossível ou excessivamente difícil.

1.6.2 Acordo das partes sobre o ônus da prova

Permite o nosso Código de Processo Civil que os envolvidos no processo possam convencionar de forma diferente a distribuição do ônus da prova, reforçando a ideia de que as partes podem realizar negócios processuais (ver CPC, art. 190).

Contudo, não poderão inverter o ônus da prova quando a questão *sub judice* versar sobre direito indisponível da parte ou tornar excessivamente difícil a uma parte o exercício do direito. Esse acordo pode ser realizado antes ou mesmo depois de instaurado o processo.

1.6.3 Inversão do ônus da prova

Embora não tenha previsão no Código de Processo Civil é importante consignar que existe previsão de inversão do ônus da prova em diversas leis esparsas.

O Código de Defesa do Consumidor (Lei nº 8.078/90) é um bom exemplo, já que em seu art. 6º, VIII, prevê a hipótese de o juiz, a seu critério, poder inverter o ônus probatório desde que considere verossímil a alegação do consumidor ou quando ele for hipossuficiente.

Outro exemplo diz respeito aos casos em que há uma presunção de culpa em desfavor da parte, como no caso da responsabilidade pela guarda do animal (ver CC, art. 936) ou pela conservação de prédios (ver CC, art. 937). Nesses casos, o réu é considerado culpado até prova em contrário. É o réu que tem a obrigação de provar que foi diligente, perito e prudente, como forma de se exonerar do dever indenizatório.

I – recair sobre direito indisponível da parte;

II – tornar excessivamente difícil a uma parte o exercício do direito.

§ 4º A convenção de que trata o § 1º pode ser celebrada antes ou durante o processo.

1.7 Não dependem de prova

O nosso Código de Processo Civil fixou a orientação de que nem todo fato alegado pela parte precisa ser provado. Alguns fatos falam por si mesmo, outros podem deixar de serem controvertido em face da inércia da parte ou de outras circunstâncias (CPC, art. 374),[6] vejamos:

a) Fato de direito:

O direito não se prova, tendo em vista que o juiz é um perito nesta ciência. Aliás, temos até um brocardo jurídico que diz: *da mihi factum, dabo tibi jus* (me dá os fatos, e eu te darei o direito).

Exceção: sendo o direito municipal, estadual ou estrangeiro, deverá ser provado a sua vigência porque não se pode exigir que o magistrado conheça todas as legislações dos vinte e sete estados brasileiros, nem muito menos dos mais de cinco mil municípios ou mesmo do direito alienígena (CPC, art. 376).[7]

b) Fatos irrelevantes:

São irrelevantes os fatos que não guardam nenhuma importância para a solução do julgamento ou não guardam nenhuma pertinência com a questão litigiosa.

c) Fatos notórios:

Notórios são os fatos de conhecimento geral em uma determinada comunidade, num determinado momento. Pode ser acontecimento histórico, fatos heroicos, situações geográficas ou mesmo atos de gestão e de política. Funciona como uma espécie de verdade que é do conhecimento público.

Exemplos: Os assaltos em São Paulo são frequentes; o trânsito na cidade de São Paulo é caótico; na região do Aricanduva, quando chove sempre tem alagamentos, dentre outros.

d) Fatos incontroversos:

Incontroversos são os fatos alegados por uma das partes e não contestados em tempo hábil pela outra. Se a parte tem a oportunidade de contestar os fatos que lhes são desfavoráveis e não o fez, qual é a conclusão: os fatos são verdadeiros.

---

6. CPC, Art. 374. Não dependem de prova os fatos:
   I – notórios;
   II – afirmados por uma parte e confessados pela parte contrária;
   III – admitidos no processo como incontroversos;
   IV – em cujo favor milita presunção legal de existência ou de veracidade.
7. CPC, Art. 376. A parte que alegar direito municipal, estadual, estrangeiro ou consuetudinário provar-lhe-á o teor e a vigência, se assim o juiz determinar.

Exemplo: Jack alega que Molly bateu em seu veículo quando atravessou o farol vermelho. Molly na sua contestação nada fala sobre o farol vermelho, mas questiona o valor do conserto. Nesta circunstância, a questão do farol vermelho passa a ser fato incontroverso.

e) **Fatos confessados:**

São as afirmações feitas por uma parte admitindo que os fatos ocorreram de determinada maneira. Ora, a confissão afasta qualquer dúvida a respeito dos fatos alegados pela contraparte, logo não teria sentido pesquisar a respeito da veracidade daqueles fatos confessados.

Atenção: afirma-se na doutrina que, no processo civil, a "confissão é a rainha das provas e a todas suplanta" (isso não vale para o processo penal).

f) **Fatos presumidos:**

São aqueles fatos em cujo favor existe uma presunção legal ou jurisprudencial de existência de veracidade.

Exemplos: a revelia faz presumir que os fatos alegados pelo autor são verdadeiros (ver CPC, art. 344); há a presunção de que o patrão é culpado pelos atos de seus empregados (ver CC, art. 932, III); a recusa em fazer o exame de DNA faz presumir a paternidade (STJ, súmula n° 301), dentre outros.

g) **Fatos negativos:**

Em regra, não se prova a inexistência de um fato. Pela dificuldade de fazer-se esse tipo de prova, é o que a doutrina chama de "prova diabólica".

Exemplo: numa ação em que o autor alega nunca ter tomado empréstimo com determinado banco (ação declaratória de inexistência de relação jurídica), não se pode exigir dele que prove nunca ter contratado nada com a ré.

1.8 Dever de colaboração com o judiciário

Todos têm o dever de colaborar com o Poder Judiciário para o descobrimento da verdade (CPC, art. 378), ressalvado o fato de que ninguém pode ser obrigado a produzir prova contra si própria (CPC, art. 379).[8]

Esse dever de colaboração atinge a todos, sejam autor, réu ou interveniente. Aliás, quando se trata do terceiro, em relação a qualquer causa, lhe incumbe informar ao juiz os fatos e as circunstâncias de que tenha conhecimento, bem como exibir coisa ou documento que esteja em seu poder, sob pena de sofrer duras sanções (CPC, art. 380).

---

8. CPC, Art. 379. Preservado o direito de não produzir prova contra si própria, incumbe à parte:

I – comparecer em juízo, respondendo ao que lhe for interrogado;

II – colaborar com o juízo na realização de inspeção judicial que for considerada necessária;

III – praticar o ato que lhe for determinado.

LIÇÃO 14 • DAS PROVAS

1.9 Instrução processual (fase instrutória)

É a fase do processo em que as partes devem produzir as provas de suas alegações. Inicia-se com o saneamento do processo e finda com a audiência de instrução e julgamento, quando o juiz declara encerrada a instrução.

1.10 Hierarquia das provas

É importante deixar bem claro que não há hierarquia entre as provas, tendo em vista o livre convencimento motivado do juiz (ver CPC, art. 371), que lhe permite valorar cada uma das provas conforme lhe pareça mais apropriado em face ao caso concreto.

Quer dizer que em algumas situações uma determinada prova pode ser mais importante que outra sem significar que haja uma hierarquia entre elas.

2. PRODUÇÃO ANTECIPADA DE PROVAS

A produção antecipada de prova é algo que se pode fazer por simples petição no processo de conhecimento, cuja realização tem a natureza cautelar, tendo em vista que procura tão somente viabilizar uma prova que está sob risco de perder-se, portanto urgente a sua realização (CPC, art. 381).[9]

Duas hipóteses muito interessantes que autoriza a propositura da produção antecipada de prova são as constantes dos incisos II e III, do art. 381, do CPC, que permite a parte propor a produção antecipada de prova desde que demonstre que a sua realização pode ajudar na autocomposição ou outro meio adequado de solução de conflito, bem como se do prévio conhecimento dos fatos, possa justificar ou evitar o ajuizamento de ação.

O mesmo procedimento pode ser adotado para o arrolamento de bens, quando ele tiver por finalidade apenas a realização de documentação e não a prática de atos de apreensão.

---

9. CPC, Art. 381. A produção antecipada da prova será admitida nos casos em que:

I – haja fundado receio de que venha a tornar-se impossível ou muito difícil a verificação de certos fatos na pendência da ação;

II – a prova a ser produzida seja suscetível de viabilizar a autocomposição ou outro meio adequado de solução de conflito;

III – o prévio conhecimento dos fatos possa justificar ou evitar o ajuizamento de ação.

§ 1º O arrolamento de bens observará o disposto nesta Seção quando tiver por finalidade apenas a realização de documentação e não a prática de atos de apreensão.

§ 2º A produção antecipada da prova é da competência do juízo do foro onde esta deva ser produzida ou do foro de domicílio do réu.

§ 3º A produção antecipada da prova não previne a competência do juízo para a ação que venha a ser proposta.

§ 4º O juízo estadual tem competência para produção antecipada de prova requerida em face da União, de entidade autárquica ou de empresa pública federal se, na localidade, não houver vara federal.

§ 5º Aplica-se o disposto nesta Seção àquele que pretender justificar a existência de algum fato ou relação jurídica para simples documento e sem caráter contencioso, que exporá, em petição circunstanciada, a sua intenção.

Com relação à competência, estabelecendo o CPC que o foro competente será o do local onde a coisa se encontra ou no foro do domicílio do réu e, que a eventual propositura da produção antecipada da prova não previne a competência do juízo para a futura ação que venha a ser proposta em razão dela.

2.1 Do procedimento do pedido de produção antecipada de prova

Na petição, o requerente apresentará as razões que justificam a necessidade de antecipação da prova e mencionará com precisão os fatos sobre os quais a prova há de recair (CPC, art. 382).[10]

Os possíveis interessados serão citados para acompanhar a produção de prova que será determinada pelo juiz, de ofício ou a requerimento da parte, a não ser que não tenha caráter litigioso. Esses interessados poderão requerer a produção de qualquer prova no mesmo procedimento, desde que relacionada ao mesmo fato, salvo se a sua produção conjunta acarretar excessiva demora.

Na produção antecipada de prova o juiz apenas acompanha o processo para garantir a sua regularidade, mas não se manifestará sobre os fatos apurados, pois este juízo de valor será realizado pelo juiz do processo principal.

2.2 Do recurso contra neste procedimento

Tendo em vista que esse procedimento não é contencioso, não se admitirá defesa ou recurso, salvo contra decisão que indeferir totalmente a produção da prova pleiteada pelo requerente originário.

2.3 Destinos dos autos

Os autos permanecerão em cartório durante 1 (um) mês para extração de cópias e certidões pelos interessados. Findo o prazo, os autos serão entregues ao promovente da medida (CPC, art. 383).[11]

---

10. CPC, Art. 382. Na petição, o requerente apresentará as razões que justificam a necessidade de antecipação da prova e mencionará com precisão os fatos sobre os quais a prova há de recair.

    § 1º O juiz determinará, de ofício ou a requerimento da parte, a citação de interessados na produção da prova ou no fato a ser provado, salvo se inexistente caráter contencioso.

    § 2º O juiz não se pronunciará sobre a ocorrência ou a inocorrência do fato, nem sobre as respectivas consequências jurídicas.

    § 3º Os interessados poderão requerer a produção de qualquer prova no mesmo procedimento, desde que relacionada ao mesmo fato, salvo se a sua produção conjunta acarretar excessiva demora.

    § 4º Neste procedimento, não se admitirá defesa ou recurso, salvo contra decisão que indeferir totalmente a produção da prova pleiteada pelo requerente originário.

11. CPC, Art. 383. Os autos permanecerão em cartório durante 1 (um) mês para extração de cópias e certidões pelos interessados.

    Parágrafo único. Findo o prazo, os autos serão entregues ao promovente da medida.

LIÇÃO 14 • DAS PROVAS 253

3. DA ATA NOTARIAL

É admitida a possibilidade de que qualquer pessoa possa documentar qualquer fato através de **escritura lavrada por tabelião** (CPC, art. 384).[12] Isto é importantíssimo porque em muitas situações o fato pode se perder no tempo se não houver a possibilidade de que seja atestada a sua existência por documento cuja credibilidade esteja acima de qualquer suspeita.

Vale lembrar que o tabelião tem fé pública, logo o relato feito em documentos público, do que ele viu ou presenciou tem, em princípio, presunção de veracidade.

Ademais, pode também atestar dados e informações representados por imagem ou som gravados em arquivos eletrônicos, bem como o que consta nas páginas da internet, nos celulares, tablets e outros meios de comunicação.

4. DEPOIMENTO PESSOAL

É um meio de prova que consiste na oitiva das partes em audiência, por determinação do juiz (visando esclarecimentos) ou a requerimento da parte (visando confissão). Assim, se desdobra em dois tipos: Depoimento pessoal propriamente dito e interrogatório (CPC, art. 385),[13] vejamos:

4.1 Depoimento pessoal (propriamente dito)

É o meio de prova requerido pela parte, destinado a retirar da parte contrária e dos terceiros intervenientes, informações atinentes aos contornos fáticos do conflito e, principalmente, provocar a confissão.

a) Procedimentos:

Deve ser requerido pela parte interessada, o autor deve fazê-lo na petição inicial e o réu na contestação, e excepcionalmente, no momento em que o juiz determina que as partes especifiquem provas que pretendem produzir, devendo a parte ser intimada pessoalmente.

---

12. CPC, Art. 384. A existência e o modo de existir de algum fato podem ser atestados ou documentados, a requerimento do interessado, mediante ata lavrada por tabelião.

    Parágrafo único. Dados representados por imagem ou som gravados em arquivos eletrônicos poderão constar da ata notarial.

13. CPC, Art. 385. Cabe à parte requerer o depoimento pessoal da outra parte, a fim de que esta seja interrogada na audiência de instrução e julgamento, sem prejuízo do poder do juiz de ordená-lo de ofício.

    § 1º Se a parte, pessoalmente intimada para prestar depoimento pessoal e advertida da pena de confesso, não comparecer ou, comparecendo, se recusar a depor, o juiz aplicar-lhe-á a pena.

    § 2º É vedado a quem ainda não depôs assistir ao interrogatório da outra parte.

    § 3º O depoimento pessoal da parte que residir em comarca, seção ou subseção judiciária diversa daquela onde tramita o processo poderá ser colhido por meio de videoconferência ou outro recurso tecnológico de transmissão de sons e imagens em tempo real, o que poderá ocorrer, inclusive, durante a realização da audiência de instrução e julgamento.

b) Momento do deferimento:

É no saneamento do processo, ou seja, quando o juiz verifica da regularidade do processo e define os próximos passos de seguimento do mesmo.

c) Realização do depoimento:

A produção do depoimento pessoal ocorre no momento da realização da audiência de instrução e julgamento e a parte deverá responder as perguntas pessoalmente e deverá ser feito espontaneamente, vedado ao depoente a leitura de depoimento previamente escrito, permitindo-lhe o juiz, consulta a notas breves, desde que objetivem completar os esclarecimentos (CPC, art. 387).[14]

d) Não comparecimento da parte ou recusa em depor:

Sendo ato personalíssimo, o não comparecimento fará presumir como verdadeiros os fatos alegados pela parte contrária, pois neste caso, será aplicada a pena de confesso. Da mesma forma se ele comparecer e se recusar a depor.

e) Evasivas:

Quando a parte, sem motivo justificado, deixar de responder ao que lhe for perguntado ou empregar evasivas, o juiz, apreciando as demais circunstâncias e os elementos de prova, declarará, na sentença, se houve recusa de depor (CPC, art. 386).[15]

4.2 Interrogatório das partes

Diferentemente do depoimento pessoal, o interrogatório das partes é ato pelo qual o juiz, visando obter esclarecimentos complementares, referente a coisas e fatos que não tenham sido suficientemente aclaradas no processo, determina, a qualquer tempo, o comparecimento das partes em juízo. Embora isso possa ocorrer a qualquer tempo, o mais comum é a parte ser interrogada na audiência de instrução e julgamento.

Nesse caso, as partes deverão ser intimadas pessoalmente e seu comparecimento não é obrigatório, já que não se poderá, nesta fase, aplicar a pena de confesso, porém a parte arcará com o ônus de sua omissão (ver CPC, art. 139, VIII).

---

14. CPC, Art. 387. A parte responderá pessoalmente sobre os fatos articulados, não podendo servir-se de escritos anteriormente preparados, permitindo-lhe o juiz, todavia, a consulta a notas breves, desde que objetivem completar esclarecimentos.

15. CPC, Art. 386. Quando a parte, sem motivo justificado, deixar de responder ao que lhe for perguntado ou empregar evasivas, o juiz, apreciando as demais circunstâncias e os elementos de prova, declarará, na sentença, se houve recusa de depor.

LIÇÃO 14 • DAS PROVAS

4.3 A parte não é obrigada a depor sobre fatos

A parte não pode ser obrigada depor sobre fatos criminosos ou torpes que lhe forem imputados; a cujo respeito, por estado ou profissão, deva guardar sigilo; acerca dos quais não possa responder sem desonra própria, de seu cônjuge, de seu companheiro ou de parente em grau sucessível; ou ainda, os fatos que coloquem em perigo a vida do depoente ou de seus familiares (CPC, art. 388).[16]

> **Atenção:** Esta disposição não se aplica às ações de estado e de família como, por exemplo, as ações de divórcio, reconhecimento ou dissolução de união estável, filiação e alimentos.

4.4 Ordem dos depoimentos

Tanto no interrogatório quanto no depoimento pessoal é vedado a quem ainda não depôs, assistir o interrogatório da outra parte. A razão é muito simples, se a parte ouvir o que a outra depôs, poderá articular seu depoimento a partir do que ouviu da outra.

Aliás, entendemos que nenhuma das partes deveria estar presente no depoimento da outra. É de notória sabença que a presença de uma das partes durante o depoimento da outra pode criar constrangimentos e embaraços, além de contribuir para o acirramento de ânimos o que em nada importa para o processo.

4.5 Depoimento por videoconferência

O Novo CPC prevê a hipótese de colheita do depoimento pessoal da parte que residir em outra comarca ou circunscrição judiciária diferente daquela onde tramita o processo, a possibilidade de que isso possa ser feito por meio de videoconferência ou outro recurso tecnológico de transmissão de sons e imagens, o que poderá ocorrer, inclusive, durante a realização da audiência de instrução e julgamento.

5. CONFISSÃO

A confissão é uma declaração na qual a parte reconhece como verdadeiros fatos que são contrários ao seu interesse e favoráveis aos interesses da parte adversa (CPC, art. 389).[17]

---

16. CPC, Art. 388. A parte não é obrigada a depor sobre fatos:
    I – criminosos ou torpes que lhe forem imputados;
    II – a cujo respeito, por estado ou profissão, deva guardar sigilo;
    III – acerca dos quais não possa responder sem desonra própria, de seu cônjuge, de seu companheiro ou de parente em grau sucessível;
    IV – que coloquem em perigo a vida do depoente ou das pessoas referidas no inciso III.
    Parágrafo único. Esta disposição não se aplica às ações de estado e de família.
17. CPC, Art. 389. Há confissão, judicial ou extrajudicial, quando a parte admite a verdade de fato contrário ao seu interesse e favorável ao do adversário.

É um meio de prova extremamente eficaz tendo em vista que torna aquele fato confessado incontroverso. Apesar da confissão ser considerada no processo civil como "rainha das provas", vale lembrar que não há hierarquia entre os meios de prova no direito brasileiro.

5.1 Espécies de confissão

Apenas para efeitos didáticos classificamos a confissão de várias formas para melhor estudar a matéria, vejamos:

a) **Judicial:**

É aquela que ocorre nos autos do processo a qualquer tempo. Em sendo judicial, a confissão pode ser espontânea ou provocada. Será **espontânea** a confissão em que a parte se manifesta por petição juntada aos autos ou mesmo verbalmente, sem que tenha sido provocado por ninguém. Já a **provocada** é aquela que acontece, via de regra, na audiência de instrução e julgamento, durante o depoimento pessoal da parte, quando responde às perguntas do juiz e da parte contrária (CPC, art. 390).[18]

Atenção: na confissão espontânea admite a lei que a mesma possa ser feita pelo representante da parte, desde que tenha poderes especiais para isso. a confissão feita em juízo será lavrada a termo pelo escrivão.

b) **Extrajudicial:**

É aquela feita fora do processo perante a parte contrária ou terceiros e deverá ser provada nos autos, por documentos ou testemunhas.

c) **Expressa:**

É a confissão em que a parte, por escrito ou verbalmente, admite os fatos que lhe são contrários.

d) **Ficta:**

É a confissão por inércia da parte tal como acontece na falta de contestação ou a não impugnação de determinados fatos ocorridos no curso do processo.

e) **Escrita:**

Tanto pode ocorrer por petições juntadas aos autos, como por documento público ou particular produzido pela parte como, por exemplo, carta ou testamentos ou quaisquer outros tipos de apontamentos.

---

18. CPC, Art. 390. A confissão judicial pode ser espontânea ou provocada.

§ 1º A confissão espontânea pode ser feita pela própria parte ou por representante com poder especial.

§ 2º A confissão provocada constará do termo de depoimento pessoal.

LIÇÃO 14 • DAS PROVAS

f) Verbal:

Pode ocorrer em qualquer momento, mas normalmente acontece em audiência, quando a parte admite os fatos que lhe são imputados (judicial) ou mesmo fora do processo (extrajudicial), contudo a extrajudicial só terá validade se a lei não exigir prova literal (CPC, art. 394).[19]

5.2 Caso haja litisconsorte

Havendo litisconsorte, a confissão judicial somente faz prova contra o confitente, não prejudicando os demais litisconsortes (CPC, art. 391, *caput*).[20]

5.3 Confissão do cônjuge

Quando tratar-se de ações versando sobre bens imóveis ou direitos reais sobre imóveis alheios, a confissão de um cônjuge ou companheiro não valerá sem a do outro, salvo se o regime de casamento for o de separação absoluta de bens (ver CPC, art. 391, parágrafo único).

5.4 Não se admite a confissão

É importante lembrar que a confissão vai funcionar como uma espécie de disposição de direitos. Nesse sentido, é coerente a disposição contida no CPC, ao estabelecer que não vale como confissão a admissão, ainda que em juízo, de fatos relativos a direitos indisponíveis (CPC, art. 392, *caput*).[21]

Da mesma forma que a confissão será considerada ineficaz se for feita por quem não for capaz de dispor do direito a que se referem os fatos confessados.

Nada impede que a confissão provenha de quem é o representante, porém nesse caso somente será eficaz nos limites em que este pode vincular o representado.

Embora a lei seja silente, não se admite a confissão sob condição ou termo, tendo em vista que não é um negócio jurídico.

---

19. CPC, Art. 394. A confissão extrajudicial, quando feita oralmente, só terá eficácia nos casos em que a lei não exija prova literal.
20. CPC, Art. 391. A confissão judicial faz prova contra o confitente, não prejudicando, todavia, os litisconsortes.

    Parágrafo único. Nas ações que versarem sobre bens imóveis ou direitos reais sobre imóveis alheios, a confissão de um cônjuge ou companheiro não valerá sem a do outro, salvo se o regime de casamento for o de separação absoluta de bens.
21. CPC, Art. 392. Não vale como confissão a admissão, em juízo, de fatos relativos a direitos indisponíveis.

    § 1º A confissão será ineficaz se feita por quem não for capaz de dispor do direito a que se referem os fatos confessados.

    § 2º A confissão feita por um representante somente é eficaz nos limites em que este pode vincular o representado.

5.5 Irrevogabilidade da confissão

A confissão é irrevogável (CPC, art. 393, *caput*).[22] E tem toda uma lógica para assim ser. Essa irrevogabilidade decorre de um dos mais importantes princípios albergados pelo Novo CPC, o princípio da boa-fé e da lealdade processual.

Permitir que a confissão pudesse ser revogada seria criar a possibilidade de a parte assumir um comportamento contraditório, pois num dia poderia confessar determinado fato e, no outro simplesmente negar tudo. Por isso a irrevogabilidade vem em sintonia com a garantia de proibição do comportamento contraditório (*venire contra factum proprium*).

Se fosse admitida a revogação seria como se a parte que confessou pudesse, ao depois, contestar a sua própria declaração o que, sem dúvida nenhuma, seria um absurdo!

5.6 A confissão pode ser anulada

A confissão como qualquer outro ato jurídico, pode ser anulada se decorreu de erro de fato ou de coação.

A legitimidade para propor a ação de anulação da confissão é exclusiva do confitente e, excepcionalmente, pode ser transferida a seus herdeiros se ele falecer após já ter ingressado com esta ação em juízo. Quer dizer, os herdeiros apenas darão seguimento a ação já proposta (ver CPC, art. 393, parágrafo único).

5.7 A confissão é indivisível

Significa dizer que ela é um todo, não podendo a parte aproveitar somente a parte que lhe interessa desprezando o restante.

Admite-se a cisão da confissão quando o confitente a ela aduzir fatos novos, capazes de constituir fundamento de defesa de direito material ou de reconvenção (CPC, art. 395).[23]

5.8 Eficácia da confissão

A confissão torna os fatos incontroversos, dispensando-se a parte contrária da prova daqueles fatos (ver CPC, art. 374, II).

---

22. CPC, Art. 393. A confissão é irrevogável, mas pode ser anulada se decorreu de erro de fato ou de coação. Parágrafo único. A legitimidade para a ação prevista no *caput* é exclusiva do confitente e pode ser transferida a seus herdeiros se ele falecer após a propositura.
23. CPC, Art. 395. A confissão é, em regra, indivisível, não podendo a parte que a quiser invocar como prova aceitá-la no tópico que a beneficiar e rejeitá-la no que lhe for desfavorável, porém cindir-se-á quando o confitente a ela aduzir fatos novos, capazes de constituir fundamento de defesa de direito material ou de reconvenção.

LIÇÃO 14 • DAS PROVAS

6. DA EXIBIÇÃO DE DOCUMENTO OU COISA

O juiz, de ofício ou a requerimento da parte, pode ordenar que alguém (partes ou terceiros) exiba documento ou coisa que se encontre em seu poder (CPC, art. 396).[24]

A exibição de documento ou coisa é um mero incidente que se resolve por decisão interlocutória, podendo ser provocado por qualquer das partes que pretenda fazer uso deste expediente como forma de produzir alguma prova.

Embora nesta seção o legislador nada tenha falado sobre a possibilidade de ser determinado de ofício a exibição de documento ou coisa, entendemos que isso é perfeitamente possível tendo em vista o poder atribuído ao juiz para bem instruir o processo na busca da verdade real (ver CPC, art. 370). Ademais, não podemos olvidar de que ninguém se exime do dever de colaborar com o Poder Judiciário para o descobrimento da verdade (ver CPC, art. 378).

6.1 Momento do requerimento

Se o pedido de exibição foi feito por uma das partes, isso pode ser manifestado de várias formas, conforme o momento processual:

a) **Na petição inicial:**

Pode o autor já no seu petitório inaugural requerer ao juiz que determine a exibição de documento ou coisa que esteja em mãos do réu ou mesmo de terceiro.

b) **Na contestação:**

Inversamente pode ser requerido na contestação quando o réu, ao se manifestar sobre a petição inicial, faça menção a provas cujo objeto possa estar em mãos do autor ou de terceiro.

c) **De forma incidental:**

Pode ocorrer que no curso de uma ação que já esteja em tramitação na justiça, surja a necessidade de requerer ao juiz a determinação de exibição de documento ou coisa, quando então, o interessado requererá por simples petição.

Cumpre assinalar que se a exibição do documento ou da coisa foi determinada de ofício pelo juiz, não há falar-se em tempo ou modo, tendo em vista que isso pode ocorrer em qualquer momento processual antes da sentença.

6.2 Requisitos

Quando for requerido pela parte, a mesma deverá individualizar o documento ou a coisa, o mais completo possível. Deverá ainda, dizer qual é a finalidade daquela

---

24. CPC, Art. 396. O juiz pode ordenar que a parte exiba documento ou coisa que se encontre em seu poder.

prova, indicando os fatos que se relacionam com o documento ou com a coisa que se quer ver exibida. Também deverá indicar quais as circunstâncias que o requerente conhece para poder afirmar que o documento ou a coisa existe e se acha em poder da parte contrária (CPC, art. 397).[25]

6.3 Exibição requerida contra a parte ou terceiro

Se a coisa ou documento estiver com a parte contrária, ele será intimado para dar sua resposta no prazo de 5 (cinco) dias contados da sua intimação, feita na pessoa do advogado constituído nos autos. Se ele afirmar que não possui o documento ou a coisa, o juiz permitirá que o requerente prove, por qualquer meio, que a declaração não corresponde à verdade (CPC, at. 398).[26]

Se a coisa ou o documento estiver em mãos de terceiro, o juiz ordenará sua citação para responder no prazo de 15 (quinze) dias (CPC, art. 401).[27]

6.3.1 Recusa injusta pela parte

O requerido pode se recusar a entregar o documento ou a coisa, porém se o fizer sem uma justa causa, o juiz poderá admitir como verdadeiro o fato que, por meio do documento ou da coisa, a parte contraria pretendia provar (CPC, art. 400),[28] especialmente se:

a) **Requerido nada faz:**

Intimado da determinação judicial, o requerido não faz a exibição do documento ou da coisa, e nem apresenta petição com eventuais motivos no prazo legal que é de 5 (cinco) dias.

---

25. CPC, Art. 397. O pedido formulado pela parte conterá:
    I – a descrição, tão completa quanto possível, do documento ou da coisa, ou das categorias de documentos ou de coisas buscados;
    II – a finalidade da prova, com indicação dos fatos que se relacionam com o documento ou com a coisa, ou com suas categorias;
    III – as circunstâncias em que se funda o requerente para afirmar que o documento ou a coisa existe, ainda que a referência seja a categoria de documentos ou de coisas, e se acha em poder da parte contrária.
26. CPC, Art. 398. O requerido dará sua resposta nos 5 (cinco) dias subsequentes à sua intimação.
    Parágrafo único. Se o requerido afirmar que não possui o documento ou a coisa, o juiz permitirá que o requerente prove, por qualquer meio, que a declaração não corresponde à verdade.
27. CPC, Art. 401. Quando o documento ou a coisa estiver em poder de terceiro, o juiz ordenará sua citação para responder no prazo de 15 (quinze) dias.
28. CPC, Art. 400. Ao decidir o pedido, o juiz admitirá como verdadeiros os fatos que, por meio do documento ou da coisa, a parte pretendia provar se:
    I – o requerido não efetuar a exibição nem fizer nenhuma declaração no prazo do art. 398;
    II – a recusa for havida por ilegítima.
    Parágrafo único. Sendo necessário, o juiz pode adotar medidas indutivas, coercitivas, mandamentais ou sub-rogatórias para que o documento seja exibido.

LIÇÃO 14 • DAS PROVAS

b) Recusa for ilegítima:

O próprio Código lista as situações em que a recusa será considerada ilegítima, que são: se o requerido tiver obrigação legal de exibir; ou se ele tiver aludido ao documento ou à coisa, em alguma de suas petições, com o intuito de constituir prova; ou ainda, o documento, por seu conteúdo, for comum às partes (CPC, art. 399).[29]

Advirta-se ainda que o juiz pode determinar, se necessário for, as medidas indutivas, coercitivas, mandamentais ou sub-rogatórias para que o documento ou a coisa seja exibido.

6.3.2   Recusa injusta pelo terceiro

Em se tratando de terceiro, se houver a recusa em exibir a posse do documento ou da coisa, o juiz designará audiência especial, para lhe tomar o depoimento, bem como o das partes e, se necessário, o de testemunhas, e em seguida proferirá decisão (CPC, art. 402).[30]

Nessa decisão o juiz pode entender que a recusa é justa, isto é, legítima. Se, de outro lado, considerar que não há justo motivo, o magistrado pode ordenar que o terceiro proceda ao respectivo depósito em cartório ou em outro lugar designado, no prazo de 5 (cinco) dias, impondo ao requerente a assunção das despesas para realização do ato (CPC, art. 403).[31]

Na eventualidade de o terceiro descumprir a ordem, o juiz expedirá mandado de busca e apreensão, requisitando, se necessário, força policial, sem prejuízo da responsabilidade por crime de desobediência, pagamento de multa e outras medidas indutivas, coercitivas, mandamentais ou sub-rogatórias necessárias para assegurar a efetivação da decisão.

---

29. CPC, Art. 399. O juiz não admitirá a recusa se:
    I – o requerido tiver obrigação legal de exibir;
    II – o requerido tiver aludido ao documento ou à coisa, no processo, com o intuito de constituir prova;
    III – o documento, por seu conteúdo, for comum às partes.
30. CPC, Art. 402. Se o terceiro negar a obrigação de exibir ou a posse do documento ou da coisa, o juiz designará audiência especial, tomando-lhe o depoimento, bem como o das partes e, se necessário, o de testemunhas, e em seguida proferirá decisão.
31. CPC, Art. 403. Se o terceiro, sem justo motivo, se recusar a efetuar a exibição, o juiz ordenar-lhe-á que proceda ao respectivo depósito em cartório ou em outro lugar designado, no prazo de 5 (cinco) dias, impondo ao requerente que o ressarça pelas despesas que tiver.
    Parágrafo único. Se o terceiro descumprir a ordem, o juiz expedirá mandado de apreensão, requisitando, se necessário, força policial, sem prejuízo da responsabilidade por crime de desobediência, pagamento de multa e outras medidas indutivas, coercitivas, mandamentais ou sub-rogatórias necessárias para assegurar a efetivação da decisão.

6.3.3   Recusa justa

O requerido, sendo a própria parte ou mesmo terceiro, pode também se recusar a entregar a coisa ou o documento de forma justificada, isto é, de forma legítima. O CPC lista as hipóteses em que isso é possível (CPC, art. 404),[32] que são:

a) Concernente a negócios da própria vida da família;

b) Sua apresentação puder violar dever de honra;

c) Sua publicidade redundar em desonra à parte ou ao terceiro, bem como a seus parentes consanguíneos ou afins até o terceiro grau, ou lhes representar perigo de ação penal;

d) Sua exibição acarretar a divulgação de fatos a cujo respeito, por estado ou profissão, devam guardar segredo;

e) Subsistirem outros motivos graves que, segundo o prudente arbítrio do juiz, justifiquem a recusa da exibição; e,

f) Houver disposição legal que justifique a recusa da exibição.

Se os motivos da recusa forem lastreados numa das quatro primeiras hipóteses, e disserem respeito a apenas uma parcela do documento, a parte ou o terceiro exibirá a outra em cartório, para dela ser extraída cópia reprográfica, de tudo sendo lavrado auto circunstanciado pelo cartório.

7.   DA PROVA DOCUMENTAL

Documento é toda coisa capaz de representar um fato. Seja uma reprodução impressa, uma cópia, uma fotografia, uma fita cinematográfica, uma mensagem de e-mail, enfim, qualquer reprodução mecânica ou digital de algo que se queira provar.

Os documentos representam um dos meios de prova mais importantes, especialmente na vida moderna, onde tudo pode estar escrito, fotografado, filmado ou

---

32. CPC, Art. 404. A parte e o terceiro se escusam de exibir, em juízo, o documento ou a coisa se:

I – concernente a negócios da própria vida da família;

II – sua apresentação puder violar dever de honra;

III – sua publicidade redundar em desonra à parte ou ao terceiro, bem como a seus parentes consanguíneos ou afins até o terceiro grau, ou lhes representar perigo de ação penal;

IV – sua exibição acarretar a divulgação de fatos a cujo respeito, por estado ou profissão, devam guardar segredo;

V – subsistirem outros motivos graves que, segundo o prudente arbítrio do juiz, justifiquem a recusa da exibição;

VI – houver disposição legal que justifique a recusa da exibição.

Parágrafo único. Se os motivos de que tratam os incisos I a VI do *caput* disserem respeito a apenas uma parcela do documento, a parte ou o terceiro exibirá a outra em cartório, para dela ser extraída cópia reprográfica, de tudo sendo lavrado auto circunstanciado.

LIÇÃO 14 • DAS PROVAS **263**

registrado em qualquer meio físico, eletrônico ou virtual, podendo ser usado como meio de atestar a existência de um ato, fato ou mesmo um negócio jurídico.

Vale lembrar que embora não exista hierarquia entre as provas e que o juiz tem plena liberdade na sua valoração (desde que motivado) é evidente que a prova documental, na vida prática forense, tem uma importância muito grande porque representa algo consolidado, do qual se extrai uma quase certeza.

Apesar disso, os documentos podem ter valoração diferente conforme seja a sua origem (público ou privado), conforme seja a base fática sobre a qual se assente (físico ou eletrônico), seja ainda em relação ao seu autor (autênticos e não autênticos), dentre outras considerações que veremos a seguir.

7.1   Da força probante do documento público

O documento público goza de uma presunção legal de veracidade, não só de sua formação quanto do conteúdo que o escrivão, o tabelião, ou o servidor declarar que ocorreram em sua presença (CPC, art. 405).[33]

O documento público tem aquilo que a doutrina chama de **fé pública**. Quer dizer, há uma presunção de veracidade com relação aos documentos públicos. Contudo, essa presunção não é absoluta já que admite a prova em contrário, portanto a presunção é relativa.

É importante registrar que se a lei exigir que a prova de determinado fato se faça por meio de documento público, nenhuma outra prova, por mais especial que seja, poderá suprir-lhe a falta (CPC, art. 406).[34]

7.2   Da força probante do documento particular

Embora seja muito raro acontecer, prevê o Novo CPC que se o documento feito por oficial público incompetente ou sem a observância das formalidades legais, porém sendo subscrito pelas partes, tem a mesma eficácia probatória do documento particular (CPC, art. 407).[35]

As declarações constantes do documento particular escrito e assinado ou somente assinado presumem-se verdadeiras em relação a quem o assinou. Quando, todavia, contiver declaração de ciência de determinado fato, o documento particular

---

33.   CPC, Art. 405. O documento público faz prova não só da sua formação, mas também dos fatos que o escrivão, o chefe de secretaria, o tabelião ou o servidor declarar que ocorreram em sua presença.

34.   CPC, Art. 406. Quando a lei exigir instrumento público como da substância do ato, nenhuma outra prova, por mais especial que seja, pode suprir-lhe a falta.

35.   CPC, Art. 407. O documento feito por oficial público incompetente ou sem a observância das formalidades legais, sendo subscrito pelas partes, tem a mesma eficácia probatória do documento particular.

prova a ciência, mas não o fato em si, incumbindo o ônus de prová-lo ao interessado em sua veracidade (CPC, art. 408).[36]

A data do documento particular, quando a seu respeito surgir dúvida ou impugnação entre os litigantes, provar-se-á por todos os meios de direito. Já em relação a terceiros, considerar-se-á datado o documento particular: no dia em que foi registrado; desde a morte de algum dos signatários; a partir da impossibilidade física que sobreveio a qualquer dos signatários; da sua apresentação em repartição pública ou em juízo; ou ainda, do ato ou do fato que estabeleça, de modo certo, a anterioridade da formação do documento (CPC, art. 409).[37]

Já no que diz respeito ao autor do documento particular, considera-se autor: aquele que o fez e o assinou; aquele por conta de quem ele foi feito, estando assinado; ou ainda, aquele que, mandando compô-lo, não o firmou porque, conforme a experiência comum, não se costuma assinar, como livros empresariais e assentos domésticos (CPC, art. 410).[38]

O documento será considerado autêntico quando: o tabelião reconhecer a firma do signatário; a autoria estiver identificada por qualquer outro meio legal de certificação, inclusive eletrônico, nos termos da lei; não houver impugnação da parte contra quem foi produzido o documento (CPC, art. 411).[39]

O documento particular de cuja autenticidade não se duvida, prova que o seu autor fez a declaração que lhe é atribuída. O documento particular admitido expressa ou tacitamente é indivisível, sendo vedado à parte que pretende utilizar-se dele aceitar

---

36. CPC, Art. 408. As declarações constantes do documento particular escrito e assinado ou somente assinado presumem-se verdadeiras em relação ao signatário.
    Parágrafo único. Quando, todavia, contiver declaração de ciência de determinado fato, o documento particular prova a ciência, mas não o fato em si, incumbindo o ônus de prová-lo ao interessado em sua veracidade.
37. CPC, Art. 409. A data do documento particular, quando a seu respeito surgir dúvida ou impugnação entre os litigantes, provar-se-á por todos os meios de direito.
    Parágrafo único. Em relação a terceiros, considerar-se-á datado o documento particular:
    I – no dia em que foi registrado;
    II – desde a morte de algum dos signatários;
    III – a partir da impossibilidade física que sobreveio a qualquer dos signatários;
    IV – da sua apresentação em repartição pública ou em juízo;
    V – do ato ou do fato que estabeleça, de modo certo, a anterioridade da formação do documento.
38. CPC, Art. 410. Considera-se autor do documento particular:
    I – aquele que o fez e o assinou;
    II – aquele por conta de quem ele foi feito, estando assinado;
    III – aquele que, mandando compô-lo, não o firmou porque, conforme a experiência comum, não se costuma assinar, como livros empresariais e assentos domésticos.
39. CPC, Art. 411. Considera-se autêntico o documento quando:
    I – o tabelião reconhecer a firma do signatário;
    II – a autoria estiver identificada por qualquer outro meio legal de certificação, inclusive eletrônico, nos termos da lei;
    III – não houver impugnação da parte contra quem foi produzido o documento.

LIÇÃO 14 • DAS PROVAS **265**

os fatos que lhe são favoráveis e recusar os que são contrários ao seu interesse, salvo se provar que estes não ocorreram (CPC, art. 412).[40]

7.3 Da força probante dos telegramas ou radiogramas

O código de Processo Civil de 2015 já nasceu velho em alguns aspectos. Veja que ele ainda se refere a telegrama e radiograma, coisas que certamente os jovens de hoje sequer sabem o que significa.

Contudo como existe previsão temos que, pelo menos, registrar a sua existência.

O telegrama, o radiograma ou qualquer outro meio de transmissão tem a mesma força probatória do documento particular se o original constante da estação expedidora tiver sido assinado pelo remetente. A firma do remetente poderá ser reconhecida pelo tabelião, declarando-se essa circunstância no original depositado na estação expedidora (CPC, art. 413).[41]

O telegrama ou o radiograma presume-se conforme com o original, provando as datas de sua expedição e de seu recebimento pelo destinatário (CPC, art. 414).[42]

7.4 Da força probante das cartas e registros domésticos

As cartas e os registros domésticos provam contra quem os escreveu quando: enunciam o recebimento de um crédito; contêm anotação que visa a suprir a falta de título em favor de quem é apontado como credor; expressam conhecimento de fatos para os quais não se exija determinada prova (CPC, art. 415).[43]

Da mesma forma, a nota escrita pelo credor em qualquer parte de documento representativo de obrigação, ainda que não assinada, faz prova em benefício do devedor. Aplica-se essa regra tanto para o documento que o credor conservar em seu

---

40. CPC, Art. 412. O documento particular de cuja autenticidade não se duvida prova que o seu autor fez a declaração que lhe é atribuída.

    Parágrafo único. O documento particular admitido expressa ou tacitamente é indivisível, sendo vedado à parte que pretende utilizar-se dele aceitar os fatos que lhe são favoráveis e recusar os que são contrários ao seu interesse, salvo se provar que estes não ocorreram.

41. CPC, Art. 413. O telegrama, o radiograma ou qualquer outro meio de transmissão tem a mesma força probatória do documento particular se o original constante da estação expedidora tiver sido assinado pelo remetente.

    Parágrafo único. A firma do remetente poderá ser reconhecida pelo tabelião, declarando-se essa circunstância no original depositado na estação expedidora.

42. CPC, Art. 414. O telegrama ou o radiograma presume-se conforme com o original, provando as datas de sua expedição e de seu recebimento pelo destinatário.

43. CPC, Art. 415. As cartas e os registros domésticos provam contra quem os escreveu quando:

    I – enunciam o recebimento de um crédito;

    II – contêm anotação que visa a suprir a falta de título em favor de quem é apontado como credor;

    III – expressam conhecimento de fatos para os quais não se exija determinada prova.

LIÇÕES DE PROCESSO CIVIL – VOLUME 1 • Nehemias Domingos de Melo

poder quanto para aquele que se achar em poder do devedor ou de terceira pessoa (CPC, art. 416).[44]

7.5   Dos livros empresariais

Os livros empresariais servem como prova contra seu autor, sendo permitido ao empresário provar, por todos os meios permitidos em direito, que os lançamentos não correspondem à verdade dos fatos (CPC, art. 417).[45]

Os livros empresariais que preencham os requisitos exigidos por lei provam a favor de seu autor no litígio entre empresários (CPC, Art. 418).[46]

A escrituração contábil é indivisível, significa dizer que os lançamentos serão considerados no seu todo, não se admitido possa o autor utilizar somente aqueles que são favoráveis aos seus interesses, desprezando-se os contrários, porque ambos serão considerados em conjunto, como unidade (CPC, art. 419).[47]

No curso do processo o juiz pode ordenar, a requerimento da parte, a exibição integral dos livros empresariais e dos documentos do arquivo quando se tratar de liquidação de sociedade; sucessão por morte de sócio; ou ainda, quando e como determinar a lei (CPC, art. 420).[48]

Pode ainda o juiz, de ofício, ordenar a qualquer das partes a exibição parcial dos livros e dos documentos, extraindo-se deles a suma que interessar para a solução do litígio, bem como reproduções autenticadas (CPC, art. 421).[49]

7.6   Da força probante das cópias

A reprodução mecânica, como a fotográfica, a cinematográfica, a fonográfica ou de outra espécie, tem aptidão para fazer prova dos fatos ou das coisas representadas,

---

44. CPC, Art. 416. A nota escrita pelo credor em qualquer parte de documento representativo de obrigação, ainda que não assinada, faz prova em benefício do devedor.

Parágrafo único. Aplica-se essa regra tanto para o documento que o credor conservar em seu poder quanto para aquele que se achar em poder do devedor ou de terceiro.

45. CPC, Art. 417. Os livros empresariais provam contra seu autor, sendo lícito ao empresário, todavia, demonstrar, por todos os meios permitidos em direito, que os lançamentos não correspondem à verdade dos fatos.

46. Art. 418. Os livros empresariais que preencham os requisitos exigidos por lei provam a favor de seu autor no litígio entre empresários.

47. CPC, Art. 419. A escrituração contábil é indivisível, e, se dos fatos que resultam dos lançamentos, uns são favoráveis ao interesse de seu autor e outros lhe são contrários, ambos serão considerados em conjunto, como unidade.

48. CPC, Art. 420. O juiz pode ordenar, a requerimento da parte, a exibição integral dos livros empresariais e dos documentos do arquivo:

I – na liquidação de sociedade;

II – na sucessão por morte de sócio;

III – quando e como determinar a lei.

49. CPC, Art. 421. O juiz pode, de ofício, ordenar à parte a exibição parcial dos livros e dos documentos, extraindo-se deles a suma que interessar ao litígio, bem como reproduções autenticadas.

LIÇÃO 14 • DAS PROVAS **267**

se a sua conformidade com o documento original não for impugnada por aquele contra quem foi produzida (CPC, art. 422).[50]

As fotografias digitais e as extraídas da rede mundial de computadores, bem como as mensagens eletrônicas, fazem prova das imagens ou textos que reproduzem, mas se forem impugnadas, deverá ser apresentada a respectiva autenticação eletrônica ou, não sendo possível, terá que ser feita perícia.

Em se tratando de fotografia publicada em jornal ou revista, a parte deverá juntar um exemplar original do periódico, caso impugnada a veracidade pela outra parte.

As reproduções dos documentos particulares, fotográficas ou obtidas por outros processos de repetição, valem como certidões sempre que o escrivão ou o chefe de secretaria certificar sua conformidade com o original (CPC, art. 423).[51]

A cópia de documento particular tem o mesmo valor probante que o original, cabendo ao escrivão, intimadas as partes, proceder à conferência e certificar a conformidade entre a cópia e o original (CPC, art. 424).[52]

As certidões textuais de peças dos autos, os traslados e as reproduções de documentos públicos autenticados fazem a mesma prova que os documentos originais, desde que extraída por oficial público ou sob sua supervisão (CPC, art. 425).[53]

---

50. CPC, art. 422. Qualquer reprodução mecânica, como a fotográfica, a cinematográfica, a fonográfica ou de outra espécie, tem aptidão para fazer prova dos fatos ou das coisas representadas, se a sua conformidade com o documento original não for impugnada por aquele contra quem foi produzida.

    § 1º As fotografias digitais e as extraídas da rede mundial de computadores fazem prova das imagens que reproduzem, devendo, se impugnadas, ser apresentada a respectiva autenticação eletrônica ou, não sendo possível, realizada perícia.

    § 2º Se se tratar de fotografia publicada em jornal ou revista, será exigido um exemplar original do periódico, caso impugnada a veracidade pela outra parte.

    § 3º Aplica-se o disposto neste artigo à forma impressa de mensagem eletrônica.

51. CPC, Art. 423. As reproduções dos documentos particulares, fotográficas ou obtidas por outros processos de repetição, valem como certidões sempre que o escrivão ou o chefe de secretaria certificar sua conformidade com o original.

52. CPC, Art. 424. A cópia de documento particular tem o mesmo valor probante que o original, cabendo ao escrivão, intimadas as partes, proceder à conferência e certificar a conformidade entre a cópia e o original.

53. CPC, Art. 425. Fazem a mesma prova que os originais:

    I – as certidões textuais de qualquer peça dos autos, do protocolo das audiências ou de outro livro a cargo do escrivão ou do chefe de secretaria, se extraídas por ele ou sob sua vigilância e por ele subscritas;

    II – os traslados e as certidões extraídas por oficial público de instrumentos ou documentos lançados em suas notas;

    III – as reproduções dos documentos públicos, desde que autenticadas por oficial público ou conferidas em cartório com os respectivos originais;

    IV – as cópias reprográficas de peças do próprio processo judicial declaradas autênticas pelo advogado, sob sua responsabilidade pessoal, se não lhes for impugnada a autenticidade;

    V – os extratos digitais de bancos de dados públicos e privados, desde que atestado pelo seu emitente, sob as penas da lei, que as informações conferem com o que consta na origem;

    VI – as reproduções digitalizadas de qualquer documento público ou particular, quando juntadas aos autos pelos órgãos da justiça e seus auxiliares, pelo Ministério Público e seus auxiliares, pela Defensoria Pública e seus auxiliares, pelas procuradorias, pelas repartições públicas em geral e por advogados, ressalvada a alegação motivada e fundamentada de adulteração.

Da mesma forma as cópias reprográficas de peças do próprio processo judicial desde que declaradas autênticas pelo advogado, sob sua responsabilidade pessoal, se não lhes for impugnada a autenticidade pela parte contrária.

Também fazem provas os extratos digitais de bancos de dados públicos e privados, desde que atestado pelo seu emitente, sob as penas da lei, que as informações conferem com o que consta na origem.

E, finalmente, também fazem provas as reproduções digitalizadas de qualquer documento público ou particular, quando juntadas aos autos pelos órgãos da justiça e seus auxiliares, pelo Ministério Público e seus auxiliares, pela Defensoria Pública e seus auxiliares, pelas procuradorias, pelas repartições públicas em geral e por advogados, ressalvada a alegação motivada e fundamentada de adulteração. Nesse caso, deverão os documentos ser preservados pelo seu detentor até o final do prazo para propositura de ação rescisória.

7.7 Momento de apresentação dos documentos

Em regra, o documento já existe antes de iniciar-se o processo, por isso normalmente ele é mencionado e juntado na petição inicial pelo autor ou na contestação pelo réu (CPC, art. 434).[54]

Quando o documento consistir em reprodução cinematográfica ou fonográfica, a parte mencionará tal circunstância e depositará o original (ou cópia) no cartório do juízo, mas a sua exposição será realizada em audiência, intimando-se previamente as partes.

Contudo existem situações em que o documento vem a ser conhecido no curso do processo que tanto serve para provar o fato novo (superveniente), quanto para provar o fato velho cujo documento somente posteriormente se tornou conhecido ou acessível à parte. Seja num caso ou noutro, a parte deverá justificar os motivos pelo qual não juntou o documento no tempo certo, cabendo ao juiz analisar a conduta à luz do princípio da boa-fé (CPC, art. 435).[55]

---

§ 1º Os originais dos documentos digitalizados mencionados no inciso VI deverão ser preservados pelo seu detentor até o final do prazo para propositura de ação rescisória.

§ 2º Tratando-se de cópia digital de título executivo extrajudicial ou de documento relevante à instrução do processo, o juiz poderá determinar seu depósito em cartório ou secretaria.

54. CPC, Art. 434. Incumbe à parte instruir a petição inicial ou a contestação com os documentos destinados a provar suas alegações.

Parágrafo único. Quando o documento consistir em reprodução cinematográfica ou fonográfica, a parte deverá trazê-lo nos termos do *caput*, mas sua exposição será realizada em audiência, intimando-se previamente as partes

55. CPC, Art. 435. É lícito às partes, em qualquer tempo, juntar aos autos documentos novos, quando destinados a fazer prova de fatos ocorridos depois dos articulados ou para contrapô-los aos que foram produzidos nos autos.

Parágrafo único. Admite-se também a juntada posterior de documentos formados após a petição inicial ou a contestação, bem como dos que se tornaram conhecidos, acessíveis ou disponíveis após esses atos, cabendo

LIÇÃO 14 • DAS PROVAS **269**

Há ainda uma terceira exceção que permite a juntada de documento depois do momento inaugural da relação processual. São aqueles que se façam necessário para fazer a contraprova das alegações novas ou documentos novos produzidos nos autos.

Em resumo:

a) **Juntada na fase postulatória ou contestatória:**

É com a petição inicial ou na contestação que as partes apresentam documentos para comprovar tudo que estão alegando. Se o réu apresentou documentos, o autor poderá sobre eles se manifestar em réplica.

b) **Juntada a qualquer momento:**

Permite a lei que possa ser juntado aos autos, a qualquer momento, os documentos destinados a provar fato superveniente. Também pode ser juntado documentos novos, relativos a fatos que não eram conhecidos quando da propositura da ação. Quer dizer, os fatos ocorridos ou conhecidos depois do protocolo da petição inicial ou da contestação.

c) **Destinado a fazer a contraprova:**

Pode ocorrer de uma das partes juntar documento em qualquer fase processual ou mesmo apresentar novas argumentações. Nesse caso, é permitido a juntada de novos documentos para que a parte contrária possa fazer a contraprova do alegado, pois houve uma inovação no contexto probatório.

Em se tratando de documento, certidões ou mesmo procedimento administrativos que se encontrem em repartições públicas, poderá o juiz, de ofício ou a requerimento das partes, requisitá-los para que sejam extraídas as cópias necessárias à instrução do feito. Nesse caso é permitido às repartições fornecer o material por meio eletrônico, desde que seja possível atestar a sua autenticidade e conformidade com o original que consta em seu banco de dados (CPC, art. 438).[56]

à parte que os produzir comprovar o motivo que a impediu de juntá-los anteriormente e incumbindo ao juiz, em qualquer caso, avaliar a conduta da parte de acordo com o art. 5º.

56. CPC, Art. 438. O juiz requisitará às repartições públicas, em qualquer tempo ou grau de jurisdição:

I – as certidões necessárias à prova das alegações das partes;

II – os procedimentos administrativos nas causas em que forem interessados a União, os Estados, o Distrito Federal, os Municípios ou entidades da administração indireta.

§ 1º Recebidos os autos, o juiz mandará extrair, no prazo máximo e improrrogável de 1 (um) mês, certidões ou reproduções fotográficas das peças que indicar e das que forem indicadas pelas partes, e, em seguida, devolverá os autos à repartição de origem.

§ 2º As repartições públicas poderão fornecer todos os documentos em meio eletrônico, conforme disposto em lei, certificando, pelo mesmo meio, que se trata de extrato fiel do que consta em seu banco de dados ou no documento digitalizado.

7.8 Manifestação das partes sobre os documentos

O momento apropriado para manifestação das partes sobre os documentos são: a contestação, sobre os documentos anexados pelo autor na sua inicial; e, na réplica quanto a juntada se deu pelo réu na sua contestação (CPC, art. 437).[57]

Se a juntada de documento ocorrer em qualquer outra oportunidade, o juiz, em respeito ao princípio do contraditório, deverá ouvir a parte contrária, fixando--lhe o prazo de 15 (quinze) dias, prazo este que poderá ser dilatado a requerimento da parte, devendo o juiz levar em consideração a quantidade e a complexidade da documentação juntada.

Intimado para falar sobre os documentos juntados, a parte poderá adotar uma das seguintes posturas (CPC, art. 436):[58]

a) **Impugnar a admissibilidade do documento:**

O documento pode ser perfeito e regular, porém a parte pode arguir que ele é inadmissível porque o momento da sua juntada se deu a destempo porque deveria ter ocorrido com a inicial, com a contestação ou na réplica.

b) **Impugnar sua autenticidade:**

O documento pode ter sido juntado no momento oportuno, mas isso não impede que a parte possa questionar a sua autenticidade, apresentando razões objetivas para isso.

c) **Suscitar incidente de falsidade:**

A parte pode entender que o documento não é verdadeiro e, nesse caso, deverá suscitar apenas a sua falsidade ou provocar o incidente de arguição de falsidade, de maneira fundamentada.

d) **Manifestar-se sobre o conteúdo:**

Mesmo que o documento não contenha nenhuma imperfeição, ainda assim a parte tem o direito de se manifestar sobre o seu conteúdo e extensão.

---

57. CPC, Art. 437. O réu manifestar-se-á na contestação sobre os documentos anexados à inicial, e o autor manifestar-se-á na réplica sobre os documentos anexados à contestação.

§ 1º Sempre que uma das partes requerer a juntada de documento aos autos, o juiz ouvirá, a seu respeito, a outra parte, que disporá do prazo de 15 (quinze) dias para adotar qualquer das posturas indicadas no art. 436.

§ 2º Poderá o juiz, a requerimento da parte, dilatar o prazo para manifestação sobre a prova documental produzida, levando em consideração a quantidade e a complexidade da documentação.

58. CPC, Art. 436. A parte, intimada a falar sobre documento constante dos autos, poderá:

I – impugnar a admissibilidade da prova documental;

II – impugnar sua autenticidade;

III – suscitar sua falsidade, com ou sem deflagração do incidente de arguição de falsidade;

IV – manifestar-se sobre seu conteúdo.

Parágrafo único. Nas hipóteses dos incisos II e III, a impugnação deverá basear-se em argumentação específica, não se admitindo alegação genérica de falsidade.

LIÇÃO 14 • DAS PROVAS   **271**

e) **Queda-se silente:**

A parte é intimada para se manifestar sobre o documento juntado, mas tem o direito de não o fazê-lo, especialmente se nada tiver a dizer sobre o mesmo.

7.9 Documentos com rasuras, borrões, falsos ou alterados

O juiz apreciará fundamentadamente a fé que deva merecer o documento, quando em ponto substancial e sem ressalva contiver entrelinha, emenda, borrão ou cancelamento (CPC, art. 426).[59]

Obviamente que cessará a fé de qualquer documento se lhe for declarada judicialmente a falsidade, seja ele público ou particular (CPC, art. 427).[60]

No que diz respeito ao documento particular, cessará a fé quando: for impugnada sua autenticidade e enquanto não se comprovar sua veracidade; assinado em branco, for impugnado seu conteúdo, por preenchimento abusivo. Na segunda hipótese, dar-se-á abuso quando aquele que recebeu documento assinado com texto não escrito no todo ou em parte formá-lo ou completá-lo por si ou por meio de outrem, violando o pacto feito com o signatário (CPC, art. 428).[61]

Nesse caso, incumbe o ônus da prova quando:

a) **Falsidade de documento:**

Nesse caso o ônus incumbe à parte que arguir a falsidade. Quer dizer, não se admite a impugnação genérica.

b) **Preenchimento abusivo:**

Se a arguição for de que houve preenchimento abusivo, portanto de má-fé, caberá a quem fizer esta alegação o ônus da prova.

c) **Impugnação da autenticidade:**

Tratando-se de impugnação à autenticidade de qualquer documento, o ônus da prova incumbe a quem produziu o documento (CPC, art. 429).[62]

---

59. CPC, Art. 426. O juiz apreciará fundamentadamente a fé que deva merecer o documento, quando em ponto substancial e sem ressalva contiver entrelinha, emenda, borrão ou cancelamento.
60. CPC, Art. 427. Cessa a fé do documento público ou particular sendo-lhe declarada judicialmente a falsidade.
     Parágrafo único. A falsidade consiste em:
     I – formar documento não verdadeiro;
     II – alterar documento verdadeiro.]
61. CPC, Art. 428. Cessa a fé do documento particular quando:
     I – for impugnada sua autenticidade e enquanto não se comprovar sua veracidade;
     II – assinado em branco, for impugnado seu conteúdo, por preenchimento abusivo.
     Parágrafo único. Dar-se-á abuso quando aquele que recebeu documento assinado com texto não escrito no todo ou em parte formá-lo ou completá-lo por si ou por meio de outrem, violando o pacto feito com o signatário
62. Art. 429. Incumbe o ônus da prova quando:
     I – se tratar de falsidade de documento ou de preenchimento abusivo, à parte que a arguir;
     II – se tratar de impugnação da autenticidade, à parte que produziu o documento.

7.10 Da arguição de falsidade

Embora a falsidade documental possa ser objeto da ação própria, ela pode ser suscitada incidentalmente nos próprios autos onde foi apresentado.

Nesse caso, a falsidade deve ser suscitada na contestação, na réplica ou no prazo de 15 (quinze) dias, contado da data em que a parte foi intimada da juntada do documento aos autos. Se for feita essa arguição, a falsidade será resolvida como questão incidental, salvo se a parte requerer que o juiz a decida como questão principal (CPC, art. 430).[63]

Qualquer que seja o caso, a parte arguirá a falsidade expondo os motivos em que funda a sua pretensão e os meios com que provará o alegado (CPC, art. 431).[64] Depois de ouvida a outra parte no prazo de 15 (quinze) dias, será realizado o exame pericial. Se a parte concordar em retirar o documento dos autos, não haverá necessidade do exame pericial (CPC, art. 432).[65]

A declaração sobre a falsidade do documento, quando suscitada como questão principal (CPC, art. 19), constará da parte dispositiva da sentença e sobre ela incidirá também a autoridade da coisa julgada (CPC, art. 433).[66]

7.11 Dos documentos eletrônicos

A utilização de documentos eletrônicos no processo convencional dependerá de sua conversão à forma impressa e da verificação de sua autenticidade, na forma da lei (CPC, art. 439).[67]

Nesse caso, o juiz apreciará o valor probante do documento eletrônico não convertido, assegurado às partes o acesso ao seu inteiro teor (CPC, art. 440).[68]

A juntada de documentos eletrônicos produzidos e conservados se dará com a observância da legislação específica (CPC, art. 441).[69]

---

63. CPC, Art. 430. A falsidade deve ser suscitada na contestação, na réplica ou no prazo de 15 (quinze) dias, contado a partir da intimação da juntada do documento aos autos.
    Parágrafo único. Uma vez arguida, a falsidade será resolvida como questão incidental, salvo se a parte requerer que o juiz a decida como questão principal, nos termos do inciso II do art. 19.
64. CPC, Art. 431. A parte arguirá a falsidade expondo os motivos em que funda a sua pretensão e os meios com que provará o alegado.
65. CPC, Art. 432. Depois de ouvida a outra parte no prazo de 15 (quinze) dias, será realizado o exame pericial.
    Parágrafo único. Não se procederá ao exame pericial se a parte que produziu o documento concordar em retirá-lo.
66. CPC, Art. 433. A declaração sobre a falsidade do documento, quando suscitada como questão principal, constará da parte dispositiva da sentença e sobre ela incidirá também a autoridade da coisa julgada.
67. CPC, Art. 439. A utilização de documentos eletrônicos no processo convencional dependerá de sua conversão à forma impressa e da verificação de sua autenticidade, na forma da lei.
68. CPC, Art. 440. O juiz apreciará o valor probante do documento eletrônico não convertido, assegurado às partes o acesso ao seu teor.
69. CPC, Art. 441. Serão admitidos documentos eletrônicos produzidos e conservados com a observância da legislação específica.

8. DA PROVA TESTEMUNHAL

A prova testemunhal é aquela prova produzida pela inquirição de pessoas físicas que não são partes no processo, mas conhecem fatos que podem ser importantes para o bom julgamento da causa.

Como regra, a prova testemunhal será sempre admitida (CPC, art. 442).[70] Por exceção existem situações em que a prova testemunhal não será aceita como, por exemplo, acerca de questões jurídicas, técnicas ou científicas, porquanto estas se provam por documentos ou por perícia.

Ademais há situações previstas em lei em que a prova testemunhal também não será admitida como no caso da lei exigir documento público como fundamental para a comprovação do ato (ver CPC, art. 406).

É importante registrar que, embora a prova testemunhal seja muito frágil, muitas vezes ela é a única prova possível de ser realizada na busca da verdade real.

> **Curiosidade:** a prova testemunhal é conhecida nos meios forenses como a "prostituta das provas", especialmente porque a testemunha nunca é isenta e também porque entre os fatos e o momento de depor pode ter passado certo lapso temporal o que, sem dúvida nenhuma, pode influir na memória de quem relata os fatos que presenciou.

8.1 Indeferimento da prova testemunhal

Embora a prova testemunhal possa ser utilizada de forma ampla, o legislador fez prever que não se admitirá a prova testemunhal sobre fatos que já se encontrem provados no processo, por documentos ou confissão da parte, assim como também não será admitida se versar sobre assunto que somente por documento ou por exame pericial se poderá averiguar (CPC, art. 443).[71]

Assim, o juiz indeferirá a oitiva de testemunha, no primeiro caso, por ser completamente inútil a sua inquirição e, no segundo caso, por não se poder exigir da testemunha conhecimentos técnicos sobre o assunto.

8.2 Exceção da prova escrita

Mesmo nos casos em que seja exigida a prova escrita da obrigação assumida, é possível se fazer prova através de testemunha desde que exista nos autos, um co-

---

70. CPC, Art. 442. A prova testemunhal é sempre admissível, não dispondo a lei de modo diverso.
71. CPC, Art. 443. O juiz indeferirá a inquirição de testemunhas sobre fatos:
    I – já provados por documento ou confissão da parte;
    II – que só por documento ou por exame pericial puderem ser provados.

meço de prova escrita, emanado da parte contra a qual se pretende produzir a prova (CPC, art. 444).[72]

A legislação admite também a prova testemunhal quando o credor não pode ou não podia, moral ou materialmente, obter a prova escrita da obrigação, em casos como o de parentesco, de depósito necessário ou de hospedagem em hotel ou em razão das práticas comerciais do local onde contraída a obrigação (CPC, art. 445).[73]

8.3 Prova da simulação e vícios de consentimento

A parte também pode provar por testemunhas a divergência entre a vontade real e a vontade declarada, nos contratos simulados, bem como os vícios de consentimento nos contratos em geral (CPC, art. 446).[74]

Vale a pena anotar que simulação é a declaração enganosa visando aparentar negócio jurídico diverso do que foi efetivamente realizado, com a finalidade de prejudicar terceiros ou fraudar a lei (ver CC, art. 167).

Já no que diz respeito aos vícios de consentimento (erro, dolo, coação, estado de perigo e lesão) são situações que pode resultar na anulação do negócio jurídico em face da manifestação errônea da vontade (ver CC, arts. 138 a 157).

Importante rememorar que a validade dos negócios jurídicos está subordinada a que a vontade emanada pelas partes, além de ser qualificada, deve ser manifestada sem pressões ou constrangimentos, quer dizer, a vontade deve ser livre e consciente sob pena de invalidade do negócio jurídico.

Nesse cenário, a prova testemunhal, no mais das vezes, é a única alternativa que resta para a parte lesada provar em juízo o equívoco no qual foi induzido.

8.4 Pessoas que não podem depor

Como regra todas as pessoas podem depor como testemunhas, exceto os que a lei considera incapazes, impedidas ou a suspeitas (CPC, art. 447),[75] vejamos:

---

72. CPC, Art. 444. Nos casos em que a lei exigir prova escrita da obrigação, é admissível a prova testemunhal quando houver começo de prova por escrito, emanado da parte contra a qual se pretende produzir a prova.
73. CPC, Art. 445. Também se admite a prova testemunhal quando o credor não pode ou não podia, moral ou materialmente, obter a prova escrita da obrigação, em casos como o de parentesco, de depósito necessário ou de hospedagem em hotel ou em razão das práticas comerciais do local onde contraída a obrigação.
74. CPC, Art. 446. É lícito à parte provar com testemunhas:
    I – nos contratos simulados, a divergência entre a vontade real e a vontade declarada;
    II – nos contratos em geral, os vícios de consentimento.
75. Art. 447. Podem depor como testemunhas todas as pessoas, exceto as incapazes, impedidas ou suspeitas.
    § 1º São incapazes:
    I – o interdito por enfermidade ou deficiência mental;
    II – o que, acometido por enfermidade ou retardamento mental, ao tempo em que ocorreram os fatos, não podia discerni-los, ou, ao tempo em que deve depor, não está habilitado a transmitir as percepções;
    III – o que tiver menos de 16 (dezesseis) anos;

LIÇÃO 14 • DAS PROVAS 275

a) **Os incapazes:**

São incapazes e não podem depor como testemunha o interditado por demência; aqueles que quando dos fatos ou quando do depoimento estiver acometido por enfermidade ou debilidade mental; o menor de 16 anos; e, o cego ou o surdo sobre o que viu no primeiro caso, ou ouviu no segundo.

b) **As impedidas:**

São considerados impedidos e conseguintemente não podem depor, os parentes tanto por consanguinidade como por afinidade, inclusive os colaterais até o 3° grau; exceto nas causas relativas ao estado das pessoas ou de grande interesse público; aquele que é parte na causa; o juiz, os advogados e outros que intervenham em nome da parte.

c) **As suspeitas:**

São considerados suspeitos pela lei a pessoa que for amigo íntimo ou inimigo capital das partes e, quem tiver interesse no deslinde da demanda.

Nessas circunstâncias cabe a parte contrária apresentar ao juiz a contradita, antes da testemunha ser compromissada. Quer dizer, a parte deverá apresentar sua impugnação ao depoimento testemunhal da pessoa que seja incapaz, suspeita ou impedida. Apresentada a contradita o juiz ouvirá a parte contrária e a própria testemunha, decidindo em seguida (CPC, art. 457).[76]

IV – o cego e o surdo, quando a ciência do fato depender dos sentidos que lhes faltam.

§ 2° São impedidos:

I – o cônjuge, o companheiro, o ascendente e o descendente em qualquer grau e o colateral, até o terceiro grau, de alguma das partes, por consanguinidade ou afinidade, salvo se o exigir o interesse público ou, tratando-se de causa relativa ao estado da pessoa, não se puder obter de outro modo a prova que o juiz repute necessária ao julgamento do mérito;

II – o que é parte na causa;

III – o que intervém em nome de uma parte, como o tutor, o representante legal da pessoa jurídica, o juiz, o advogado e outros que assistam ou tenham assistido as partes.

§ 3° São suspeitos:

I – o inimigo da parte ou o seu amigo íntimo;

II – o que tiver interesse no litígio.

§ 4° Sendo necessário, pode o juiz admitir o depoimento das testemunhas menores, impedidas ou suspeitas.

§ 5° Os depoimentos referidos no § 4° serão prestados independentemente de compromisso, e o juiz lhes atribuirá o valor que possam merecer.

76. CPC, Art. 457. Antes de depor, a testemunha será qualificada, declarará ou confirmará seus dados e informará se tem relações de parentesco com a parte ou interesse no objeto do processo.

§ 1° É lícito à parte contraditar a testemunha, arguindo-lhe a incapacidade, o impedimento ou a suspeição, bem como, caso a testemunha negue os fatos que lhe são imputados, provar a contradita com documentos ou com testemunhas, até 3 (três), apresentadas no ato e inquiridas em separado.

§ 2° Sendo provados ou confessados os fatos a que se refere o § 1°, o juiz dispensará a testemunha ou lhe tomará o depoimento como informante.

§ 3° A testemunha pode requerer ao juiz que a escuse de depor, alegando os motivos previstos neste Código, decidindo o juiz de plano após ouvidas as partes.

Independentemente da proibição de serem ouvidas como testemunhas as pessoas acima relacionadas, pode o juiz, em situações excepcionais, admitir o depoimento dessas pessoas (testemunhas menores, impedidas ou suspeitas), porém elas não prestarão compromisso e seu depoimento será como informante, devendo o juiz atribuir ao depoimento o valor que ele possa merecer.

Advirta-se ainda que a testemunha não pode ser obrigada a depor sobre fatos que possam lhe acarretar graves danos, bem como ao seu cônjuge ou companheiro ou aos seus parentes consanguíneos ou afins, em linha reta ou colateral, até o terceiro grau; e, também a cujo respeito, por estado ou profissão, deva guardar sigilo (CPC, art. 448).[77]

8.5   Local onde a testemunha deve depor

De regra, as testemunhas são ouvidas na sede do juízo (CPC, art. 449)[78] porque prestarão seu depoimento na audiência de instrução e julgamento, portanto na sede do juízo.

Excetua-se dessa regra as testemunhas que prestaram depoimento antecipado; aquelas que prestaram depoimento por videoconferência: as que foram inquiridas por carta precatórias; e, as impossibilitadas por motivo de doença (CPC, art. 453).[79]

Somam-se ainda as exceções acima mencionadas, as testemunhas que contam com privilégio de foro em razão de função que poderão ser inquiridas em suas respectivas residências ou no lugar onde exercem suas funções. São elas: o presidente e o vice-presidente da República; os ministros de Estado; os ministros do Supremo Tribunal Federal, os conselheiros do Conselho Nacional de Justiça e os ministros do Superior Tribunal de Justiça, do Superior Tribunal Militar, do Tribunal Superior Eleitoral, do Tribunal Superior do Trabalho e do Tribunal de Contas da União; o procurador-geral da República e os conselheiros do Conselho Nacional do Ministério Público; o advo-

---

77. CPC, Art. 448. A testemunha não é obrigada a depor sobre fatos:

I – que lhe acarretem grave dano, bem como ao seu cônjuge ou companheiro e aos seus parentes consanguíneos ou afins, em linha reta ou colateral, até o terceiro grau;

II – a cujo respeito, por estado ou profissão, deva guardar sigilo.

78. CPC, Art. 449. Salvo disposição especial em contrário, as testemunhas devem ser ouvidas na sede do juízo.

Parágrafo único. Quando a parte ou a testemunha, por enfermidade ou por outro motivo relevante, estiver impossibilitada de comparecer, mas não de prestar depoimento, o juiz designará, conforme as circunstâncias, dia, hora e lugar para inquiri-la.

79. CPC, Art. 453. As testemunhas depõem, na audiência de instrução e julgamento, perante o juiz da causa, exceto:

I – as que prestam depoimento antecipadamente;

II – as que são inquiridas por carta.

§ 1º A oitiva de testemunha que residir em comarca, seção ou subseção judiciária diversa daquela onde tramita o processo poderá ser realizada por meio de videoconferência ou outro recurso tecnológico de transmissão e recepção de sons e imagens em tempo real, o que poderá ocorrer, inclusive, durante a audiência de instrução e julgamento.

§ 2º Os juízos deverão manter equipamento para a transmissão e recepção de sons e imagens a que se refere o § 1º.

LIÇÃO 14 • DAS PROVAS — 277

gado-geral da União, o procurador-geral do Estado, o procurador-geral do Município, o defensor público-geral federal e o defensor público-geral do Estado; os senadores e os deputados federais; os governadores dos Estados e do Distrito Federal; o prefeito; os deputados estaduais e distritais; os desembargadores dos Tribunais de Justiça, dos Tribunais Regionais Federais, dos Tribunais Regionais do Trabalho e dos Tribunais Regionais Eleitorais e os conselheiros dos Tribunais de Contas dos Estados e do Distrito Federal; o procurador-geral de justiça; e o embaixador de país que, por lei ou tratado, concede idêntica prerrogativa a agente diplomático do Brasil (CPC, art. 454).[80]

> **Atenção:** Embora não mencionados neste rol do CPC, incluem-se entre esses privilegiados, em razão de leis específicas, os magistrados em geral (LOMAN, art. 33, I); membros do Ministério Público (LONMP, art. 40, I) e os membros da Defensoria Pública (LC n° 80/94, art. 44, XIV).

8.6 Intimação da testemunha

É responsabilidade do advogado informar ou intimar a testemunha, por ele arrolada, do dia, da hora e do local da audiência designada, dispensando-se a intimação do juízo (CPC, art. 455).[81]

---

80. CPC, Art. 454. São inquiridos em sua residência ou onde exercem sua função:

    I – o presidente e o vice-presidente da República;

    II – os ministros de Estado;

    III – os ministros do Supremo Tribunal Federal, os conselheiros do Conselho Nacional de Justiça e os ministros do Superior Tribunal de Justiça, do Superior Tribunal Militar, do Tribunal Superior Eleitoral, do Tribunal Superior do Trabalho e do Tribunal de Contas da União;

    IV – o procurador-geral da República e os conselheiros do Conselho Nacional do Ministério Público;

    V – o advogado-geral da União, o procurador-geral do Estado, o procurador-geral do Município, o defensor público-geral federal e o defensor público-geral do Estado;

    VI – os senadores e os deputados federais;

    VII – os governadores dos Estados e do Distrito Federal;

    VIII – o prefeito;

    IX – os deputados estaduais e distritais;

    X – os desembargadores dos Tribunais de Justiça, dos Tribunais Regionais Federais, dos Tribunais Regionais do Trabalho e dos Tribunais Regionais Eleitorais e os conselheiros dos Tribunais de Contas dos Estados e do Distrito Federal;

    XI – o procurador-geral de justiça;

    XII – o embaixador de país que, por lei ou tratado, concede idêntica prerrogativa a agente diplomático do Brasil.

    § 1º O juiz solicitará à autoridade que indique dia, hora e local a fim de ser inquirida, remetendo-lhe cópia da petição inicial ou da defesa oferecida pela parte que a arrolou como testemunha.

    § 2º Passado 1 (um) mês sem manifestação da autoridade, o juiz designará dia, hora e local para o depoimento, preferencialmente na sede do juízo.

    § 3º O juiz também designará dia, hora e local para o depoimento, quando a autoridade não comparecer, injustificadamente, à sessão agendada para a colheita de seu testemunho no dia, hora e local por ela mesma indicados.

81. CPC, Art. 455. Cabe ao advogado da parte informar ou intimar a testemunha por ele arrolada do dia, da hora e do local da audiência designada, dispensando-se a intimação do juízo.

Só estão obrigadas a comparecer em juízo as testemunhas que tenham sido regularmente intimadas com antecedência (pelo próprio advogado ou por ordem judicial) e, se for funcionário público ou militar além da intimação, é necessário haver a requisição dirigida ao seu superior hierárquico.

A parte pode comprometer-se a levar a testemunha à audiência, independentemente da intimação, só que se ela não comparecer, presumir-se-á de que a parte desistiu de sua oitiva.

A intimação através do judiciário, seja por carta ou oficial de justiça, é exceção somente se justificando nos seguintes casos: a intimação por advogado tenha sido frustrada, cabendo a ele fazer a devida prova de tal fato; quando sua necessidade for devidamente demonstrada pela parte ao juiz; quando figurar no rol de testemunhas servidor público ou militar, hipótese em que o juiz o requisitará ao chefe da repartição ou ao comando do corpo em que servir; e, nos casos em que a testemunha tenha sido arrolada pelo Ministério Público ou pela Defensoria Pública.

A intimação da testemunha feita por advogado, deve se realizar através de carta com aviso de recebimento, ficando obrigada a testemunha a comparecer em audiência, tanto quanto a intimação judicial, de sorte que se deixar de comparecer sem motivo justificado será conduzida coercitivamente e responderá pelas despesas do adiamento.

8.7 Da produção da prova testemunhal

No dia da audiência o juiz inquirirá as testemunhas separadas e sucessivamente, primeiro as do autor e depois as do réu, e providenciará para que uma não ouça o depoimento das outras (CPC, art. 456).[82]

Dependendo das circunstâncias essa ordem pode ser invertida pelo juiz, porém somente se as partes estiverem de acordo.

---

§ 1º A intimação deverá ser realizada por carta com aviso de recebimento, cumprindo ao advogado juntar aos autos, com antecedência de pelo menos 3 (três) dias da data da audiência, cópia da correspondência de intimação e do comprovante de recebimento.

§ 2º A parte pode comprometer-se a levar a testemunha à audiência, independentemente da intimação de que trata o § 1º, presumindo-se, caso a testemunha não compareça, que a parte desistiu de sua inquirição.

§ 3º A inércia na realização da intimação a que se refere o § 1º importa desistência da inquirição da testemunha.

§ 4º A intimação será feita pela via judicial quando:

I – for frustrada a intimação prevista no § 1º deste artigo;

II – sua necessidade for devidamente demonstrada pela parte ao juiz;

III – figurar no rol de testemunhas servidor público ou militar, hipótese em que o juiz o requisitará ao chefe da repartição ou ao comando do corpo em que servir;

IV – a testemunha houver sido arrolada pelo Ministério Público ou pela Defensoria Pública;

V – a testemunha for uma daquelas previstas no art. 454.

§ 5º A testemunha que, intimada na forma do § 1º ou do § 4º, deixar de comparecer sem motivo justificado será conduzida e responderá pelas despesas do adiamento.

82. CPC, Art. 456. O juiz inquirirá as testemunhas separada e sucessivamente, primeiro as do autor e depois as do réu, e providenciará para que uma não ouça o depoimento das outras.

Parágrafo único. O juiz poderá alterar a ordem estabelecida no *caput* se as partes concordarem.

LIÇÃO 14 • DAS PROVAS **279**

Depois de qualificada e não tendo havido contradita (CPC, art. 457),[83] a testemunha será compromissada, prestando o compromisso de dizer a verdade do que souber e lhe for perguntado. O juiz advertirá à testemunha que incorre em sanção penal quem faz afirmação falsa, cala ou oculta a verdade. (art. 458).[84]

Passada essa fase, as perguntas serão feitas diretamente às testemunhas pelos advogados das partes, começando pela que a arrolou e depois pelo advogado da outra parte contrária. O papel do juiz será o de interferir na dinâmica da inquirição não admitindo aquelas que puderem induzir a uma direcionada resposta; ou que não tiverem relação com as questões de fato objeto da atividade probatória; ou ainda, que importarem repetição do que já tenha sido respondido (CPC, art. 459).[85]

Independente da inquirição feita pelas partes, o juiz também poderá formular suas próprias perguntas à testemunha, tanto antes quanto depois da inquirição feita pelas partes.

Na audiência as testemunhas devem ser tratadas com urbanidade, não se lhes fazendo perguntas ou considerações impertinentes, capciosas ou vexatórias.

As perguntas e reperguntas que o juiz indeferir serão transcritas no termo de audiência se assim a parte o requerer.

O depoimento das testemunhas pode ser documentado por meio de gravação, digitado ou registrado por taquigrafia, estenotipia, computação ou outro método idôneo de documentação (CPC, art. 460).[86]

---

83. CPC, Art. 457. Antes de depor, a testemunha será qualificada, declarará ou confirmará seus dados e informará se tem relações de parentesco com a parte ou interesse no objeto do processo.

    § 1º É lícito à parte contraditar a testemunha, arguindo-lhe a incapacidade, o impedimento ou a suspeição, bem como, caso a testemunha negue os fatos que lhe são imputados, provar a contradita com documentos ou com testemunhas, até 3 (três), apresentadas no ato e inquiridas em separado.

    § 2º Sendo provados ou confessados os fatos a que se refere o § 1º, o juiz dispensará a testemunha ou lhe tomará o depoimento como informante.

    § 3º A testemunha pode requerer ao juiz que a escuse de depor, alegando os motivos previstos neste Código, decidindo o juiz de plano após ouvidas as partes.

84. CPC, Art. 458. Ao início da inquirição, a testemunha prestará o compromisso de dizer a verdade do que souber e lhe for perguntado.

    Parágrafo único. O juiz advertirá à testemunha que incorre em sanção penal quem faz afirmação falsa, cala ou oculta a verdade.

85. CPC, Art. 459. As perguntas serão formuladas pelas partes diretamente à testemunha, começando pela que a arrolou, não admitindo o juiz aquelas que puderem induzir a resposta, não tiverem relação com as questões de fato objeto da atividade probatória ou importarem repetição de outra já respondida.

    § 1º O juiz poderá inquirir a testemunha tanto antes quanto depois da inquirição feita pelas partes.

    § 2º As testemunhas devem ser tratadas com urbanidade, não se lhes fazendo perguntas ou considerações impertinentes, capciosas ou vexatórias.

    § 3º As perguntas que o juiz indeferir serão transcritas no termo, se a parte o requerer.

86. CPC, Art. 460. O depoimento poderá ser documentado por meio de gravação.

    § 1º Quando digitado ou registrado por taquigrafia, estenotipia ou outro método idôneo de documentação, o depoimento será assinado pelo juiz, pelo depoente e pelos procuradores.

    § 2º Se houver recurso em processo em autos não eletrônicos, o depoimento somente será digitado quando for impossível o envio de sua documentação eletrônica.

O juiz pode ordenar, de ofício ou a requerimento das partes, a inquirição de testemunhas referidas nas declarações da parte ou das testemunhas; e a acareação de 2 (duas) ou mais testemunhas ou de alguma delas com a parte, quando, sobre fato determinado que possa influir na decisão da causa, divergirem as suas declarações (CPC, art. 461).[87]

Cumpre esclarecer que as testemunhas aqui mencionadas não são aquelas que já foram ouvidas em audiências, mas sim as pessoas que foram eventualmente citadas nos depoimentos pessoais das partes ou na oitiva das testemunhas regularmente arrolada. Quer dizer, são pessoas estranhas ao processo e que podem ter sido mencionadas como conhecedora de algum fato importante para o deslinde da demanda. Se o juiz entender que seria importante ouvir essa pessoa que foi mencionada, está autorizado a determinar a sua inquirição ou acareação. Isso pode ocorrer de ofício ou a requerimento da parte.

A acareação pode ser realizada por videoconferência ou por outro recurso tecnológico de transmissão de sons e imagens em tempo real.

> **Atenção:** acareação é a confrontação entre duas testemunhas, ou entre a testemunha e a parte, para que uma repita frente a outra, o que disse em divergência do que a outra declarou.

8.8 O depoimento em juízo é considerado serviço público

Dada a sua relevância, depoimento prestado em juízo pela testemunha é considerado serviço público. A testemunha pode pedir ao final da sua oitiva que o juízo emita a comprovação de sua presença em audiência que servirá como justificativa da falta ao trabalho naquele dia, perante a empresa na qual trabalhe (CPC, art. 463).[88]

Outra questão importante é que a testemunha tem o direito de se ver reembolsada das despesas que realizou para comparecer à audiência (CPC, art. 462).[89] Essa

---

§ 3º Tratando-se de autos eletrônicos, observar-se-á o disposto neste Código e na legislação específica sobre a prática eletrônica de atos processuais.

87. CPC, Art. 461. O juiz pode ordenar, de ofício ou a requerimento da parte:

I – a inquirição de testemunhas referidas nas declarações da parte ou das testemunhas;

II – a acareação de 2 (duas) ou mais testemunhas ou de alguma delas com a parte, quando, sobre fato determinado que possa influir na decisão da causa, divergirem as suas declarações.

§ 1º Os acareados serão reperguntados para que expliquem os pontos de divergência, reduzindo-se a termo o ato de acareação.

§ 2º A acareação pode ser realizada por videoconferência ou por outro recurso tecnológico de transmissão de sons e imagens em tempo real.

88. CPC, Art. 463. O depoimento prestado em juízo é considerado serviço público.

Parágrafo único. A testemunha, quando sujeita ao regime da legislação trabalhista, não sofre, por comparecer à audiência, perda de salário nem desconto no tempo de serviço.

89. CPC, Art. 462. A testemunha pode requerer ao juiz o pagamento da despesa que efetuou para comparecimento à audiência, devendo a parte pagá-la logo que arbitrada ou depositá-la em cartório dentro de 3 (três) dias.

despesa é custeada pela parte que intimou a testemunhas e compõem as despesas que a parte realizou no processo e pode ser cobrada da parte contrária, no final da demanda, se o julgamento lhe foi favorável.

9. DA PROVA PERICIAL

Prova pericial é aquela em que há necessidade de comprovação de fatos que exigem conhecimento técnico ou científico específico de quem vai realizá-la. O resultado do estudo do perito é chamado de laudo. A perícia é normalmente requerida pelas partes, mas pode ser determinada de ofício pelo juiz da causa.

A prova pericial pode consistir em exame, vistoria e avaliação (CPC, art. 464).[90] O **exame** consiste na análise ou observação sobre pessoas ou coisas, para delas extrair alguma informação relevante sobre o seu estado, integridade ou qualidade. Já a **vistoria** é a análise realizada sobre bens imóveis com o fim de verificar extensão de danos ou apurar o valor de benfeitorias realizadas. E, finalmente, **avaliação** e a análise de mercado que o perito deve fazer com a finalidade de atribuir valor a um determinado bem.

Se o objeto da perícia for complexo por envolver mais que uma área do conhecimento humano, o juiz está autorizado a nomear mais que um perito, podendo as partes indicar também mais que um assistente técnico conforme sejam necessários (CPC, art. 475).[91]

9.1 Prova técnica simplificada

Quando a prova técnica a ser realizada não for de grande complexidade, a perícia pode ser substituída pela chamada "prova técnica simplificada", que consiste na oitiva de técnico especializado, com conhecimento específico sobre o tema da demanda, que será ouvido como se testemunha fosse, e responderá sobre pontos controvertidos de menor complexidade (ver CPC, art. 464 §§ 3° e 4°).

---

90. CPC, Art. 464. A prova pericial consiste em exame, vistoria ou avaliação.

    § 1° O juiz indeferirá a perícia quando:

    I – a prova do fato não depender de conhecimento especial de técnico;

    II – for desnecessária em vista de outras provas produzidas;

    III – a verificação for impraticável.

    § 2° De ofício ou a requerimento das partes, o juiz poderá, em substituição à perícia, determinar a produção de prova técnica simplificada, quando o ponto controvertido for de menor complexidade.

    § 3° A prova técnica simplificada consistirá apenas na inquirição de especialista, pelo juiz, sobre ponto controvertido da causa que demande especial conhecimento científico ou técnico.

    § 4° Durante a arguição, o especialista, que deverá ter formação acadêmica específica na área objeto de seu depoimento, poderá valer-se de qualquer recurso tecnológico de transmissão de sons e imagens com o fim de esclarecer os pontos controvertidos da causa.

91. CPC, Art. 475. Tratando-se de perícia complexa que abranja mais de uma área de conhecimento especializado, o juiz poderá nomear mais de um perito, e a parte, indicar mais de um assistente técnico.

O especialista convocado a depor deverá ter formação acadêmica comprovada na área técnica sobre a qual versa a demanda e poderá valer-se de qualquer recurso tecnológico de transmissão de sons e imagens com o fim de esclarecer os pontos controvertidos da causa.

Cumpre ainda observar que a "prova técnica simplificada", assim como o próprio nome diz, não deixa de ser uma prova técnica, mas não será tão complexa e trabalhosa, nem custosa, quanto a prova pericial tradicional que fica reservada para as causas em que a discussão técnica seja de maior complexidade.

9.2 A perícia pode ser indeferida

O juiz, como destinatário das provas, está autorizado legalmente a indeferir a perícia quando:

a) **A prova do fato não depende de conhecimento técnico:**

Se o fato que se pretende provar não depender de conhecimento especial de técnico, por obvio o juiz a indeferirá.

Exemplo: o autor alega que teve seu nome incluído na Serasa indevidamente. O réu pede perícia para atestar que agiu corretamente. Será indeferida porque a estes fatos devem ser provados de outra forma, não por perícia.

b) **Existir outras provas nos autos:**

Se já existir no processo outras provas que atestam determinado fato, não teria nenhum sentido fazer a perícia porquanto a mesma completamente desnecessária tendo em vista que os fatos já estariam provados.

Exemplo: é o típico caso de as partes, na inicial ou na contestação, apresentarem, sobre as questões de fato, pareceres técnicos ou documentos elucidativos que sejam suficientes para provar os fatos (CPC, art. 472).[92]

c) **For impossível sua realização:**

Se a prova pericial se mostrar completamente impraticável, não faria nenhum sentido determinar a sua realização porque já se saberia de antemão que seu resultado seria impossível.

Exemplo: num acidente de trânsito discute-se de quem é a culpa pelo abalroamento. O réu alega que seu veículo teve a barra de direção quebrada e para isso pede perícia. Se fosse fazer a perícia agora, mesmo que confirmasse a quebra, ainda assim, não se poderia afirmar que o problema da barra de direção existiu no dia dos fatos.

---

92. CPC, Art. 472. O juiz poderá dispensar prova pericial quando as partes, na inicial e na contestação, apresentarem, sobre as questões de fato, pareceres técnicos ou documentos elucidativos que considerar suficientes.

9.3 Nomeação do perito

O juiz nomeará perito especializado no objeto da perícia e fixará de imediato o prazo para a entrega do laudo (CPC, art. 465).[93]

As partes serão instadas a se manifestar sobre a nomeação do perito, cujo prazo será de 15 (quinze) dias, contados da intimação do despacho de nomeação. Nesse período, incumbe às partes alegar eventual impedimento ou a suspeição do perito e, se for o caso, indicar assistente técnico e apresentar quesitos.

O perito, ciente da sua nomeação, deverá apresentar em 5 (cinco) dias a sua proposta de honorários; seu currículo, com comprovação de especialização; e, contatos profissionais, em especial o endereço eletrônico, para onde serão dirigidas as intimações pessoais.

As partes serão intimadas novamente, dessa vez para falar sobre a proposta de honorários, cujo prazo comum será de 5 (cinco) dias. Se houver manifestação contrária ao valor apresentado, o juiz arbitrará o valor que entende apropriado, intimando-se as partes para o pagamento dos honorários fixados.

Quando tiver de ser realizada fora da sede do juízo, isto é, em outra comarca, será feito o pedido de perícia por carta precatória e a nomeação de perito, bem como a indicação de assistentes técnicos será feito no juízo ao qual se requisitar a perícia.

9.4 Deveres do perito

O principal dever do perito é cumprir escrupulosamente o encargo que lhe foi cometido, independentemente de termo de compromisso (CPC, art. 466).[94]

---

93. CPC, Art. 465. O juiz nomeará perito especializado no objeto da perícia e fixará de imediato o prazo para a entrega do laudo.

§ 1º Incumbe às partes, dentro de 15 (quinze) dias contados da intimação do despacho de nomeação do perito:

I – arguir o impedimento ou a suspeição do perito, se for o caso;

II – indicar assistente técnico;

III – apresentar quesitos.

§ 2º Ciente da nomeação, o perito apresentará em 5 (cinco) dias:

I – proposta de honorários;

II – currículo, com comprovação de especialização;

III – contatos profissionais, em especial o endereço eletrônico, para onde serão dirigidas as intimações pessoais.

§ 3º As partes serão intimadas da proposta de honorários para, querendo, manifestar-se no prazo comum de 5 (cinco) dias, após o que o juiz arbitrará o valor, intimando-se as partes para os fins do art. 95.

§ 4º O juiz poderá autorizar o pagamento de até cinquenta por cento dos honorários arbitrados a favor do perito no início dos trabalhos, devendo o remanescente ser pago apenas ao final, depois de entregue o laudo e prestados todos os esclarecimentos necessários.

§ 5º Quando a perícia for inconclusiva ou deficiente, o juiz poderá reduzir a remuneração inicialmente arbitrada para o trabalho.

§ 6º Quando tiver de realizar-se por carta, poder-se-á proceder à nomeação de perito e à indicação de assistentes técnicos no juízo ao qual se requisitar a perícia.

94. CPC, Art. 466. O perito cumprirá escrupulosamente o encargo que lhe foi cometido, independentemente de termo de compromisso.

LIÇÕES DE PROCESSO CIVIL – VOLUME 1 • Nehemias Domingos de Melo

Além disso, é dever do perito assegurar aos assistentes técnicos das partes o acesso e o acompanhamento das diligências e dos exames que realizar, com prévia comunicação, comprovada nos autos, com antecedência mínima de 5 (cinco) dias. Vale repisar que essa previsão é importantíssima, pois impõe ao perito o dever de, comprovadamente, oportunizar aos assistentes técnicos o acesso a todos as informações e de participação na realização da perícia.

O perito tem também o dever de se declarar suspeito ou impedido. Se não o fizer, poderão as partes impugnar a nomeação, por petição fundamentada, cabendo ao juiz apreciar, após oitiva do perito, se aceita ou não a impugnação. Se o juiz aceitar a escusa ou acolher a impugnação, nomeará novo perito (CPC, art. 467).[95]

É ainda dever do perito, informar as partes a data e o local designados pelo juiz ou indicados pelo próprio perito para ter início a realização da prova pericial (CPC, art. 474).[96]

Por fim, o perito deve cumprir o prazo que foi assinalado pelo juiz e, se ele, por motivo justificado, não puder apresentar o laudo dentro do prazo, o juiz poderá conceder-lhe, por uma vez, prorrogação pela metade do prazo originalmente fixado (CPC, art. 476).[97]

9.5 Papel do assistente técnico

O assistente técnico vai funcionar no processo como se fosse o perito indicado pelas partes, cabendo-lhe acompanhar a realização da prova e emitir pareceres, concordando ou discordando do laudo pericial oficial, tendo os mesmo poderes na realização dos trabalhos quanto o perito (ver CPC, art. 473, § 3°), devendo apresentar suas conclusões no processo no prazo de 15 (quinze) dias após o perito ter juntado o seu laudo no processo (ver CPC, at. 477, § 1°).

9.6 Substituição do perito

O perito pode ser substituído quando faltar-lhe conhecimento técnico ou científico ou sem motivo legítimo, deixar de cumprir o encargo no prazo que lhe foi assinado (CPC, art. 468).[98]

---

§ 1° Os assistentes técnicos são de confiança da parte e não estão sujeitos a impedimento ou suspeição.

§ 2° O perito deve assegurar aos assistentes das partes o acesso e o acompanhamento das diligências e dos exames que realizar, com prévia comunicação, comprovada nos autos, com antecedência mínima de 5 (cinco) dias.

95. CPC, Art. 467. O perito pode escusar-se ou ser recusado por impedimento ou suspeição.

Parágrafo único. O juiz, ao aceitar a escusa ou ao julgar procedente a impugnação, nomeará novo perito.

96. CPC, Art. 474. As partes terão ciência da data e do local designados pelo juiz ou indicados pelo perito para ter início a produção da prova..

97. Art. 476. Se o perito, por motivo justificado, não puder apresentar o laudo dentro do prazo, o juiz poderá conceder-lhe, por uma vez, prorrogação pela metade do prazo originalmente fixado

98. CPC, Art. 468. O perito pode ser substituído quando:

I – faltar-lhe conhecimento técnico ou científico;

No caso de substituição do perito o juiz determinará que seja feita comunicação ao órgão de classe do qual ele participe, para eventual apuração de infração ética, bem como a imposição de multa.

O perito substituído restituirá, no prazo de 15 (quinze) dias, os valores recebidos pelo trabalho não realizado, sob pena de ficar impedido de atuar como perito judicial pelo prazo de 5 (cinco) anos. Além disso, se o perito não restituir espontaneamente os valores adiantados, a parte que pagou os honorários poderá promover a execução, como se fosse cumprimento de sentença, com fundamento na decisão que determinou a devolução do numerário.

9.7 Dos quesitos

Cabe esclarecer que quesitos são perguntas que as partes apresentam ao perito para que sejam por ele respondidas. Normalmente são perguntas diretas, sobre o objeto que será alvo da perícia, podendo ser também questionado aspectos fáticos ligados ao objeto do litígio. O próprio juiz da causa, quando indica o perito, formula seus próprios quesitos e oportuniza a ambas as partes contendoras a apresentação de seus respectivos quesitos.

As partes podem apresentar **quesitos suplementares** durante as diligências, que poderão ser respondidos pelo perito previamente ou na audiência de instrução e julgamento. Da juntada dos novos quesitos aos autos, a serventia do juízo dará ciência à parte contrária, para eventual manifestação (CPC, art. 469).[99]

9.8 Da perícia consensual

As partes podem indicar, de comum acordo, um perito que seja de confiança de ambos, desde que elas sejam ambas maiores e capazes e o objeto da lide comportem transação. Na petição conjunta na qual será indicado o perito as partes já indicarão, se for o caso, seus respectivos assistentes técnicos. Tanto o perito quanto os assistentes

---

II – sem motivo legítimo, deixar de cumprir o encargo no prazo que lhe foi assinado.

§ 1º No caso previsto no inciso II, o juiz comunicará a ocorrência à corporação profissional respectiva, podendo, ainda, impor multa ao perito, fixada tendo em vista o valor da causa e o possível prejuízo decorrente do atraso no processo.

§ 2º O perito substituído restituirá, no prazo de 15 (quinze) dias, os valores recebidos pelo trabalho não realizado, sob pena de ficar impedido de atuar como perito judicial pelo prazo de 5 (cinco) anos.

§ 3º Não ocorrendo a restituição voluntária de que trata o § 2º, a parte que tiver realizado o adiantamento dos honorários poderá promover execução contra o perito, na forma dos arts. 513 e seguintes deste Código, com fundamento na decisão que determinar a devolução do numerário.

99. CPC, Art. 469. As partes poderão apresentar quesitos suplementares durante a diligência, que poderão ser respondidos pelo perito previamente ou na audiência de instrução e julgamento.

Parágrafo único. O escrivão dará à parte contrária ciência da juntada dos quesitos aos autos.

técnicos deverão entregar, respectivamente, laudo e pareceres no prazo comum que o juiz fixar (CPC, art. 471).[100]

Essa previsão legislativa vem em reforço da ideia de um processo participativo, já que permite às partes a possibilidade de conjuntamente escolherem o perito, indicando-o mediante requerimento, desde que sejam plenamente capazes e o litígio possa ser resolvido por autocomposição.

É importante destacar que essa "perícia consensual" substituirá, para todos os efeitos, aquela que seria realizada por perito nomeado pelo juiz.

9.9   O laudo pericial deve conter

Ao fixar as regras no tocante ao que o laudo pericial deve conter, o CPC estabelece que o perito deverá fazer, inicialmente, uma exposição do objeto da perícia; deverá fazer uma análise técnica ou científica do que vai ser periciado; deverá também indicar o método que foi utilizado, esclarecendo-o e demonstrando ser predominantemente aceito pelos especialistas da área do conhecimento da qual se originou; e, por fim, deverá apresentar resposta conclusiva a todos os quesitos apresentados pelo juiz, pelas partes e pelo órgão do Ministério Público, se for o caso (CPC, art. 473).[101]

Além disso, o perito deve apresentar sua fundamentação em linguagem simples e com coerência lógica, indicando como alcançou suas conclusões. Na sua análise

---

100. CPC, Art. 471. As partes podem, de comum acordo, escolher o perito, indicando-o mediante requerimento, desde que:

I – sejam plenamente capazes;

II – a causa possa ser resolvida por autocomposição.

§ 1º As partes, ao escolher o perito, já devem indicar os respectivos assistentes técnicos para acompanhar a realização da perícia, que se realizará em data e local previamente anunciados.

§ 2º O perito e os assistentes técnicos devem entregar, respectivamente, laudo e pareceres em prazo fixado pelo juiz.

§ 3º A perícia consensual substitui, para todos os efeitos, a que seria realizada por perito nomeado pelo juiz.

101. CPC, Art. 473. O laudo pericial deverá conter:

I – a exposição do objeto da perícia;

II – a análise técnica ou científica realizada pelo perito;

III – a indicação do método utilizado, esclarecendo-o e demonstrando ser predominantemente aceito pelos especialistas da área do conhecimento da qual se originou;

IV – resposta conclusiva a todos os quesitos apresentados pelo juiz, pelas partes e pelo órgão do Ministério Público.

§ 1º No laudo, o perito deve apresentar sua fundamentação em linguagem simples e com coerência lógica, indicando como alcançou suas conclusões.

§ 2º É vedado ao perito ultrapassar os limites de sua designação, bem como emitir opiniões pessoais que excedam o exame técnico ou científico do objeto da perícia.

§ 3º Para o desempenho de sua função, o perito e os assistentes técnicos podem valer-se de todos os meios necessários, ouvindo testemunhas, obtendo informações, solicitando documentos que estejam em poder da parte, de terceiros ou em repartições públicas, bem como instruir o laudo com planilhas, mapas, plantas, desenhos, fotografias ou outros elementos necessários ao esclarecimento do objeto da perícia.

LIÇÃO 14 • DAS PROVAS **287**

o perito está impedido de ir além dos limites de sua designação, bem como emitir opiniões pessoais que excedam o exame técnico ou científico do objeto da perícia.

Para o bom desempenho de suas funções, tanto o perito quanto os assistentes técnicos, podem valer-se de todos os meios necessários, ouvindo testemunhas, obtendo informações, solicitando documentos que estejam em poder da parte, de terceiros ou em repartições públicas, bem como instruir o laudo com planilhas, mapas, plantas, desenhos, fotografias ou outros elementos necessários ao esclarecimento do objeto da perícia.

9.10 Entrega do laudo

O perito protocolará o laudo em cartório, no prazo fixado pelo juiz, e isto deverá ocorrer com pelo menos 20 (vinte) dias antes da audiência de instrução e julgamento (CPC, art. 477).[102]

As partes podem questionar o laudo e pedirem esclarecimentos adicionais no prazo de comum de 15 (quinze) dias e o perito do juízo tem o dever de, também no prazo de 15 (quinze) dias, prestar os devidos esclarecimentos requeridos. Se depois disso ainda houver necessidade de esclarecimentos, a parte requererá ao juiz que mande intimar o perito ou o assistente técnico para comparecer à audiência de instrução e julgamento, formulando, desde logo, as perguntas, sob forma de quesitos, caso em que o perito ou o assistente técnico será intimado por meio eletrônico, com pelo menos 10 (dez) dias de antecedência da audiência.

9.11 Segunda perícia

O juiz determinará, de ofício ou a requerimento da parte, a realização de nova perícia quando a matéria não estiver suficientemente esclarecida (CPC, art. 480, *caput*).[103]

---

102. CPC, Art. 477. O perito protocolará o laudo em juízo, no prazo fixado pelo juiz, pelo menos 20 (vinte) dias antes da audiência de instrução e julgamento.

§ 1º As partes serão intimadas para, querendo, manifestar-se sobre o laudo do perito do juízo no prazo comum de 15 (quinze) dias, podendo o assistente técnico de cada uma das partes, em igual prazo, apresentar seu respectivo parecer.

§ 2º O perito do juízo tem o dever de, no prazo de 15 (quinze) dias, esclarecer ponto:

I – sobre o qual exista divergência ou dúvida de qualquer das partes, do juiz ou do órgão do Ministério Público;

II – divergente apresentado no parecer do assistente técnico da parte.

§ 3º Se ainda houver necessidade de esclarecimentos, a parte requererá ao juiz que mande intimar o perito ou o assistente técnico a comparecer à audiência de instrução e julgamento, formulando, desde logo, as perguntas, sob forma de quesitos.

§ 4º O perito ou o assistente técnico será intimado por meio eletrônico, com pelo menos 10 (dez) dias de antecedência da audiência.

103. CPC, Art. 480. O juiz determinará, de ofício ou a requerimento da parte, a realização de nova perícia quando a matéria não estiver suficientemente esclarecida.

(omissis)

Quer dizer, o juiz, não recebendo as informações necessárias ao seu convencimento poderá, de ofício, determinar a realização de uma segunda perícia. Essa insuficiência de informações pode ser aferida diretamente pelo juiz ou poderá lhe ser indicado pelas partes. É preciso rememorar que muitas vezes os laudos são inconclusos, incompletos e ainda que as partes formulem indagações, nem sempre as respostas suprem as deficiências apontadas. Nesse caso, a única solução é a realização de uma nova perícia.

Essa segunda perícia terá por objeto os mesmos fatos sobre os quais recaiu a primeira e destina-se apenas a corrigir eventual omissão ou inexatidão dos resultados a que esta conduziu, devendo ser regida pelas mesmas regras estabelecidas para a primeira.

Atente-se ainda para o fato de que a segunda perícia não tem o condão de substituir a primeira, devendo o juiz apreciar e valorar cada uma delas de per si.

9.12   O livre convencimento do juiz

O juiz não está obrigado a decidir de acordo com a perícia realizada, podendo formar sua convicção com outras provas constantes dos autos e, até mesmo, com o parecer do assistente técnico de qualquer das partes, desde que indique na sentença os motivos que o levaram a proceder assim (CPC, art. 479).[104]

Esse permissivo legal vem reforçar o princípio do "livre convencimento motivado do juiz" e o princípio da "livre valoração das provas" o que, sem dúvida nenhuma, é salutar.

9.13   As despesas com a perícia

As despesas com a realização da perícia devem ser paga por quem requereu sua realização ou rateadas por ambas as partes quando for determinada de ofício pelo magistrado ou requerida por ambas as partes (ver CPC, art. 95).

10. PROVAS INDIRETAS: INDÍCIOS E PRESUNÇÕES

Para a formação do livre convencimento motivado do juiz, a prova de determinado fato não se faz apenas de maneira direta, mas também de forma indireta, através dos indícios e presunções, os quais, estando em perfeita harmonia com os demais elementos constantes dos autos, autorizam um juízo de mérito.

---

104. CPC, Art. 479. O juiz apreciará a prova pericial de acordo com o disposto no art. 371, indicando na sentença os motivos que o levaram a considerar ou a deixar de considerar as conclusões do laudo, levando em conta o método utilizado pelo perito.

LIÇÃO 14 • DAS PROVAS

Os indícios e presunções têm expressa previsão no Código de Processo Civil que, em seu art. 335[105] positivou aquilo que a doutrina chama de "máximas de experiência", também chamadas de *proesumptiones hominis*.

a) **Presunções:**

As presunções se formam a partir de um conjunto de fatos provados e relacionados entre si que, por dedução lógica, pode levar o aplicador da norma a concluir que os acontecimentos ocorreram de determinada maneira. A maioria das presunções decorre da lei (*júris*), mas também são admitidas as presunções que decorrem da experiência comum (*hominis*) do que acontece cotidianamente. As presunções podem ainda ser **absolutas** (*júris et de jure*), quando não se admite prova em contrário ou **relativas** (*júris tantum*) quando é possível desfazer a presunção através da contraprova.

Exemplo 1 – presunção legal: sabemos que o credor só entrega ao devedor o título representativo da dívida quando houver o pagamento, logo se o título estiver em mãos do devedor, presume-se que ele pagou (ver CC, art. 324).

Exemplo 2 – presunção legal: existe a presunção legal de que os filhos nascidos na constância do casamento são do marido da gestante (ver CC, art. 1.597).

Exemplo 3 – presunção judicial: O STJ entende que o motorista que sofre batida na traseira de seu automóvel tem em seu favor a presunção de culpa do outro condutor, em vista da aparente inobservância do dever de cautela (ver CTB, art. 29, II).

b) **Indícios:**

Os indícios podem surgir a partir de um raciocínio lógico pelo qual, provada a existência de um determinado fato, pode-se chegar à conclusão da existência de outro fato que se pretendia provar. A **prova indiciária** não é propriamente uma prova, mas um método de raciocínio utilizado pelo juiz para provar a existência de outro fato.

Exemplo:

As fotos com as marcas de frenagem do pneu do veículo que abalroou outro veículo, pode ser prova de que aquele veículo trafegava em alta velocidade. Veja-se que não é uma prova direta da culpa do motorista, mas sim a prova de que houve uma grande frenagem, logo só se pode concluir a partir dessa imagem (prova direta) que o veículo trafegava em alta velocidade, portanto acima do permito, logo culpado (conclusão lógica).

---

105. CPC, Art. 335, O juiz aplicará as regras de experiência comum subministradas pela observação do que ordinariamente acontece e, ainda, as regras de experiência técnica, ressalvado, quanto a esta, o exame pericial.

11. DA INSPEÇÃO JUDICIAL

O juiz, de ofício ou a requerimento da parte, pode, em qualquer fase do processo, inspecionar pessoas ou coisas, a fim de se esclarecer sobre fato que interesse à decisão da causa (CPC, art. 481).[106]

A inspeção judicial, ainda que não seja muito comum nos meios forense, é um importante meio de prova, porque irá se basear na percepção direta daquilo que o juiz irá observar *in loco*. Ou seja, será da observação direta e das impressões pessoais que o magistrado recolher sobre pessoas ou coisas, que irá servir para que seja dada a melhor solução para o litígio posto em juízo. As partes têm o direito de acompanhar e assistir a inspeção prestando os esclarecimentos que sejam necessários (CPC, art. 483).[107]

Na inspeção o juiz poderá se fazer acompanhar de tantos quantos peritos entenda necessário (CPC, art. 482).[108]

---

106. CPC, Art. 481. O juiz, de ofício ou a requerimento da parte, pode, em qualquer fase do processo, inspecionar pessoas ou coisas, a fim de se esclarecer sobre fato que interesse à decisão da causa.

107. CPC, Art. 483. O juiz irá ao local onde se encontre a pessoa ou a coisa quando:

   I – julgar necessário para a melhor verificação ou interpretação dos fatos que deva observar;

   II – a coisa não puder ser apresentada em juízo sem consideráveis despesas ou graves dificuldades;

   III – determinar a reconstituição dos fatos.

   Parágrafo único. As partes têm sempre direito a assistir à inspeção, prestando esclarecimentos e fazendo observações que considerem de interesse para a causa.

108. CPC, Art. 482. Ao realizar a inspeção, o juiz poderá ser assistido por um ou mais peritos.

Lição 15
DA SENTENÇA E DA COISA JULGADA

Sumário: 1. Sentença – 2. Espécies de sentença – 3. Requisitos essenciais da sentença – 4. Dever de fundamentação – 5. Limites da sentença – 6. Extinção do processo; 6.1 Extinção com julgamento do mérito (sentença de mérito ou definitiva); 6.2 Extinção sem julgamento do mérito (sentença terminativa); 6.3 Juízo de retratação; 6.4 Consequências da extinção sem julgamento do mérito – 7. Fato novo depois da propositura da ação – 8. Correção dos vícios ou defeitos da sentença – 9. Efeitos da sentença – 10. Hipoteca judiciária – 11. Da coisa julgada – 12. Remessa necessária – 13. Recurso cabível contra sentença.

1. SENTENÇA

Sentença é o ato pelo qual o juiz, com fundamento nos arts. 485 e 487 do Código de Processo Civil, encerra a fase de conhecimento no procedimento comum, bem como extingue a execução (CPC, art. 203, § 1°).[1]

Podemos dizer que é o ato mais importante praticado pelo juiz no processo. É através da sentença que o juiz diz o direito, frente ao caso concreto que lhe foi submetido à apreciação.

2. ESPÉCIES DE SENTENÇA

No nosso sistema processual civil, identificamos dois tipos de sentença: a terminativa e a definitiva, vejamos:

a) **Terminativa:**

Terminativa é a sentença que põe fim ao processo, porém sem uma decisão de mérito (ver CPC, art. 485).

---

1. CPC, Art. 203. Os pronunciamentos do juiz consistirão em sentenças, decisões interlocutórias e despachos. § 1° Ressalvadas as disposições expressas dos procedimentos especiais, sentença é o pronunciamento por meio do qual o juiz, com fundamento nos arts. 485 e 487, põe fim à fase cognitiva do procedimento comum, bem como extingue a execução.

b) Definitiva:

Já a sentença definitiva é aquela na qual o juiz efetivamente aprecia e decide o mérito da causa, no todo ou em parte (ver CPC, art. 487).

3. REQUISITOS ESSENCIAIS DA SENTENÇA

Os requisitos indispensáveis à sentença, isto é, aqueles sem os quais a sentença não poderia ser válida são: relatório, fundamentação e parte dispositiva. Estes elementos são aqueles enumerados no art. 489[2] do CPC, os quais serão melhor explicados, vejamos:

a) Relatório:

É a parte inicial da sentença na qual o juiz faz um breve relato de tudo o que ocorreu no processo, tais como a pretensão formulada pelo autor na inicial, o que foi alegado pelo réu em contestação, se houve ou não réplica, as provas produzidas, e resumo do ocorrido em audiência (se houve), enfim, registro das principais ocorrências havidas no andamento do processo.

b) Fundamentos:

É aquilo que a doutrina chama de motivação da decisão judicial. Nesta parte da sentença o juiz apreciará, em primeiro lugar as preliminares de cunho processual e sobre elas emitirá seu conceito. Nesta parte da sentença o juiz amolda o caso concreto à legislação em vigor, apreciando as questões de fato

---

2. CPC, Art. 489. São elementos essenciais da sentença:

    I – o relatório, que conterá os nomes das partes, a identificação do caso, com a suma do pedido e da contestação, e o registro das principais ocorrências havidas no andamento do processo;

    II – os fundamentos, em que o juiz analisará as questões de fato e de direito;

    III – o dispositivo, em que o juiz resolverá as questões principais que as partes lhe submeterem.

    § 1º Não se considera fundamentada qualquer decisão judicial, seja ela interlocutória, sentença ou acórdão, que:

    I – se limitar à indicação, à reprodução ou à paráfrase de ato normativo, sem explicar sua relação com a causa ou a questão decidida;

    II – empregar conceitos jurídicos indeterminados, sem explicar o motivo concreto de sua incidência no caso;

    III – invocar motivos que se prestariam a justificar qualquer outra decisão;

    IV – não enfrentar todos os argumentos deduzidos no processo capazes de, em tese, infirmar a conclusão adotada pelo julgador;

    V – se limitar a invocar precedente ou enunciado de súmula, sem identificar seus fundamentos determinantes nem demonstrar que o caso sob julgamento se ajusta àqueles fundamentos;

    VI – deixar de seguir enunciado de súmula, jurisprudência ou precedente invocado pela parte, sem demonstrar a existência de distinção no caso em julgamento ou a superação do entendimento.

    § 2º No caso de colisão entre normas, o juiz deve justificar o objeto e os critérios gerais da ponderação efetuada, enunciando as razões que autorizam a interferência na norma afastada e as premissas fáticas que fundamentam a conclusão.

    § 3º A decisão judicial deve ser interpretada a partir da conjugação de todos os seus elementos e em conformidade com o princípio da boa-fé.

LIÇÃO 15 • DA SENTENÇA E DA COISA JULGADA

e de direito postas pelas partes, indicará os fatos que ficaram comprovados e quais os meios que lhe levaram a este convencimento.

c) **Dispositivo:**

Esta é a parte final da sentença na qual o juiz dirá se acolhe ou não o pedido do autor, no todo ou em parte, devendo se manifestar sobre todos os pedidos, tanto os do autor quanto do réu (quando isso for possível).

4. DEVER DE FUNDAMENTAÇÃO

A obrigatoriedade de o juiz fundamentar suas decisões judiciais é tão importante que a nossa lei processual considera que a decisão não estará fundamentada se, por exemplo, utilizar de citações de leis, súmulas ou ato normativo sem fazer a devida conexão com o caso concreto que lhe foi submetido à apreciação (ver CPC, art. 489, § 1°).

Esse dever de fundamentação é uma imposição constitucional (ver CF, art. 93, IX) e vem reforçado pelo Novo CPC em várias passagens (ver CPC, art. 11), de sorte a afirmar que este princípio é como uma garantia das partes, quanto ao direito sagrado de ver suas argumentações devidamente apreciadas e valoradas pelos magistrados, o que está intimamente ligado ao conteúdo do próprio direito de ação, bem como de saber com base no que o magistrado decidiu a questão que lhe foi posta em apreciação.

Assim, o Código de Processo Civil considera não fundamentada a decisão, seja ela interlocutória ou sentença (e também acórdão) que:

a) **Fazer citações sem inter-relação com a causa:**

Seria o caso de o juiz se limitar meramente fazer à indicação de determinado artigo de lei sem fazer um paralelo com a questão versada nos autos, isto é, sem explicar sua relação com a causa ou a questão decidida;

b) **Utilizar conceitos jurídicos vagos sem explicar a relação com a causa:**

Também não estará fundamentada a decisão que empregar conceitos jurídicos indeterminados, sem explicar o motivo concreto de sua incidência no caso como, por exemplo, numa ação indenizatória o juiz fixar o valor e justificar com o seguinte fundamento: "é uma justa indenização".

c) **Invocar motivos que se prestariam a justificar qualquer outra decisão:**

A ideia do legislador é impedir o uso do copicola, isto é, de decisões prontas que serviria para aplicação genérica a qualquer caso, como se cada caso não fosse um caso diferenciado, com suas próprias peculiaridades e características.

d) **Não enfrentar todos os argumentos deduzidos pelas partes:**

O juiz não deve deixar de enfrentar todos os argumentos deduzidos no processo capazes de, em tese, infirmar a conclusão adotada pelo julgador. Quer dizer, o juiz deve se manifestar sobre todos os argumentos que foram manejados tanto pelo autor quanto pelo réu, acolhendo-os ou rejeitando. É o mínimo que as partes podem esperar, saber do porquê seus argumentos foram (ou não) aceitos pelo julgador.

e) Se limitar a mencionar precedente ou enunciado de súmula:

Não é que não se possa invocar precedente ou súmulas para justificar uma decisão. O que a lei não aprova é o magistrado se limitar a fazer simples menção, sem fazer a devida relação com os fundamentos da decisão, nem demonstrar que o caso sob julgamento se ajusta àqueles fundamentos.

f) Não respeitar súmula, jurisprudência ou precedente:

O magistrado não pode deixar de seguir enunciado de súmula, jurisprudência ou precedente invocado pela parte, sem demonstrar a existência de distinção no caso em julgamento ou que aquele entendimento está superado.

Esta imposição de lei visa deixar claro que todos os magistrados têm o "**dever de fundamentar as suas decisões judiciais**". Quer dizer, não basta ao juiz apenas dizer o direito, é de fundamental importância que ele diga quais os fundamentos fáticos e jurídicos motivaram seu convencimento. A parte tem o direito de saber.

Assim, não mais se admitirá as fundamentações padronizadas, muitas vezes até sem relação nenhuma com o caso *sub judice*. Não se admitirá também a mera citação de jurisprudência, súmula ou julgados sem fazer uma inter-relação entre aquele precedente e o que se está decidindo neste processo.

5. LIMITES DA SENTENÇA

A sentença não poderá deixar de apreciar nenhum dos pedidos formulados pelas partes sob pena de ser considerada *citra petita*. Também não poderá dar mais do que foi pedido sob pena de ser considerada *ultra petita*. Da mesma forma não poderá decidir coisa não constante do pedido do autor sob pena de proferir sentença *extra petita* (CPC, art. 492).[3]

Por isso a nossa lei instrumental estabelece que o juiz resolverá o mérito acolhendo ou rejeitando, no todo ou em parte, os pedidos formulados pelas partes, seja o autor ou o réu quando possível (CPC, art. 490).[4] Quer dizer, o juiz está preso ao pedido que tenha sido formulado pelas partes.

Além dos mais o magistrado não pode proferir sentença ilíquida, ainda quando o pedido seja genérico, devendo a sentença definir desde logo a extensão da obri-

---

3. CPC, Art. 492. É vedado ao juiz proferir decisão de natureza diversa da pedida, bem como condenar a parte em quantidade superior ou em objeto diverso do que lhe foi demandado.

   Parágrafo único. A decisão deve ser certa, ainda que resolva relação jurídica condicional.

4. CPC, Art. 490. O juiz resolverá o mérito acolhendo ou rejeitando, no todo ou em parte, os pedidos formulados pelas partes.

LIÇÃO 15 • DA SENTENÇA E DA COISA JULGADA **295**

gação, o índice de correção monetária, a taxa de juros, o termo inicial de ambos e a periodicidade da capitalização dos juros, se for o caso, salvo quando: não for possível determinar, de modo definitivo, o montante devido ou a apuração do valor devido depender da produção de prova de realização demorada ou excessivamente dispendiosa, assim reconhecida na sentença (CPC, art. 491).[5]

6. EXTINÇÃO DO PROCESSO

O processo de conhecimento termina sempre com uma sentença, seja ela de mérito (aquelas que apreciam a pretensão do autor) ou sem julgamento do mérito (aquelas em que se verificou alguma irregularidade de forma que impediu o andamento regular do processo), nos termos do art. 316 do Novo CPC.

6.1 Extinção com julgamento do mérito (sentença de mérito ou definitiva)

A extinção com o julgamento do mérito é a forma natural pela qual se espera seja encerrado o processo que, assim, terá atingido seu fim com o juiz dizendo o direito aplicável ao caso concreto submetido à apreciação jurisdicional (CPC, art. 487).[6]

O Código de Processo Civil prevê três hipóteses em que o processo será extinto com julgamento do mérito que são as seguintes:

a) **Quando o juiz acolher ou rejeitar o pedido do autor:**

Em verdade essa é a **verdadeira sentença de mérito,** tendo em vista que é a única hipótese em que o juiz aprecia tudo quanto dos autos consta e profere decisão acolhendo ou rejeitando o pedido do autor, na ação ou na reconvenção.

---

5. CPC, Art. 491. Na ação relativa à obrigação de pagar quantia, ainda que formulado pedido genérico, a decisão definirá desde logo a extensão da obrigação, o índice de correção monetária, a taxa de juros, o termo inicial de ambos e a periodicidade da capitalização dos juros, se for o caso, salvo quando:

   I – não for possível determinar, de modo definitivo, o montante devido;

   II – a apuração do valor devido depender da produção de prova de realização demorada ou excessivamente dispendiosa, assim reconhecida na sentença.

   § 1º Nos casos previstos neste artigo, seguir-se-á a apuração do valor devido por liquidação.

   § 2º O disposto no *caput* também se aplica quando o acórdão alterar a sentença.

6. CPC, Art. 487. Haverá resolução de mérito quando o juiz:

   I – acolher ou rejeitar o pedido formulado na ação ou na reconvenção;

   II – decidir, de ofício ou a requerimento, sobre a ocorrência de decadência ou prescrição;

   III – homologar:

   a) o reconhecimento da procedência do pedido formulado na ação ou na reconvenção;

   b) a transação;

   c) a renúncia à pretensão formulada na ação ou na reconvenção.

   Parágrafo único. Ressalvada a hipótese do § 1º do art. 332, a prescrição e a decadência não serão reconhecidas sem que antes seja dada às partes oportunidade de manifestar-se.

b) **Quando o juiz decidir sobre a decadência ou a prescrição:**

Quando o juiz reconhece a prescrição ou a decadência apenas está reconhecendo que o autor não teria mais direito ao exercício do direito de ação porque deixou transcorrer *in albis* o prazo para o exercício da sua pretensão. Não é propriamente mérito que o juiz está reconhecendo, mas assim denominamos porque depois disso o autor não poderá mais propor aquela mesma demanda.

c) **Quando as partes transigirem e o juiz homologar:**

É o caso de o réu reconhecer a procedência do pedido formulado na ação ou na reconvenção; ou quando as partes efetivamente se compuserem através da transação; ou ainda, quando ocorrer a renúncia do autor quanto à pretensão formulada na ação ou na reconvenção. Nesses casos o juiz não adentra ao mérito da questão propriamente dito, apenas procura ver da regularidade do ato perante a lei e, se tudo estiver de acordo, simplesmente homologará para que surta todos os efeitos de uma sentença terminativa.

Vale anotar que o novo Código de Processo Civil prima pela solução de mérito (CPC, art. 488),[7] sendo que a decisão sem resolver o mérito pode ser considerada exceção.

6.2 Extinção sem julgamento do mérito (sentença terminativa)

É a forma anormal de encerramento do processo, pois não tendo havido apreciação do mérito podemos dizer que o processo foi infrutífero (CPC, art. 485),[8] podendo ocorrer nos seguintes casos:

---

7. CPC, Art. 488. Desde que possível, o juiz resolverá o mérito sempre que a decisão for favorável à parte a quem aproveitaria eventual pronunciamento nos termos do art. 485.
8. CPC, Art. 485. O juiz não resolverá o mérito quando:
   I – indeferir a petição inicial;
   II – o processo ficar parado durante mais de 1 (um) ano por negligência das partes;
   III – por não promover os atos e as diligências que lhe incumbir, o autor abandonar a causa por mais de 30 (trinta) dias;
   IV – verificar a ausência de pressupostos de constituição e de desenvolvimento válido e regular do processo;
   V – reconhecer a existência de perempção, de litispendência ou de coisa julgada;
   VI – verificar ausência de legitimidade ou de interesse processual;
   VII – acolher a alegação de existência de convenção de arbitragem ou quando o juízo arbitral reconhecer sua competência;
   VIII – homologar a desistência da ação;
   IX – em caso de morte da parte, a ação for considerada intransmissível por disposição legal; e
   X – nos demais casos prescritos neste Código.
   § 1º Nas hipóteses descritas nos incisos II e III, a parte será intimada pessoalmente para suprir a falta no prazo de 5 (cinco) dias.
   § 2º No caso do § 1º, quanto ao inciso II, as partes pagarão proporcionalmente as custas, e, quanto ao inciso III, o autor será condenado ao pagamento das despesas e dos honorários de advogado.

LIÇÃO 15 • DA SENTENÇA E DA COISA JULGADA 297

a) **Indeferimento da petição inicial;**

Logo após a propositura da ação, o juiz verifica da regularidade da petição inicial e, se a mesma tiver algum defeito insanável, poderá indeferir a petição inicial, e assim, o processo será encerrado sem adentrar-se ao mérito.

b) **Processo ficar parado por negligência da parte:**

Quando o processo ficar parado por mais de um ano por negligência das partes, também poderá ser extinto.

c) **Quando o autor não promover os atos e diligências determinados:**

Durante o curso do processo diversas medidas são determinadas pelo juiz para que as partes promovam o regular andamento do feito. Se houver determinação e o autor não cumprir, abandonando a causa por mais de 30 (trinta) dias, o juiz extinguirá o processo sem apreciar o seu mérito.

d) **Ausência de pressuposto de constituição e desenvolvimento válido:**

Se o juiz constatar que falta algum dos pressupostos válidos ou de regular constituição e desenvolvimento do processo (capacidade de ser parte, capacidade postulatória, juízo competente) poderá extinguir o processo sem apreciação do seu mérito.

e) **Se ocorrer perempção, litispendência ou coisa julgada:**

Se o juiz acolher alguma dessas alegações, também irá extinguir o processo sem apreciar o conteúdo do seu mérito.

Esclarecendo: perempção é a constatação de que processo igual já foi extinto por 3 (três) vezes anteriores; a litispendência é a constatação de que tramita na justiça outra ação exatamente igual; e, a coisa julgada é a constatação de que uma ação anterior já foi julgada versando sobre a mesma questão abordada agora no novo processo.

f) **Falta de legitimidade e interesse:**

A ausência de legitimidade das partes ou a falta de interesse processual também são motivos para extinção sem julgamento de mérito.

---

§ 3º O juiz conhecerá de ofício da matéria constante dos incisos IV, V, VI e IX, em qualquer tempo e grau de jurisdição, enquanto não ocorrer o trânsito em julgado.

§ 4º Oferecida a contestação, o autor não poderá, sem o consentimento do réu, desistir da ação.

§ 5º A desistência da ação pode ser apresentada até a sentença.

§ 6º Oferecida a contestação, a extinção do processo por abandono da causa pelo autor depende de requerimento do réu.

§ 7º Interposta a apelação em qualquer dos casos de que tratam os incisos deste artigo, o juiz terá 5 (cinco) dias para retratar-se.

g) Acolher alegação de convenção ou arbitragem:

A cláusula compromissória e o compromisso arbitral funcionam como um impeditivo de exercício do direito de ação, fazendo com que o juiz julgue o autor carecedor da ação por impossibilidade jurídica (ver Lei nº 9.307/97).

h) Quando o autor desistir da ação:

Neste caso, se já tiver havido a contestação, o juiz deverá intimar o réu a se manifestar e, somente com sua concordância, poderá extinguir o processo.

i) Morte da parte na ação intransmissível por disposição legal:

No caso de morte da parte e sendo o direito tratado no processo indisponível, isto é, intransmissível, o processo deverá ser extinto sem julgamento do mérito. É o típico caso do direito personalíssimo que é intransmissível só podendo ser exercido pelo seu titular.

Exemplo: na ação de alimentos, se vier a falecer quem está pedindo alimentos a ação deverá ser extinta sem julgamento do mérito.

j) Nos demais casos previstos em lei:

No sistema processual brasileiro existem diversas leis esparsas que tratam de matérias específicas. Assim, nada impede que existe previsão de outras hipóteses de sentença terminativa além dos acima enumerados.

6.3 Juízo de retratação

Em qualquer caso em que o juiz tenha encerrado o processo sem apreciar o mérito é possível haver o juízo de retração se a parte eventualmente recorrer (ver CPC, art. 485, § 7º).

Quer dizer, interposta apelação em face do encerramento do processo por qualquer um dos motivos elencados no art. 485, o juiz poderá se retratar, dentro do prazo de 5 (cinco) dias. Se o juiz se retratar, mandará o processo seguir seu curso normal com a citação do réu e demais atos pertinentes à marcha processual. Caso contrário, o recurso de apelação subirá para ser apreciado pelo tribunal.

6.4 Consequências da extinção sem julgamento do mérito

Nos casos em que o pronunciamento judicial não resolve o mérito, é permitido ao autor propor novamente a mesma ação (CPC, art. 486).[9]

---

9. CPC, Art. 486. O pronunciamento judicial que não resolve o mérito não obsta a que a parte proponha de novo a ação.

   § 1º No caso de extinção em razão de litispendência e nos casos dos incisos I, IV, VI e VII do art. 485, a propositura da nova ação depende da correção do vício que levou à sentença sem resolução do mérito.

   § 2º A petição inicial, todavia, não será despachada sem a prova do pagamento ou do depósito das custas e dos honorários de advogado.

LIÇÃO 15 • DA SENTENÇA E DA COISA JULGADA **299**

Contudo, no caso de extinção em razão de litispendência e nos casos dos incisos I, IV, VI e VII do art. 485, a propositura da nova ação depende de que a parte promova a correção do vício ou defeito que motivou a sentença que não resolveu o mérito. Advirta-se ainda que a petição inicial, todavia, não será despachada sem a prova do pagamento ou do depósito das custas e dos honorários de advogado.

Anote-se por fim que se o autor der causa, por 3 (três) vezes, a sentença fundada em abandono da causa, não poderá propor nova ação contra o réu com o mesmo objeto, ficando-lhe ressalvada, entretanto, a possibilidade de alegar em defesa o seu direito.

7. FATO NOVO DEPOIS DA PROPOSITURA DA AÇÃO

Se, depois da propositura da ação, algum fato constitutivo, modificativo ou extintivo do direito influir no julgamento do mérito, caberá ao juiz tomá-lo em consideração, de ofício ou a requerimento da parte, no momento de proferir a decisão (CPC, art. 493).[10]

Advirta-se, contudo que se constatar o fato novo de ofício, o juiz deverá ouvir as partes sobre aquele fato, antes de decidir. Deve intimar as partes porque ao juiz é vedado proferir as chamadas "decisões surpresas" (ver CPC, art. 10).

8. CORREÇÃO DOS VÍCIOS OU DEFEITOS DA SENTENÇA

Depois de publicada a sentença, a regra é que o juiz não poderá mais modificá-la. Contudo, tendo em vista que o juiz deverá decidir a lide nos limites em que a ação foi proposta, é perfeitamente possível que possa ocorrer extrapolação dos limites do que foi pedido, bem como pode ocorrer erros ou mesmo inexatidões materiais.

Nestas circunstâncias, se a sentença contiver algum vício ou defeito que comprometa sua validade, a lei prevê duas formas de correção (CPC, art. 494),[11] que são:

a) Erros de cálculos ou inexatidões materiais:

Trata-se de erros de grafia ou erros de cálculos que não alteram nem modificam a decisão, nas quais o juiz, de ofício ou a requerimento das partes, poderá fazer as retificações necessárias. A correção não suspende os prazos recursais e pode ser realizada a qualquer tempo, mesmo depois do trânsito em julgado.

---

§ 3º Se o autor der causa, por 3 (três) vezes, a sentença fundada em abandono da causa, não poderá propor nova ação contra o réu com o mesmo objeto, ficando-lhe ressalvada, entretanto, a possibilidade de alegar em defesa o seu direito.

10. CPC, Art. 493. Se, depois da propositura da ação, algum fato constitutivo, modificativo ou extintivo do direito influir no julgamento do mérito, caberá ao juiz tomá-lo em consideração, de ofício ou a requerimento da parte, no momento de proferir a decisão.
Parágrafo único. Se constatar de ofício o fato novo, o juiz ouvirá as partes sobre ele antes de decidir.

11. CPC, Art. 494. Publicada a sentença, o juiz só poderá alterá-la:
I – para corrigir-lhe, de ofício ou a requerimento da parte, inexatidões materiais ou erros de cálculo;
II – por meio de embargos de declaração.

b) Erros de conteúdo, omissões, obscuridades ou contradições:

Neste caso a sentença contém erros de maior significância que se corrigidos podem até modificar o resultado anteriormente proferido e somente poderá ocorrer através dos **embargos de declaração** (ver CPC, art. 1.022), que devem ser propostos no prazo de cinco (5) dias e, neste caso, suspendem os prazos para interposição de qualquer outro recurso.

9. EFEITOS DA SENTENÇA

Os efeitos poderão ter natureza declaratória, constitutiva ou condenatória, com as consequências decorrentes de cada uma delas, vejamos.

a) Sentença declaratória (positivas ou negativas):

São sentenças nas quais o juiz se limita a declarar a existência ou não de uma relação jurídica, isto é, uma certeza jurídica sobre algo em que as partes suscitam a existência de dúvida. Neste tipo de sentença não há condenação no sentido de pagar, fazer ou não fazer ou de entrega de coisa por isso não constitui título executivo. A declaração será positiva quando o juiz reconhecer a existência da relação e negativa quando reconhecer a inexistência da relação jurídica e seus efeitos opera-se *ex tunc*, isto é, retroagem para o início da relação jurídica discutida.

Exemplos: ação de investigação de paternidade; ação para declarar válido (ou não) um contrato ou mesmo suas cláusulas; ação para interpretação de cláusula contratual; ação para reconhecimento da sociedade de fato; para reconhecimento da união estável; para exoneração da obrigação alimentar; para declarar inexistência de parentesco; para declarar falsidade de documento, dentre vários outros.

b) Sentença constitutiva (positivas ou negativas):

Assim como as ações declaratórias esta também não constitui título executivo, pois por seu intermédio o que o autor busca é tão somente a modificação de uma determinada situação jurídica e seus efeitos operam-se *ex nunc*, isto é, passa a valer a partir do presente não retroagindo. São ações que criam, modificam ou extinguem uma relação jurídica.

Exemplos: ação de divórcio; anulação do casamento; anulação do negócio jurídico por fraude, dolo, coação; dentre outras.

c) Sentença condenatória:

É aquela na qual o juiz, além de reconhecer determinado direito, declara a existência desse direito e concede ao autor a possibilidade de valer-se da execução para impor ao réu o cumprimento da sentença.

LIÇÃO 15 • DA SENTENÇA E DA COISA JULGADA **301**

Atenção: fala-se também em tutela mandamental (mandado de segurança, obrigação de fazer ou de entrega de coisa) e tutela executória (ação de despejo e reintegração de posse, por exemplo) porém são espécies de tutela condenatória.

d) **Sentença homologatória:**

Embora a doutrina habitualmente não mencione este tipo de sentença é inegável que na vida prática muitas sentenças são proferidas tão somente homologando a vontade das partes que se compuseram, fazendo surgir daí um título executivo judicial que, se não cumprido voluntariamente, permitirá ao credor exigir o cumprimento forçado (execução *lato sensu*).

10. HIPOTECA JUDICIÁRIA

A decisão que condenar o réu ao pagamento de prestação consistente em dinheiro e a que determinar a conversão de prestação de fazer, de não fazer ou de dar coisa em prestação pecuniária valerão como título constitutivo de hipoteca judiciária (CPC, art. 495).[12]

A hipoteca judiciária poderá ser realizada mediante apresentação de cópia da sentença perante o cartório de registro imobiliário, independentemente de ordem judicial, de declaração expressa do juiz ou de demonstração de urgência. No prazo de até 15 (quinze) dias da data de realização da hipoteca, a parte informá-la-á ao juízo da causa, que determinará a intimação da outra parte para que tome ciência do ato.

A hipoteca judiciária, uma vez constituída, implicará, para o credor hipotecário, o direito de preferência, quanto ao pagamento, em relação a outros credores, observada a prioridade no registro.

---

12. CPC, Art. 495. A decisão que condenar o réu ao pagamento de prestação consistente em dinheiro e a que determinar a conversão de prestação de fazer, de não fazer ou de dar coisa em prestação pecuniária valerão como título constitutivo de hipoteca judiciária.

    § 1º A decisão produz a hipoteca judiciária:

    I – embora a condenação seja genérica;

    II – ainda que o credor possa promover o cumprimento provisório da sentença ou esteja pendente arresto sobre bem do devedor;

    III – mesmo que impugnada por recurso dotado de efeito suspensivo.

    § 2º A hipoteca judiciária poderá ser realizada mediante apresentação de cópia da sentença perante o cartório de registro imobiliário, independentemente de ordem judicial, de declaração expressa do juiz ou de demonstração de urgência.

    § 3º No prazo de até 15 (quinze) dias da data de realização da hipoteca, a parte informá-la-á ao juízo da causa, que determinará a intimação da outra parte para que tome ciência do ato.

    § 4º A hipoteca judiciária, uma vez constituída, implicará, para o credor hipotecário, o direito de preferência, quanto ao pagamento, em relação a outros credores, observada a prioridade no registro.'

    § 5º Sobrevindo a reforma ou a invalidação da decisão que impôs o pagamento de quantia, a parte responderá, independentemente de culpa, pelos danos que a outra parte tiver sofrido em razão da constituição da garantia, devendo o valor da indenização ser liquidado e executado nos próprios autos.

11. DA COISA JULGADA

A coisa julgada (material ou formal) não é propriamente um efeito da sentença, mas uma qualidade desse efeito, qual seja, a imutabilidade da decisão. Quer dizer, contra aquela decisão não cabem mais recursos o que a torna imutável, pois a mesma terá transitado em julgado e não mais poderá ser modificada (CPC, art. 502).[13]

Considera-se que a sentença transitou em julgado quando contra ela não cabe mais recurso, seja porque a parte esgotou todos os recursos possíveis, seja por não ter interposto nenhum. Quando estiverem esgotados todos os recursos possíveis de serem interpostos contra a sentença, ou por terem sido decididos ou por ter ocorrido a preclusão, a sentença torna-se imutável dentro daquele processo.

A consequência é que não havendo mais recurso possível a sentença se estabilizou e agora ela faz coisa julgada, que podem ser de duas espécies:

a) **Coisa julgada formal:**

As sentenças que fazem coisa julgada tipicamente formal são aquelas que extinguem o processo sem julgamento do mérito, ou seja, nas quais se permite que a ação seja novamente propostas desde que sanado o vício que impediu seu julgamento. Tendo havido a coisa julgada formal, o que se proíbe é a reabertura da discussão dentro daquele processo. Pode rediscutir, porém em outro processo novo.

b) **Coisa julgada material:**

Este efeito é próprio dos julgamentos de mérito, isto é, naquelas sentenças em que o juiz decide a lide, de tal sorte a impedir que a pretensão seja novamente proposta. Quer dizer, aquilo que foi decidido não pode mais ser discutido em juízo, não só naquele processo como em nenhum outro. Ela é importante tendo em vista a necessidade de que o Estado ofereça segurança jurídica, tanto é verdade que nem mesmo a lei superveniente pode retroagir para modificá-la (ver CF, art. 5°, XXXVI).

Exceções: não fazem coisa julgada material, em razão da natureza jurídica discutida, as sentenças de cunho determinativo, como por exemplo, a guarda de filhos e as sentenças proferidas em ações de alimentos, tendo em vista a possibilidade de mudança da situação das pessoas envolvidas (fundamento, art. 505, I do CPC).[14]

---

13. CPC, Art. 502. Denomina-se coisa julgada material a autoridade que torna imutável e indiscutível a decisão de mérito não mais sujeita a recurso.
14. CPC, Art. 505. Nenhum juiz decidirá novamente as questões já decididas relativas à mesma lide, salvo:
    I – se, tratando-se de relação jurídica de trato continuado, sobreveio modificação no estado de fato ou de direito, caso em que poderá a parte pedir a revisão do que foi estatuído na sentença;
    II – nos demais casos prescritos em lei.

LIÇÃO 15 • DA SENTENÇA E DA COISA JULGADA **303**

Outra exceção: sempre existe a possibilidade de revisão daquilo que já foi julgado e encontra-se pacificado pela coisa julgada através da ação rescisória (ver CPC, art. 966).

É importante observar que não fazem coisa julgada os motivos, ainda que importantes para determinar o alcance da parte dispositiva da sentença. Como também não faz coisa julgada a verdade dos fatos, estabelecida como fundamento da sentença (CPC, art. 504).[15]

Como também é importante destacar que a sentença, assim como a coisa julgada dela oriunda, opera-se apenas entre as pessoas às quais foi dirigida, não prejudicando terceiro (CPC, art. 506).[16]

12. REMESSA NECESSÁRIA

É importante esclarecer inicialmente que não se deve confundir remessa necessária com recurso. Embora parecido, o que ocorre com a remessa necessária é que a eficácia da decisão do juiz de primeiro grau fica condicionada a que o tribunal a referende. Quer dizer, independente de o procurador (advogado) do ente público ingressar com recurso de apelação contra a sentença, ela só transitará em julgado depois que o tribunal reapreciar a decisão.

A remessa necessária, também chamada de reexame necessário, é um dos temas de grande relevância porque envolve de um dos lados a Fazenda Pública (municipal, estadual ou federal), além de suas respectivas autarquias e fundações.

Quanto ao procedimento diz a lei que o juiz, ao proferir a sentença contra a Fazenda Pública, ordenará a remessa dos autos ao Tribunal, haja ou não apelação.

Já no que diz respeito às hipóteses de cabimento ou de dispensa da remessa necessária, recomenda-se a leitura do art. 496[17] do Novo CPC onde se encontram de maneira clara as hipóteses nas quais se aplica o instituto.

---

15. CPC, Art. 504. Não fazem coisa julgada:
    I – os motivos, ainda que importantes para determinar o alcance da parte dispositiva da sentença;
    II – a verdade dos fatos, estabelecida como fundamento da sentença.
16. CPC, Art. 506. A sentença faz coisa julgada às partes entre as quais é dada, não prejudicando terceiros.
17. CPC, Art. 496. Está sujeita ao duplo grau de jurisdição, não produzindo efeito senão depois de confirmada pelo tribunal, a sentença:
    I – proferida contra a União, os Estados, o Distrito Federal, os Municípios e suas respectivas autarquias e fundações de direito público;
    II – que julgar procedentes, no todo ou em parte, os embargos à execução fiscal.
    § 1º Nos casos previstos neste artigo, não interposta a apelação no prazo legal, o juiz ordenará a remessa dos autos ao tribunal, e, se não o fizer, o presidente do respectivo tribunal avocá-los-á.
    § 2º Em qualquer dos casos referidos no § 1º, o tribunal julgará a remessa necessária.
    § 3º Não se aplica o disposto neste artigo quando a condenação ou o proveito econômico obtido na causa for de valor certo e líquido inferior a:
    I – 1.000 (mil) salários-mínimos para a União e as respectivas autarquias e fundações de direito público;

13. RECURSO CABÍVEL CONTRA SENTENÇA

Importante esclarecer que para cada espécie de decisão, há previsão de um recurso apropriado: contra a sentença cabe apelação; contra decisão interlocutória cabe agravo de instrumento; contra acórdão dos Tribunais Estaduais ou Federais pode caber recurso especial para o STJ ou recurso extraordinário para o STF e assim por diante.

Importante consignar que, como regra, não se pode utilizar um recurso por outro. Excepcionalmente é possível o aproveitamento de um recurso por outro quando houver fundada dúvida quanto ao cabimento daquele determinado recurso (divergência doutrinária ou jurisprudencial). É aquilo que a doutrina chama de "fungibilidade dos recursos" (como exemplo veja-se o artigo 1.024, parágrafo 3º, do CPC).

Atente-se bem para o fato de que, em qualquer das circunstâncias aqui abordadas, se a sentença proferida (com ou sem julgamento de mérito) não for do agrado da parte, o recurso cabível contra essa decisão é a apelação (ver CPC, art. 1.009 ao 1.014).

II – 500 (quinhentos) salários-mínimos para os Estados, o Distrito Federal, as respectivas autarquias e fundações de direito público e os Municípios que constituam capitais dos Estados;

III – 100 (cem) salários-mínimos para todos os demais Municípios e respectivas autarquias e fundações de direito público.

§ 4º Também não se aplica o disposto neste artigo quando a sentença estiver fundada em:

I – súmula de tribunal superior;

II – acórdão proferido pelo Supremo Tribunal Federal ou pelo Superior Tribunal de Justiça em julgamento de recursos repetitivos;

III – entendimento firmado em incidente de resolução de demandas repetitivas ou de assunção de competência;

IV – entendimento coincidente com orientação vinculante firmada no âmbito administrativo do próprio ente público, consolidada em manifestação, parecer ou súmula administrativa.

BIBLIOGRAFIA RECOMENDADA

BUENO, Cassio Scarpinela. *Novo Código de Processo Civil anotado*. São Paulo: Saraiva, 2015.

_____. *Manual de direito processual civil*, 2ª ed. São Paulo: Saraiva, 2016.

CÂMARA, Alexandre Freitas. *O novo processo civil brasileiro*. São Paulo: Atlas, 2015.

CINTRA, Antonio Carlos Araujo; GRINOVER. Ada Pellegrini; DINAMARCO, Cândido Rangel. *Teoria geral do processo*. 26ª ed. São Paulo: Malheiros, 2010.

DIDIER JUNIOR, Fredie. *Curso de direito processual civil*, 17ª. ed. Salvador: JusPodivm, 2015.

DONIZETTI, Elpídio. *Novo Código de Processo Civil comentado*. São Paulo: Atlas, 2015.

GONÇALVES, Marcus Vinicius Rios. *Novo Curso de Direito Processual Civil*, 9ª. ed. São Paulo: Saraiva, 2012, v.1.

GRECO FILHO, Vicente. *Direito Processual Civil Brasileiro*, 19ª. ed. São Paulo: Saraiva, 2006, v. 1.

MARINONI, Luiz Guilherme e outros. *Novo Código de Processo Civil comentado*. São Paulo: Revista dos Tribunais, 2015.

MELO, Nehemias Domingos de. *Novo CPC Anotado e Comentado*, 3ª. ed. Indaiatuba: Foco, 2022.

MITIDIERO, Daniel. *Processo Civil*. São Paulo: Revista dos Tribunais, 2021.

MONTENEGRO FILHO, Misael. *Curso de Direito Processual Civil*, 11ª. ed. São Paulo: Atlas, 2015, v. 1.

SANTOS, Ernane Fidélis. *Manual de direito processual civil*, 13ª. ed. São Paulo: Saraiva, 2009, v. 1.

SANTOS, Moacyr Amaral. *Primeiras linhas de direito processual civil*, 27ª ed. São Paulo: Saraiva, 2010, v. 1.

TALAMINI, Eduardo. Objetivação do controle incidental de constitucionalidade e força vinculante (ou devagar com o andor que o santo é de barro). In: *Aspectos polêmicos e atuais dos recursos cíveis* (Coord. Nelson Nery Jr. e Teresa Arruda Alvim Wambier). São Paulo: Revista dos Tribunais, v. 12, n. 2, p. 136-143.

TARTUCE, Fernanda. *Mediação nos conflitos civis*, 6ª. ed. São Paulo: Método, 2021.

THEODORO JUNIOR, Humberto. *Curso de Direito Processual Civil*, 51ª. ed. Rio de Janeiro: Forense, 2010, v. I.

WAMBIER, Luiz Rodrigues; TALAMINI, Eduardo. *Curso avançado de processo civil*, 11ª ed. São Paulo: Revista dos Tribunais, 2010, v. 1.

Anotações